W. Spemann

Beschreibung der antiken Münzen

Dritter Band

W. Spemann

Beschreibung der antiken Münzen
Dritter Band

ISBN/EAN: 9783742898470

Hergestellt in Europa, USA, Kanada, Australien, Japan

Cover: Foto ©ninafisch / pixelio.de

Manufactured and distributed by brebook publishing software
(www.brebook.com)

W. Spemann

Beschreibung der antiken Münzen

KÖNIGLICHE MUSEEN ZU BERLIN

BESCHREIBUNG

DER

ANTIKEN MÜNZEN

DRITTER BAND
ABTHEILUNG I

MIT 4 DOPPELTAFELN, 14 EINFACHEN TAFELN UND 89 ZINKDRUCKEN

ITALIEN
AES RUDE, AES SIGNATUM, AES GRAVE. DIE GEPRÄGTEN MÜNZEN VON
ETRURIEN BIS CALABRIEN

PREIS 27 MARK 50 PF.

BERLIN

W. SPEMANN

1894

VORWORT

Bei der vorliegenden Bearbeitung der griechischen Münzen Italiens habe ich ein von Julius Friedlaender hinterlassenes handschriftliches Verzeichniss benutzt, dem ich neben mancherlei Anregung auch manchen nützlichen Hinweis verdanke. Unterscheidet sich auch meine Beschreibung ihrer ganzen Anlage nach wesentlich von derjenigen Friedlaenders, so habe ich doch versucht, die Spuren meiner Vorlage nicht völlig zu verwischen und alle Bemerkungen Friedlaender's, deren Aufnahme mir wünschenswerth erschien, mit seinem Namen versehen meiner Bearbeitung eingeflochten.

Dass dieser Band den bisher erschienenen gegenüber einige Änderungen aufweist, bedarf keiner Begründung; ich rechne hierzu namentlich die Vermehrung der Lichtdrucktafeln sowie der in den Text eingefügten Abbildungen, welche nach Federzeichnungen Carl Leonhard Becker's hergestellt sind.

Dem Director der Abtheilung, Herrn Professor von Sallet, spreche ich für die mir besonders beim Beginn meiner Arbeit ertheilte Belehrung meinen Dank aus, ebenso Herrn Dr. H. Gaebler für seine Unterstützung während der Correctur; von ihm rührt auch die Bearbeitung der Verzeichnisse her, welche am Schluss der zweiten Abtheilung dieses Bandes erscheinen werden.

Berlin, im Februar 1893

Heinrich Dressel
Directorial - Assistent

INHALT

Das gegossene Kupfergeld

Die geprägten Münzen

Nachtrag

Während des Druckes dieses Bandes erwarb die Sammlung die vier nachfolgend beschriebenen und auf Tafel A—H abgebildeten Stücke aes signatum, die wichtigsten und schönsten aus dem i. J. 1890 bei la Bruna (in Umbrien, zwischen Spoleto und Todi) gemachten Funde. Über diesen Fund hat ausführlich gehandelt L. A. Milani in der Rivista ital. di numismatica IV 1891 S. 27 ff. (Abbildungen dazu auf Taf. I—XV), wo auch alle bisher bekannten ähnlichen Stücke zusammengestellt sind.

Unsere Exemplare sind bis auf das erste, welches durch Oxydirung stellenweise gelitten hat, von der besten Erhaltung. Die Patina ist bei allen von gleicher Beschaffenheit, nicht glatt und glänzend, sondern rauh, ungleich dick und matt, von hellgrüner Farbe mit einigen tiefblauen Stellen. Wo diese Oxydablagerungen fehlen, ist überall, besonders deutlich auf dem zweiten Stücke, ein matt-glänzender, bleifarbiger Überzug sichtbar, der wahrscheinlich von einer Verzinnung herrührt, welche auch sonst auf antiken Bronzegegenständen vorkommt (vgl. z. B. Annali d. Inst. 1884 S. 246).

Dass diese gemarkten Barren nicht so alt sind, wie man früher annahm, hat Mommsen ausgesprochen (röm. Münzwesen S. 174), dass sie dem Styl nach in Campanien entstanden sein müssen, hat Milani a. a. O. gewiss mit Recht hervorgehoben. Betreffs ihrer Datirung hat Milani daselbst ausführliche Untersuchungen angestellt und ist speciell für unsere vier Barren zu folgenden Zeitansätzen gelangt: für das Dreifussstück das Jahr 399 v. Chr., für das Pegasusstück 298—290, für das Stierstück 272—262, für das Dreizackstück 260—259 v. Chr. Ich vermag der Ansicht, dass das stark abweichende Gewicht gleichgemarkter Barren durch wiederholt während eines langen Zeitraums vorgenommene Herabsetzungen des Normalfusses zu erklären sei, nicht zu folgen, kann auch die zur Stütze jener Ansicht geltend gemachten Stylunterschiede nicht für zutreffend halten; ich glaube vielmehr, dass durch Guss hergestellte Barren niemals ein genau justirtes Vielfaches des As gewesen sein können, sondern nur als annähernde Werthstücke verwendet worden sind, die im Verkehr erst gewogen werden mussten. Die grosse Seltenheit dieser Barren spricht sehr für die Annahme, dass ihre Herstellung nur während eines verhältnissmässig kurzen Zeitraums erfolgte; sie dürften wohl am sichersten um 350 v. Chr. anzusetzen sein.

Gewicht: 1394,60
beschädigt
Länge: 0,167
Höhe: 0,099

ROMANOM (in einer geraden Zeile) unter einem l. eilenden Pegasus.

Auffliegender Adler, von vorn dargestellt (Kopf im Profil r.), in den Fängen einen grossen Blitz (horizontal) haltend. (25/1891).

Taf. A B (in Originalgrösse).

In der Aufschrift ist die Form des A nicht deutlich. Es scheint, dass der Querstrich fehlt; bei gewisser Beleuchtung möchte man A sehen, doch das kann täuschen. Da dieses Stück an den Rändern beschädigt und durch starke Oxydirung des Metalls an mehreren Stellen etwas ausgesprungen ist, muss das ursprüngliche Gewicht höher angenommen werden (etwa 1440 Gramm).

Gewicht: 1347,0 Länge: 0,163 Höhe: 0,092	Stier, l. schreitend; der Kopf fast ganz von vorn.	Stier, r. schreitend; der Kopf fast ganz von vorn. (26/1891).

Taf. CD (in Originalgrösse).
Bemerkenswerth ist die verschiedene Behandlung der beiden Stiere.

Gewicht: 1543,70 Höhe: 0,182 Breite: 0,085-0,087	Dreifuss.	Anker (senkrecht), oben mit einem Ringe versehen. (27/1891).

Taf. EF (auf ⁹/₁₀ verkleinert).
Die Vs. dieses Stückes ist etwas convex.

Gewicht: 1141,60 Höhe: 0,183 Breite: 0,088	Dreizack; um den Schaft ist ein Band (mit Schleife rechts) geknüpft.	Heroldstab, oben in Schlangenköpfe endigend; um den Schaft ist ein Band (mit Schleife rechts) geknüpft. (28/1891).

Taf. GH (auf ⁹/₁₀ verkleinert).

Von geprägten Münzen ist nur ein Stück hinzugekommen:

ETRVRIA

Populonia

N. 22a	R2½-3½ 3,97	Kopf des Hermes r. mit dem Flügelhut; dahinter Λ, vor dem Halse ein Delphin (schräg abwärts, l.). Undeutlicher Kreis (wohl Perlkreis).	Glatt. (843/1892, aus der Sammlung Seyffer).

Taf. I, 6a.
Im Auctionscatalog der Sammlung Seyffer (München 1891) n. 118 und Taf. I.

Verbesserungen

S. 71 n. 3 } mit kurzem, unten geknüpftem Haarzopf statt mit kurzem,
72 n. 7 } in der Mitte geknüpftem Haarzopf.
75 n. 7 Tropaeon statt Trophaeon.

Das gegossene Kupfergeld

Aes rude

Vierundzwanzig formlose Kupferstücke, fast alle sehr stark angefressen, aus dem Funde von Vicarello. Das kleinste wiegt 3,08, das grösste 28,25. (17391—17414). Vgl. Mommsen Gesch. des röm. Münzwesens S. 170.

Vierunddreissig Kupferstücke aus den Gräberfunden von Orvieto. Davon sind 25 formlose Stücke (Gewicht 10,15 bis 162,50), 5 sind Bruchstücke von viereckigen Barren, 1 Stück ist Theil eines halbcylinderförmigen Barrens (Durchschnitt ⌒), 1 Stück ist ein Splitter mit convexer Oberfläche (dieses ist das grösste, Gewicht 481,0), 1 Stück hat Kuchenform (ähnlich Garrucci le monete dell' Italia antica Taf. V, 6, Gewicht 205,0). Endlich ein kleines Bruchstück einer Broncelamina, vielleicht von einem Geräth und nicht hergehörig. (23/1885).

Aes signatum

Grösse	Gewicht	
1	2407,0 mit Incrustationen	Ein oblonger Kupferbarren, unten breiter und dicker als oben, beiderseits mit einem Zeichen versehen, welches einer Gräte oder einem Zweige ähnlich ist. Höhe ungefähr 0,15—0,17; Breite oben 0,085, oben 0,074; Dicke unten 0,042, oben 0,032. (430/1877 aus dem Funde von Quingento in der Provinz Parma). Der Fund ist besprochen von Pigorini im Periodico di numismatica VI S. 219; die daselbst auf Taf. IX und X abgebildeten Stücke gleichen dem unseren vollkommen, ebenso die Stücke bei Garrucci Taf. X, 3. — Über diese Barren vgl. Chierici im Bull. di paletnologia ital. anno 5 (1879) S. 148ff. und anno 6 (1880) S. 54ff.
2	543,6 sehr stark oxydirt	Oblonger Barren (Länge 0,09, Breite etwa 0,048, Dicke etwa 0,012—0,015): beiderseits ist an den beiden Enden des Barrens je eine Mondsichel (auswärts geöffnet) dargestellt, welche die ganze Breite des Stücks umspannt. (374/1873). Abgebildet ist unser Stück bei Garrucci Taf. XXV, 4a, b, der auf S. 12 folgende Fundnotiz giebt: 'trovato nella necropoli di Tarquinia in una cassa sepolcrale di nenfro accanto allo scheletro'.

Aes grave

ETRVRIA

Volaterrae

Die Reihe mit der Keule

Semis

1	13½-13½	58,25 beschädigt	Janusartiger unbärtiger Doppelkopf, mit einem flachen Hut bedeckt, welcher in der Mitte spitz zuläuft.	ꓥꓳ� (r., aufwärts) 140 (l., abwärts). Keule senkrecht. Im Felde l. neben der Keule das Zeichen des Semis ⟩ (Gansauge).

Quadrans

2.3	10½-11 9½-10	40,05 40,60	Ebenso.	Dieselbe Aufschrift. Keule senkrecht zwischen ⁚• (Rauch. 3976).

Sextans

4-6	9½-10 9 9-9½	30,55 25,65 abgenutzt 34,45	Ebenso.	Dieselbe Aufschrift. Keule senkrecht zwischen •• (4657. Dannenberg. 28657/3).

Uncia

7	6½-7½	19,90	Ebenso.	Dieselbe Aufschrift. Keule senkrecht, im Felde l. neben der Keule • (4658).

Die Reihe ohne Beizeichen

Sextans

8	8	16,15 etwas abgenutzt	Ebenso.	ꓭꓳꓢꓥꓳ� im Kreise um •• (28657/4).

Uncia

9	6-7	9,87 stark beschädigt	Ebenso.	Dieselbe Umschrift um • (28657/5).

Unbestimmte Stücke Etruriens

Die folgenden sicher Etrurien angehörenden Stücke (über die Fundorte vgl. Garrucci S. 2ö) zeichnen sich durch ihre Form aus: sie sind flach und verhältnissmässig dünn, ähnlich denen von Volaterrae.

Die Reihen mit dem Rade

a. Rad — Rad

As

	17¼-17½	177,50 etwas beschädigt	Rad mit sechs Speichen; in einem der Zwischenräume V vertieft.	Rad mit sechs Speichen, von zwölf Werthkugeln umgeben. (4659).

Auf der Ks. könnte in einem der Zwischenräume zwischen zwei Speichen ein erhabener Buchstabe gewesen sein; wenn gewisse Spuren nicht täuschen, war es) oder v.

[Es scheint, dass in diesen etruskischen Reihen auf den Exemplaren einer und derselben Münze abwechselnd einer der Buchstaben M Ɔ ꓭ V steht, ebenso wie auf den bekannten geprägten Münzen mit dem Negerkopf und dem Elephanten die ersten drei dieser Buchstaben wechseln. Eine Werthbedeutung haben sie also nicht. FRIEDLAENDER].

Quadrans

2. 3	11-12	49,85 45,10	Rad mit vier Speichen.	Rad mit vier Speichen; in drei Zwischenräumen je eine Werthkugel. (4660. Fox).

Auf dem zweiten Exemplar ist auf der Ks. ein von moderner Hand eingegrabenes V; auch auf der Vs. mehrere wohl nur zufällige vertiefte Zeichen, deren eins wie S aussieht.

4		12,57	Ein Bruchstück derselben Münze, etwa der vierte Theil. (Fox).

Uncia

5	6-6½	12,05	Rad mit vier Speichen.	Rad mit vier Speichen. (4661).

Aes grave

b. Rad — Anker

As

| 6 | 17½ | 164,20 | Rad mit sechs Speichen; in einem Zwischenraum), in dem entgegengesetzten scheint — oder I zu sein, vielleicht das As-Zeichen. | Anker, oben und unten mit einem Ringe versehen. Im Felde r. I Umher doppelter Kreis. (431/1877). |

Semis

| 7 | 14 | 75,0 etwas ab- genutzt | Rad mit sechs Speichen, in einem Zwischenraume) | Anker, oben und unten mit einem Ringe versehen; zu jeder Seite drei Werth- kugeln. Umher doppelter Kreis. (Fox). |

Quadrans

| 8 | 11½ | 34,75 | Rad mit fünf Speichen, in einem Zwischenraume) | Derselbe Anker umgeben von drei Werthkugeln. Umher doppelter Kreis. (Fox). |

Die uncia s. unter den geprägten Münzen.

---

c. Rad — Doppelbeil

Semis

| 9 | 14 | 89,70 etwas be- schädigt | Rad mit sechs Speichen. | • Doppelbeil • • ohne den •] • Stiel • Umher doppelter Kreis. (4662). |

Quadrans

| 10 | 11½ | 46,95 | Rad mit vier Speichen. | • Doppelbeil • ohne den] • Stiel Umher doppelter Kreis. (11596). |

Die uncia s. unter den geprägten Münzen.

---

d. Rad — Krater

Semis

| 11 | 14½ | 87,55 durch Oxy- dirung be- schädigt | Rad mit sechs Speichen. | Krater, zu jeder Seite drei Werthkugeln. Umher doppelter Kreis. (Fox). |

Quadrans

| 12 | 12 | 54,45 | Rad mit vier Speichen; in einem der Zwischen- räume ein vertieftes > | Krater, darüber); zu Seiten und unten je eine Werth- kugel. Umher doppelter Kreis. (4664). |

Das) über dem Krater sieht nicht wie ein Buchstabe aus, sondern wie eine Mondsichel. Doch kommen an jener Stelle auch sichere Buchstaben vor.

Sextans

| 13 | 9½ | 30,0 etwas abgenutzt | Rad mit vier Speichen. | Krater, darüber ℩; unten zu Seiten des Krater je eine Werthkugel. Umher doppelter Kreis. (Rühle v. Lilienstern). |

Uncia

| 14 | 6½ | 14,22 | Rad mit vier Speichen. | Krater; darüber M, wie es scheint. (4665). |

Die Ks. ist sehr schlecht erhalten.

---

e. Rad — Amphore

Semis

| 15 | 13½ | 69,90 | Rad mit sechs Speichen. | Amphore, zu jeder Seite drei Werthkugeln. Umher doppelter Kreis. (Fox). |

Quadrans

| 16 | 10½-11 | 25,20 sehr abgenutzt | Rad mit vier Speichen. | Amphore; l. eine Werthkugel, r. zwei. Umher doppelter Kreis. (4663). |

---

f. Rad — drei Mondsicheln

Semis

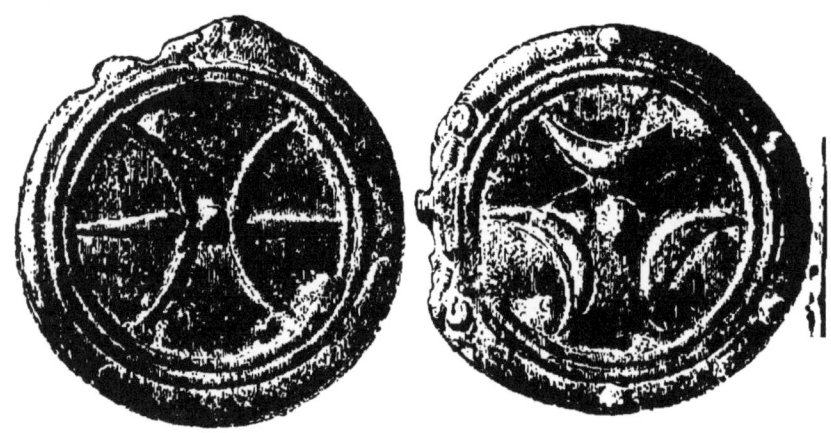

| 17 | 14 | 88,05 | Alterthümliches Rad; die Speichen werden gebildet durch einen geraden Balken (Durchmesser) und zwei Bogen. | Drei Mondsicheln (die convexen Seiten einander zugekehrt) um einen dicken Punkt symmetrisch vertheilt. Umher doppelte Kreislinie, ausserhalb derselben sechs Werthkugeln. |

Vgl. den bei Garrucci Taf. LIII, 2 abgebildeten As mit gleichen Typen und der Aufschrift ꓱ03ꓕV꓿ auf der Vs.

Das Rad in dieser Form findet sich auf alterthümlichen Monumenten öfter, auch auf archaischen Münzen: vgl. z. B. die Band II Taf. VI n. 55 und VII n 67. 68 abgebildeten altmacedonischen Stücke und die etruskische Silbermünze mit der Aufschrift ꝟezl oder ꝟezi im Cat. of greek coins in the Brit. mus., Italy, S. 12; nur wenig abweichend auf der Athen zugetheilten Münze Beulé monnaies d'Athènes S. 23 die letzte.

VMBRIA

Ariminum

Quadrans

| 1 | 13½-13½ | 100,85 oxydirt | Gallierkopf r. mit dem Schnurbart; um den Hals trägt er einen torquis. | Verzierter Dreizack ohne Schaft, im Felde r. $\vdots$ (28657/6). |

Sextans

| 2. 3 | 13-13½ | 75,95 71,70 oxydirt | Ebenso. | Delphin r., darunter • • (28693. 4669). |

Uncia

| 4 | 8-9½ | 30,85 mangelhaft | Ebenso. | Schiffsschnabel r.; im Felde l. • (4670). |

Semuncia

| 5. 6 | 6-6½ | 15,75 schlecht 18,20 ein Stück fehlt | Ebenso. | Kammmuschel von oben gesehen. (Rühle v. Lilienstern. 4671). |

Iguvium

1		61,20	Bruchstück des As (Garrucci Taf. LVII, 1), wenig mehr als ein Viertel des Ganzen. (Fox).	

Tuder

a. Ältere Reihe

Quadrans

1	12½-13	61,10	Frosch von oben gesehen; oben, l. und r. je eine Werthkugel. Kreislinie.	• • • Anker, oben und unten mit einem Ringe versehen. <+

Sextans

2	11	36,05 oxydirt	Cicade, l. und r. je eine Werthkugel. Kreislinie.	• • Verzierter Dreizack ohne Schaft. <+ (28732).

Bemerkenswerth ist die Form des Dreizacks: die beiden äusseren Zinken sind auswärts gebogen.

Uncia

3	7-7½	20,22	Gefäss mit zwei hohen Henkeln, darüber • Kreislinie.	• Lanzenspitze. <+ (Fox).
4	6½-8	21,05	Ebenso, aber ohne die Kreislinie.	Ebenso. (4648).

b. Spätere Reihe

Semis

5	9½-10	48,27	Ǝ ᑫ ƎtV r (l.). Zusammengekrümmt liegender Hund l., etwas von oben gesehen; darunter ⌒ Kreislinie.	ƎOƎrVr (l., abwärts) Leier; im Felde r. ((558/1874).
6	9-9½	35,10	ƎOƎtVt über demselben Hunde. Kreislinie.	Leier mit zwei Saiten; im Felde l.) (90/1885).
7	9-9½	38,60	ƎOƎtVt über demselben Hunde; vor seinem Kopfe)	Leier mit zwei Saiten; im Felde r. (
8	9	37,15	ƎOƎrVt über demselben Hunde (die Stelle vor seinem Kopfe hat einen Gussfehler). Kreislinie.	Leier; im Felde r. ((4649).

9	9½	33,45	ꓱꓷꓱꓨꓥ† über demselben Hunde; unten ᴗ Kreislinie.	Leier mit drei Saiten; im Felde r. ((Fox).
10	8-8½	32,08 schlecht	Spuren der Aufschrift über demselben Hunde; vor seinem Kopfe) Kreislinie.	Leier; im Felde l.) (Rauch).

Triens

11. 12	9 8½-9	33,20 27,10	Rechte Hand (von oben gesehen) mit dem cestus umwunden; l. und r. je zwei Werthkugeln. Kreislinie.	• Keule ab- • wärts (4650. Fox).	Keule • ab- wärts •
13	7½-8	25,80	Ebenso.	• Keule ab- • wärts (Gansauge).	Keule • ab- wärts •
14	7½-8	26,60	Ebenso.	• Keule auf- • wärts (Peytrignet).	Keule • auf- wärts •

Quadrans

15	7-7½	18,95	Frosch von oben gesehen; von den ihn umgebenden drei Werthkugeln sind nur zwei (im Felde l. und r.) sichtbar. Kreislinie.	Anker, oben und unten mit einem Ringe versehen. Im Felde: l. ⟩, r. •⁝• (4651).
16	6½-7	18,15	Derselbe Typus; von den Werthkugeln sind nur zwei sichtbar (l. und unten). Kreislinie.	Ebenso. (Fox).
17	6-6½	17,80 abgenutzt	Derselbe Typus; zwei Werthkugeln l., eine r.	Ebenso.
18	7	18,50	Derselbe Typus; von den Werthkugeln sind nur zwei sichtbar (l. und r.). Kreislinie.	Derselbe Anker. Im Felde: l. ⟩, r. •⁝• (Gansauge).

| 19 | 6-6½ | 15,88 | Derselbe Typus; l. Spuren von zwei Werthkugeln. Kreislinie. | Derselbe Anker. Im Felde: l. ⋝ , r. ⁚• |

Sextans

| 20-22 | 5½ / 5-5½ / 6 | 15,30 / 15,67 / 16,58 | Cicade, l. und r. je eine Werthkugel. Kreislinie. | Verzierter Dreizack ohne Schaft. (B. Friedländer, 2 Ex. 4652). |

Über die Form des Dreizacks vgl. oben S. 8 n. 2. Werthkugeln und Schrift nicht auf jedem Exemplar deutlich.

| 23-25 | 5 / 5½ / 5½-6 | 12,83 nichtgut / 13,17 / 11,57 mangelhaft | Ebenso. | • Derselbe Dreizack. (Ohne Bezeichnung. Fox. Rühle v. Lilienstern). |

| 26 | 4-5 | 10,0 | Ein schlecht erhaltenes Exemplar, ungewiss zu welcher der beiden voraufgehenden Varietäten gehörig (Werthkugeln und Schrift auf dei Ks. nicht zu erkennen). Aus der Sammlung Rauch. | |

Köhne hat dieses Exemplar in der Zeitschr. f. Münz-, Siegel- und Wappenkunde III S. 6 herausgegeben als uncia mit dem 'Vordertheil eines Schiffes' auf der Ks. (es ist die unvollkommen erhaltene Cicade).

Uncia

| 27 | 4½ | 7,70 | Gefäss mit zwei hohen Henkeln, darüber • Kreislinie. (4653). | • Lanzenspitze ⋜ ⟋ |

| 28, 29 | 4 / 4½ | 7,42 / 8,0 | Gefäss mit zwei hohen Henkeln; die Werthkugel scheint hier unten zu sein. Kreislinie. (Fox. B. Friedlaender). | • Lanzenspitze ⋜ → |

| 30 | 4-4½ | 7,80 | Gefäss mit zwei hohen Henkeln, darüber • Kreislinie. | Lanzenspitze. (Rauch). |

Unbestimmte Stücke Umbriens (oder Etruriens)

Die mandelförmigen Stücke mit der Keule werden des Typus und des Fundorts (?) wegen gewöhnlich nach Tuder gegeben. Garrucci (S. 13) hebt aber mit Recht hervor, dass sie dem Typus nach ebenso gut nach Volaterrae gehören könnten; gefunden würden sie allenthalben in Etrurien. — Der auf diesen Stücken dargestellte Gegenstand sieht bald wie eine Keule (zackig, wie auf den jüngeren Trienten von Luceria), öfter noch wie ein stylisirter Zweig aus, einige Exemplare bieten die Übergangsformen zwischen Keule und Zweig.

			Semis	
5½-9	31,15	Keule.	I	**:**

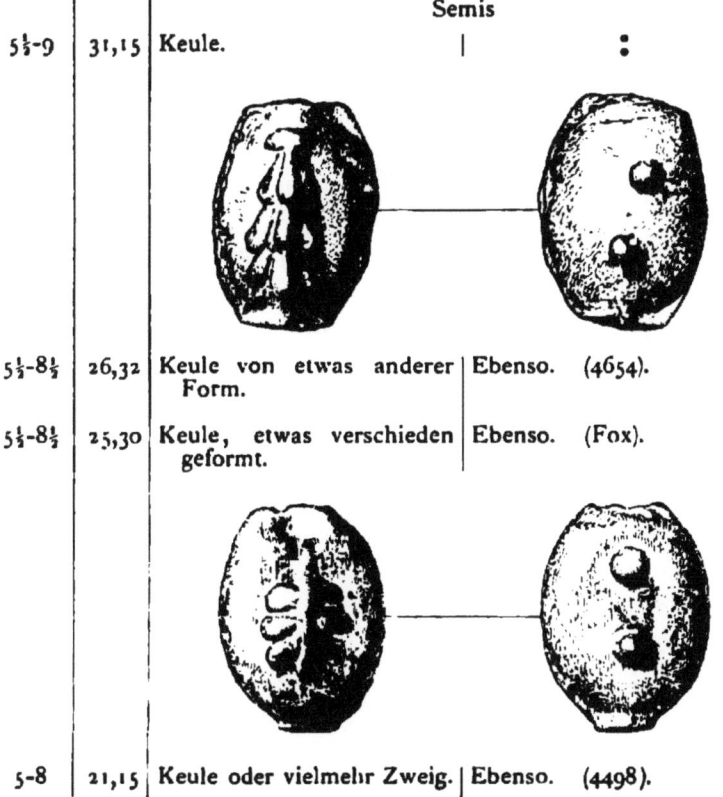

5½-8½	26,32	Keule von etwas anderer Form.	Ebenso.	(4654).
5½-8½	25,30	Keule, etwas verschieden geformt.	Ebenso.	(Fox).
5-8	21,15	Keule oder vielmehr Zweig.	Ebenso.	(4498).

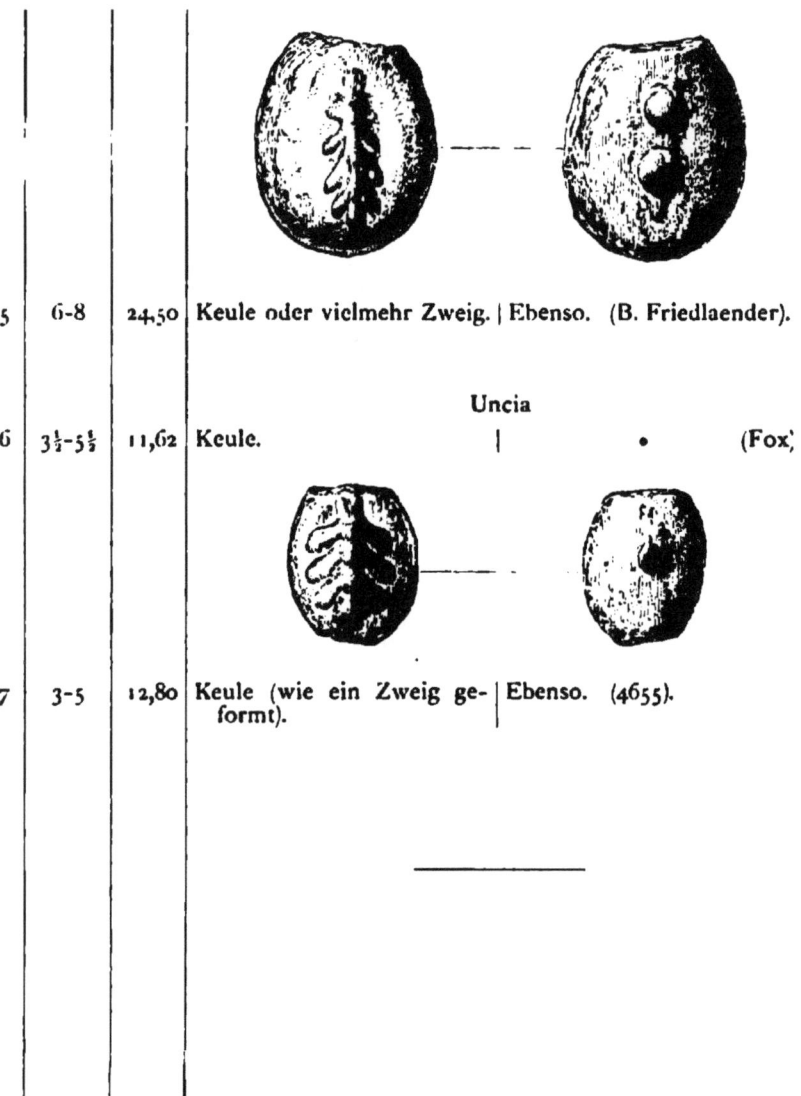

| 5 | 6-8 | 24,50 | Keule oder vielmehr Zweig. \| Ebenso. (B. Friedlaender). |

Uncia

| 6 | $3\frac{1}{2}$-$5\frac{1}{2}$ | 11,62 | Keule.   \| •   (Fox) |

| 7 | 3-5 | 12,80 | Keule (wie ein Zweig ge- \| Ebenso. (4655). formt). |

PICENVM

Hadria. Über die alte Form Hatria vgl. Mommsen im Corpus inscr. Lat. IX S. 480.

As

| 1 | 18½-19 | 383,30 | Kopf des bärtigen Silen (ohne Hals) von vorn, mit gesenkten Eselsohren; den kahlen Schädel umgiebt ein Kranz mit Epheubeeren. Im Felde r. ↳, d. h. *l(ibra)*. | HAT unter einem zusammengekrümmt liegenden Hunde r. (561/1872). |

Garrucci (S. 32, 7) hält die Eselsohren fälschlich für Haarbüschel. — Bemerkenswerth ist, dass beide Typen dieses Stücks auch auf den Münzen von Tuder vorkommen: der zusammengekauerte Hund auf dem aes grave, der Silenskopf mit herabhängenden Thierohren und Epheukranz auf den geprägten Stücken, aber hier im Profil statt von vorn.

Quincunx

| 2 | 14½-15 | 164,60 | HAT unter einem (weiblichen ?) Kopfe l., welcher aus einer Schneckenmuschel hervorschaut; über der Stirn sich bäumendes und nach hinten in einen dünnen Zopf endigendes Haar (oder ein Horn ?). | Pegasus r., darunter •••• (7318, in Pentima, dem alten Corfinium, gekauft). |

Garrucci S. 33 beschreibt den Typus der Vs. so: 'testa di Medusa cinta il collo dalle volute di serpenti con capelli sciolti e spinti indietro dal vento'. Mit den Schlangen ist es sicher nichts, und damit fällt auch der Medusenkopf. Vielleicht ist an ein Seewesen zu denken.

Quadrans

| 3. 4 | 11-13 13½ | 88,10 94,90 nicht gut | ⊥VH über einem Delphin r. (etwas von oben gesehen, der Kopf abwärts). | Fisch mit sehr dickem Kopfe (eine Art Roche, von Garrucci als rana piscatrix bezeichnet), von oben gesehen; im Felde r. **⦂** (4672. Fox). |

Sextans

| 5 | 10½-11½ | 63,45 | TAH unter einem Schuh (oder vielmehr Stiefel mit kurzem Schaft) r. | Hahn l., davor **⦂** (6314). |

| 6-8 | 9¼-11 11-11½ 10-11 | 64,10 57,30 42,95 | HAT unter einem Schuh r. von anderer Form (niedrig, die Sohle angegeben). | Ebenso. (28656. 28790. 4673). |

Uncia

| 9 | 9-10 | 33,0 | ⊣ • ⊥ Λ | Anker. (7635). |

| 10. 11 | 9-10 8-9 | 32,65 abgenutzt 32,50 | ⊥ • ⊢ Λ | Anker. (4499. 4674). |

Die beiden Exemplare weichen etwas von einander ab.

Semuncia

| 12- 14 | 6½-7½ 7-8 6½ | 24,0 dick 18,45 14,90 etwas abgenutzt | H | A⌇ (4675. 8647. Rauch). |

Auf dem ersten Exemplar hat das Semuncienzeichen dieselbe Grösse wie das A. [Man hat die Buchstaben H und A⌇ auf eine Verbündung von Hatria und Asculum bezogen. ⌇, wenn

es selbst **ε** gestaltet wäre, kann nicht für S in lateinischer Schrift stehen, **ι** ist auch hier das Zeichen der Halbunze, H und **A** zusammen bedeuten HAtria. FRIEDLAENDER.]
     Mommsen (röm. Münzw. S. 248) möchte in H und **ε** die Bezeichnungen ἡμιλίτριον und semuncia sehen, in **A** den Anfangsbuchstaben einer mittelitalischen Stadt, 'die Zutheilung an Ausculum in Apulien oder Asculum in Picenum ganz unsicher'. Garrucci (S. 33) giebt das Stück nach Hadria, indem er wie Friedlaender HA in Zusammenhang setzt; der Fundort ist, seiner Angabe nach, meist das Gebiet von Atri.

VESTINI

Semuncia

1	6-7	16,05 abgenutzt	Stiefel (kaum kenntlich).	VES im Felde. (Peytrignet).

CAMPANIA

Die sechs Reihen

Vgl. über diese Reihen Friedlaender in der Wiener Numism. Zeitschrift I S. 260 ff.

a. Erste Reihe

As

1. 2	17½-17½ 17-17⅓	260,20 273,80	Weiblicher Kopf r. mit dem eng anliegenden sog. phrygischen Helm, dessen nach vorn übergebogene Spitze als Thierkopf gebildet ist. Im Felde l. ı	Derselbe Kopf wie auf der Vs., aber l.; im Felde r. ı (4614. Ohne Bezeichnung).

Semis

3	13½-14	118,45 ein Stuckchen fehlt	Athenakopf r. mit dem korinthischen Helm (mit Busch); darunter ∼	Derselbe Kopf wie auf der Vs., aber l.; darunter ∽ (4615).

ι

Triens

4· 5	13¼	90,05 82,25 beide gut	Blitz, wagerecht	Wie die Vs. (Peytrignet. 4616).

Sextans

6. 7	10 9-9½	44,20 45,70	Kammmuschel (die obere Schale). Unten l. und r. je eine Werthkugel.	Kammmuschel (die untere flache Schale wie es scheint). (4617. Beger thes. Brand. II S. 528).

Uncia

8	6½	20,95	Knöchel, von der convexen Seite gesehen (die beiden Spitzen nach l.) Darüber eine Werthkugel.	Knöchel, von der concaven Seite gesehen. (Beger thes. Brand. II S. 528).
9	6½-7	20,12	Ebenso, aber die Werthkugel steht hier unten.	Ebenso. (4618.)
10	6-7	19,15	Ebenso, aber ohne Werthkugel.	Ebenso. (Rühle v. Lilienstern).

Semuncia

11	5½	11,25 abgenutzt	Eichel, aufwärts; l. daneben ƪ	Eichel, abwärts; l. daneben ƪ (4619).
12	5-5½	8,52 ein Stückchen fehlt	Eichel, aufwärts; l. daneben ƪ	Eichel, abwärts; l. daneben ƪ (Peytrignet).

Das Semuncienzeichen ist hier anders und sehr gross.

13	5-5½	12,30	Eichel.	Eichel.

Ob auf diesem Exemplar die Semuncienzeichen wirklich fehlen, ist nicht sicher.

---

b. Zweite Reihe
(der vorigen gleich, aber mit dem Beizeichen der Keule)

Semis

14	13½-14	123,70	Athenakopf r. mit dem korinthischen Helm mit Busch. Darunter das Semiszeichen (undeutlich); im Felde l. Keule aufwärts.	Derselbe Kopf wie auf der Vs., aber l.; darunter ∽, im Felde r. Keule aufwärts. (4620).

Triens

15-17	13½ 13½ 13-13½	95,75 90,65 86,10	Blitz, wagerecht Keule • aufwärts •	Blitz, wagerecht • Keule • aufwärts (4621. Gansauge. B. Friedlaender).

Quadrans

18-21	11½-12 12½-13 12-12½ 12	67,50 66,95 64,35 60,20	Geöffnete linke Hand (von innen gesehen). Im Felde: l. Keule aufwärts, r. :•	Geöffnete rechte Hand (von innen gesehen). Im Felde: l. •:, r. Keule aufwärts. (4622. Ohne Bezeichnung. Rühle v. Lilienstern. Ohne Bezeichnung).

Sextans

22.23	9½-10 9-9½	42,45 33,75	Kammmuschel, von aussen gesehen. Darunter l. liegende Keule und beiderseits je eine Werthkugel.	Kammmuschel, von innen gesehen. Darunter r. liegende Keule. (28668. 4623).

Uncia

24-26	6½-7 6½-7 6-6½	25,30 22,25 18,20	Knöchel, von der convexen Seite gesehen (die beiden Spitzen nach l.). Darunter l. liegende Keule.	Knöchel, von der concaven Seite gesehen, darunter r. liegende Keule. (7292. 7194 und 7195, beide in Agnone gekauft, angeblich in Pietrabbondante gefunden).

c. Dritte Reihe

As

27	18	319,85	Janusartiger, jugendlicher Doppelkopf mit einem Diadem im Haar. (Die Stelle über dem Kopf, an welcher das Aszeichen I zu stehen pflegt, hat einen Gussfehler).	Kopf des Hermes l. mit geflügeltem, eng anliegendem petasus (fast ohne Krempe). Darüber Spuren des I (4625).

Semis

28-30	15-15½ 14½ 14½-15	166,75 153,15 139,50	Athenakopf l., der korinthische Helm ist mit einem Busch versehen. Darunter ᴧ	Weiblicher Kopf l. mit aufgenommenem Haar; darunter ᴧ (4626. 28693. Berger thes. Brand. II S. 526).

Der Athenakopf ist auf jedem der drei Exemplare etwas verschieden.

31 15½-16 144,40 Ähnlicher Kopf l., der Helm   Ähnlicher weiblicher Kopf
ist dem Anschein nach   l. Das Zeichen des Semis
nicht korinthisch, der   ist nicht sichtbar und war
Busch ist dick und ge-   wohl niemals vorhanden.
theilt. Das Zeichen des   (6804).
. Semis nicht sichtbar.

    In Rom gekauft, aber sicher nicht dort gefunden
(blaue Patina ; angeblich aus Corneto.

Triens

32- 34	$13\frac{1}{2}$-$13\frac{3}{4}$ $13\frac{1}{4}$ $13\frac{1}{3}$-$13\frac{1}{2}$	115,60 96,15 87,75	**•** **•** Blitz, wagerecht **•** **•**		Delphin r., darunter **• • • •** (Rühle v. Lilienstern. 4627. Peytrignet).

Das letzte Exemplar etwas beschädigt.

Quadrans

35- 39	$12\frac{1}{2}$ 13 13 12-13 $12\frac{1}{2}$-13	86,0 83,35 81,20 69,50 65,90	Zwei Gerstenkörner, eins abwärts, das andere auf- wärts; dazwischen **⦂**	Geöffnete rechte Hand (von innen gesehen); im Felde l. **⦂** (Arditi. Ohne Bezeich- nung. Rühle v. Lilien- stern. 4628. Ohne Bezeich- nung).

Sextans

40- 44	10-$11\frac{1}{2}$ $10\frac{1}{2}$-11 10-11 10-$10\frac{1}{2}$ $9\frac{1}{2}$-10	67,90 53,30 52,60 50,85 47,0	Kammmuschel (die obere Schale); unten l. und r. je eine Werthkugel.	Heroldstab mit kurzem Griff. Im Felde l. und r. je eine Werthkugel. (Beger thes. Brand. II S. 526. Rühle v. Lilienstern, 2 Exemplare. 4629. B. Friedlaender).
45. 46	$9\frac{1}{2}$-$10\frac{1}{2}$ 10	60,45 48,85 etwas abge- nutzt	Ebenso.	Ebenso, der Heroldstab ist hier breiter. (Ohne Be- zeichnung. Arditi).

Uncia

47. 48	$6\frac{1}{2}$-7 $6\frac{1}{2}$	30,05 24,70	Knöchel von der convexen Seite gesehen (die beiden Spitzen nach l.); darun- ter **•**	Inmitten des Feldes **•** (Rühle v. Lilienstern. 4630).

Semuncia

49	$5\frac{1}{2}$-6	18,65	Eichel.	**Ƨ** (4631).

---

d. Vierte Reihe

der vorigen gleich, aber mit dem Beizeichen des Garten-
messers (Attribut des Silvanus)

As

50	17-$17\frac{1}{2}$	255,45	Jugendlicher unbärtiger Dop- pelkopf (wie es scheint mit einem Bande im Haar).	Kopf des Hermes l. mit ge- flügeltem, eng anliegen- dem petasus; dahinter Gartenmesser. (9114).

Semis

| 51. | 14½-15 | 132,30 | Athenakopf l., der korinthische Helm ist mit einem Busch versehen. Darunter ∾ | Weiblicher Kopf, l. mit aufgenommenem Haar, darunter ∾, im Felde r. Gartenmesser. (7223 in Agnone gekauft, angebl. in Pietrabbondante gefunden. Rühle v. Lilienstern). |
| 52 | 14 | 129,10 | | |

Triens

53-	13½	97,20		Delphin r., darunter • • • •; über dem Delphin Gartenmesser, liegend. (7190 in Agnone gekauft, angeblich in Pietrabbondante gefunden. 7189 ebendaher. Gansauge).
55	13½	92,70	Blitz, wagerecht	
	13½	89,40		

Quadrans

| 56 | 13 | 72,50 | Zwei Gerstenkörner, eins abwärts, das andere aufwärts; dazwischen ⫶ | Geöffnete rechte Hand (von innen gesehen); im Felde: l. ⫶, r. Gartenmesser. (4634). |

Sextans

57-	10	48,30	Kammmuschel (die obere Schale); unten l. und r. je eine Werthkugel.	Heroldstab zwischen zwei Werthkugeln; im Felde r. unten Gartenmesser. (7191 in Agnone gekauft, angebl. in Pietrabbondante gefunden. 7224 ebendaher. 4635).
59	10	47,65		
	9½-10	44,80		

Uncia

| 60. | 7-7½ | 24,75 | Knöchel, von der convexen Seite gesehen. | Mitten im Felde •, r. daneben Gartenmesser. (7201 in Lanciano gekauft. 7192 in Agnone gekauft, angebl. in Pietrabbondante gefunden). |
| 61 | 7 | 24,40 | | |

e. Fünfte Reihe
mit einem Rade auf der Ks.

As

62	16-17	269,60	Weiblicher Kopf r. mit dem	Rad mit sechs Speichen. In

Weiblicher Kopf r. mit dem eng anliegenden sog. phrygischen Helm, dessen nach vorn übergebogene Spitze als Thierkopf gebildet ist. Im Felde I. —

Rad mit sechs Speichen. In einem der Zwischenräume I (auf diesem Exemplar undeutlich). (4636).

Der Kopf gleicht dem der Asse der beiden ersten Reihen; das Rad von anderer Form als bei dem etruskischen aes grave.

· **Semis**

| 63. | 14-14½ | 160,10 | Stier l. springend (Kopf | Dasselbe Rad; in einem der |
| 64 | 13½-14 | 145,75 | von vorn, der Schweif | Zwischenräume S (4637. |

Stier l. springend (Kopf von vorn, der Schweif erhoben); unter seinem Bauche S

Dasselbe Rad; in einem der Zwischenräume S (4637. Ohne Bezeichnung).

Triens

65-	13-13¼	95,70	Pferd l. springend; oben und	Dasselbe Rad; in vier Zwi-
68	12-13	etwas verrieben	unten je zwei Werthku-	schenräumen je eine
	12-13	91,30	geln.	Werthkugel symmetrisch
	12-13	81,55		vertheilt. (4638. 7196 in
		60,0 oxydirt		Agnone gekauft, angeblich

Pferd l. springend; oben und unten je zwei Werthkugeln.

Dasselbe Rad; in vier Zwischenräumen je eine Werthkugel symmetrisch vertheilt. (4638. 7196 in Agnone gekauft, angeblich in Pietrabbondante gefunden. 7225 ebendaher. Gansauge).

Quadrans

69-	11-12	66,80	Jagdhund l., den Kopf und	Dasselbe Rad; in drei aufein-
72	10-11½	66,45	den r. Vorderfuss erhe-	ander folgenden Zwischen-
	11-12	64,65	bend. Im Abschnitt • • •	räumen je eine Werthku-
	10-12	63,40		gel. (5874. Rühle v. Lilien-

Jagdhund l., den Kopf und den r. Vorderfuss erhebend. Im Abschnitt • • •

Dasselbe Rad; in drei aufeinander folgenden Zwischenräumen je eine Werthkugel. (5874. Rühle v. Lilienstern. Gansauge. R. v. L.).

Sextans

| 73. | 9½-10 | 45,75 | Schildkröte von oben ge- | Dasselbe Rad. Keine Werth- |
| 74 | 9½-10 | 42,50 | sehen. | kugeln. (4640. 7197 in |

Schildkröte von oben gesehen.

Dasselbe Rad. Keine Werthkugeln. (4640. 7197 in Agnone gekauft, angeblich in Pietrabbondante gefunden).

| 75. | 9-9½ | 43,15 | Ebenso. | Dasselbe Rad. Von den bei- |
| 76 | 9½ | 37,85 | | den Werthkugeln ist nur |

Ebenso.

Dasselbe Rad. Von den beiden Werthkugeln ist nur eine sichtbar. (Rauch. B. Friedlaender).

f. Sechste Reihe
(gleiche Typen auf Vs. und Ks.)
As

| 77–79 | 18½ 18½ 17¾ | 398,40 366,60 337,90 | Jugendlicher männlicher Kopf(vielleicht des Apollo) r., das in Locken herabfallende Haar von einem Bande umgeben. Über dem Kopf und mit dem Haar zusammenhängend das Zeichen des As I | Derselbe Kopf wie auf der Vs. aber l. und ohne das Zeichen des As. (Fox. 4641. Ohne Bezeichnung). |

Die Köpfe sind von aussergewöhnlich hohem Relief.

Semis

| 80 | 14-15 | 176,90 | Pegasus r., unter dem Bauche S | Pegasus l., unter dem Bauche ? (Rühle v. Lilienstern). |

Auf der Ks. befindet sich über dem Flügel des Pegasus eine wohl nur durch einen Gussfehler entstandene linsenförmige Erhöhung.

| 81 | 14½ | 161,40 | Pegasus r., das Werthzeichen unter dem Bauche ist undeutlich. | Pegasus l., unter dem Bauche S (4642). |

Triens

| 82–85 | 13½-13½ 13¾-14 13½ 13-13½ | 113,65 100,80 104,15 93,35 | Pferdekopf (mit dem Halse) r., darunter ●●●● | Pferdekopf (mit dem Halse) l., darunter ●●● (4643. Ohne Bezeichnung. 7198 in Agnone gekauft, angeblich in Pietrabbondante gefunden. 4644). |

Der Pferdekopf zeichnet sich durch besonders schöne Zeichnung und Ausführung aus.

Quadrans

| 86 | 13 | 90,20 | Eber r. laufend, unten ●●● | Eber l. laufend, darunter ●●● (Rauch). |

Sehr schönes Exemplar, von viel höherem Relief als die folgenden.

| 87–90 | 12½ 11½-12 12-12½ 11½-12 | 83,10 78,00 68,90 53,15 | Ebenso. | Ebenso. (4645. Arditi. 7199 in Agnone gekauft, angeblich in Pietrabbondante gefunden. Ohne Bezeichnung). |

Sextans

91-	11	57,60
97	9½-11	52,95
	9½-12	53,30
	11½	53,0
	11-11½	49,50
	10-11	51,85
	9½-10	49,0

Kopf eines Dioskuren mit dem Hute r., dahinter ⁚ | Kopf eines Dioskuren mit dem Hute l., dahinter ⁚ (Rühle v. Lilienstern. Ohne Bezeichnung. 28693. Arditi. 4646. R. v. L. B. Friedländer).

Die Köpfe sind sehr verschieden behandelt, der Hut bald spitz bald rundlich.

Uncia

98-	7-8	33,45
100	7	25,80
	5½-6½	22,50

Gerstenkorn aufwärts, l. • | Gerstenkorn aufwärts, r. • (Rühle v. Lilienstern. Gansauge. 4647).

Velecha

Über diese Stadt, welche wir nur aus den Münzen kennen, vgl. Friedlaender in den Annali d. Inst. 1846 S. 150 ff. und Taf. F, oskische Münzen S. 17 ff. und in der Wiener Numism. Zeitschr. I S. 257 ff., wo die folgenden Stücke beschrieben und abgebildet sind.

Die geprägten Münzen von Velecha s. unten am Ende von Campanien.

Triens

| 1 | 9-9¾ | 45,20 |

Jugendlicher Kopf von vorn (ohne Andeutung des Halses) von Strahlen umgeben; l. vielleicht die Spuren eines schräg gestellten Speeres (?). Unten l. und r. je zwei Werthkugeln. | Є (vielleicht ЄЄ, recht undeutlich) über einem Pferdekopfe (mit Hals) l. Unter demselben •••• (Peytrignet).

Von sehr mangelhafter Erhaltung.

Sextans

2	7-7½	24,47	Jugendlicher Kopf von vorn, von einem Strahlenkranz umgeben (Helios); am Halse scheint Gewand angedeutet zu sein. L. unten, schräg gestellt, der obere Theil einer Lanze wie es scheint. Unter dem Kinn • •	CE unter einem Pferdekopfe (mit Hals) l.; im Felde l. ⁝ (2887b).

Vgl. Cat. of greek coins in the Brit. mus., Italy, S. 128, 9.

3	6	18,95 schlecht	Ähnlich der vorigen Münze (alles sehr undeutlich), aber wie es scheint ohne Andeutung des Halses.	Ebenso. (Peytrignet).

APVLIA

Luceria

Ältere Reihe (Libralfuss)

Triens

1	12½-13¼	100,00	Blitz.	Keule r. liegend, darüber • • • • (4676).

Quadrans

2	12-12½	84,25	Sechsstrahliger Stern.	Delphin l., darunter • • • (Arditi).

Uncia

3.4	8½-9	41,20 32,15	Frosch, von oben gesehen.	Ähre r. liegend, oben • (303/1875. Peytrignet).

				Semuncia
5-7	6½ 6-6½	23,05 20,63 durchlöchert und abgenutzt	Mondsichel.	Thyrsus mit flatterndem, zu einer Schleife geknüpftem Bande. (7288. 4683. 7450).
	5	15,0		

Jüngere Reihe (Vierunzenfuss)

As

| 8.9 | 13½ 13½-13½ | 73,75 62,85 | Kopf des unbärtigen Herakles r. mit dem Löwenfell bedeckt; am Abschnitt des Halses eine Keule l. | Springendes Pferd, r.; oben achtstrahliger Stern, unter dem Bauche des Pferdes ⌄ (4678. 7432). |

Auf der Ks. des zweiten Exemplars ist unterhalb des r. Vorderhufes des Pferdes ein längliches Zeichen, welches Friedlaender als 'kleine Keule' bezeichnet, gewiss aber nur einem Gussfehler seine Entstehung verdankt.

Quincunx

| 10-14 | 9-9¼ 9-9½ 9 8½-9½ 8-9 | 40,50 36,20 34,05 33,45 30,32 oxydirt | ✕ | ✕⌄ (7284. 7636. 7285. 4679. 5875). |

Dargestellt sind wohl die vier Speichen eines Rades; das Rad kommt auch auf dem geprägten Quincunx von Luceria vor.

Triens

| 15-17 | 8 8-8½ 7-8 | 36,27 31,35 25,25 | Blitz. | Zackige Keule r. liegend; oben ••••, unten ⌄ (5876. 4680. Rühle v. Lilienstern). |

Quadrans

| 18-20 | 8 6½-7 6½-7 | 27,50 18,50 oxydirt 18,48 beschädigt | Achtstrahliger Stern. | Delphin r.; oben •••, unten ⌄ (Gansauge. 7286. B. Friedlaender). |

Auf dem zweiten Exemplar steht nach dem ⌄ nur scheinbar ein Punkt; es ist die Kieferflosse des Delphins.

| 21 | 6-7½ | 18,72 | Ebenso. | Ebenso, doch hier L statt ⌄ (4681). |

			Sextans	
22.	6-7	18,60	Kammmuschel (die obere	Knöchel; oben ••, unten Ⱶ
23		17,97	Schale).	(7287. Rühle v. Lilienstern).
			Uncia	
24-	5-5½	11,05	Frosch, von oben gesehen.	Ähre r. liegend; oben •, unten
26	4½-5½	10,70		Ⱶ (Peytrignet. 7637. 4682).
	4½-5	8,25		
			Semuncia	
27.	3½-4	7,65	Mondsichel.	Thyrsus mit einer Band-
28	4	7,48		schleife; den Stab des
				Thyrsus bildet der Buch-
				stabe Ⱶ (Rauch. 7449).

Die geprägten Münzen von Luceria vgl. unten.

Venusia

Die folgenden Stücke gehören verschiedenen Serien an, vgl. Mommsen Münzwesen S. 244.

			Quadrans	
1	12½-13	86,95 abgenutzt	Kammmuschel (die obere	Drei Mondsicheln mit den
			Schale).	convexen Seiten einander
				berührend. (Peytrignet).

Dieses Stück ist wie das bei Garrucci Taf. LXV,7 abgebildete schriftlos.

			Sextans	
2	10½-11	61,15 abgenutzt	Delphin l., darunter ••	Delphin l., darunter ••
				(Peytrignet).
3	7½-8	25,23	Delphin l., darüber ••	Delphin l.; oben \E, unten •• (4689).
4. 5	6½	14,32	Mondsichel.	Mondsichel. (Peytrignet.
	6½-7	13,02		7638).

Beide Exemplare sind nicht ganz gut erhalten, scheinen aber sicher schriftlos zu sein wie das bei Garrucci Taf. LXV,8 abgebildete; vgl. Cat. of greek coins in the Brit. mus., Italy, S. 60 n. 46

Die geprägten Münzen von Venusia vgl. unten.

Ausculum?

Die Zugehörigkeit der folgenden Stücke zu Ausculum in Apulien oder Asculum in Picenum ist völlig unsicher, vgl. Mommsen Münzw. S. 248. Technisch sind sie dadurch merkwürdig, dass sie mehr oder weniger alle nach dem Gusse mit dem Grabstichel bearbeitet erscheinen; nichtsdestoweniger blieben sie sehr roh.

Triens

| 7-8 | 29,55 | Blitz von roher Form. | |

(7634 in Barletta gekauft).

Quadrans

| 6½ | 23,42 | Derselbe Blitz. | |

(Peytrignet).

Sextans

| 5½-6 | 20,95 | Derselbe Blitz. | |

(235/1880).

Uncia

| 4 | 11,45 | Derselbe Blitz. | |

In der Fabrik von den vorigen gänzlich verschieden und wohl auch nicht hergehörig ist das folgende sauber gegossene Stück.

| 5½-6 | 13,12 12,15 | Heroldstab mit ganz kurzem Griff. | |

(28693).

[Beide Exemplare stammen aus dem Funde von Vicarello, dies deutet vielleicht auf eine campanische Herkunft. Der Caduceus hat eine eigene Form, die sich ähnlich auf kleinen Münzen die man Eresus zutheilt wiederfindet. FRIEDLAENDER]. Derselbe Caduceus auf einem Stücke mit glatter Ks. im Cat. of greek coins in the Brit. mus., Italy, S. 61 n. 50.

Unbestimmte Stücke

As

| 1 | 18-18½ | 283,50 beschädigt | Löwenkopf von vorn, im Rachen ein Schwert (Griff rechts) haltend. | Pferdekopf mit Hals l. auf einer schmalen Basis; oben l. Spuren eines Heroldstabes. (11436). |

Das Stück entspricht dem bei Garrucci Taf. XLI, 1 abgebildeten; als Fundort wird gewöhnlich Praeneste angegeben.

Semis

| 2 | 14-14½ | 128,72 beschädigt | Stierkopf mit dem Halse r. (der Kopf ist etwas nach vorn gewendet). | Prora r., im Felde r. S (4684). |

Triens

| 3 | 13-13¾ | 94,05 nicht gut | Eberkopf r., umher vier Werthkugeln (nur drei sind sichtbar). | ⋮ Leier ⋮ (4688). |

Quadrans

| 4 | 13 | 67,0 | Helm r. mit hohem Busch und herabhängenden Seitenklappen; umher drei Werthkugeln. | Kantharos, von drei Werthkugeln umgeben (eine oben, je eine unten l. und r.). (Rauch). |

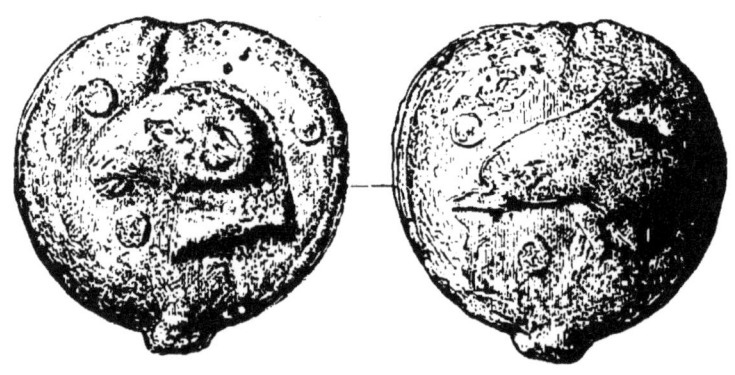

| 5 | 13 | 77,60 oxydirt | Widderkopf mit Hals l., umher drei Werthkugeln. | Delphinkopf mit Hals l., umher drei Werthkugeln. |

Sextans

6	11½	57,80	Verzierter Dreizack ohne Schaft. Im Felde l. und r. je eine Werthkugel.	Anker (oben und unten mit einem Ringe versehen) zwischen zwei Werthkugeln. (28693).

7. 8	10-11 8½-11	53,70 39,85 ein Stück fehlt	Schildkröte (von oben gesehen); im Felde l. und r. je eine Werthkugel.	Schlangenkopf (mit Hals) mit Kamm und Bart r., auf einer schmalen Basis. Im Felde l. und r. je eine Werthkugel. (4666. 28643/18).

Die grosse Ähnlichkeit der Ks. dieses Stückes mit der Ks. des As n. 1 spricht sehr für die Zugehörigkeit zu derselben Reihe.

9	10	55,95	Lanzenspitze, senkrecht; im Felde r. ⋮	Verzierter Dreizack ohne Schaft. (Fox).
10	9-9½	38,98 beschädigt	Lanzenspitze, senkrecht; im Felde l. ⋮	Verzierter Dreizack ohne Schaft. (4687).

Uncia

11. 12	9-9½ 9	32,0 25,42	Keule, senkrecht; im Felde r. •	Pentagramm, in dessen Mitte • 4686. 7193 in Agnone gekauft, angeblich in Pietrabbondante gefunden).
13. 14	8½-9	27,0 zerfressen 22,60 gut	Kanne mit einem Henkel; im Felde l. •	Pedum, senkrecht; im Felde l. • 4667. 28693).
15. 16	7-7½ 6½-7	23,57 22,55	Die Vs. ist wie ein Rundschild gestaltet; in der Mitte als Buckel ein •	卐 (28693, beide aus dem Funde von Vicarello).

Semuncia?

17	5-6	12,47 beschädigt	Käfer, von oben gesehen.	Vierblättrige Rosette oder Blume. (4668).
18	5-5½	10,77 oxydirt	Traube.	Lanzenspitze. (4690).

Semis

19	8-9	36,65	Jugendlicher männlicher Kopf von vorn, von Strahlen umkränzt (Helios). Im Felde: l. $\vdots$, r. ein undeutliches Beizeichen (Anker?).	Mondsichel, darüber ein grosser neunstrahliger Stern (die Strahlen endigen in Punkte; auch zwischen je zwei Strahlen ein Punkt). Unter der Mondsichel sechs Werthkugeln (hinter der letzten Werthkugel ein kleines undeutliches Zeichen ?). (7746).

In Potenza erworben, zusammen mit dem folgenden Stück. — Garrucci, welcher unser Exemplar auf Taf. LXVI, 7 abbildet, fasst das undeutliche Beizeichen auf der Vs. als den Buchstaben Ɔ auf (S. 36 n. 7) und theilt desshalb das Stück Velecha zu. Auch Friedlaender hat dieses Stück mit Velecha zusammengebracht, und zwar 'des Typus der Vs. und der Fabrik' wegen; in der Wiener numism. Zeitschr. I S. 260 (vgl. Taf. II, 6) wies er auf die Typenähnlichkeit mit der in Campanien geprägten uncia (Kopf des Sol von vorn — Mondsichel mit zwei Sternen, ROMA: ebenda Taf. II, 5) hin. Die Typenähnlichkeit der blossen Vs. genügt nicht, dieses schriftlose Stück Velecha zuzutheilen; dazu ist es in der Fabrik etwas verschieden, auch roher als die Velechaner Stücke. — Die beiderseitigen Typen finden sich übereinstimmend auf der Sescuncia von Venusia.

Sextans

20	5½-6	14,72	Zwei undeutliche menschliche Gestalten, wie es scheint mit einander ringend. Im Felde l. ⁝	Zwei Mondsicheln (Rücken an Rücken), in jeder ein Stern. Unten •• (7747, in Potenza gekauft).

Vgl. Garrucci Taf. LXVI n. 11—14.
Der Typus der beiden Ringer kommt ähnlich auf
Silbermünzen von Aspendus vor.

Uncia

21	5½-6	13,10	Männlicher Kopf l. mit kurzem, lockigem Haar (äusserst roh); dahinter wie es scheint •	Breites, gleichschenkliges Kreuz von einem Kreise umschlossen, vielleicht Rad. (Rühlev.Lilienstern).

Garrucci Taf. LXVI n. 15.

Triens

22-	4½	9,58	Ungewisser Gegenstand (gleichmässig dick, an den Enden abgerundet, halbmondförmig gekrümmt; etwa wie eine Niere oder Bohne).	• •
24	4	7,22		• •
	4-4½	5,77		(28693 zwei Exemplare, aus dem Funde von Vicarello. 5572).

Garrucci Taf. XLIV n. 9.

Die geprägten Münzen

ETRVRIA

Eine tabellarische Zusammenstellung der etruskischen
Münzen bei Deecke Etruskische Forschungen (zweites
Heft: das etruskische Münzwesen).

Cosa

Über die seltenen Münzen von Cosa vgl. Eckhel
d. n. I S. 90; Mommsen röm. Münzwesen S. 210 und 315;
Sambon S. 126; Garrucci S. 74 ff. Ihre Typen entsprechen
denen campanischer Münzen mit der Aufschrift ROMANO;
sie sind daher sowie ihres Aussehens wegen für campanisch gehalten worden, obgleich man nicht weiss wo diese
Stadt Cosa gelegen hat. Garrucci theilt sie dem im vul-
center Gebiet gelegenen Cosa zu und hebt besonders hervor, dass sie wiederholt in Etrurien vorkommen, in Campanien dagegen nicht gefunden werden. Auch Gamurrini
berichtet (in den Notizie degli scavi 1888 S. 688) die
Münzen von Cosa mehrfach in Orbetello gesehen zu
haben. Der Fundort spricht also entschieden für Etrurien.

Es ist darüber gestritten worden, ob auf diesen Münzen Cosa oder Coza, Cosano oder Cozano zu lesen
ist (vgl. Annali d. Inst. 1880 S. 171 Anm.). Die folgende
Münze ist in dieser Hinsicht besonders werthvoll, weil
sie den fraglichen Buchstaben ein Mal in der Form Z
(also unzweifelhaft s) giebt, das andere Mal als Z gestaltet; damit scheint denn doch ausser Zweifel gesetzt
zu sein, dass das Z nichts anderes als eine etwas unge-
wöhnliche Form des Z ist. In der Kaiserzeit findet sich
auf Inschriften Z oder Σ für S nicht selten.

1	Æ. 3-4	5,08	AZOƆ vor dem Kopfe der Athena l. (korinthischer Helm mit Busch). Im Felde r. ein Stern. Perl-kreis.	ˮΛ AZ OƆ Gezäumter Pferdekopf (mit Hals) l. (Fox).

Taf. I, 1.

Von ziemlich rohem Styl, zumal die Vs.

Peithesa

Den nur aus den Münzen bekannten Namen Peithesa
hat man auf verschiedene Städte zu beziehen versucht;
auch der Fundort dieser Münze wird verschieden angegeben, nach Gamurrini (vgl. Corssen in Sallet's Zeitschr.
f. Numism. III (1876) S. 22) kommt sie einzig und allein
im Thale der Chiana zwischen Arezzo und Bolsena vor.
Vgl. Friedlaender in Pinder's und Friedlaender's Beiträgen
zur älteren Münzkunde S. 165 und Garrucci S. 58.

1	Æ 3	3,45	Undeutlicher Kopf r. (wohl Hermes wie auf den folgenden).	ꟙꟙ𐌏𐌉𐌔𐌉 (r., abwärts). Eule mit angelegten Flügeln etwas nach r., den Kopf von vorn. (6974).

In Rom gekauft, doch der Patina nach sicher nicht
dort gefunden.
[Die Münze ist in Lanzi Saggio di lingua etrusca,
2. Ausg., II Taf. I, 11 abgebildet, das ꙮ war undeutlich, Marchi und Tessieri Supplementtaf. cl. III 7 haben
seine Abbildung wiederholend ein T aus dem ꙮ gemacht! — Ein andres Exemplar mit richtiger aber unvollständiger Aufschrift in Caronni Viaggio a Tunis Taf. IV,7,
und wiederholt Wiczay Katalog I S. 16 Nr. 320, danach
Mionnet S. I 204, 53. Nach Caronni: Avellino Giornale
num. I S. 9 und nach Avellino Mionnet S. I 204, 54,
dies ist also immer das eine Caronni'sche Exemplar.
(Wiczay's Katalog nennt linkshin, was sonst rechtshin heisst, Mionnet hat dies nicht beachtet. Daher sind
die Beschreibungen abweichend von einander). — Ebenso
irrig, dass die Eule auf einem Blitz stehen soll; es sind
die Krallen der Eule, siehe Carelli Taf. X, 2 und 3. Ein
Exemplar, ebenda Nr. 1, hat die Aufschrift auf der Vs. —
Wiczay Th. I S. 16 Nr. 321, danach Mionnet S. I 204, 55,
hat ein Exemplar, auf dem angeblich die Eule eine Maus
hält — gewiss auch irrig. Friedlaender.]

2. 3	Æ 3	2,9 2,75	Kopf des Hermes r. mit geflügeltem petasus. Perlkreis.	Ebenso, Schrift unvollständig. (Fox, 2 Exemplare).
4	Æ 3	2,65	Ebenso.	Ebenso, doch ohne Schrift. (Fox).
5-8	Æ 3	2,95 2,9 2,35 2,3	Lorbeerbekränzter Kopf des Apollo r. mit Köcher am Nacken; vor dem Halse L oder ⊏. Perlkreis.	Eule mit angelegten Flügeln etwas nach r. (Kopf von vorn); r. neben den Füssen ⊏. (6706. 11302. 11421. 28706b).

6706 in Rom gekauft, doch wie die Patina beweist,
gewiss nicht daher. 11302 in Florenz erworben.
[Obwohl diese Münze nur den Anfangsbuchstaben 1
hat, lässt doch ihre Ähnlichkeit in Fabrik und Typen
mit den vorhergehenden nicht zweifeln, dass sie der-

selben Stadt gehören. Abgebildet bei Hunter 62, VIII;
Carelli X, 4; Marchi-Tessieri Supplementtaf. cl. III, 8,
doch immer ohne das 1 auf der Vorderseite. FRIEDLAENDER].
Sicher ist das gleichschenklige Zeichen < nicht, wie
Friedlaender meint, der Anfangsbuchstabe 1, sondern
wahrscheinlich das Zahlzeichen Λ. So steht z. B. auf der
kleinen etruskischen Goldmünze mit der Aufschrift ᴙƎᴙ
(abgebildet in Pinder's und Friedlaender's Beiträgen zur
älteren Münzkunde Taf. V, 1) auf beiden Seiten ein Λ,
und zwar auf der Vorderseite vor dem Halse des weiblichen Kopfs wie auf unseren Münzen von Peithesa.

Populonia

Die einseitige Prägung ist eine Eigenthümlichkeit der bisher Populonia
zugetheilten Münzreihe.[*]) Die Rückseite der Gold- und Silberstücke ist
meist glatt ohne irgend welches Zeichen; bei den Silbermünzen finden sich
auf der glatten Fläche öfters Höcker, Buckeln und andere gewiss nur bedeutungslose Zeichen, nicht selten erscheinen darauf sich kreuzende Linien,
selten bildliche Darstellungen (Polyp, Keule). Der Umstand, dass sich alle
diese Zeichen, bildliche und bedeutungslose, am Schrötling fast immer weit
ausserhalb seines Mittelpunkts befinden und daher meist unvollständig ausgeprägt sind, ebenso wie die Thatsache, dass die Rückseiten ohne jegliche
Spur eines Perlkreises oder einer Umrandung sind, berechtigen zu der Annahme, die Rückseite sei nicht besonders geprägt worden. Sie ergab sich
vielmehr bei der regelrechten Ausprägung der Vorderseite ganz von selbst
und fiel verschieden aus, je nachdem der Schrötling auf einer mehr oder
minder glatten oder mit vertieften Zeichen versehenen Fläche lag. Belch-
rend sind in dieser Beziehung unser Silberstück n. 9, sowie die im Cat.
of greek coins in the Brit. mus., Italy, S. 2, 6 und bei Garrucci Taf.
LXXII, 9. 10 abgebildeten Exemplare, auf deren Rückseiten die nächst
dem Rande befindlichen Strichtheile gewiss nur die Enden der kreuzähn-
lichen Zeichen sind, deren einige mehr oder weniger vollständig zur Ausprägung kamen; die Unterlage also, auf welcher der Schrötling bei der
Prägung sich befand, war mit einer grösseren Anzahl solcher Zeichen versehen. Ähnlich verhält es sich mit der im Londoner Catalog (Italy) S. 396, 1
abgebildeten Münze.
Friedlaender sprach den auf Gold-, Silber- und Kupferstücken Etruriens
meistens als vierstrahlige Sterne erscheinenden Zeichen jede Bedeutung als
Werthzeichen ab (Pinder und Friedlaender, Beiträge zur älteren Münzkunde
S. 176). Doch steht jetzt fest, dass Zahlzeichen auf etruskischen Münzen
vielfach vorhanden sind (vgl. Mommsen Gesch. d. röm. Münzwesens S. 216 f.;
Gamurrini im Periodico di numismatica e sfrag. VI (1874) S. 58 ff.; Deecke
Etruskische Forschungen II S. 68 ff.; Falchi im Annuaire de la société
française de numism. et d'archéol. 1884 S. 291 und 295 f.; Kluegmann im
Bullettino d. Instituto 1877 S. 146 ff. und 49 f.; Garrucci S. 43 ff. und 49 f.).
Zwei den gewöhnlich Populonia zugeschriebenen Typen sehr ähnliche
Silberstücke theilt Falchi (a. a. O. S. 302 f.) der Stadt Vetulonia zu.

---

[*]) Vgl. indessen Falchi im Annuaire de la société française de numism. et d'archéol.
1884 S. 291 f., welcher einige Silberstucke mit glatter Ruckseite für Vetulonia in Anspruch nimmt.

Die folgenden schriftlosen Silbermünzen mit dem Typus der Gorgonenmaske werden auf Grund einiger mit **Puplana** oder **Pupluna** bezeichneten Exemplare (vgl. Garrucci Taf. LXXII, 15—17 und CXXV, 1) der Stadt Populonia zugetheilt.

1	Ⅿ 4½-6	7,8	Gorgonenmaske von vorn mit ausgestreckter Zunge, um das Haar ein Band. Darunter in der Mitte ✕ Perlkreis.	Glatt.	(8295).
2	Ⅿ 4½	6,92	Ebenso, doch ist das Haar der Gorgo anders behandelt; das ✕ ist hier grösser und hängt nicht, wie bei dem vorigen Exemplar, mit dem Kinn der Gorgonenmaske zusammen. Perlkreis.	Glatt.	(Fox).

Taf. I, 2.

Sehr schönes Exemplar, das leichte Gewicht ist auffallend. — Diese beiden Münzen haben das ✕ in der Mitte unter dem Kinn der Gorgo, an einen »Stempelfehler« (Mommsen Gesch. d. röm. Münzwesens S. 217 Anm. 111) statt des an beiden Seiten des Kinns angebrachten ✕✕ anderer Exemplare ist also nicht zu denken; vgl. dazu Garrucci S. 50 n. 1. Über die Bezeichnung gleicher Nominale durch ✕ und ✕✕ vgl. Garrucci S. 43 und 49.

3	Ⅿ 4½-5	8,0	Ebenso, aber unten ✕ ✕	Glatt.	(4878).
4	Ⅿ4½-5½	8,3	Ebenso, aber unten O✕·Ⅰ·✕O Perlkreis.	Glatt.	(7853).

Vgl. Eckhel numi veteres anecdoti S. 11 Taf. I, 10 und 11. Cat. of greek coins in the Brit. mus., Italy, S. 3, 9.

Über die zu Anfang und Ende des Werthzeichens befindlichen Kreise vgl. die Vermuthung Garrucci's S. 46 und 50 zu n. 8.

5	Ⅿ 5	8,28	Ebenso, aber unten O✕·∶·✕O Perlkreis.	Glatt.	(28657/1).
6	Ⅿ4½-5½	8,1	Dieselbe Gorgonenmaske, aber, wie es scheint, ohne Diadem. Das Werthzeichen unter dem Kinn undeutlich, vielleicht eher Λ als ✕. Perlkreis.	Glatt.	(4441).

Garrucci Taf. LXXII, 6 scheint unserem Exemplar zu entsprechen.

Die nächstfolgenden Münzen haben auf der flachen Kehrseite einzelne Symbole oder undeutliche Zeichen.

| 7 | Æ 4-5 | 8,02 | Gorgonenmaske von vorn mit ausgestreckter Zunge, um das Haar ein Band oder Diadem, das wie eine Krone aussieht. Unten ∧ ✕ Perlkreis. | Zwei deutliche Polypen, ein ✕ und ein ● (Fox). |

Einen ähnlichen Kopfaufsatz hat die Gorgo auf den bei Garrucci Taf. CXXV n. 3. 4. 6 abgebildeten Exemplaren, von denen die beiden ersten auf der Ks. ebenfalls Polypen zeigen. — Das 1. Werthzeichen auf der Vorderseite ist etwas verwischt und undeutlich geworden, war aber wohl ∧; vgl. Garrucci Taf. LXXII, 7. — Zum Typus der Kehrseite vgl. Mionnet I S. 101, 44 und Taf. LXII, 10, vielleicht dasselbe Exemplar.

| 8 | Æ 4 | 8,08 | Gorgonenmaske von vorn mit ausgestreckter Zunge, um das Haar ein Band; unten ✕ ✕ Perlkreis. | Ein ziemlich regelmässiges grosses ✕ (an einem Balken desselben einige gewiss bedeutungslose Verästelungen). (4900). |

| 9 | Æ 4½-5 | 8,12 | Ebenso. | Drei grosse ✕ und an dem Rande zwei kurze Striche. (28657/2). |

Ganz ähnlich Garrucci Taf. LXXII, 9. 10.

| 10 | Æ 4½ oxydirt | 6,30 | Ebenso, doch sind die Werthzeichen unter der Maske nicht ganz deutlich (✕ ✕). | Seitwärts Reste undeutlicher Zeichen (drei parallele schräg gestellte Striche). (Fox). |

| 11 | Æ 4-4½ | 8,05 | Ebenso, das eine Zahlzeichen (r.) nicht ausgeprägt. Perlkreis. | Auf der glatten Fläche einige unklare, gewiss bedeutungslose Zeichen. (8187). |

| 12 | Æ 4½ | 8,0 | Ebenso, aber zwischen den beiden ✕ scheint ein kleines undeutliches Zeichen zu sein. | Glatt, doch am Rande ein unregelmässig runder Buckel. (8188). |

| 13 | Æ 3 | 4,15 | Gorgonenmaske von vorn (ohne Band im Haar) mit ausgestreckter Zunge; darunter ein mit dem Kinn zusammenhängendes Λ Perlkreis. | Glatt. (890/1878). |

Taf. I, 3.

[Das Haar der Gorgo ist hier kurz, ähnlich wie bei der Gorgo auf den Münzen von Neapolis in Macedonien. FRIEDLAENDER].

| 14 | Æ 2 | 1,81 oxydirt | Die Gorgonenmaske, langhaarig wie gewöhnlich, aber ohne Diadem; darunter IIC Perlkreis. | Glatt. (891/1878). |

Taf. I, 4.

Ähnlich, doch ohne Werthzeichen, das bei Sambon Taf. III, 3 abgebildete Pariser Exemplar. Genauer stimmt mit dem unseren ein Exemplar des British mus. (Cat. of greek. coins, Italy, S. 396, 2) überein, auf welchem wohl dieselben Werthzeichen sein dürften (nach der Abbildung III): dieses Exemplar wiegt etwa 2,06. Das bei Garrucci Taf. LXXII, 5 abgebildete Exemplar der Sammlung Luynes soll II£ haben.

Ob die folgenden Silbermünzen, zumal die kleinen (diese sämmtlich jüngeren Styls), auch Populonia gehören, ist ungewiss.

| 15 | Æ 4-4½ | 7,41 abgenutzt | Kopf des jugendlichen Herakles von vorn mit dem Löwenfell bedeckt. Perlkreis. | Glatt. (Rauch.) |

Dieselbe Münze bei Mionnet VII Taf. LXII, 8 und Garrucci Taf. LXXII, 27, falls nicht auf diesen wie auf dem Berliner Exemplar die Werthzeichen infolge der unvollkommenen Prägung unsichtbar sind: vgl. Cat. of greek coins in the Brit. mus., Italy, S. 1, 1—3.

| 16. | Æ 3-3½ | 4,08 | Weiblicher Kopf r. mit gleich- | Glatt. (Rauch. Fox). |
| 17 | 3½ | 3,75 stempelfrisch | mässig breitem Diadem und Ohrgehänge (dreifach gegliedert); dahinter X (in dieser Stellung: +). Perlkreis. | |

Taf. I, 5.

18	Æ 3-4½	3,5	Ähnlicher Kopf r., dahinter dasselbe Werthzeichen, so gestellt X. Einfacher Kreis wie es scheint.	Grosser Polyp. (21360).
19	Æ 3-3½	3,4	Kopf des Apollo l. mit Lorbeerkranz (drei Blattreihen). Das im Felde r. befindliche X ist hier nicht sichtbar.	Auf der glatten Fläche mehrere unter einander gestellte und allmälig mehr hervortretende schräge Striche; das Ganze einer gewundenen Keule einigermassen ähnlich. (6776).
20	Æ 3-4	3,1 abgenutzt u. stark oxydirt	Ebenso.	Glatt. (6656).
21	Æ 3-4	3,93	Derselbe Kopf, aber roher, dahinter X Einfacher Kreis.	Glatt, doch beim Rande eine kegelförmige Erhöhung. (17939).
22	Æ 3½-4½	4,27 mit Oxyd	Ähnlicher Kopf, besseren Styls; dahinter + Einfacher Kreis. Taf. I, 6.	Ebenso. (Fox).
23.	Æ 2⅓	1,9	Bärtiger Kopf r. mit sehr schmalem Kranz im Haar. Perlkreis.	Glatt. (Fox. 6657).
24	2-2½	1,9 abgenutzt		

Beide Exemplare aus demselben Stempel. Ob das hinter dem Kopfe befindliche 7 das etruskische Zahlzeichen Λ ist, oder ob es die kurzen Bändchen des Kranzes sind, ist schwer zu sagen. In ähnlicher Weise sind die Spitzen des Kranzes über der Stirn gebildet, so ∠. — Vgl. Cat. of greek coins in the Brit. mus., Italy, S. 8, 4 (wo der Kranz richtig wiedergegeben ist), weniger gut Garrucci Taf. LXXIII, 12.

Sextans

25	Æ 6¼-7	9,6 oxydirt	Kopf des jugendlichen He-rakles r., ein Band umgiebt das Haar; am Halse die Keule. Perlkreis.	ΛVꓘ1[V1] unten. Bogen, Pfeil (die Spitze l.), ••, Keule (linkshin) unter einander. (Prokesch).
26.	Æ 6¼	12,1	Athenakopf r. (korinthischer Helm mit Busch); darüber ••	ΛꓦVꓘ1V1 unten. Eule mit angelegten Flügeln r. (Kopf von vorn) auf zwei Werthkugeln stehend; l. im Felde schräg gestellte Mondsichel zwischen zwei Sternen. Einfacher Kreis wie es scheint. (5050. 8199).
27	6¼-7	10,7 ab-genutzt		
28	Æ 6	9,8 ab-genutzt	Ebenso.	Ebenso, doch ist die Schrift verwischt bis auf ꓛNꓦꟷ (wie es scheint). (6664).

Triens

| 29 | Æ 6¼-7 | 8,2 | Kopf des Hephaistos (unbärtig) r., um den spitzen Hut Spuren eines Kranzes; hinter dem Kopfe X, vor der Stirn vielleicht ein • (oder ist es eine Locke?). Perlkreis. | ꟷꓘ1V1 von rechts beginnend. Zange und Hammer senkrecht neben einander, dazwischen ⦂ Perlkreis. (5066). |

Wie es scheint sind auf diesem Exemplar Spuren von Überprägung sichtbar. — Der Spitzhut scheint oben mit einem Aufhängsel versehen zu sein (wie auf den Münzen von Aesernia). — Über die Bezeichnung mit X und ⦂ vgl. Garrucci S. 56, 7.

30	Æ 6	7,45 stark oxydirt	Ebenso, mit deutlichem Kranz um den Hut und einem • (oder Locke?) vor der Stirn.	Ebenso, nur ist die Schrift gänzlich verwischt und die Werthkugeln sind wenig sichtbar. (5052).
31	Æ 6½	11,4	Ebenso, nur ist die Stelle vor der Stirn schlecht ausgeprägt und der • nicht zu sehen.	Ebenso, die vier Kugeln deutlicher. (Fox).
32	Æ 6¼-7	9,5 etwas ab-genutzt	Ebenso.	Ebenso, nur drei Werthkugeln sind sichtbar. (Fox).

Geprägt ist diese Münze auf ein Exemplar des vorhergehenden Typus mit Athenakopf und Eule. — Dass hier nur drei Kugeln erscheinen, hat wohl in der Überprägung seinen Grund. Dicht unter der dritten Kugel tritt der Helm der Athena hervor.

33	Æ 6½-7	9,6 etwas abgenutzt	Kopf des Hermes r. mit dem Flügelhut, um den Hals ist der Mantel geknüpft; hinter dem Kopfe Mondsichel. Perlkreis.	////.VꝴꝲⅤ[1], darunter ⟋X. Diese Aufschrift steht zwischen zwei nach entgegengesetzten Richtungen liegenden Heroldstäben, welche am Griff mit einer Schleife versehen sind. (21352).

. Geprägt auf ein Exemplar des Typus mit Athenakopf und Eule, von dem auf der einen Seite das Profil der Athena, auf der anderen die Kugeln unter der Eule nebst Αꝰ übrig geblieben sind.

Die Werthkugeln, welche auf der Vs. verschiedener Exemplare unter oder neben dem Hermeskopf sichtbar sind (vgl. Eckhel numi vet. anecd. I S. 11 Taf. II, 1; Sambon S. 55, 83; Garrucci Taf. LXXIV, 8. 9), sind Reste des früheren Gepräges.

Die Form des kleinen Zeichens neben dem X ist nicht ganz sicher; ein Pariser Exemplar hat eher ⟋X und so auch die bei Garrucci Taf. LXXIV, 8. 9 abgebildeten Exemplare. Seine Bedeutung ist unklar; vgl. was Garrucci S. 56 darüber vermuthet.

34	Æ 6-6½	7,6 stark oxydirt	Ebenso, doch schlecht ausgeprägt, daher die Mondsichel nicht sichtbar.	Ebenso, nur dass die Heroldstäbe hier in umgekehrter Richtung liegen. Von der Schrift ist ////Vꝴ1Ⅴ[1] ////X sichtbar. (8200).

Auch dieses Exemplar ist auf den Typus mit Athenakopf geprägt.

Vetulonia

Über die Münzen von Vetulonia vgl. besonders Falchi Vetulonia et ses monnaies im Annuaire de la société française de numismatique et d'archéologie 1884 S. 193 — 209, 281 — 311, 1885 S. 5 — 39.

1	Æ 6	10,3	ꝴↆ𐤀ꓕ (l., abwärts) und Ⲓ𐤍 vor der Stirn. Jugendlicher Kopf r. mit einem Thierfell bedeckt, welches eher ein Wolfsfell zu sein scheint als das eines Löwen; unter dem Halse •• Perlkreis.	Grosser aufgerichteter Dreizack ohne Griff, dessen äussere Zinken mit zwei abwärts gerichteten Delphinen ornamental verbunden sind. L. und r. je ein • Einfacher Kreis. (6671).

Dieses Exemplar ist bei Pinder und Friedländer, Beiträge zur älteren Münzkunde auf Taf. V, 4 abgebildet und S. 164 besprochen. Friedländer liest, gestützt auf das sehr styllos und fehlerhaft bei Carelli Taf. IX, 8 abgebildete Exemplar, ИVᑌᑊᛋ; Corssen dagegen (in Sallet's Zeitschrift f. Numism. III (1876) S. 9 und 10) möchte die Schrift Vatl(unn), Ui(pis) d. h. Vetulonia, Vibius deuten.

Über den mit einem Thierfell bedeckten Kopf handelt Falchi im Annuaire 1884 S. 288.

2	Æ 5-6	10,2	Ebenso (von der Schrift ist nur ᛌᛏᛉᛋ zu sehen).	Ebenso. (363/1885)

Taf. I, 7.

In Colonna unweit Grosseto gefunden, wo diese Münze häufig vorkommt; vgl. Falchi im Bull. d. Inst. 1884 S. 29 ff.

3-5	Æ 6	11,0 10,75 10,2	Ebenso, mit undeutlicher Schrift.	Ebenso. (Rauch. Fox. 5435).

6	Æ 6-7	8,25 oxydirt	Jugendlicher Kopf r. mit einem Thierfell bedeckt, das mit einer kammartigen Mähne versehen ist (ähnlich gebildet wie bei dem Greif). Dahinter : Perlkreis.	Derselbe Dreizack, dieselbe Werthbezeichnung. Einfacher Kreis. (Rauch).

Diese Münze ist von sehr roher Arbeit. — Vgl. Cat. of greek coins in the Brit. mus., Italy, S. 14, 13.

7	Æ 3½-4	6,5	ᛛᛋ (mit kleinen, ziemlich verwischten Buchstaben) unter demselben Kopfe. Perlkreis wie es scheint.	Derselbe Dreizack, doch ohne Werthkugeln. Einfacher Kreis. (Rauch).

Von zierlicher Arbeit. — Auf einem Exemplar in

Florenz ist die Beischrift ⟩𝖱𝖠𝟥 'Abdruck in Berlin; vgl.
Corssen in Sallet's Zeitschr. f. Numism. III (1876) S. 8).
Nach Falchi Annuaire 1884 S. 290 ist der Kopf »cou-
verte d'écailles de poissons«.

Unbestimmte Münzen Etruriens

1	Æ 6-8	16,33 oxydirt	Löwe mit geöffnetem Rachen und ausgestreckter Zunge l., im Begriff etwas zu packen oder zu verzehren; der Schwanz endigt in einen grossen züngelnden Schlangenkopf mit Bart und Kamm. Der Strich, welcher den Abschnitt bildet, besteht aus einem Perlstabe zwischen zwei einfachen Linien. Perlkreis. Taf. I, 8.	Glatt. (Fox.

Fox unedited or rare greek coins S. 9, 4 und Taf. I, 4.
Vgl. Cat. of greek coins in the Brit. mus., Italy,
S. 7, 1 mit Schriftspuren auf der sonst glatten Kehrseite,
welche von Garrucci S. 44 und 48 n. 15 »𝖍𝖔𝖤𝖭 (N e t h u)«
gelesen werden.
    Der Löwe soll nach dem Londoner Catalog mit
einem Horn versehen sein (?); unser, sowie das bei Garrucci Taf. LXXI, 16 abgebildete Florentiner Exemplar
haben übereinstimmend einen alterthümlich stylisirten
Löwen mit dem oben beschriebenen Schweif. Ob dieses
Mischwesen Chimaira genannt werden kann, bleibt zweifelhaft, da jede Andeutung der Ziege fehlt.

    Die zu der folgenden Reihe (Rad — Anker und Rad
— Doppelbeil) gehörigen gegossenen Stücke s. oben S. 4 ff.

Uncia

2. 3	Æ 5-5½	8,4 6,65 (dieses Ex. stark oxydirt)	Rad mit sechs Speichen, zwischen zwei derselben •	Anker, oben und unten mit einem Ringe versehen; l. •, r.) Perlkreis. (Friedländer. Rauch).
4. 5	Æ 5-5½ 5½-6	8,9 8,9 etwas verletzt	Ebenso.	Derselbe Typus; l. •, r. 𝟜 Perlkreis. (Fox. 3973).

    Vgl. Cat. of greek coins in the Brit. mus., Italy,
S. 23, 3 und 4.

6	Æ 5	8,75	Rad mit sechs Speichen; zwischen denselben in einem Zwischenraume • und in dem zweitfolgenden vielleicht ⅃	Doppelbeil ohne den Stiel, l. •, r.). Perlkreis. (5409).
7. 8	Æ 5-6 5	8,85 8,15	Rad mit sechs Speichen, zwischen zwei derselben •	Doppelbeil ohne den Stiel; l. •, r.). Perlkreis. (Ohne Bezeichnung. Rauch).
9	Æ 5	6,8 stark zerfressen	Rad mit sechs Speichen, zwischen zwei derselben •	Doppelbeil ohne den Stiel, l. •, r. ⅃. Perlkreis.

Vgl. Cat. of greek coins in the Brit. mus., Italy, S. 19, 5.

Semuncia

10. 11	Æ 3½	4,5 4,85	Rad mit sechs Speichen.	Doppelbeil ohne den Stiel, r. ⅃. Einfacher Kreis. (Ohne Bezeichnung. Rauch).

Vgl. Cat. of greek coins in the Brit. mus., Italy, S. 19, 9.

12	Æ 3-3½	3,65 etwas abgenutzt	Ebenso.	Ebenso, aber r. V (Fox).

Vgl. Cat. of greek coins in the Brit. mus., Italy, S. 19, 11, doch hat das Doppelbeil auf unserem Exemplar keinen Stiel.

Zu den folgenden Stücken mit incusen Typen auf der Ks. vgl. Garrucci Taf. LXXV, 1—10.

13	Æ 10-11	31,7 sehr stark oxydirt und beschädigt	Bärtiger, bekränzter Kopf r., dahinter ✳. Das Ganze war von einem Kranze umgeben, von dem nur noch geringe Spuren sichtbar sind.	Infolge der Oxydirung unkenntlich gewordener vertiefter Typus. (Rauch).

Der bärtige Kopf der Vorderseite hat die grösste Ähnlichkeit mit dem Kopfe auf den kleinen Silberstücken S. 40 n. 23. 24; es könnte wohl Poseidon sein. Über das Werthzeichen ƆIC = 100 vgl. Gamurrini im Periodico di numismatica e sfrag. VI (1874) S. 62 Anm. 2. — Auf der Kehrseite war ein Seepferd r. dargestellt, vgl. Garrucci Taf. LXXV, 1.

[Zwei verwandte Münzen sind in Diamilla memorie numismatiche Heft I S. 9 Taf. I, 1 und Heft II S. 45

Taf. IV, 2 publiciert, sie haben auch ⅃ʞ, und die eine hat
auf der Kehrseite ein Seepferd, vertieft, welches der
Herausgeber nicht erkannt hat; ich habe die Münze in
Rom gesehen. Herkunft und Fabrik zeugen dafür, dass
diese Stücke etruskisch sind. Auch in Micali's monumenti per servire alla storia degli antichi popoli italiani,
1832, Taf. CXV, 9, 10, 13 sind drei verwandte Münzen
abgebildet: sie haben neben den Köpfen XX und X, und
zwei von ihnen haben einen ebenfalls vertieften Adler
auf der Kehrseite. FRIEDLAENDER].

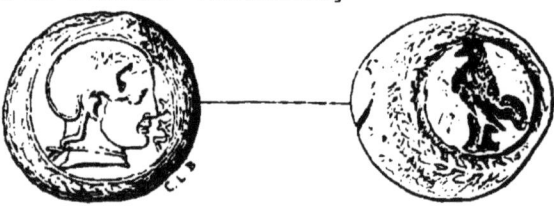

| 14 | Æ 6-7 | 11,5 ziem- lich ab- genutzt | Jugendlicher weiblicher Kopf (wohl Athena) r. mit enganliegendem Helm (ohne Busch), um den Hals eine Schnur (l. am End- punkt derselben das Zei- chen ⟩, welches hier wohl als Schleife der Schnur auf- zufassen sein wird), vor dem Kopfe ΛXX. Einfacher Kreis. | Hahn l. stehend, vertieft. Um- her, erhoben aus vertieftem Grunde, ein Kranz. (Rauch). |

An der Stirn des behelmten Kopfs ist wie es scheint
ein Zeichen eingepresst (oder eine zufällige Verletzung?).

| 15 | Æ 6 | | Ein gleiches undeutliches und stark angefressenes Exem- plar. (500'1871). |

[Der Schrötling hat bei beiden Exemplaren im Durchschnitt die Form ⌒. — Das erste Exemplar hat der
frühere Besitzer in den Mittheilungen d. numism. Gesell-
schaft in Berlin Heft 1 S. 16, Taf. I, 2 als Münze von
Kroton publiciert. FRIEDLAENDER.]

| 16 | Æ 3-3½ | 2,5 | Jugendlicher, wohl weibli- cher Kopf r. mit eigen- thümlich geordnetem Haar; davor ⟨\\ (d. h. 2½). Perlkreis von einem Kran- ze umgeben. | Auf einem etwas convexen Schild ein vertieftes Rad (?) von sechs Speichen (oder sechsstrahliger Stern). (Rauch). |

Taf. I, 9.
Das Exemplar des Museum Fontana (Sestini descr.
di medaglie gr. del museo Fontana III Taf. I, 1). — Ähnlich

der jugendliche Kopf auf den kleinen Populonia zugetheilten Silberstücken im Cat. of greek coins in the Brit.
mus., Italy, S. 4, 18 und 22, auf letzterem dasselbe Werthzeichen wie auf unserer Kupfermünze.

Zu den folgenden Münzen mit Elephant und Spitzhund bemerkt Friedlaender folgendes. »Mionnet S. I
S. 208, 76. 77 hielt die Buchstaben für phönizische und
glaubte die Münzen in Afrika geprägt. Sestini sagt in der
Lettera all' estensore del catalogus musei Regis Daniae,
Seite 3, sie würden bei Arezzo, Cortona, am trasimeni-
schen See gefunden:˙ Wenn das nur sicher wäre! Einige
habe ich in Campanien gesehen, viele nicht; der Fabrik
nach würde man sie eher für campanisch als etruskisch
halten, doch sind die Münzen von Tuder ihnen ähnlich.«
Garrucci S. 46 glaubt, dass die Münzen mit dem
Elephanten zur Zeit des Pyrrhus geprägt wurden.

17	Æ 4	5,15	Mohrenkopf r., dahinter Ⱳ Perlkreis.	Elephant r. stehend, mit einer Glocke am Halse; unter dem Bauche Ⱳ Perlkreis. (5410).
18	Æ 4	5,8	Mohrenkopf r. Perlkreis. Taf. I, 10.	Ebenso, aber hier Ⱳ (der Perlkreis nicht sichtbar). (6673).
19	Æ 4	6,9	Ebenso.	Ebenso, aber unter dem Bauche des Elephanten Ⱳ (Fox).

Vgl. Cat. of greek coins in the Brit. mus., Italy,
S. 15, 19.

20	Æ 4	4,45	Ebenso.	Ebenso, doch unter dem Bauche ⅃ (Fox).
21	Æ 4	5,65	Ebenso.	Ebenso, aber hier) Perlkreis. (8851).
22	Æ 4	5,95	Ebenso.	Ebenso, doch hier) (Fox).
23	Æ 4	6,25	Ebenso.	Ebenso (der Buchstabe hier zerstört). (4512).
24-27	Æ 2½-3	1,6 / 2,55 / 1,85 / 2,65	Kopf des jugendlichen He-rakles r. mit dem Löwen-fell bedeckt. Perlkreis.	Spitzhund nach l. laufend, unter seinem Bauche Ⱳ Perlkreis. (5408. 6784. Rauch. Fox).

Ob auf der Vs. wirklich der Kopf des Herakles mit
dem Löwenfell dargestellt ist, kann bezweifelt werden;

vielleicht hat Garrucci S. 59, 8—10 Recht, wenn er den Kopf als 'testa giovanile coperta della pelle di cane pomerano, la cui figura è rappresentata al riverso in atto di correre' bezeichnet. Unsere Exemplare sind alle nicht gut genug erhalten, um sicher urtheilen zu können. Ein laufender Spitzhund findet sich als Typus der Ks. auch auf der bekannten etruskischen Goldmünze mit dem Namen velsu.

28	Æ 3	3,2	Kopf des jugendlichen Herakles r. mit dem Löwenfell bedeckt. Perlkreis. Vgl. Sambon S. 55, 77.	Spitzhund nach l. laufend, unter dem Bauche ﹥ Perlkreis.

VMBRIA

Ariminum

Über die Münzen von Ariminum vgl. Garrucci S. 76. Die gegossenen Stücke s. oben unter aes grave S. 7.

1	Æ 4½	6,25	Bärtiger Kopf (des Hephaistos?) l. mit langem Haar und bekränztem Spitzhut. Um den Hals Theil des vorn geknüpften Gewandes. Perlkreis.	ARIM im Abschnitt. Gallischer Krieger nach l. weit ausschreitend, am l. Arm einen grossen länglichen Schild, welcher fast den ganzen Körper verdeckt und unter welchem vorn das in der einen Hand geführte Schwert (schräge Stellung), hinten die Scheide desselben vorragt. Auf dem Schilde ein Buckel, welcher beiderseits in eine gerade Linie ausläuft. Perlkreis. (4981).

2	Æ 4	5,15	Ebenso.	Ebenso, nur hat auf diesem Exemplar der Krieger ganz sicher einen torquis um den Hals. (6130).

3.4	Æ 4 4-5	4,65 oxydirt 7,15	Ebenso.	Ebenso, nur ist keine Schrift sichtbar. Auf dem einen ◦ Exemplar hat der Krieger sehr deutlich ausgedrücktes langes Haar. (B. Friedlaender. Fox).
5	Æ 4	5,6 abgenutzt	Ebenso.	ARIMN im Abschnitt. Gallischer Krieger wie bei den vorigen, doch mehr vorn übergebeugt. Das Schwert hat horizontale Lage, auf dem Schild kein Buckel. Perlkreis. (Rauch).
6	Æ 4	6,85 abgenutzt	Ebenso.	Ebenso, doch ist von der Schrift nur ARIM////// zu sehen. (Fox).

[Eckhel beschreibt in der doctrina den Krieger als behelmt, allein dies ist er nach den vorliegenden (und anderen genau beschriebenen) Exemplaren nicht. Er trägt nur das Haar lang wie die Köpfe auf den Stücken des aes grave bei Marchi und Tessieri cl. IV Taf. 1: diese haben ebenfalls den torques und auf den Kehrseiten ist das Schwert mit der Scheide und der grosse Schild dargestellt. Friedlaender].

Auf gut erhaltenen Exemplaren sind die Beine des gallischen Kriegers sicher nackt.

Irrthümlich wird in Mommsen's Münzwesen die nach einer Notiz Borghesi's auf einem Exemplar erscheinende merkwürdige Abweichung 'unter der r. Achsel (des Kriegers) ein längeres und ein kürzeres Schwert' als Typus für alle Münzen Ariminum's gegeben. Weder unsere noch andere bekannte Exemplare dieser nicht sehr seltenen Münze zeigen die von Borghesi beobachtete Variante, welche möglicherweise nur einem Doppelschlag ihre Entstehung verdankt.

Tuder

Tuder hat ausser den beiden folgenden und einer dritten Erzmünze (vgl. darüber besonders Garrucci S. 58, 16 und Taf. LXXV, 16) nur gegossene Stücke (vgl. oben unter aes grave S. 8 ff.), denn die Silbermünzen bei Passeri pict. Etruscorum in vasc. III S. LXXVIII, danach von Eckhel und Mionnet zweifelnd angeführt, und die bei Mionnet I S. 104, 65 beschriebene, sind gewiss falsch. Letztere ist ein Abguss der Kupfermünze.

1-4	Æ 3½-4	3,7 3,9 3,95 3,85

Kopf des bärtigen Silen (ohne Hals) r. mit herabhängenden Thierohren (wie es scheint Schweinsohren), epheubekränzt. Perlkreis.

ƎOƎ†V† (abwärts) vor einem Adler mit ausgebreiteten Flügeln l. Perlkreis. (Begerthes. Brand.III S.57. 5266. Rauch. Fox).

Das e ist bald Ǝ bald Ⴏ geformt. — Was einige für eine Werthkugel vor dem Kopfe des Silen gehalten haben, ist nichts anderes als eine Epheutraube, welche von dem Kranze über die Stirn hinausragt, wie das auch richtig von Garrucci S. 58, 17 hervorgehoben wird.

5.6	Æ 4	3,6 3,9

Ebenso, doch sind Bart und Haar freier behandelt, die Arbeit schöner.

Taf. I, 11.

Ebenso. (9011. B. Friedlaender).

7.8	Æ 2½-3	1,85 1,8

Kopf des jugendlichen Pan mit Ziegenohren und Ziegenhörnern r. Perlkreis.

ƎOƎ†V† (in umgekehrter Stellung) unter einem Füllhorn, aus welchem Ähren und Trauben herabhängen. Perlkreis. (5542.8157).

Vgl. Garrucci Taf. LXXV, 18 und S. 58.
Dem Gewicht nach ist dieses das Halbstück der voraufgehenden Münze.

PICENVM

Ancona

Über den Münztypus von Ancona vgl. Garrucci S. 76, 27.

1.2	Æ 4½-5 3½-4	9,95 5,6

Weiblicher Kopf r. mit Lorbeerkranz und Ohrgehänge; am Halse etwas Gewand. Hinter dem Halse M Perlkreis.

ΑΓΚΩΝ unter einem im rechten Winkel gebogenen r. Arm, die Hand hält einen grossen Palmzweig. Im Felde zwei achtstrahlige Sterne. (4979. 7862).

3.4	Æ 4 4½	6,9 oxydirt 7,55

Ebenso, nur ist das M nicht zu sehen.

Ebenso. (8662. Fox).

Das bei Garrucci Taf. LXXXII, 27 vom Haarzopf des weiblichen Kopfes herabflatternde Band ist auf keinem unserer Exemplare sichtbar.

LATIVM

Alba Fucens

Über die Münzen von Alba vgl. Garrucci S. 73.

1-2	Æ 2½	1,25 1,18	Kopf des Hermes mit grossem Flügelhut r.	AИBA unter einem r. rennenden Greif. (4836. Gansauge).

Beide Exemplare aus demselben Stempel.

Taf. I, 12.

Diese Münze ist verhältnissmässig sehr dünn und so geprägt, dass die Vorderseite convex, die Rückseite stark concav ist. — Die Arbeit ist nachlässig, zumal der Hermeskopf unschön. — Vgl. Fiorelli osserv. sopra talune monete rare Taf. I, 1; Mionnet I S. 106, 78 (kleiner); Cat. of greek coins in the Brit. mus., Italy, S. 44.

3	Æ 2	0,42 oxydirt und ein Stück ausgebrochen	Athenakopf r. (korinthischer Helm mit Busch).	AИBA (l., abwärts). Adler mit angelegten Flügeln r. auf einem Blitz stehend und den Kopf zurückwendend. (Rauch).

Auch diese Münze ist sehr dünn und auf der Kehrseite stark vertieft.

Die kleine Silbermünze mit 'Athenakopf r. — Adler mit ausgebreiteten Flügeln r. auf dem Blitz stehend' (Garrucci Taf. LXXXII, 18) s. unter den unbestimmten italischen Münzen.

Aquinum

1-3	Æ 4-4½	6,07 oxydirt 6,50 6,75	Athenakopf l. (korinthischer Helm mit Busch) mit langem, in der Mitte geknüpftem Haarzopf. Perlkreis.	AΩVINO (r., in einer geschwungenen Zeile abwärts). Hahn r.; l. im Felde ein grosser achtstrahliger Stern. Perlkreis. (7251. Beger thes. Brand. I S. 357. Fox).
4	Æ 4½	5,90 oxydirt	Ebenso.	ACVINO (r., in einer geraden Zeile aufwärts), sonst ebenso. (Rauch).

Signia

1	Æ 1½	0,54	Kopf des Hermes mit dem Flügelhut r.; unten am Halse ungewiss ob Theil des Gewandes oder etwas anderes, davor der Heroldstab.	SEIC unten. Bärtige Silensmaske l. und Eberkopf r. mit einander verbunden. (6973).

Auf der Kehrseite befinden sich unter dem Eberkopfe zwei gerade Striche, welche wohl den in den folgenden Exemplaren dargestellten Vorderlauf ausdrücken sollen.

2	Æ 1½	0,55 ein Stück ausgebrochen	Ebenso.	SEIC unter demselben Typus; doch ist hier unter dem Eberkopf ein Vorderlauf dargestellt. (Rauch).
3	Æ 1½	0,62	Ebenso.	SEIC, sonst ebenso. (Fox).

Ein von Capranesi (Ann. d. Inst. 1840 S. 207 und tav. d'agg. P, 2) bekannt gemachtes Exemplar, sowie die Londoner (Cat. of greek coins in the Brit. mus., Italy, S. 44) und die von Garrucci S. 73 erwähnten haben unter dem Halse des Hermes einen kleinen Delphin: unsere drei Exemplare zeigen an jener Stelle etwas undeutliches, das im ersten und dritten allenfalls für einen Delphin gehalten werden könnte, im zweiten aber eher ein Theil des am Halse geknüpften Gewandes sein dürfte. Der nur von Garrucci a. a. O. im Felde der Kehrseite bemerkte Buchstabe Λ (nach der Abbildung auf Taf. LXXXII, 20 vielmehr eine Art Pfeilspitze) 'segno monetale di minutissimo carattere e però omesso finora perchè non veduto' ist auf dem einen unserer drei Exemplare sicher nicht vorhanden; das zweite ist an jener Stelle nicht gut ausgeprägt; auf dem dritten vorzüglich erhaltenen Exemplar ist das kleine Zeichen vorhanden, aber sicher kein Λ. Es scheint vielmehr ein bedeutungsloses Zeichen zu sein, das zufällig in den Stempel gekommen ist (vgl. Sallet's Ztschr. für Numism. XIV 1886 S. 160).

SAMNIVM

Aesernia

1	Æ 4½	6,81	[A]ISERNIO vor dem Kopfe der Athena l.(korinthischer Helm) mit langem, in der Mitte geknüpftem Haarzopf; zwischen Hals und Helmbusch eine kleine Keule (aufwärts).	Adler mit ausgespannten Flügeln r., auf eine grosse, mehrfach gewundene Schlange tretend. Perlkreis. (4977).
2. 3	Æ 4½-5	6,81 6,44	Ebenso, doch ist die Schrift nicht lesbar.	Ebenso. (Peytrignet. Fox).

Gewiss irrthümlich giebt Sambon S. 188, 3 als Aufschrift dieses Münztypus AISERNINO an.
Über die Form Aisernio vgl. Friedländer osk. Münzen S. 24.

4	Æ 4½	6,15	AISERNINO vor dem lorbeerbekränzten Kopfe des Apollo l., dahinter Pentagramm.	Stier mit bärtigem Menschengesicht(von vorn) r. schreitend, von der darüber schwebenden Nike bekränzt; unter seinem Bauche N (Beger thes. Br. I S. 356).
5	Æ 4½	6,40	Ebenso. Perlkreis.	Ebenso, doch unter dem Bauche des Stiers T (Fox).

Vgl. Mionnet S. I S. 224, 186. Cat. of greek coins in the Brit. mus., Italy, S. 67, 5. Garrucci Taf. XC, 24.

6	Æ 4½-5	6,18	Apollokopf l., lorbeerbekränzt; dahinter kleiner länglicher Schild. Perlkreis.	ASERNINO (so) im Abschnitt. Stier mit bärtigem Menschengesicht (von vorn) r. schreitend, von der darüber schwebenden Nike bekränzt; unter seinem Bauche IΣ (5233).

Das sonst mit dem unsrigen völlig übereinstimmende Exemplar bei Mionnet S. I S. 224, 187 hat AISERNINO.

7	Æ 4½	5,65	Ebenso.	[A]ISERNIo im Abschnitt. Derselbe Typus, unter dem Bauche des Stiers nichts. (Gansauge).

8	Æ 4½-5	7,76	VOLCANO[M] vor dem Kopfe des jugendlichen Hephaistos r. mit bekränztem Spitzhut, welcher oben einen Aufhängsel hat; dahinter eine grosse Zange. Perlkreis.	[AI]SERNIM im Abschnitt. Zeus im Zwiegespann r., mit der L. die Zügel haltend, in der erhobenen R. den Blitz. (B. Friedländer).
9	Æ 4½	7,38	VOLCANOM vor dem hier l. gewandten Kopfe des jugendlichen Hephaistos mit bekränztem Spitzhut, welcher oben einen Aufhängsel hat; dahinter grosse Zange. Perlkreis.	[AIS]ERN〰〰 im Abschnitt, sonst ebenso. (Arditi).
10	Æ 5	7,43	Ebenso, doch hat der Spitzhut unten einen verzierten Rand.	[AISE]RNI[NO] im Abschnitt, sonst ebenso. (Fox).

Auf diesen drei Münzen sind die Rosse des Zwiegespanns viel bewegter (fast sich bäumend) dargestellt als bei den folgenden Typen.

| 11-16 | Æ 4½-5 | 7,32 7,41 7,30 7,42 6,80 beschädigt 6,98 | VOLCANOM vor dem l. gewandten Kopfe des jugendlichen Hephaistos mit bekränztem Spitzhut, welcher oben einen Aufhängsel hat. Dahinter grosse Zange. Perlkreis. Taf. I, 13. | AISERNINO im Abschnitt. Zeus im Zwiegespann r., mit der L. die Zügel haltend, in der erhobenen R. den Blitz. Über den Rossen schwebt r. eine kleine geflügelte Figur einen Kranz haltend. (5094. Fox. B. Friedländer, 2 Ex. 1327. Gansauge). |

Die Schrift ist nicht auf allen sechs Exemplaren vollständig ausgeprägt: doch sind sie gewiss identisch.

Auf einigen Exemplaren hat der Spitzhut unten einen verzierten Rand.

Die kleine Figur über den Rossen wird übereinstimmend als Nike bezeichnet (vgl. Mionnet I S. 107, 80; Sambon S. 188, 1; Cat. of greek coins in the Brit. mus., Italy, S. 67, 1; Garrucci S. 99 n. 20). Auf zwei Exemplaren unserer Sammlung jedoch scheint dieselbe nackt zu sein (so auch bei Garrucci Taf. XC, 20) und sieht eher wie Eros aus: vgl. meine Bemerkung in Sallet's Ztschr. für Numismatik XIV (1886) S. 164.

17-20	Æ 4½	8,45 6,85 7,06 7,81		

VOLCANOM vor dem l. gewandten Kopfe des jugendlichen Hephaistos; sein Spitzhut ist bekränzt, hat oben einen Aufhängsel und unten einen verzierten Rand. Dahinter Zange. Perlkreis. | AISERNIM im Abschnitt. Sonst ebenso. (5145. 7806. 28650. 28693).

Der Kopf des Hephaistos ist etwas breiter und derber gebildet als bei den voraufgehenden Typen.

Die kleine schwebende Figur ist nur auf einem Exemplar vorhanden (auch hier wäre man geneigt sie für Eros zu halten), ist aber auf den übrigen drei wohl nur desshalb nicht sichtbar, weil die Schrötlinge zu klein sind. Unsere vier Exemplare scheinen überhaupt aus demselben Stempel zu sein.

E statt E ist auf allen vier Exemplaren unzweifelhaft; das ə hält die Mitte zwischen der eckigen und runden Form. — Über Aisernim vgl. Fiorelli Ann. di numism. S. 104 ff. und Friedländer osk. Münzen S. 23 f.

21 Æ 4-4½ 7,57 | Ebenso, doch weicht der Hephaistoskopf etwas ab (er steht der Reihe mit Aisernino am nächsten) und der Spitzhut hat unten keinen verzierten Rand. | AISERNIM im Abschnitt, sonst ebenso (auch hier ist die schwebende Figur nicht zur Ausprägung gekommen). (7861).

Aquilonia

Vgl. ausser Friedländer osk. Münzen S. 53 f. besonders Garrucci S. 99 ff. welcher das Aquilonia unserer Münze unweit Agnone ansetzt.

1. 2	Æ 4½	7,71 6,50		

ΑϽΙΛΛVЯVХΠ vor dem Kopfe der Athena r. (korinthischer Helm mit Busch) mit langem, in der Mitte geknüpftem Haarzopf; zwischen diesem und dem Helmbusch ein kleiner runder, mit einem Rande versehener Schild. Perlkreis. | Behelmter, mit Rock und Panzer bekleideter Krieger, etwas l. gewendet; in der R. hält er eine Opferschale; am l. Arm ein grosser runder Schild, unter welchem ein bis zu den Füssen reichender Stab hervorhängt. Perlkreis. (6723. Fox).

Das erste dieser beiden Exemplare ist abgebildet und

besprochen in Friedländer osk. Münzen S. 54 und Taf. VII; es wurde in Neapel gekauft.
Der untere Theil des Haarzopfes der Athena ist merkwürdig stylisirt und sieht wie ein halber Blitz aus.
Der unter dem Schilde hervortretende stabähnliche Gegenstand wird von einigen für ein Schwert gehalten (so Friedländer a. a. O.; Cat. of greek coins in the Brit. mus., Italy, S. 68), andere erkennen darin eine Lanze (so z. B. Carelli S. 16). Ein Schwert ist es wohl nicht, da es bis zu den Füssen des Kriegers reicht; es dürfte also eher der Schaft einer kurzen Lanze sein, dessen oberer Theil durch den Schild verdeckt ist. Garrucci S. 100 f. hält das für einen kurzen Stock (hasta pura), wohl mit Recht. Dagegen scheint er nicht das richtige getroffen zu haben, wenn er den kleinen Rundschild hinter dem Nacken der Athena als Opferschale bezeichnet.
Über den opfernden Krieger vgl. Ch. Lenormant in der Revue numism. 1844 S. 255 f. und Garrucci S. 100 f.

Beneventum

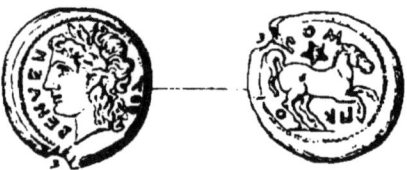

| 1. 2 | Æ | 4½-5 | 6,62 | |
| | | 4½ | 6,55 | |

BENVEN TOD Kopf des Apollo mit Lorbeerkranz l. Perlkreis.

ΠΡοΠοΜ Pferd r. springend, über seinem Rücken das Pentagramm. Die Schrift ist so vertheilt, dass ΠοΜ über dem Pferde, ΠΡο zwischen und hinter seinen Beinen steht. Perlkreis. (524/1875. Fox).

Millingen considérations S. 225 erklärt Propom für einen Magistratsnamen. Wie die Aufschrift der Ks. zu lesen ist, ist zweifelhaft: vgl. meine Bemerkung in Sallet's Zeitschr. für Numism. XIV 1886 S. 161.

Fistelia, s. unter Campanien.

Pitanatae Peripoli

Über die folgende Münze vgl. Mommsen röm. Münzwesen S. 119; Garrucci S. 98. Head hist. numorum führt die Münze, einer andern Meinung folgend, unter Bruttium auf (S. 91).

1	Æ 1¼-1½	0,67	Kopf der Hera (?) l. mit Diadem, Ohrgehänge und Perlschnur. Dahinter Æ Perlkreis. Taf. I, 14.	ΠΙΤΑΝΑΤΑΡ.░░░ Herakles r. knieend und den anspringenden Löwen mit beiden Armen würgend. (Peytrignet).

Die Münzen aus dem Bundesgenossenkriege

Über die folgenden Münzen vgl. besonders Friedländer osk. Münzen S. 68 ff.; Bompois les types monétaires de la guerre sociale, Paris 1873; Garrucci S. 102 ff. Die Grösse ist die der römischen Denare; Perlkreis beiderseits.

a. Mit oskischer Schrift

1	Æ	3,7	VIЧƎTҺЗ (abwärts) hinter einem lorbeerbekränzten weiblichen Kopfe l., mit Ohrgehänge und Perlenschnur um den Hals.	Stehender Mann von vorn (der Kopf r. gewendet) mit Helm und Mantel, stützt die R. auf eine umgekehrte Lanze, in der L. hält er das Schwert in der Scheide; den l. Fuss setzt er auf einen kleinen am Boden liegenden Gegenstand. R. daneben Vordertheil eines liegenden Stiers, etwas l. gewendet. Im Abschnitt Ⴂ (4811).

Über den Kopf auf der Vorderseite und die Figur auf der Kehrseite vgl. Friedländer osk. Münzen S. 76. Letztere trägt übrigens nicht einen Panzer, sondern ist am Oberkörper nackt (der Mantel, welcher um den Hals geknüpft ist und über den l. Arm in Falten herabhängt, verhüllt nur Rücken und Beine); ebenso sicher ist, dass die Lanze mit der Spitze nach unten gekehrt ist. In dem kleinen undeutlichen Gegenstande unter dem l. Fusse der Figur möchte Friedländer (nach Avellino im Bull. Napol. VI S. 79) ein Feldzeichen erkennen. Vgl. Bompois S. 88, Garrucci S. 103.

2	Æ	4,45	Ebenso.	Ebenso, aber im Abschnitt Ⴂ (28170/5).

3	Æ	3,82	Ebenso [ＶＩＪＥＴＨＪ (abwärts) hinter einem lorbeerbekränzten weiblichen Kopfe l., mit Ohrgehänge und Perlenschnur um den Hals].	Ebenso [Stehender Mann von vorn (der Kopf r. gewendet) mit Helm und Mantel, stützt die R. auf eine umgekehrte Lanze, in der L. hält er das Schwert in der Scheide; den l. Fuss setzt er auf einen kleinen am Boden liegenden Gegenstand. R. daneben Vordertheil eines liegenden Stiers, etwas l. gewendet], aber im Abschnitt 8 (4807).

Abgebildet in der Revue numism. 1845 Taf. V, 1; doch ist der 'petit disque devant la tête du guerrier' (S. 100) nichts anderes als eine zufällige im Stempel befindliche Verletzung, welche auch unser Exemplar hat.

4. 5	Æ	3,88 4,03	Ebenso.	Ebenso, aber im Abschnitt > (4802. 7216).

Beide Exemplare aus demselben Stempel.

6. 7	Æ	3,84 3,48	Ebenso, nur fehlt das Ohrgehänge.	Ebenso, doch im Abschnitt Я (4808. B. Friedländer).

Vgl. Garrucci Taf. XCI, 8.

8	Æ	3,28	Ebenso, mit Ohrgehänge.	Ebenso, doch im Abschnitt Ɛ (Dannenberg).

9	Æ	3,75	Ebenso.	Ebenso, doch im Abschnitt Ⅰ (4805).

Taf. I, 15.
Vgl. Bompois Taf. II, 1.

10-12	Æ	3,93 4,03 3,7	Ebenso.	Ebenso, doch im Abschnitt I (4806. Prokesch. 4817).

Die drei Exemplare aus demselben Stempel.

Auf dem einen Exemplar ist auf der Kehrseite der Typus der Vorderseite vertieft. [Bekanntlich ist diese auf der Kehrseite vertiefte Wiederholung des Typus der Vorderseite Folge davon, dass der Präger ein fertiges Stück vom Ambos zu nehmen vergass; so kam der eine Schrötling auf dem fertigen Stück zu liegen, und beim Hammerschlag drückte sich der Kopf des fertigen Stücks vertieft auf dem neuen Schrötling ab. Friedlaender].

13	Æ	3,82	Ebenso.	Ebenso, doch im Abschnitt ᴍ (4804).

14. 15	Æ	3,74 4,02	Ebenso.	Ebenso, doch im Abschnitt ᴎ (4809. 28693).

Beide Exemplare aus demselben Stempel.

16	Æ	3,76	Ebenso.	Ebenso, doch im Abschnitt Π (4810).
17. 18	Æ	3,74 3,95	Ebenso.	Ebenso, doch im Abschnitt Ψ (4803. Rauch).

Beide Exemplare aus demselben Stempel.
Über das auf dieser Münze vorkommende Zeichen
vgl. Friedländer osk. Münzen S. 76.

| 19 | Æ | 4,05 | Ebenso, doch steht ausserdem vor dem Halse ein ✕. | Derselbe Typus, aber mit der Umschrift ΟΙΛ ᛚᚺᛃᚢᛒ·Ιᚺ Im Abschnitt der Buchstabe ⊓, also vielleicht A oder Π (21234). |

Taf. I, 16.
Dieses Exemplar stammt aus der Northwick'schen
Sammlung und ist unter n. 30 in deren Katalog be-
schrieben. Vgl. Bompois Taf. II, 9.

| 20 | Æ | 3,8 abgenutzt | Ebenso (Schrift undeutlich). | Ebenso, die Umschrift undeutlich; im Abschnitt ein ziemlich sicheres 8 (17739). |

Auf einer Londoner Auction (12. Nov. 1855) erstanden
und in deren Katalog nicht genau beschrieben.

Andere in Abdrücken vorliegende Exemplare haben
in Abschnitt 8, das bei Garrucci Taf. XCI, 30 abgebildete aber Я.

Über diese Münzen vgl. Friedländer osk. Münzen
S. 77 f., die Abbildungen auf Taf. IX, 2 sind nach den
beiden Swinton'schen Exemplaren. — Die Lesung des
auf der Kehrseite befindlichen Gentilnamens ist nicht
ganz gesichert. Die meisten Exemplare haben den letzten
Buchstaben undeutlich oder unvollständig ausgeprägt,
nur ein von Avellino geschenes 'wohlerhaltenes' Stück
soll ᛚᚺᛃᚢᛒ gehabt haben (vgl. Bull. Napol. VI S. 79).
Wie es indessen mit der Glaubwürdigkeit dieser
Lesung steht, zeigt folgende Bemerkung Friedländers.
»Die beiden berliner Exemplare und der Abdruck des
von Avellino nur beschriebenen, nicht abgebildeten, in
meinen oskischen Münzen besprochenen Exemplars,
welchen ich nun auch mir verschafft habe, beweisen,
dass Avellino Unrecht hatte, das 'mr' des Swinton zu
leugnen, wie ich vermuthet; aber weder auf seinem noch
auf diesen beiden Exemplaren ist am Schlusse des Namens das von ihm angegebene 'l' deutlich, es könnte
auch ein 'i' sein, also 'ni.lúvki.mr' zu lesen sein.'*)
Ebenso zeigt der Abdruck von Avellino's Exemplar, dass
er irrig den Buchstaben im Abschnitt 'p' las, es ist ein
oskisches 'b'«. Vgl. auch Mommsen röm. Münzw. S. 590.

---

*) Für diese Lesung spricht auch das bei Bompois Taf. II, 9 abgebildete Exemplar. Vgl.
auch Garrucci S. 107. 30.

Das angebliche ·· A vor dem Halse der Italia auf dem einen Swinton'schen Exemplar erklärt sich wohl aus dem missverstandenen sternförmigen X.

| 21 | ℛ | 3,9 | ɈⱵTVHⱵ·Ͻ (aufwärts) vor einem weiblichen behelmten Kopfe l., mit Perlenschnur am Halse. | HꞀHⱵⱵ8RꞭ (in einer geraden Zeile aufwärts) an der l. Seite des Typus der vorhergehenden Münzen. Im Felde r. Ꞃ (7719). |

Besprochen und abgebildet bei Friedländer osk. Münzen S. 78 und Taf. IX, 3. Bompois Taf. II, 7.

| 22 | ℛ | 3,95 | Ebenso, doch steht der Name unten (etwas l.). | Ebenso, aber r. im Felde 8 (360/1872). |

Taf. I, 17.
Der dritte Buchstabe auf der Kehrseite hat hier die Form 8

| 23 | ℛ | 3,87 | ᗡVT ᖇᗡᕮHꞀᕮ·ɈⱵTVHꞀ (abwärts) vor einem weiblichen Kopfe r., mit Epheukranz und (auf diesem Exemplar verwischter) Stirnbinde. | [ꞀꞀ]ᖇᖇꞀ Ͻ im Abschnitt. Stier l., welcher eine zu Boden geworfene Wölfin mit den Hörnern stösst. (7524). |

In Friedländer-Sallet das Königl. Münzkabinet S. 203 n. 779 ist der Name im Abschnitt irrthümlich als 'g. paapi g' angegeben: das zweite 'g' fehlt hier wie auf dem Neapler Exemplar, welches von dem unseren nur darin abweicht, dass es die Gruppe der Kehrseite rechtshin gewendet zeigt. Über die Münze vgl. Friedländer osk. Münzen S. 80, Taf. IX, 6. Bompois Taf. II, 4. 5.

| 24. 25 | ℛ | 3,84 3,95 | Weiblicher Kopf r. mit Flügelhelm, Ohrgehänge und Perlschnur am Halse. Vor dem Halse das Denarzeichen X | VⱵɈƷTⱵƆ im Abschnitt. Die Dioskuren (mit Spitzhüten und flatternden Mänteln) r. sprengend, in den Rechten Lanzen haltend; über ihren Köpfen je ein Stern. (4855. 7238). |

Vgl. Friedländer osk. Münzen S. 81, 7 und Taf. IX, 7. Das dort erwähnte undeutliche Zeichen Ͻ vor dem Kopfe auf der Vorderseite ist nur eine zufällige Verletzung im Stempel. Ebenso dürfte das kleine wie ᨆ aussehende Zeichen unter den Vorderfüssen des einen Dioskurenpferdes, welches bei Bompois Taf. I, 12 abgebildete Exemplar und das eine unserer Sammlung aufweist, bedeutungslos sein. Beide Zeichen, das eine als L, das andere als ᨆ aufgefasst, hat das bei Garrucci Taf. XCI, 18 abgebildete Exemplar.

26 | Æ | 3,77 | ꓮꓼTVꟼꟼ (in gerader Linie) unter einem weiblichen Kopfe r., mit Flügelhelm, Ohrgehänge und doppelter Perlenschnur am Halse; dahinter ein Kranz und das Denarzeichen✳(schräg gestellt).

> · Iꟼꓶꓶꟼ · > im Abschnitt. Die Dioskuren nach entgegengesetzten Richtungen sprengend und zurückblickend, die Lanzen zur Erde gekehrt; über den (unbedeckten) Köpfen je ein Stern. (Fox).

Vgl. Friedländer osk. Münzen S. 81, 8 und Taf. IX, 8. Bompois Taf. I, 11. Irrthümlich bezeichnet Garrucci S. 107, 28 das Denarzeichen dieser und der ähnlichen Münze mit ITAꟼIA (vgl. unten n. 35) als 'astro a sei raggi da non confondersi colla nota del denaro'.

27. | Æ | 3,71 | ꓷVTꓵꓳꟅꟼꓱꟻ · ꓮꓼTVꟼꟼ (auf-
28 | | 3,95 | wärts) vor einem jugendlichen behelmten Kopfe l. (der Helm ist mit einer Feder oder Palmette verziert).

· > · Iꟼꓶꓶꟼ · > im Abschnitt. Zwei Krieger mit unbedeckten Köpfen, die Linken auf umgekehrten Lanzen stützend, berühren mit ihren Schwertern ein Ferkel (l. gewandt), welches ein zwischen ihnen knieender und r. aufwärts blickender Jüngling hält. (4812. Fox).

Taf. I, 18.

Vgl. Friedländer osk. Münzen S. 81, 9 und Taf. IX, 9. Bompois Taf. II, 3.

29 | Æ | 3,49 | Ebenso.

Iꟼꓶꓶꟼ · > (vollständig) im Abschnitt. Derselbe Typus, doch sind hier die Lanzen nach oben gekehrt. (21235).

In der Aufschrift der Vorderseite hat das 'm' die Form ꟼꟼ. Dieses Exemplar ist aus der Lord Northwick'schen Sammlung und in deren Katalog unter n. 30 verzeichnet.

30 | Æ | 4,04 | ꓷVTꓵꓯꟅꟼꓱꟻ · ꓮꓼTVꟼꟼ (aufwärts) vor demselben Kopfe.

Derselbe Typus, auch hier sind die Lanzen nach oben gerichtet. Im Abschnitt steht · Iꟼꓶꓶꟼ · >: auf den Punkt folgt etwas das wie eine Verletzung im Stempel aussieht, aber möglicherweise ein schlecht gerathenes > sein könnte. (28693).

Von roher Arbeit, besonders die Kehrseite.

31. 32	Æ	3,96 3,73	VИƷTƐ (abwärts) hinter einem behelmten Kopfe r. (den Helm schmückt eine Feder), mit schwachem Bart an den Wangen; um den Hals geknüpftes Gewand. Zwischen Hals und Helmbusch das Denarzeichen X	·>·ᕼᑎᖇᖇᑎ·> im Abschnitt. Vier Krieger mit unbedeckten Köpfen (zwei zu jeder Seite) berühren mit ihren Schwertern ein Ferkel (l. gewandt), welches ein zwischen ihnen knieender und r. aufwärts blickender Jüngling hält. (17737. Fox).

Beide Exemplare aus demselben Stempel.
Taf. I, 19.
Vgl. Friedländer osk. Münzen S. 82 und Taf. IX, 10.
Bompois Taf. II, 2. Garrucci S. 106, 21 fasst den eigenthümlich geformten Helmbusch als 'una filza di perle' auf.

33. 34	Æ	3,93 3,84	Weibliches behelmtes Brustbild l., mit Aegis; dahinter eine kleine stehende (schwebende) Nike, welche einen Kranz erhebt (d. h. Nike bekränzt den Athenakopf).	Stehender, bewaffneter Mann, genau wie auf den zu Anfang beschriebenen Münzen. Daneben l. ein Baumstamm, an dessen Ästen vier Schilde hängen; r. der Vordertheil eines r. rennenden Stiers. Im Abschnitt IIIIV (28688. Fox).

Vgl. Bompois Taf. III, 11. Friedländer osk. Münzen.
S. 79 mit anderen Zahlen im Abschnitt.
Die 'duplice armilla', welche Garrucci S. 105,6 am Arme des Kriegers erblickt, sind gewiss nur die Falten des um den Arm geschlagenen Mantels.

b. Mit oskischer und lateinischer Schrift

35	Æ	3,5	ITALIA (in fast gerader Linie) unter einem weiblichen Kopfe r., mit Flügelhelm, Ohrgehänge und doppelter Perlenschnur am Halse; dahinter ein Kranz und das Denarzeichen X (schräg gestellt).	·>·ᑁᑎᖇᖇᑎ·> im Abschnitt. Die Dioskuren, einer r., der andere l. sprengend und zurückblickend, die Lanzen zu Boden gerichtet, über ihren (unbedeckten) Köpfen je ein Stern. (12592).

Vgl. die oben n. 26 beschriebene Münze.
Dieses Exemplar hebt die von Friedländer osk.
Münzen S. 88, 21 ausgesprochenen Zweifel und berichtigt die daselbst nach Mérimée gegebene Abbildung.
Bompois Taf. I, 9.
Ob auf unserem Exemplar das 'I' in Italia spitzwinklig oder rechtwinklig war, ist nicht gut zu erkennen; Ł ist wahrscheinlicher.

c. Mit lateinischer Schrift

36.	Æ	3,75	Lorbeerbekränzter weibli-	ITALI[A] im Abschnitt. Italia
37		4,06	cher Kopf r., mit Ohrge-	auf Schilden (drei) l. sit-
			hänge und Perlschnur	zend, stützt die R. auf eine
			am Halse; davor X	Lanze und hält in der L.

das Schwert in der Scheide. Hinter ihr steht, sie bekränzend, Nike. Im Felde l. **F** (4813. 17738).

Beide Exemplare aus demselben Stempel.

Vgl. Friedländer osk. Münzen S. 85, 14 und Taf. X, 14. Diese und die beiden folgenden Münzen sind von sehr roher Arbeit.

38	Æ	3,70	Ebenso.	ITALIA im Abschnitt. Dieselbe Darstellung wie auf der vorhergehenden Münze, doch im Felde l. **Ⅎ** (28723).

Vgl. Bompois Taf. I, 7.

39	Æ	3,82	ITALIA (abwärts) hinter demselben Kopfe, vor welchem auch hier X	Italia auf drei Schilden l. sitzend, stützt die R. auf eine Lanze und hält mit der L. das Schwert in der Scheide. Hinter ihr steht, sie bekränzend, Nike. Im Abschnitt ein undeutlicher Buchstabe (N oder B?). (28956a).

Vgl. Friedländer osk. Münzen S. 85, 15. — Das bei Garrucci Taf. XCI, 11 abgebildete Exemplar hat im Abschnitt A.

40	Æ	3,92	ITALIA (abwärts) hinter einem weiblichen Kopfe r. mit Diadem, Lorbeerkranz, Ohrgehänge, Perlschnur und etwas Gewand am Halse; davor XVI	Derselbe Typus, doch verschieden behandelt. Im Abschnitt C (oder Q?) (4814).

Vgl. Friedländer osk. Münzen S. 85, 16 und Taf. X, 16 nicht ganz genaue Abbildung. Das Exemplar bei Garrucci S. 105, 14 hat im Abschnitte C.

Der weibliche Kopf dieser Münze ist den Denaren der Aemilia (Cohen Tafel I Aemilia 3) entlehnt.

Die Nike auf der Kehrseite ist bedeutend grösser als bei den vorhergehenden Typen.

41	Æ	4,05	Ebenso [ITALIA hinter einem weiblichen Kopfe r. mit Diadem, Lorbeerkranz, Ohrgehänge, Perlschnur und etwas Gewand am Halse; davor XVI].	Ebenso [Italia auf drei Schilden l. sitzend, stützt die R. auf eine Lanze und hält mit der L. das Schwert in der Scheide. Hinter ihr steht, sie bekränzend, Nike], doch ist der Abschnitt nicht zur Ausprägung gekommen. (Fox).
42	Æ	3,55	Ebenso.	Die Vorderseite vertieft. (4816).

43	Æ	3,96	ITALIA (aufwärts) hinter einem lorbeerbekränzten weiblichen Kopfe l., mit Ohrgehänge und Perlschnur.	Acht Krieger mit unbedeckten Köpfen (vier zu jeder Seite) richten ihre Schwerter nach einem Ferkel (r. gewandt), welches ein zwischen ihnen knieender und r. aufwärts blickender Jüngling festhält. Hinter diesem ist ein Feldzeichen aufgepflanzt, von dessen Spitze eine kleine Flagge weht. Im Abschnitt C (Rauch).

Vgl. Friedländer osk. Münzen S. 86, 18.

Der Kopf der Vorderseite entspricht genau dem Frauenkopfe der mit VIᴎƎTꟻƆ bezeichneten und zu Anfang dieser Reihe beschriebenen Münzen.

Der Typus der Rückseite weicht hier von den ähnlichen anderen hauptsächlich darin ab, dass die Krieger das Ferkel mit ihren Schwertern nicht berühren und dieses selbst nicht auf dem Schoosse des Jünglings (oder Soldaten?) liegt, sondern auf der Erde steht.

44	Æ	3,91	Ebenso.	Ebenso, doch im Abschnitt D (4794).
45	Æ	3,93	Ebenso. Taf. II, 20.	Ebenso, doch im Abschnitt E (4797).
46	Æ	3,81	Ebenso.	Ebenso, aber im Abschnitt M (4799).
47	Æ	3,76	Ebenso.	Ebenso, aber im Abschnitt N (4795).

48	R	4,09	Ebenso.	Ebenso, doch im Abschnitt Γ (4800).

Das bei Garrucci Taf. XCI, 2 abgebildete Exemplar hat im Abschnitt ein geschlossenes P.

49	R	3,76	Ebenso.	Ebenso, aber im Abschnitt Q (4798).

50	R	3,81	Ebenso.	Ebenso; im Abschnitt nichts, aber oben A X zu beiden Seiten des Feldzeichens vertheilt. (4793).

Vgl. Friedländer osk. Münzen S. 86, 18. Bompois Taf. I, 3.

51	R	3,91	ITALIA (abwärts) hinter einem lorbeerbekränzten weiblichen Kopfe r., mit Ohrgehänge und Perlschnur.	Derselbe Typus, doch ohne Buchstaben am Feldzeichen; im Abschnitt B V (301/1877).

Vgl. Friedländer a. a. O. Bompois Taf. I, 4.

52	R	3,91	ITALIA (aufwärts) hinter demselben Kopfe l.	Ebenso, doch im Abschnitt C T (4796).

Vgl. Friedländer a. a. O.

53. 54	R	3,75 3,85	ITALIA (aufwärts) hinter einem lorbeerbekränzten weiblichen Kopfe l., mit Ohrgehänge und Perlschnur. Vor dem Halse /	Ebenso, doch im Abschnitt III (4801. B. Friedländer).

Beide Exemplare aus demselben Stempel. Vgl. Friedländer osk. Münzen S. 86, 18. — Das auf der Vorderseite vor dem Kopfe befindliche Zeichen dürfte wohl bedeutungslos sein.

55	R	3,7	Ebenso, doch ohne das Zeichen vor dem Halse.	Ebenso, aber im Abschnitt IIII (Fox).

Vgl. Friedländer a. a. O.

d. Ohne Aufschrift

56	R	3,95	Lorbeerbekränzter weiblicher Kopf l., mit Ohrgehänge und Perlenschnur.	Ebenso, doch im Abschnitt II (Fox).

57	R	3,94	Ebenso.	Ebenso, doch im Abschnitt eine schlecht ausgeprägte Zahl, vielleicht IIII (28270).

| 58 | Æ | 3,71 | Ebenso [Lorbeerbekränzter weiblicher Kopf l., mit Ohrgehänge und Perlenschnur]. | Derselbe Typus [Acht Krieger u. s. w.], doch im Abschnitt X (4792). |

Vgl. Friedländer osk. Münzen S. 83, 12 und Taf. IX, 12. Garrucci Taf. XCI, 3.

| 59 | Æ | 3,92 | Weibliches behelmtes Brustbild r., mit Aegis; dahinter eine kleine stehende (schwebende) Nike den Kranz erhebend (d. h. Nike bekränzt den Athenakopf).

 Taf. II, 21. | Zwei Krieger die Hände sich reichend. Beide haben das Haupt unbedeckt und tragen einen Mantel über ihren Waffenröcken; der l. stehende (etwas kleinere) hält eine Lanze (schräg, die Spitze nach oben). R. davon Vordertheil eines Schiffes auf dessen Verdeck zwei Lanzen, zwei Schilde und eine Art von Flagge. Unter dem Kiel sind die Wellen angedeutet. Im Abschnitt IIII (28670/4). |
| 60 | Æ | 3,65 | Ebenso. | Ebenso, doch im Abschnitt Λ (7237). |

Vgl. Friedländer osk. Münzen S. 83, 13 und Taf. X, 13, wo die Angabe, dass die Lanze des einen Kriegers abwärts gekehrt sei, wohl auf einem Irrthum beruht. Mommsen röm. Münzw. S. 587. Bompois Taf. III, 5 und seine Bemerkungen auf S. 105 f. Garrucci S. 103 und 104 f. sowie S. 105 f. n. 15. 16 (vgl. dazu meine Bemerkungen in Sallet's Ztschr. für Numismatik XIV 1886 S. 172 f.).

---

e. Unbestimmte Münzen

| 61 | Æ | 4,21 | Brustbild eines Dioskurs r., mit bekränztem Hut (die Bänder des Kranzes sehr lang), darüber ein grosser Stern; auf der Schulter erscheint das Gewand geknüpft. | Weibliche behelmte Figur in langem Gewande mit Schild und Lanze auf einem r. rennenden Zwiegespann (ihre R. hält ausser der Lanze auch die Zügel). Unter den Pferden T (4815). |

Vgl. Friedländer osk. Münzen S. 88, 22 und Taf. X, 22. Bompois S. 110, 3 und Taf. III, 6; auf S. 52 ff. eine lange Untersuchung über den auf der Vorderseite dargestellten Kopf, in welchem Hephaistos erkannt wird.

| 62 | Æ | 4,04 | Ebenso. | Ebenso, doch unter den Pferden ein Widderkopf r. und Ɔ (Fox). |

Vgl. Bompois S. 111, 8 und Taf. III, 9.

| 63 | Æ | 4,02 | Ebenso. | Ebenso, doch unter den Pferden •• und ein Stierkopf von vorn. (Fox). |

Garrucci Taf. XCI, 4. Vgl. den ähnlichen Typus bei Bompois S. 111, 9 und Taf. III, 10.

FRENTANI

Frentrum

Vgl. Garrucci S. 101, welcher die Stadt am Fortore (Fluss zwischen Larinum und Luceria) ansetzt.

| 1-6 | Æ 4½-5 | 7,62
7,84
7,60
7,15
7,16
6,50 | ꓘƎOTИƎ08 (l., aufwärts). Hermeskopf mit Flügelhut l.; dahinter der Heroldstab. | ꓘƎOTИƎ08 im Abschnitt. Pegasus l. sprengend, darunter ein Dreifuss. (7017. Prokesch. 7280. 5075. 7295. Fox). |

Taf. II, 22.
Vgl. Friedländer osk. Münzen S. 41 f. und Taf. VI. Der Heroldstab fehlt bei einigen Exemplaren sicher nur zufällig wegen der Kleinheit des Schrötlings. Ohne denselben das von Garrucci beschriebene Exemplar (Taf. XC, 26).

Larinum

Quincunx

| 1-3 | Æ 6 | 12,63
13,45
11,30
etwas abgenutzt | Behelmter Kopf des jugendlichen Ares r. (korinthischer Helm mit Busch und Feder). Perlkreis. | ᴧADINoD unter einem in gestrecktem Galopp l. reitenden Krieger mit Spitzhelm, Rundschild und Lanze; hinter seinen Schultern flattert der Mantel. Hinter dem Kopfe des Kriegers V, im Abschnitt ••••• Einfacher Kreis. (Fox. B. Friedländer. Ohne Bezeichnung). |

Taf. II, 23.
Vgl. Friedländer osk. Münzen S. 44, 2 und Taf. VI, Larinum 2. — Der jugendliche Kopf auf der Vorderseite mit seinem nicht sehr langen, gelockten Haar, etwas Backenbart und den etwas porträtähnlichen Zügen ist früher irrthümlich für denjenigen der Athena gehalten worden: vgl. Imhoof-Blumer monn. grecques S. 5 Anm. 5. — Nach Friedländer a. a. O. und Cat. of greek coins in the Brit. mus., Italy, S. 70 Larinum 2 ist auf dem Schilde des Reiters ein Blitz dargestellt; unsere

Exemplare dieses wie des folgenden Typus zeigen nur einen gerstenkornförmigen Gegenstand von einer Anzahl länglicher Punkte umgeben.
Der Typus der Kehrseite findet sich auf Denaren der gens Manlia wieder.
Über das V auf der Kehrseite vgl. besonders Garrucci S. 102.

4-6	Æ 5½	10,75 9,95 10,13 alle nicht vollkommen	Jugendlicher behelmter Kopf r. mit etwas längerem Haar, vielleicht Athena (korinthischer Helm mit Busch). Perlkreis.	ᴘADINOD unter demselben Typus; das V fehlt hier. Im Abschnitt • • • • Einfacher Kreis. (1328. Gansauge. B. Friedländer).

Triens

7	Æ 6	10,73	Kopf des dodonäischen Zeus mit Eichenkranz r. Perlkreis wie es scheint.	ᴘAD[INO]D (r., abwärts). Adler mit ausgespannten Flügeln etwas r., auf einem Blitz stehend. Hinter dem Kopfe des Adlers V, unter dem Blitze • • • • Einfacher Kreis. (5926).

Auf der Kehrseite ein kleiner Rundstempel: achtstrahliger Stern.
Vgl. Friedländer osk. Münzen S. 45, 3 und Taf. VI, Larinum 3, wo fälschlich der Zeuskopf als lorbeerbekränzt bezeichnet wird.

8-10	Æ 4-4½	6,53 7,05 7,70	Bekränzter Zeuskopf r.	ᴘADINOD vor demselben Adler; unter dem Blitze • • • (Rauch. Peytrignet, 2 Ex.).

Wahrscheinlich ist auch auf diesen Münzen der Zeuskopf mit Eichenlaub bekränzt; unsere etwas unvollkommen erhaltenen Exemplare lassen das nicht mit Sicherheit behaupten.
Das 'I' ist fast rechtwinklig.

Quadrans

11	Æ 4½-5	9,03	Kopf des bärtigen Herakles r., mit der Löwenhaut bedeckt. Perlkreis.	ᴘADINOD unter einem r. galoppirenden bärtigen Kentaur, mit einem grossen Zweig auf der l. Schulter; hinter seinem Kopfe V Im Abschnitt • • • Einfacher Kreis. (6131).

Taf. II, 24.
Vgl. Friedländer osk. Münzen S. 45, 4 und Taf. VI, Larinum 4.

| 12. | Æ3½-4½ | 5,34 etwas ab-genutzt 6,63 | Ebenso, doch ist der Kopf anders behandelt. | LADINOD unter einem r. ga- loppirenden jugendlichen Kentaur, mit einem grossen Zweig auf der l. Schulter. Im Abschnitt ••• Einfacher Kreis. (6005. 17942). |
| 13 | 4 | | | |

Sextans

| 14. | Æ 3½ | 3,62 | Weiblicher bekränzter Kopf r. mit Ohrgehänge; das Hinterhaupt ist verschlei- ert. Perlkreis. | ЬADINOD unter einem r.sprin- genden Delphin; oben V, unter der Aufschrift •• Einfacher Kreis. (6006. Fox). |
| 15 | 2½-4½ | 5,01 | | |

Taf. II, 25.

Vgl. Friedländer osk. Münzen S. 45, 5 und Taf. VI, Larinum 5.

Den weiblichen Kopf bezeichnen Carelli (nach ihm Mommsen im röm. Münzw.) als Ceres, Friedländer als Iuno, der Cat. of greek coins in the Brit. mus. als Dione, Garrucci S. 102,34 als Thetis. Der Typus entspricht nicht recht demjenigen der Hera, er erinnert vielmehr an De- meter. Die Art des Kranzes müsste entscheiden: nach Carelli ist es ein Ährenkranz, die anderen nennen ihn Lorbeerkranz, und ein solcher scheint auch auf dem best- erhaltenen Exemplar unserer Sammlung sicher zu sein.

| 16. | Æ 4 | 5,15 | Ebenso. | LADINOD unter einem r. springenden Delphin; un- ter der Aufschrift •• Ein- facher Kreis. (28656/3. Fox). |
| 17 | 4½ | 5,68 | | |

Garrucci Taf. XC, 34 hat den Stadtnamen mit voll- kommen spitzwinkligem Anfangsbuchstaben; einen sol- chen zeigt jedoch nur der voraufgehende Typus mit V.

Uncia

| 18 | Æ 3-4 | 3,73 | Männlicher, etwas bärtiger Kopf r., mit Lorbeerkranz; dahinter V Perlkreis. | ЬADI (l., aufwärts) NOD (r., aufwärts). Füllhorn, in ei- nen gehörnten Thierkopf endigend; neben der Spitze ein • Einfacher Kreis. (Prokesch). |

Taf. II, 26.

Der Kopf ist sicher nicht derjenige des Apollo, wie er gewöhnlich bezeichnet wird (auch von Friedländer). Die ganze Kopfbildung, die stark markirten Züge, die

etwas spitz vortretende Nase und der auf unserem wohl-
erhaltenen Ex. deutlich vorhandene kurze Bart verleihen
dem Kopfe eine gewisse Porträtähnlichkeit.

19. 20	Æ 3	3,38 3,82	Bekränzter männlicher Kopf r. (Apollo?). Perlkreis wie es scheint.	ΛΔΙ (l., aufwärts) ΝΟD (r., aufwärts). Füllhorn, in einen gehörnten Thierkopf endigend; neben der Spitze ein • Undeutlicher Kreis. (5927. Peytrignet).

Vgl. Friedländer osk. Münzen S. 46, 6 und Taf. VI,
Larinum 6.

CAMPANIA

Campani

Vgl. über diese Münzen Friedländer osk. Münzen
S. 33 f.; Garrucci S. 87, der eine Stadt Campa am Volturno
annimmt; besonders Imhoof-Blumer in der Wiener Numism. Ztschr. XVIII (1886) S. 222 ff., welcher nachweist,
dass nicht, wie gewöhnlich angenommen wurde, Capua
die Prägestätte dieser Münzen gewesen ist, sondern
Neapolis.

1. 2 4	.R 4½	7,17 6,98 sehr verdorben und abgerieben	Weiblicher Kopf r., mit geknüpftem Haar, in welchem ein Band.	ΚΛΠΛVΛΟΣ über einem r. schreitenden Stier mit bärtigem Menschengesicht (Kopf im Profil, das l. Vorderbein ist erhoben); zwischen den Füssen eine Schlange (undeutlich) r. Doppellinie als Basis. (28688. 28689).

Beide Exemplare aus demselben Stempel.

Taf. II, 27.

Auf dem zweiten sehr verdorbenen Exemplar ist von
der Schrift nur wenig zu sehen; auf dem andern ist alles
deutlich bis auf den ersten Buchstaben, der fast wie ein
VΛ aussieht, aber doch wohl sicher die Ligatur von ΚΑ
ist (ΙΛ oder ΙΛ).

Die Lesung ΛΠΠΛVΛΟΣ der beiden bei Garrucci Taf.
LXXXVI, 19. 20 abgebildeten Exemplare ist ungenau, vgl.
Imhoof a. a. O. S. 223.

| 3 | Æ 4½ | 7,33 ab-genutzt | Athenakopf r. (der attische Helm mit einem Ölkranz verziert) mit kurzem, in der Mitte geknüpftem Haarzopf. | KAΠΓAИO ₹ (der letzte Buchstabe unter dem Stierkopf, in dieser Lage м) über dem r. schreitenden Stier mit bärtigem Menschengesicht (Kopf im Profil); zwischen den Beinen ein Kranich r. Doppellinie als Basis. (Fox). |

Vgl. Friedländer osk. Münzen S. 35, 4 und Taf. V, Campani 4 nach einem unvollkommen erhaltenen Pariser Exemplar.
Über das liegende ₹ vgl. Garrucci S. 87, 15.

| 4 | Æ 4½ | 7,3 ab-genutzt | Ebenso. | OИAΠMAᴎ über dem r. schreitenden Stier mit bärtigem Menschengesicht (Kopf im Profil); vor seinen Füssen ein Kranich r., unter seinem Bauche vielleicht die Spuren von Λ\ (Fox.) |

Vgl. Friedländer osk. Münzen S. 35, 2 und Taf. V, Campani 2.
Die Aufschrift ist etwas retouchirt, der erste Buchstabe kann also ursprünglich H gewesen sein (vgl. die Exemplare mit ₹—OИAΠMAH bei Imhoof a. a. O. S. 223 f.).

| 5 | Æ 4-4½ | 7,34 ab-genutzt | Ebenso. | ₹)ИAΠMA[H] über dem r. schreitenden Stier bärtigem Menschengesicht (Kopf im Profil); vor seinen Füssen ein undeutlicher Gegenstand. (Peytrignet). |

Der Gegenstand vor den Füssen des Stiers dürfte der r. gewandte Kranich sein und somit dieses Exemplar von dem voraufgehenden nicht verschieden sein (beide aus demselben Stempel?).

— — — — —

| 6 | Æ 5 | 7,16 ab-genutzt | Ebenso. | KAMΓAИO über dem l. schreitenden Stier mit bärtigem Menschengesicht (Kopf im Profil). Im Abschnitt ein Fisch l. (Fox). |

Vgl. Friedländer osk. Münzen S. 34, 1 und Taf. V, Campani 1: das dort erwähnte м hinter dem Stier ist auf unserem Exemplar nicht sichtbar, kann aber auch hier vorhanden gewesen sein. — Auch auf diesem Exemplar ist die Aufschrift etwas retouchirt.

| 7 | Æ 4½ | 7,45 etwas ab- genutzt | Ebenso [Athenakopf r. (der attische Helm mit einem Ölkranz verziert) mit kurzem, in der Mitte geknüpftem Haarzopf]. | KAMΠΑΝΟⅢ über dem l. schreitenden Stier mit bärtigem Menschengesicht (Kopf im Profil). Im Abschnitt zwei einander zugekehrte Zweige, welche von dem breiten Strich ausgehen, auf welchem der Stier steht. (Peytrignet). |

Unser Exemplar bei Imhoof a. a. O. Taf. V, 16 und bei Minervini osservazioni numism. Taf. IV,3 mit der Aufschrift KAMΠΑΝΟΝ; ein anderes Exemplar bei Sambon Taf. X, 2 mit KAMΠΑΝΟΣ. — Vgl. Garrucci S. 87, 15.

Allifae

Über Allifae vgl. nach Friedländer osk. Münzen S. 25 f. meine Numism. Beiträge in den Hist. und philol. Aufsätzen Ernst Curtius gewidmet, S. 250 ff.; Garrucci S. 95.

| 1 | Æ 1 nicht ganz so gross | 0,21 | Austernmuschel. | IƎΛΛΛ um ein Ⅺ vertheilt. (7787). |

Sehr rohe Münze.

Friedländer osk. Münzen S. 27, 3 und Taf. V, Allifae 3, handelt ausführlich über die bisher nur durch dieses Exemplar bekannte Münze und das auf derselben befindliche Zeichen Ⅺ; vgl. über dieses auch meine Numism. Beiträge (a. a. O. S. 252 Anm. 1).

| 2. 3 | Æ 1½ | 0,69 0,56 etwas abgebrochen | Jugendlicher Kopf (des Apollo?) r., mit ungewöhnlich breitem Lorbeerkranz; umher drei Delphine. Perlkreis. | ΑΛΛΙΒΑΝΟΝ über einer Scylla r. Sie hat an jeder Schulter einen Hundekopf, in der gesenkten R. hält sie einen Polyp, auf ihrer halberhobenen L. liegt ein Fisch. Unten eine Miesmuschel. Einfacher Kreis. (4916. Gansauge). |

Vgl. Friedländer osk. Münzen S. 28, 4.

4	Æ 1½	0,63	Ebenso.	ΛΛΛΙΒΑΝοΝ, deutlich; sonst ebenso, aber ohne Kreis. (7187).

Dieses Exemplar ist abgebildet bei Friedländer a.a.O. Taf. V, Allifae 4.

5. 6	Æ 2	0,62	Ebenso.	ΛΛΛΙΞΑΝΟΝ, sonst ebenso
	1½	0,66		(Fox, 2 Ex.).

Auf keinem der beiden Exemplare ist der fünfte Buchstabe recht deutlich, scheint aber eher 8 (oder 8?) gewesen zu sein als B.

7	Æ 1	0,62	Ebenso, aber verwildert.	ΛΛΙΒΑΝοΝ, deutlich; sonst ebenso. (Fox).

Der Schrötling ist fast viereckig. Die Schrift ähnlich auf einem in den Hist. und philol. Aufsätzen S. 249 erwähnten Exemplar. Der Apollokopf erscheint, gewiss nur in Folge der rohen Ausführung, bärtig, ebenso auf dem bei Garrucci Taf. LXXXIX, 41 abgebildeten Exemplar.

8	Æ 1-1½	0,63	Ebenso, aber verwildert.	ΛΛΒΛΜΟΝ deutlich; sonst ebenso. (4403).

Der Schrötling sehr unregelmässig, daher sind die Fische auf der Vorderseite kaum zu sehen. — Zur Aufschrift vgl. ein in den Hist. und philol. Aufsätzen S. 249 erwähntes Exemplar.

9	Æ 1½	0,72	Lorbeerbekränzter Kopf des Apollo l.; davor Rest eines Buchstabens der sich zu ꓷ ergänzen lässt (die vollständige Aufschrift dieser Münze ist ΑLLΙΒΑ).	Scylla mit doppeltem Gesicht r.: an jeder Schulter hat sie einen Hundekopf, in der gesenkten R. hält sie einen Polyp, auf der halberhobenen L. liegt eine Schneckenmuschel. Über und unter der Scylla ein Schwan r. (Fox).

Vgl. Friedländer osk. Münzen S. 28, 5 und Taf. V, Allifae 5; Cat. of greek coins in the Brit. mus., Italy, S. 73, 6: das Doppelgesicht der Scylla scheint auf keinem Exemplare deutlich gewesen zu sein, denn es wird nicht erwähnt. Erst auf dem bei Garrucci Taf. LXXXIX, 38 abgebildeten Exemplar ist das Doppelgesicht richtig erkannt (vgl. Sallet's Zeitschr. für Numism. XIV 1886 S. 166).

Ein Exemplar der im Londoner Catalog S. 74 n. 8
unter Alliba aufgeführten und abgebildeten Kupfermünze
'Tritonskopf l. — Scylla l., darunter A' sowie das ehemals
Fox'sche Exemplar 'Tritonskopf r. — Scylla l., darunter
A' (Fox unedited or rare greek coins Taf. I, 6 und S. 10 n. 6
Alliba zugetheilt) liegen in unserer Sammlung bei den
unbestimmten griechischen Münzen, da ihre Fabrik eher
nach Akarnanien hinweist. Garrucci (S. 161) giebt diese
Münzen nach Scylacium Bruttiorum.

Die im Londoner Catalog S. 73, Alliba n. 7 beschriebene und abgebildete kleine Silbermünze 'Athenakopf r.
— Scylla oder vielmehr Triton r.' habe ich zu den unbestimmten italischen Münzen gelegt.

Atella

Triens

1. 2	Æ 8½ 8½-9	24,38 27,63	Lorbeerbekränzter Kopf des Zeus r., dahinter ⦂ Perlkreis wie es scheint.	ꓘԀƷꓭ unter den Vorderfüssen der Rosse eines r. rennenden Viergespannes, in welchem Zeus steht: in der L. hält er das Scepter, in der erhobenen R. den Blitz. Hinter ihm eine kleine Nike die Zügel haltend. Im Abschnitt •••• Einfacher Kreis. (6659. Fox).

Vgl. Friedländer osk. Münzen S. 15, 1 und Taf. IV, Atella 1.

Sextans

3	Æ 7	13,53	Derselbe Kopf, dahinter ⦂ Einfacher Kreis.	ꓘԀƷꓭ im Abschnitt. Zwei Krieger (das Haupt ist unbedeckt, sie tragen Stiefel und über dem Waffenrock kurze Mäntel) einander gegenüber stehend halten mit den l. Händen zusammen ein Ferkel, mit der R. erhebt jeder sein Schwert senkrecht. L. im Felde ⦂ Einfacher Kreis. (218/1884).

Vgl. Friedländer osk. Münzen S. 16, 2 und Taf. IV, Atella 2. Spuren von Überprägung.

| 4-6 | Æ 6-7 | 10,63
11,05
13,35 | Ebenso, nur ist der Kopf
anders behandelt. Un-
deutlicher Kreis. | Ebenso. (28741. Rauch.
Dannenberg). |

Ebenso ist das bei Garrucci Taf. LXXXVIII, 6 abgebildete Exemplar. Ob der auf dieser Münze dargestellte Kopf wirklich derjenige des Zeus ist, kann bezweifelt werden; vielleicht wird er richtiger als Poseidon bezeichnet.

Uncia

| 7-9 | Æ 4½-5½ | 5,88
4,70
7,53 | Derselbe Kopf, dahinter • ꓩꓯꓯꓭꓤ im Abschnitt. Nike
Perlkreis. | r. stehend bekränzt ein
Trophaeon; im Felde r. •
Einfacher Kreis. (5925.
28741. Fox). |

Vgl. Friedländer osk. Münzen S. 16, 3 und Taf. IV, Atella 3. Das letzte (schwerste) Exemplar scheint überprägt zu sein.

Caiatia

| 1-3 | Æ 3½-6½ | 5,40
4-4½
4½
alle nicht
gut | Kopf der Athena l. (korin-
thischer Helm mit Busch),
mit langem, in der Mitte ge-
knüpftem Haarzopf. Perl-
kreis. | CAIATINO (r., in einer ge-
raden Zeile aufwärts)
Hahn r. Im Felde l.
ein grosser achtstrahliger
Stern. Perlkreis. (6662.
7222. Ohne Bezeichnung). |

Calatia

Sextans

| 1 | Æ 6½ | 13,47 | Lorbeerbekränzter Kopf des
Zeus r. (am Nacken drei
stylisirte Locken). Da-
hinter ⁚ Einfacher Kreis. | Kꓵꓶꓤꓩ im Abschnitt. Zeus
im r. eilenden Zwiege-
spann, hält in der L. das
Scepter, in der erhobenen
R. den Blitz. L. im Felde
⁚ Perlkreis. (523/1875). |

Es ist nicht recht klar, ob im Abschnitt blos Kꓵꓶꓤꓩ oder KꓵꓶꓤꓩTI steht. Das bei Garrucci Taf. LXXXVIII, 1 abgebildete Exemplar hat **Kalat**. Abweichend ist das Exemplar bei Friedländer osk. Münzen S. 20, 2 und Taf. IV, Calatia 2.

			Uncia	
2	Æ 4½	3,75	Lorbeerbekränzter Kopf des Zeus r. (am Nacken drei stylisirte Locken), aber keine Werthbezeichnung. Perlkreis. Taf. II, 28.	ΓΠΛΙΠΗ (l., in einer geraden Zeile aufwärts). Dreizack ohne Schaft. Perlkreis. (2867o/17).

Zu dieser Münze bemerkt Friedländer: Wie es scheint, ist unser Exemplar das früher in der Sammlung des französischen Generals Reynier befindliche und in dessen Précis d'une collection de médailles antiques, Genève, o. J., Taf. I, 22 abgebildete, denn mit dieser Abbildung stimmt es in allen Zufälligkeiten ganz überein, auch ist es im Jahre 1864 aus Paris angekauft worden. Das Reyniersche Exemplar ist von Avellino im Suppl. ad Italiae num. S. 49 beschrieben, von Micali storia degli antichi popoli italiani, III, Taf. CXV, 18 abgebildet und danach in Friedländer's oskischen Münzen S. 21, Taf. IV, Calatia 4 wiederholt. Doch war Micali's Abbildung nicht völlig treu.

Cales

| 1 | Æ 5 | 6,97 | Kopf der Athena l. (korinthischer Helm mit Busch), mit Perlschnur am Halse; das Haar ist am Nacken leicht zusammengebunden. Taf. II, 29. | CAVENO im Abschnitt. Nike in einem l. eilenden Zwiegespann zieht mit der L. die Zügel an und hält in der ausgestreckten R. die Ruthe. (4848). |
| 2 | Æ 4½-5 | 7,32 | Athenakopf l. (der Helm ist mit einer Schlange verziert), mit Perlschnur und Ohrgehänge; der Haarwulst am Nacken ist in der Mitte geknüpft. Zwischen Helmbusch und Nacken ein Kantharos. | Ebenso. (Beger thes. Brand. I, 353). |

Vgl. Cat. of greek coins in the Brit. mus., Italy, S. 76, Cales 2.

3	Æ 4½	7,12	Athenakopf l. (der Helm hat ausser dem grossen Busch seitwärts einen kleineren, der an einer Schlange befestigt zu sein scheint), mit Ohrgehänge, Perlschnur und in der Mitte geknüpftem Haarzopf. Zwischen diesem und dem Helmbusch eine Eule (halb l.). Taf. II, 30.	CALENO im Abschnitt. Nike in einem l. eilenden Zwiegespann hält in der L. die Zügel und berührt mit der Ruthe, die sie in der R. hat, die Rosse. (Fox).

Cat. of greek coins in the Brit. mus., Italy, S. 76, Cales 1 stimmt bis auf das Beizeichen gewiss mit unserem Exemplar überein.

4	Æ 5	7,09	Athenakopf r. (der Helm ist mit einem Stern geschmückt), mit Perlschnur und in der Mitte geknüpftem Haarzopf. Zwischen diesem und dem Helmbusch ein Helm mit Seitenklappen.	CALENO im Abschnitt. Nike in einem l. eilenden Zwiegespann zieht mit der L. die Zügel an und hält in der ausgestreckten R. die Ruthe. (Fox).
5	Æ 5	7,02	Ebenso, doch ist die Helmverzierung nicht deutlich (kleiner Flügel?). Das Beizeichen ist hier ein länglicher Schild.	Ebenso. (Dannenberg).
6	Æ 5	6,98	Ebenso (doch Helmverzierung: Schlange; Beizeichen: Schwert oder Dolch, die Spitze abwärts).	Ebenso. (Fox).
7	Æ 5-5½	7,24	Ebenso (doch Helmverzierung: Greif r. rennend; Beizeichen: Dreifuss).	Ebenso. (Gansauge).
8	Æ 5-5½	7,18	Ebenso (doch Helmverzierung: geringelte Schlange; Beizeichen: ein Flügel).	Ebenso (das L kaum noch spitzwinklig). (Rauch).
9	Æ 5	6,93	Ebenso (doch Helmverzierung: Palmette; Beizeichen: Zweig).	Ebenso. (Fox).

10	Æ 4½-5	7,24	Athenakopf r. (der korinthische Helm ist mit einem r. rennenden Greif geziert) mit Ohrgehänge, Perlschnur und in der Mitte geknüpftem Haarzopf. Zwischen diesem und dem Helmbusch ein Zweig; unter dem Halse И	CALENO im Abschnitt (das L fast rechtwinklig). Nike in einem l. eilenden Zwiegespann zieht mit der L. die Zügel an und hält in der ausgestreckten R. die Ruthe. (361/1872).
11	Æ 4½-5	7,31	Ebenso (doch Helmverzierung: Kranz; Beizeichen: Lanzenspitze; unter dem Halse ☉).	Ebenso. (7212).

Vgl. Garrucci Taf. LXXXIII, 13.

12	Æ 5	6,70 etwas abgenutzt	Ebenso (doch Helmverzierung: Greif r.; Beizeichen: Steuerruder; unter dem Halse nichts).	CALENO im Abschnitt. Derselbe Typus, aber r. gewendet. (Prokesch).

Die Kupfermünzen sind so geordnet:
I mit dem Hahn.
II mit dem Stier: *a* — Leier mit CALENO
                        b — Leier ohne CALENO
                        c — Stern
                        d — Nike.
Die mit dem Stier haben gewöhnlich O, selten Ω; die mit dem Hahn meistens Ω, selten O.

13	Æ 4-4½	4,95	Kopf der Athena l. (korinthischer Helm mit Busch), mit langem, in der Mitte geknüpftem Haarzopf. Perlkreis.	CALENO (abwärts) vor einem Hahn r. L. im Felde grosser achtstrahliger Stern. Perlkreis. (Rauch).

Das L ist etwas nach links geneigt, das O vollständig geschlossen.

14- 19	Æ 4-4½	5,55 5,74 7,15 7,00 4,85 6,90	Ebenso.	CALENO, sonst ebenso. (Gansauge. 1321. Arditi. Fox. Ohne Bezeichnung. Friedländer).
20- 22	Æ 4-4½	7,0 7,41 6,20	Ebenso.	CALENO, sonst ebenso. (Rauch. 4972. Beger thes. Pal. 190, th. Br. I, 353).

Bei dem 'a' scheint der Querstrich nicht durchzugehen; das 'l' ist etwas nach links geneigt und nähert sich der Form V.

| 23-26 | Æ 4-4½ | 5,39 6,65 6,57 7,25 | Ebenso. | CALENO, sonst ebenso. (Rauch. Pfau. B. Friedländer, 2 Ex.). |

Der Querstrich des 'a' bildet einen stumpfen Winkel oder eine Curve.

| 27 | Æ 4 | 5,30 | CALENO (aufwärts) vor dem Kopfe der Athena l., mit Ohrgehänge, Halsband und langem, in der Mitte geknüpftem Haarzopf; zwischen diesem und dem Helmbusch ein A | Hahn r. Im Felde l. ein grosser achtstrahliger Stern, r. Mondsichel; vor den Füssen des Hahns ein grosses A (28741). |

Vgl. Cat. of greek coins in the Brit. mus., Italy, S. 80, 29. Sambon Taf. XII, 55. Minervini im Bull. arch. Napol., n. s. III S. 98 und Taf. VIII, 2.

Auf dem bei Garrucci Taf. LXXXIII, 16 abgebildeten Exemplar fehlt die Mondsichel.

| 28 | Æ 3½ | 5,68 | Ebenso, doch ist die Schrift nicht sichtbar, weil der Schrötling sehr klein ist. Der Buchstabe zwischen Helmbusch und Haarzopf ist hier A | Ebenso, nur ist der Buchstabe vor den Füssen des Hahns kleiner und hat die Form A (Fox). |

| 29 | Æ 4 | 5,62 | [CALE]NO vor demselben Kopf. Zwischen Haarzopf und Helmbusch A, vor der Stirn ein • | Ebenso, vor den Füssen des Hahns ein grosses A (7273). |

Taf. II, 31.

Der Buchstabe am Helmbusch ist offenbar ein nicht gut gerathenes A und findet sich ebenso auf der im Cat. of greek coins in the Brit. mus., Italy, S. 80, 29 abgebildeten Münze. Die Aufschrift der Vorderseite ist nach einem in Gotha befindlichen Exemplar (Abdruck in Berlin) ergänzt.

| 30 | Æ 4-4½ | 5,49 | CALENO (aufwärts) vor dem lorbeerbekränzten Kopfe des Apollo r. Doppelter Perlkreis. | CALENO im Abschnitt. Stier mit bärtigem Menschengesicht r. schreitend. Darüber eine Leier. Zwischen den Beinen des Stiers vielleicht Spuren eines Buchstabens. Perlkreis. (4507). |

Diese leider nicht gut ausgeprägte Münze ist von

zierlicher Arbeit; in der Aufschrift ist beide Mal das C und das unten offene ᴓ kleiner als die anderen Buchstaben.

31	Æ 5	6,25	CALENO (aufwärts) vor dem lorbeerbekränzten Kopfe des Apollo l.; hinter demselben Lanzenspitze. Perlkreis.	[C]ALENO im Abschnitt. Stier mit bärtigem Menschengesicht r. schreitend; auf dem Kopfe hat er einen undeutlichen Aufsatz (etwa wie eine Lotosblume). Über dem Stier eine Leier. Einfacher Kreis. (B. Friedländer).
32	Æ 4½	6,60	CALENO (aufwärts) vor dem lorbeerbekränzten Kopfe des Apollo l.; hinter demselben Kornähre. Perlkreis.	CALENO im Abschnitt. Stier mit bärtigem Menschengesicht r. schreitend. Darüber Leier; zwischen den Beinen ℞. (B. Friedländer).
33	Æ 4-4½	6,61	Ebenso; doch ist das Beizeichen hinter dem Kopfe undeutlich.	Ebenso, doch unter dem Bauche des Stiers Δ (50ηο).
34	Æ 4½	7,25	Ebenso, doch als Beizeichen ein Kantharos.	Ebenso, doch hier E (Fox).
35	Æ 4½	6,85	Ebenso, doch als Beizeichen ein Δ	Ebenso, doch hier M (Gansauge).
36	Æ 4½	6,98	Ebenso, doch ist das Beizeichen nicht mehr zu erkennen.	Ebenso, mit demselben Buchstaben.
37	Æ 4½-5	5,85	Ebenso, doch als Beizeichen ein achtstrahliger Stern.	Ebenso, doch der Buchstabe unter dem Bauche des Stiers undeutlich (Λ oder Δ oder Α?). (Fox).
38	Æ 4½	6,58	Ebenso, Beizeichen undeutlich.	Ebenso, doch ist der Buchstabe undeutlich (A oder Λ?). (Biron).
39	Æ 5	6,04 oxydirt	Ebenso, als Beizeichen eine Fliege.	Ebenso, doch ist der Buchstabe unkenntlich. (B. Friedländer).
40	Æ 4½-5	5,72 oxydirt	Ebenso, als Beizeichen ┳ (eine Spindel?).	Ebenso, der Buchstabe unkenntlich. (Rauch).

41	Æ 5	8,0	Ebenso, doch als Beizeichen ein Helm mit Backenklappen.	Stier mit bärtigem Menschengesicht r. schreitend, darüber Leier. Im Abschnitt IΣ (1322).

Vgl. Cat. of greek coins in the Brit. mus., Italy, S. 78, 16.

42	Æ 4½	7,43	CALENO (aufwärts) vor demselben Kopfe; dahinter eine geringelte Schlange. Perlkreis.	Stier mit bärtigem Menschengesicht r. schreitend; darüber Leier. Unter dem Bauche des Stiers Γ (Im Abschnitt nichts). Perlkreis. (91/1885).

Taf. II, 32.

Diese Münze ist von sehr feiner Arbeit.

Vgl. Cat. of greek coins in the Brit. mus., Italy, S. 78, 14.

43	Æ 5	4,62 gänzlich oxydirt	[C]ALENO (aufwärts) vor dem lorbeerbekränzten Kopfe des Apollo l. Perlkreis wie es scheint.	[C]ALENO im Abschnitt. Stier mit bärtigem Menschengesicht r. schreitend; darüber grosser achtstrahliger Stern. (5141).

Ob hinter dem Apollokopfe ein Beizeichen war, ist nicht zu erkennen.

44	Æ 4-4½	7,34	CALENO (aufwärts) vor demselben Kopfe; dahinter ein achtstrahliger Stern.	CALENO im Abschnitt. Stier mit bärtigem Menschengesicht r. schreitend. Darüber ein grosser sechzehnstrahliger Stern; unter dem Bauche des Stiers A Perlkreis. (Dannenberg).
45	Æ 4½-5	6,55	Ebenso, doch ist ungewiss, ob ein Beizeichen da war. Perlkreis.	Ebenso, doch ist der Buchstabe hier N (B. Friedländer).
46	Æ 4½	7,10	Ebenso. Perlkreis nicht zu sehen.	Ebenso, doch ist der Buchstabe hier O (Rauch).
47. 48	Æ 4½-5	6,74 7,22	Ebenso, als Beizeichen ein achtstrahliger Stern. Perlkreis.	Ebenso, doch steht hier Γ (B. Friedländer, 2 Exemplare).

49-52	Æ 4½-5	6,10 6,55 6,77 5,80	Lorbeerbekränzter Kopf des Apollo l. (am Hinterkopf unterhalb des Kranzes eine Perlschnur); dahinter länglicher Schild. Perlkreis.	CALENO im Abschnitt. Stier mit bärtigem Menschengesicht r. schreitend. Darüber schwebende Nike den Stier bekränzend (von dem grossen Kranze ist nur die Hälfte dargestellt). (2872. Rauch. Gansauge. Fox).
53	Æ 4½-5	7,15	Ebenso.	Ebenso (die Schrift undeutlich). Unter dem Bauche des Stiers A (Ohne Bezeichnung).

Capua

1	Æ 5	6,03	Lorbeerbekränzter Kopf des Zeus r. Perlkreis.	ЭПRИ (r., abwärts). Adler mit ausgebreiteten Flügeln auf dem Blitz r. Perlkreis. (2/1879).

Taf. II, 33.

Diese äusserst seltene Münze ist in Neapel angekauft. Vgl. Friedländer osk. Münzen S. 8, 1 und Taf. I Capua 1.

a. Die Kupfermünzen mit Werthbezeichnung

Quincunx

2	Æ 8½-9	27,15	Athenakopf r.; der attische Helm ist mit drei Büschen versehen. Perlkreis.	Э ПRИ unter einem r. fliegenden Pegasus; darunter ● ● ● ● ● Perlkreis. (12576).

Vgl. Friedländer osk. Münzen S. 9, 3 und Taf. II, 3.

Triens

3	Æ 8½	24,2	Bekränzter Kopf des Zeus r. Perlkreis.	● ● ● ● Geflügelter Blitz ЭГ̈RИ Perlkreis. (12577).

Vgl. Garrucci Taf. LXXXVII n. 9.

Das bei Friedländer osk. Münzen Taf. II, 4 abgebildete Exemplar gehört einem etwas abweichenden Typus dieser Münze an: auf jenem ist der Zeuskopf jugendlicher dargestellt und unter demselben befinden sich vier Werthkugeln, die bei dem durch unser Exemplar vertretenen Typus zu fehlen scheinen.

Auf dem Exemplar unserer Sammlung ist der Kranz des Zeuskopfes nicht recht deutlich.

Sextans

| 4-7 | Æ 6 | 12,56 14,85 14,6 12,9 | Kopf des jugendlichen Herakles r., mit einer Binde im Haar; am Nacken die (geschulterte) Keule. Perlkreis. | ⊐∩ℵ⋈ im Abschnitt. Löwe r. (der Kopf von vorn) zerbeisst eine kurze Lanze, welche er mit der l. Vordertatze gefasst hat. Darüber •• Perlkreis. (4818. 6581. Fox, 2 Ex.). |

Taf. III, 34.
Vgl. Friedländer osk. Münzen S. 10, 6 und Taf. II, 6 wo jedoch die Darstellung auf der Rückseite nicht ganz richtig beschrieben wird (s. Sallet's Zeitschr. für Numism. XIV 1886 S. 174). — Gewiss unrichtig abgebildet und beschrieben bei Garrucci Taf. LXXXVII, 11.
Auf zwei Exemplaren hat der letzte Buchstabe die Form ⊐ und das ⋈ ist etwas grösser.

| 8. 9 | Æ 6 | 11,48 13,13 | Lorbeerbekränzter Kopf des Zeus r., dahinter ⁑ Perlkreis. | ⊐∩ℵ⋈ unterhalb eines auf dem Blitz stehenden Adlers mit ausgebreiteten Flügeln (von vorn, der Kopf l. gewendet). Zu beiden Seiten des Adlers je ein ⁑ Perlkreis. (Fox. Peytrignet). |

Auf dem Fox'schen Exemplar ist die Schrift mit dem Grabstichel aufgefrischt worden, auf dem anderen ist sie kaum sichtbar.
Vgl. Friedländer osk. Münzen S. 11, 13 und Taf. III, 13.

| 10 | Æ 6 | 13,48 | Ebenso | ⊐∩ℵ⋈ im Abschnitt. Zwei Krieger (das Haupt ist unbedeckt, sie tragen Stiefel und über dem Waffenrock kurze Mäntel) einander gegenüber stehend halten mit den l. Händen zusammen ein Ferkel, mit der R. erhebt jeder sein Schwert senkrecht. L. im Felde ⁑ Perlkreis. (383/1875). |

Vgl. Friedländer osk. Münzen S. 11, 10 und Taf. II, 10.
Derselbe Typus findet sich in Atella wieder.

11-15	Æ 6-6½	13,23 12,20 12,30 14,04 12,70	Ebenso [Lorbeerbekränzter Kopf des Zeus r., dahinter ✱ Perlkreis].	ƆΠℵℵ im Abschnitt. Selene (durch die Mondsichel auf dem Kopfe bezeichnet, mit flatterndem kurzem Mantel) in einem r. eilenden Zwiegespann und mit beiden Händen die Zügel führend. Darüber ✱ ✱ Perlkreis. (Ohne Bezeichnung. 4971. Fox, 2 Ex. 92/1885).

Vgl. Friedländer osk. Münzen S. 12, 14 und Taf. III, 14.

| 16 | Æ 6-6¼ | 16,0 | Weiblicher Kopf r. mit Ohrgehänge, Perlenschnur am Halse und einer Zinnenkrone, welche mit einem Blitz geziert ist; am Halse etwas Gewand. Hinter dem Kopfe Rest eines undeutlichen Beizeichens (wohl dasselbe wie auf n. 25—27) und darunter ✱ (der zweite Stern hier kaum sichtbar). Perlkreis. | ƆΠ[ℵ]ℵ im Abschnitt. Krieger (ungewiss ob behelmt) mit eingelegter Lanze und flatterndem Mantel r. sprengend. Unter den Vorderfüssen des Pferdes eine Schneckenmuschel; l. im Felde ✱ Perlkreis. (Peytrignet). |

Vgl. Friedländer osk. Münzen S. 12, 16. In dem Beizeichen hinter dem Kopfe glaubte Cavedoni (Bull. d. Inst. 1850 S. 197) 'una cornetta da caccia' erkennen zu können. — War der Reiter behelmt (was nach unserem Exemplar unwahrscheinlich ist), so hatte der Helm sicher keinen Busch wie bei Garrucci Taf. 87, 1.

| 17 | Æ 7-7½ | 12,55
ab-
genutzt | Ebenso wie es scheint. | ƆΠℵℵ im Abschnitt. Ebenso (Fox). |

Uncia

| 18-20 | Æ 5 | 7,20
7,25
9,55 | Kopf der Artemis r., im Haar ein Diadem mit kleinen Strahlen, am Nacken Bogen und Köcher. Am Halse etwas Gewand, Halsband. Perlkreis. | ƆΠℵℵ im Abschnitt. Eber r. rennend, darüber ✱ Perlkreis. (Beger thes. Br. I, 417. B. Friedländer. 258/1872). |

Vgl. Friedländer osk. Münzen S. 10, 7 und Taf. II, 7

21-24	Æ 4½-5	7,45 7,51 7,14 7,46	Lorbeerbekränzter Kopf des Zeus r.; dahinter ✱ Perlkreis.	ƆПꓤꓘ im Abschnitt. Nike r., bekränzt ein vor ihr stehendes Tropaeum. Im Felde r. ✱ Perlkreis. (4820. 5877. 6122. 8393).

Vgl. Friedländer osk. Münzen S. 11, 11 und Taf. II, 11. Derselbe Typus auch auf Münzen von Atella.

25-27	Æ 5-6 5 5	8,03 7,13 ab-genutzt 7,0 stark oxydirt	Weiblicher Kopf r. mit Ohrgehänge, Perlenschnur und einer Zinnenkrone, welche mit einem Blitz geziert ist. Hinter dem Kopfe ein mit einem Griff versehener, etwas gekrümmter Gegenstand, wohl eine Reitgerte; unter dem Halse ✱ Perlkreis.	ƆПꓤꓘ im Abschnitt. Krieger (unbehelmt wie es scheint) mit eingelegter Lanze und flatterndem Mantel r. sprengend. Unter den Vorderfüssen des Pferdes eine Schneckenmuschel; im Felde l. ✱ Perlkreis. (6660. Fox, 2 Ex.).

Taf. III, 35.
Vgl. Friedländer osk. Münzen S. 13, 17 und Taf. III, 17.

b. Die Kupfermünzen ohne Werthbezeichnung

28	Æ 11	42,03	Die neben einander gestellten Köpfe der Hera und des Zeus r.; dieser ist lorbeerbekränzt, jene trägt ein hohes Diadem und auf die Schultern herabhängende Locken (oder Zöpfe), am Halse etwas Gewand. Hinter dem Nacken das Scepter. Perlkreis.	ƆПꓤꓘ im Abschnitt. Zeus im r. rennenden Viergespann hält mit der L. das Scepter und in der erhobenen R. den Blitz. Perlkreis. (Fox).

Dieses Exemplar stammt aus der Sammlung Thomas.
Vgl. Friedländer osk. Münzen S. 10, 8 und Taf. II, 8.

| 29 | Æ 9½ | 25,23 | Lorbeerbekränzter Kopf des Zeus r. Perlkreis. | ƆⱵⱵꓘ unter einem auf dem Blitz stehenden Adler mit ausgebreiteten Flügeln (etwas r.). Perlkreis. (6456). |

Vgl. Friedländer osk. Münzen S. 11, 12 und Taf. III, 12.

| 30 | Æ 7 | 12,85 | Ebenso. | Ebenso. (12578). |

Ebenda erwähnt. Das bei Garrucci S. 89, 17 (= Taf. LXXXVII, 16) abgebildete Exemplar hat eine kleine Mondsichel neben dem l. Beine des Adlers; auch unser Exemplar hat an der Stelle etwas ähnliches.

| 31 | Æ 4 | 5,12 | Kopf der Hera r., mit dem Diadem, Ohrgehänge und Halsband (etwas Gewand am Halse); an der Schulter das Scepter. Perlkreis. | ƆⱵⱵꓘ (r., abwärts). Zwei kegelförmige Idole auf viereckigen, mit Tüchern behangenen Untersätzen.[*]) Auf den Idolen liegt eine Tänie, eine andere Tänie (oder Schleier) schwebt oder hängt über denselben. Im Felde l. das einem Dreifuss ähnliche Beizeichen. Perlkreis. (Fox). |

Vgl. Friedländer osk. Münzen S. 14, 22 und Taf. III, 22.

| 32 | Æ 4 | 4,69 | Ebenso. | ƆⱵⱵꓘ (l., aufwärts). Gerstenähre mit zwei Blättern. Im Felde r. das Beizeichen der vorhergehenden Münze. Perlkreis. (367/1873). |

Abgebildet bei Sambon Taf. XII, 43, Garrucci Taf. LXXXVI, 25. — Dieselbe Kehrseite findet sich auf dem zweitfolgenden Typus wieder.

*) So erscheint die Darstellung selbst auf den besterhaltenen Stücken und wird auch von Garrucci S. 88, 24 so beschrieben. Vielleicht sind aber die neben einander dargestellten nicht ganz klaren Gebilde ein jedes als Ganzes aufzufassen (wie es bereits Münter in seinen Antiquar. Abhandl. S. 206 gethan hat); sie könnten dann recht wohl zwei Idole vorstellen, ähnlich demjenigen der Persephone auf Münzen von Sardes.

| 33 | Æ 2 oxydirt | 1,64 | Ebenso. | Geflügelter Blitz. Im Felde einerseits ꓲꓣꓵꓘ, andererseits das Beizeichen wie auf den vorhergehenden Münzen. (Fox). |

Vgl. Friedländer osk. Münzen S. 14, 23 und Taf. III, 23.

| 34-36 | Æ 3-3½ | 5,31 3,97 3,55 | Kopf der Hera r., mit Diadem und Schleier; am Nacken das Scepter. Perlkreis. | ꓲꓣꓵꓘ (l., aufwärts). Gerstenähre mit zwei Blättern. Im Felde r. das Beizeichen der vorhergehenden Münzen. Perlkreis. (4819. Fox, 2 Ex.). |

Vgl. Friedländer osk. Münzen S. 14, 24 und Taf. III, 24.

| 37 | Æ 2 | 2,0 | Jugendlicher Kopf (des Telephos?) r. mit einer der phrygischen Mütze ähnlichen Kopfbedeckung. Perlkreis wie es scheint. | ꓲꓣꓵꓘ im Abschnitt. Hirschkuh r., den Kopf nach dem von ihr gesäugten Telephos wendend. Im Felde r. das Beizeichen der vorhergehenden Münzen. Einfacher Kreis wie es scheint. (Fox). |

Vgl. Friedländer osk. Münzen S. 13, 20, welcher den jugendlichen Kopf der Vorderseite als mit einer Thierhaut bedeckt auffasst.

| 38 | Æ 2 | 2,28 | Ebenso. | Ebenso, doch scheint auf diesem Exemplar das Beizeichen zu fehlen. (6661). |

Friedländer osk. Münzen Taf. III, 20.

| 39-41 | Æ 3½ | 4,12 3,84 3,52 | Lorbeerbekränzter Kopf des Apollo r. mit lang über den Nacken herabhängendem Haar. Perlkreis. | ꓲꓣꓵꓘ (l., aufwärts). Leier an deren r. Seite eine Tänie gebunden ist. Perlkreis. (4407. 5755. B. Friedländer). |

Vgl. Friedländer osk. Münzen S. 14, 25 und Taf. III, 25.

| 42 | Æ 3½ | 4,90 | Ebenso. | ꓲꓣꓵꓘ (r., abwärts). Leier an deren l. Seite eine Tänie gebunden ist. Perlkreis. (7566). |

Ebenda erwähnt.

| 43-44 | Æ 1½-2 | 1,44 schlecht 1,76 | Kopf der Athena r. (attischer Helm mit Busch). | [ꓲꓣꓵꓘ] im Abschnitt. Elephant r. (12579. Fox). |

Vgl. Friedländer osk. Münzen S. 15, 26 und Taf. III, 26.

Compulteria

| 1. 2 | Æ 4 | 5,20 5,50 | WVИ⊲Ⴈ╣╢ÐՈV⋉ (abwärts) vor dem lorbeerbekränzten Kopfe des Apollo l. (am Hinterkopf unterhalb des Kranzes eine Perlschnur); hinter demselben V Perlkreis. | Stier mit bärtigem Menschengesicht r. schreitend; darüber schwebende Nike den Stier bekränzend (von dem grossen Kranze ist nur die Hälfte dargestellt). (B. Friedländer. 28642/10). |

Auf dem einen Exemplar mit sehr knappem Schrötling ist die Aufschrift nicht sichtbar.
Vgl. Friedländer osk. Münzen S. 5, 1.

| 3. 4 | Æ 4-4½ | 5,40 5,11 | Ebenso, doch hinter dem Kopfe O Perlkreis. | Ebenso, doch unter dem Bauche des Stiers IႽ (5382. 4982). |

Ebenda S. 5, 1 und Taf. I, Compulteria 1.

| 5. 6 | Æ 4 | 3,42 oxydirt 7,31 | VИ⊲Ⴈ╣Ⴈ⊐ՈV⋉ (abwärts) vor demselben Kopfe; dahinter O Perlkreis. | Ebenso. (B. Friedländer. Fox). |

Auf beiden Exemplaren ist V sicher der letzte Buchstabe der Aufschrift; das rechtsläufige Ⴈ ist nur auf einem Exemplar erkennbar. Ebenso ist das O hinter dem Apollokopf nur auf einem Exemplar sichtbar.

| 7 | Æ 4 | 5,32 | ⋊HVИ⊲Ⴈ╣Ⴈ⊐ՈV⋉ vor demselben Kopfe, dahinter O Perlkreis. | Ebenso, doch scheint unter dem Bauche des Stiers nichts zu stehen. (5258). |

Die abweichenden Buchstabenformen ⊓ und Ⴈ sind ganz sicher.

| 8. 9 | Æ 3½-4 | 3,91 4,45 | ▨▨▨▨⊲ƆႽⰓ⊐ՈV⋉ vor demselben Kopfe; dahinter vielleicht ⋊ Perlkreis. | Ebenso, unter dem Bauche des Stiers IჂ (7294. Rauch). |

Auf dem Rauch'schen Exemplar ist hinter dem Apollokopfe nur >ᛉ erkennbar, nicht Δ wie Friedländer osk. Münzen S. 5, 1 angiebt.

| 10 | Æ 4½ | 4,71 | WVИ⊲Ⴈ╣ƎՈV⋉ vor demselben Kopfe (die Stelle hinter dem Kopfe schlecht ausgeprägt). Perlkreis. | Ebenso. (7804). |

| 11 | Æ 4-4½ | 6,32 | Ebenso, doch hinter dem Kopfe ein undeutliches ⊓ | Ebenso, doch scheint unter dem Bauche des Stiers nichts zu stehen. (176). |

| 12 | Æ 4 | 4,93 | ⋊ИⰓƎՈႽⰓV⋉ vor demselben Kopfe (dahinter kein Zeichen). Perlkreis. | Ebenso. (6446). |

Cumae

Die auf der Ks. der Cumaner Münzen dargestellte Muschel ist nicht die Austermuschel, wie auch noch Friedländer annahm, sondern, wie ihre charakteristische Form ausser Zweifel stellt, eine Miesmuschel (Mytilus galloprovincialis, vgl. Imhoof und Keller Tier- und Pflanzenbilder S. 53 n. 38. 39).

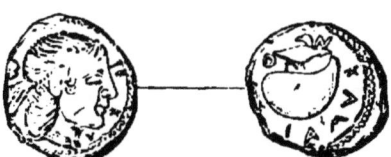

1	Æ3½-4½	6,75 gänzlich oxydirt	

Jugendlicher weiblicher Kopf (der Kyme) r., von alterthümlichem Styl. Im Haar ein Perlband, durch welches das hinten in einem Zopf aufgenommene Haar durchgesteckt ist und in kurzem Büschel wieder herabfällt; am Halse Perlschnur und Band. Um den Kopf mit sehr kleinen Buchstaben ƷMVʼ derart vertheilt, dass K vor dem Munde, V unter dem Kinn, M hinter dem Kopfe, E dem Auge gegenüber steht (bei dem E ein gewiss bedeutungsloser Strich wie I). Einfacher Kreis und Perlkreis.

Miesmuschel (die Spitze r.), darauf zwei mit den Leibern sich deckende Vögel r.: der vordere streckt den Kopf vor, der hintere wendet ihn zurück. Unter der Miesmuschel IAMVʼ, zu beiden Seiten der Vögel ON Einfacher Kreis und Perlkreis. (5893).

Das auffallend leichte Gewicht dieser Münze erklärt sich durch die völlige Oxydation des Silbers, auch ist sie sonst beschädigt. Eine ganz ähnliche Münze befindet sich in Arolsen und wurde von Friedländer in den Berliner Blättern f. Münz-, Siegel- und Wappenkunde I (1863) S. 135 und Taf. V, 1 herausgegeben. Indessen ist weder die Bezeichnung des Kopfes als Apollo richtig — das doppelte Halsband passt doch nur für einen weiblichen Kopf —, noch war die Schrift auf der Vorderseite richtig erkannt (EVA M). KVME ist gewiss erklärende Beischrift für den weiblichen Kopf (vgl. Millingen Sylloge S. 14 und die dort publicirte Münze mit sehr ähnlichem Typus).

Auf unserem Exemplar ist die alterthümliche Form des ϰ und μ bemerkenswerth.

| 2 | Æ 3-4 | 7,63 | Jugendlicher weiblicher Kopf r., dem vorhergehenden in allem ähnlich, nur dass hier der Büschel am Haarzopf nicht vorhanden ist. Perlkreis. Taf. III, 36. | ////IAM V X um eine Miesmuschel, die Spitze r.\; darüber ein sechsstrahliger Stern. Einfacher Kreis und Perlkreis. (28700). |

Diese Münze scheint auf der Vorderseite keine Schrift zu haben, obschon das bei der unregelmässigen Form des Schrötlings nicht mit Sicherheit behauptet werden kann.

| 3 | Æ 2½-5 | 7,67 | KV[MA]IO/V um einen jugendlichen weiblichen Kopf r., mit Ohrgehänge und einem einfachen Bande im Haar (alterthümlicher Styl). Perlkreis. | Miesmuschel (die Spitze l.), darüber ein langer, schmaler Fisch l. Doppelte Kreislinie. (28670/7). |

| 4 | Æ 3½-5 | 7,24 völlig oxydirt | Weiblicher Kopf r., mit breitem Banddiadem im Haar, grossem Ohrring und doppeltem Halsband. Vor demselben undeutliche Schriftspuren wie es scheint: vor dem Kinn stand vielleicht M (etwa Kyme?). Einfacher Kreis und Perlkreis. | IAMV-1 (unten; die Buchstaben erscheinen auf den Kopf gestellt). Miesmuschel (die Spitze r.), darauf Heuschrecke r. Perlkreis. (Fox). |

Der Kopf ist unschön ausgeführt; besonders eigenthümlich ist das Haar behandelt, das etwas verworren aussieht. Das Diadem drückt sich am Hinterkopf stark in das Haar.

Vgl. Sambon Taf. X, 5.

Der auf den folgenden Münzen dargestellte Kopf (auf n. 5. 6 hat er Apollinischen Typus, auf den übrigen würde man Nike darin erkennen) soll wohl immer die Kyme darstellen.

			Obverse	Reverse
5	Æ 4½-5	7,29	Kopf l., oben im Haar (das hinten aufgenommen ist) ein Band.	KVMAIOΛ/ über einer Miesmuschel (die Spitze r.); über der Aufschrift ⊕ Einfacher Kreis und ein Kreis von einzelnen Perlen. (28670/6).

An der Miesmuschel unten links ist ein wie ⅂ aussehendes, wohl nur zufälliges Zeichen ausgeprägt.

| 6 | Æ 4 | 7,48 | Derselbe Kopf, aber kleiner. | KVMAIOΛ/: um eine Miesmuschel (die Spitze l.) auf welcher ein einer Ente ähnlicher Vogel r. steht. (28660). |

Taf. III, 37.
Der Kopf auf dieser und der voraufgehenden Münze zeichnet sich durch strenge und harte Züge aus.

| 7 | Æ 4½-5 | 7,6 | Ähnlicher Kopf, aber r. und ohne Band im Haar. | IAMVϰ Miesmuschel (die Spitze r.) OΛ/ Im Felde r. Mondsichel, in welcher ein grosser Punkt. Einfacher Kreis und ein Kreis von einzelnen Perlen. (Fox). |

Taf. III, 38.
Der Kopf auf dieser Münze ist von strengem Styl, aber roh gezeichnet; auffallend ist, dass trotzdem die Wimpern des obern Augenlides angegeben sind.

8	Æ 3¾-5	6,93	Ähnlicher Kopf r., mit einem Bande oben im Haar, das hier anders geordnet ist.	KYMAIOΛ/ Miesmuschel (die Spitze r.), darüber ein grosser vielstrahliger Stern, einer Sonne ähnlich. Perlkreis. (Peytrignet).
9	Æ 3½-4½	7,41	Ähnlicher Kopf r.	KYMAIOΛ/ Miesmuschel (die Spitze r.), darüber ein langer, schmaler Fisch r. Weitläufiger Perlkreis. (Fox).
10	Æ 3¾-5	7,4	Ähnlicher Kopf r.	Ʌ OIAM Yϰ (im Bogen aufwärts von l. beginnend). Miesmuschel (die Spitze l.), darüber Gerstenkorn. Weitläufiger Perlkreis. (6543).

11	Æ 4½-5	7,47	Ähnlicher Kopf r.

NOIAMYЖ (im Bogen ab-
wärts von l. beginnend),
sonst ebenso. (6118).

Ein anderes Exemplar aus demselben Stempel befindet sich in Paris im Abdruck hier vorhanden).

12	Æ 4-4½ subärat	6,06	Ähnlicher Kopf r.

///// ΛMVЖ (im Bogen ab-
wärts von r. beginnend),
sonst ebenso.

13	Æ 4-4½	7,24	Ähnlicher Kopf r.

KYMAION Miesmuschel (die
Spitze r.), darüber Gerstenkorn. Perlkreis. (7854).

14	Æ 4-4½	5,75	Ähnlicher Kopf r., mit Hals-band.

Ж V ИΛ I O Γ (also aus
K V M A I O N verwildert),
sonst ebenso. Weitläufi-
ger Perlkreis. (Fox).

Diese Münze wird wohl subärat sein, obgleich nichts
davon zu sehen ist.

15	Æ 4½-5	7,3	Ähnlicher Kopf r. (ohne Halsband?).

KYWION (im Bogen auf-
wärts von l. beginnend).
Miesmuschel (die Spitze
l.), darüber Gerstenkorn.
Schwacher, zum Theil
über die Buchstaben sich
hinziehender Perlkreis.
(Fox).

Auf unserem Exemplar erscheint der zweite Buchstabe wie Γ nur durch einen Zufall, wie sich aus dem
Vergleich mit einem aus demselben Stempel hervorge-
gangenen Pariser Exemplar (Abdruck in Berlin) ergiebt.
Ebenso zeigt das Pariser Exemplar deutlich, dass der
folgende Buchstabe W, nicht W ist (den Schein der
Ligatur ma bringt auf unserem Exemplar der undeutliche über die Buchstaben gehende Perlkreis). Auf der
Pariser Münze geht dem K noch ein Γ vorauf (wahrscheinlich ein unvollendetes K mit welchem der Stempelschneider die Umschrift zu weit links beginnen wollte):
davon ist auf unserem Exemplar kaum etwas zu sehen.

16	Æ 4½-5	7,58	Ähnlicher Kopf r., mit Hals-band.

K YMAION Miesmuschel
(die Spitze r.), darüber
Gerstenkorn. Perlkreis
scheint nicht vorhanden
zu sein. (Fox).

Taf. III, 39.

Auf die Aufschrift folgen undeutliche Spuren mehre-
rer Buchstaben (Umprägung?).

17 | R 5-5½ | 7,6 | Weiblicher Kopf l., mit grossem Ohrring und Halsband. | KYMAION ΛΙ Scylla l. mit zottigem Oberkörper, an den Schultern je ein Hundskopf; der r. Arm ist vorgestreckt, der l. halb erhoben. Vor ihr eine grosse Miesmuschel. (Fox).

Taf. III, 40.

Abgebildet bei Fox unedited greek coins Taf. I, 7, wo der letzte Buchstabe der Umschrift als Ь gegeben wird. Ein kleiner Haken am Fusse der Hasta ist allerdings vorhanden, aber wohl durch eine Verletzung entstanden. Auch das bei Garrucci abgebildete Ex. (Taf. LXXXIII, 26) hat am Schluss der Aufschrift ΛΙ. Die Scylla hat in ihren Händen kein Attribut (die Angabe im Cat. of greek coins in the Brit. mus., Italy, S. 89, 27 wohl irrthümlich); ebenso das Ex. bei Garrucci a. a. O.

18 | R 4 | 7,46 | Athenakopf r., mit Halsband; um den mit dem Busch versehenen attischen Helm ein Ölkranz mit grossen runden Beeren. | K[VMA]ION Miesmuschel (die Spitze r.), darüber Spitzhund l. auf einem dünnen etwas gekrümmten Gegenstande, vielleicht einer Schlange, schreitend. Perlkreis. (Fox).

Ein Exemplar in Arolsen, vgl. Friedländer in den Berliner Blättern f. Münzkunde I (1863) S. 136, ein anderes im Cat. of greek coins in the Brit. mus., Italy, S. 86, 6. Vgl. auch Garrucci Taf. LXXXIII, 29.

19 | R 4½-5 | 7,54 | Das Fell eines Löwenkopfs mit dem Halse, von oben gesehen, zwischen zwei schräg nach unten gerichteten Eberköpfen. Weitläufiger Perlkreis. | KVMAIOΛ Miesmuschel (die Spitze r.), darüber Gerstenkorn. Weitläufiger Perlkreis. (6440. Fox).
20 | 4-5 | 7,10 | | |

Taf. III, 41.

Ein identisches Exemplar im Cat. of greek coins in the Brit. mus., Italy, S. 86, 7. Derbe, alterthümliche Arbeit. [Der Typus der Vorderseite hat noch keine genügende Erklärung gefunden. Avellino ad Italiae numos supplementum S. 11 und 12 bezieht die Eberköpfe auf die Verwandelung der Gefährten des Odysseus bei Circe, allein dabei bleibt der Löwenkopf unerklärt, und unsere Münze zeigt deutlich, dass der mittlere Kopf kein Eber- sondern ein Löwenkopf ist. Millingen ancient coins S. 4 bringt eine Stelle des Pausanias, nach welcher in Cumae die Hauer des Erymanthischen Ebers aufbewahrt wurden, allein auch da bleibt der Löwenkopf unerklärt. Auf der folgenden Drachme scheint es der Kopf einer Löwin zu sein. FRIEDLAENDER]. Ausführlich behandelt den Typus jetzt Garrucci S. 80.

| 21 | Æ 4½ | 6,2 | Ebenso, doch sind die beiden Eberköpfe hier weit mehr als bei dem vorigen Typus einander zugekehrt. Perlkreis. | KVM ΛIΟΝ Miesmuschel (die Spitze l.). Perlkreis. (Peytrignet). |

Diese und noch mehr die folgende Münze ist von viel zierlicherer Arbeit.

| 22 | Æ 2½-3 | 4,02 | Ebenso (die Eberköpfe haben ungefähr dieselbe Stellung wie auf dem ersten Typus). Perlkreis. | Miesmuschel (die Spitze l.) auf welcher der Buchstabe Ν Über der Muschel MVꓱ, unter derselben ΛIΟΝ Perlkreis. (Fox). |
| | | | Taf. III, 42. | |

Auf dieser und der voraufgehenden Münze dürfte das Fell einer Löwin dargestellt sein.

| 23 | Æ 1 | 0,7 | Athenakopf r. mit korinthischem Helm ohne Busch. Perlkreis. | KV ΜE Miesmuschel (die Spitze r.), darüber kleine Kammmuschel (die Spitze nach oben). Perlkreis. (Gansauge). |

Die Schrift ist so vertheilt, dass K und V zu beiden Seiten der kleinen Kammmuschel, ME umgekehrt unter der grossen Miesmuschel steht.

Vgl. Garrucci Taf. LXXXIV, 11.

24	Æ½—1	0,6	Ebenso.	Vꓱ über einer Miesmuschel (die Spitze l.). Perlkreis. (Dannenberg).
25	Æ 1½	0,6	Derselbe Kopf r. (der Helm ist sehr hoch; Nackenschirm). Kein Perlkreis.	Vꓱ über einer Miesmuschel (die Spitze r.). Weitläufiger Perlkreis. (Fox).
26. 27	Æ 1½	0,4 ein Stück fehlt 0,42 oxydirt	Ebenso.	Yꓱ über einer Miesmuschel (die Spitze l.). Weitläufiger Perlkreis. (5605. 17943).
28	Æ1½-1½	0,51	Ebenso.	KV über einer Miesmuschel (die Spitze r.). Weitläufiger Perlkreis. (18574).
29	Æ 1½	0,53	Ebenso.	KV über einer Miesmuschel (die Spitze l.). Weitläufiger Perlkreis. (B. Friedländer)

30. 31	.R 1½-1½	0,47 ein Stuck fehlt 0,62	Ebenso, doch ist der Helm etwas anders geformt.	✗ < zu Seiten einer Miesmuschel (die Spitze l.) auf welcher ein einer Ente ähnlicher Vogel r. steht. Weitläufiger Perlkreis. (28670/8. 362/1872).

Die beiden Buchstaben befinden sich in der angegebenen Lage zu beiden Seiten der Miesmuschel.

32	.R 1	0,69	Athenakopf r. mit korinthischem Helm und lang über den Nacken herabhängendem Haar.	KY MAION Miesmuschel (die Spitze l.), darüber eine kleine Kammmuschel (die Spitze nach unten). Weitläufiger Perlkreis. (Rauch).

Die Schrift beginnt rechts von der Kammmuschel.

33	.R 1	0,68 oxydirt	Korinthischer Helm ohne Busch r. Perlkreis.	Λ Ϡ Miesmuschel (die Spitze l.) M Ɛ Weitläufiger Perlkreis. (Fox).

Vgl. Avellino opuscoli II Taf. 3,3 und S. 39.

34	.R ½	0,12	Korinthischer Helm ohne Busch l. Einfacher Kreis.	Miesmuschel (die Spitze l.). Kein Kreis. (Peytrignet).

[Minervini osservazioni numism. Taf. IV, 4 und S. 34 hat dies Peytrignet'sche Exemplar publicirt. Es ist ein Viertelobol. Fiorelli mon. ined. I 3 bildet einen ähnlichen ab, welcher aber ein N über der Muschel hat und deshalb Neapolis zugetheilt wird. FRIEDLAENDER].

Fistelia

Über die verschiedene Localisirung Fistelia's vgl. Friedländer osk. Münzen S. 28—30; einen Versuch, die Lage der Stadt auf Grund von Münzfunden zu bestimmen, habe ich in den Historischen und philol. Aufsätzen zu Ehren Ernst Curtius S. 251 ff. gemacht. Vgl. auch Garrucci S. 93 f. nebst Sallet's Zeitschr. f. Numism. XIV (1886) S. 166 ff.

1-4	Æ 4½-4¾	7,51	Weiblicher Kopf fast ganz	8ISTⱢVS in einer geraden
	4-4⅓	7,32	von vorn (etwas r. ge-	Zeile über dem l. schrei-
	4-4⅓	7,27	wendet) mit gelöstem flat-	tenden Stier mit bärtigem
	4-4¾	7,45	terndem Haar, das von	Menschengesicht (Kopf im

einem breiten, nur über der Stirn sichtbaren Bande gehalten wird. Am Halse eine Perlschnur. Ein- facher Kreis (nur auf einem Ex. sichtbar).

Profil). Doppellinie als Basis (nur auf dem ersten vorzüglich erhaltenen Exemplar zu sehen). Im Abschnitt ein Delphin l. (Fox. 7236. B. Friedländer. Gansauge).

Die vier Exemplare aus demselben Stempel.
Taf. III, 43.
Vgl. Friedländer osk. Münzen S. 30, 1 und Taf. V Fistelia 1.

| 5 | Æ 3⅜-4 | 0,82 | Ebenso. | 8IⱤTⱢVIⱤ über demselben Ty- |

pus. Auch hier Doppel- linie als Basis und Delphin. (Peytrignet).

Die Vs. ist aus demselben Stempel, aus welchem die vorhergehende Münze hervorging. — Die Münze scheint nicht subärat zu sein.

| 6 | Æ 4-4⅓ | 0,13 subärat | Derselbe Kopf, doch roher. | 8IⱤTⱢVIⱤ über demselben |

Typus; der Abschnitt ist nicht ausgeprägt. (Fox).

| 7 | Æ 4¾ | 7,68 | Derselbe Kopf (von dem- | 8ISTⱢVIꟻ über demselben |

selben Typus wie auf n. 1—5). Einfacher Kreis.

Typus; im Abschnitt Del- phin l. (Prokesch).

Das Gewicht ist hoch, umsomehr als die Münze etwas beschädigt ist. Spuren von Überprägung?

| 8 | Æ 4½-5 | 7,22 | Weiblicher Kopf fast von | ·ⱤIVꟼⱢⱤI[8] über dem l. |

vorn (etwas r. gewendet und geneigt) mit gelöstem flatterndem Haar, das von einem breiten, nur über der Stirn sichtbaren Bande gehalten wird.

schreitenden Stier mit bärtigem Menschengesicht (Kopf im Profil). Doppel- linie als Basis. (7211).

Taf. III, 44.
Derselbe Kopf findet sich auf Didrachmen von Neapolis.
Vgl. Friedländer osk. Münzen S. 31, 2 und Tafel V Fistelia 2.

9-14	Æ 1½ 1⅓-1⅔ 1-1½ 1½ 1½ 1-1⅜	0,58 0,65 0,65 0,57 0,62 0,52	Jugendlicher, männlicher Kopf ohne Hals, fast ganz von vorn (etwas r. gewendet) mit kurzem, durch gleichmässige Striche angedeutetem Haar.	ꙅIVVTꙅIꙄ (r.) Delphin, Getreidekorn, Miesmuschel. (B. Friedländer, 3 Ex. Rauch. Arditi. Ohne Bezeichnung).

Taf. III, 45.
Vgl. Friedländer osk. Münzen S. 31, 3 und Taf. V Fistelia 3.

15-17	Æ 1½-1¾ 1½-1⅜ 1¼-1½	0,59 0,53 0,62	ΦΙΙΤΕ ΛΙΑ zu beiden Seiten desselben Kopfes (hier mit Hals) vertheilt.	Ebenso. (4821. 6534. B. Friedländer).

Taf. III, 46.
Vgl. Friedländer osk. Münzen S. 31, 4 und Taf. V Fistelia 4.

18	Æ 1½-1⅜	0,63 ein Stück fehlt	Ebenso.	■VVTꙅIꙄ sonst ebenso. (Fox).

Auf diesem Exemplare sind die beiden letzten Buchstaben der Aufschrift der Kehrseite von moderner Hand getilgt worden.

19	Æ 1¼-1½	0,59	ΨΙΣ Ͳ[E] ΛΙΛ sonst ebenso.	ꙅIVVTꙅIꙄ schlecht ausgeprägt, sonst ebenso. (B. Friedländer).

Die Aufschrift der Vs. ist recht unklar gekommen, doch die Form des Ͳ scheint sicher.

20	Æ 1⅙-1⅓	0,65	ΦΙꙄΤΕ ΛΙΑ sonst ebenso.	Derselbe Typus wie es scheint, von der Schrift sind nur schwache Spuren vorhanden. (B. Friedländer).
21	Æ 1	0,68	Ähnlicher Kopf, auch hier mit Hals. Zu beiden Seiten undeutliche Reste, vielleicht von Buchstaben (auf der linken Seite erkennt man ΦΙ///).	ꙅIVJͲꙅIꙄ Miesmuschel und Getreidekorn. (Fox).
22	Æ ⅚	0,34	Behelmter jugendlicher Kopf fast von vorn (etwas r. gewendet). Der attische Helm hat drei Büsche.	·ꙅI VJ Ͳꙅ IꙄ um das Zeichen Ⲏ zu je zwei Buchstaben vertheilt. (28688).

Taf. III, 47.
Vgl. Friedländer osk. Münzen S. 32, 6 und Taf. V Fistelia 6.
Über das einem H ähnliche Zeichen vgl. auch meine Bemerkung in den Historischen und philol. Aufsätzen zu Ehren Ernst Curtius S. 252.

| 23 | Æ 1¼-1½ | 0,60 |

Athenakopf r., der attische Helm ist mit Ölkranz und Eule geschmückt.

ΝϽƎΤꞀΙƧ in gerader Linie über einem halben Stier mit bärtigem Menschengesicht (Kopf im Profil) r. (Ohne Bezeichnung).

Vgl. Friedländer a. a. O. S. 32,7 und Taf. V Fistelia 7 (die Abbildung der Vs. dem Original nicht entsprechend). Der Kopf der Athena ist sehr roh und ungeschickt gezeichnet.

Auf der Ks. ist der letzte Buchstabe der Aufschrift nicht ganz klar, scheint aber trotz des Widerspruchs Friedländers ein V zu sein, wie auch Lepsius gelesen hatte, und vielleicht ist der in diesem V bei gewissem Licht erscheinende Punkt nicht zufällig. Zufällig dagegen könnte ein an demselben Buchstaben erscheinendes Strichelchen sein (ᴎ). Eine ähnliche Münze, doch mit anderer Aufschrift, bei Minervini osserv. numism. Taf. IV, 7 und S. 13.

Hyria und Fensernia
Hyria

Über Hyria vgl. ausser Friedländer osk. Münzen S. 36 f. und Garrucci S. 92 besonders Imhoof-Blumer in der Wiener numism. Ztschr. XVIII (1886) S. 214 ff.

Eine Münze von Nola unserer Sammlung liefert den Beweis, dass Hyria und Nola eine gemeinsame Prägestätte hatten (vgl. unten n. 5. 6).

| 1 | Æ 4½-5 | 0,55 etwas abgenutzt |

Athenakopf r. mit kurzem, unten geknüpftem Haarzopf. Der attische Helm (mit Busch) war bekränzt; doch ist der Kranz auf unserem Exemplar nicht zu sehen.

HVꞀΙ[ETEꟻ] über einem stossenden Stier mit bärtigem Menschengesicht (der Kopf im Profil) r. Zwischen den Beinen Aꟻ und eine Pflanze (↓). (Peytrignet).

Taf. IV, 48.

Ein identisches Exemplar (das Hunter'sche) bei Garrucci Taf. LXXXIX, 1; das mit der Aufschrift HYPIETEꟻ und mit Aꟻ unter dem Stier bei Sambon S. 157, 7 ist nach Imhoof-Blumer (Wiener numism. Zeitschr. XVIII (1886) S. 206) von dem vorliegenden nicht verschieden.

Imhoof a. a. O. sieht, gewiss mit Recht, in dem ↓ 'eine Pflanze mit drei Blättern' (ganz ähnlich auf Silbermünzen von Larisa, vgl. Londoner Cat., Thessaly, Taf. IV, 13); Garrucci hält es für einen Buchstaben (= χ).

2-4	Æ 4 4-4½ 4-5	7,4 7,31 7,34	Athenakopf l., der attische Helm ist mit Ölkranz und Eule geschmückt. Zwischen Helmbusch und Nacken Γ	YPIANOΣ über einem r. schreitenden Stier mit bärtigem Menschengesicht (Kopf im Profil). (7213. Fox. Pfau).

Die drei Exemplare aus demselben Stempel.
Vgl. Friedländer osk. Münzen S. 39, 2 und Taf. V Uria 2.

5. 6	Æ 5 4¾	7,15 6,77	Athenakopf l., der attische Helm ist mit Ölkranz und Eule geschmückt.	YDINAI über einem l. schreitenden Stier mit bärtigem Menschengesicht (Kopf im Profil). Doppellinie als Basis. (Peytrignet. Fox).

Beide Exemplare aus demselben Stempel (die Vs. aus demselben Stempel wie eine Münze von Nola; vgl. unter Nola).
Taf. IV, 49.
Vgl. Friedländer osk. Münzen S. 39, 3 und Taf. V Uria 3.
Der Punkt über dem ersten I ist zwar nur schwach ausgeprägt, aber sicher vorhanden (Garrucci S. 92 und 93 führt daneben auch ein Beispiel für I an). I ist vielleicht eine andere Form des oskischen Ͱ; der e - Laut liegt auf einem weiter unten beschriebenen Exemplar (n. 24.25) deutlich vor.

7	Æ 4-4½	5,16 subärat	Ebenso. Taf. IV, 50.	ΥⱣINAI, sonst ebenso. (Ohne Bezeichnung).

8-10	Æ 5	7,19 6,97 7,04	Athenakopf r. mit kurzem, unten geknüpftem Haarzopf; der attische Helm ist mit Ölkranz und Eule geschmückt.	YDINAI (mit geringen Abweichungen), sonst ebenso. (11739. B.Friedländer. Prokesch).

Diese drei Exemplare weichen in der Schriftform etwas von einander ab. Auf dem ersten hat das a die Form Λ, das zweite hat Ꝺ und Ꜧ, bei dem dritten ist der erste Buchstabe fast nur V und das a ist so Λ.
Erwähnt bei Friedländer osk. Münzen S. 39, 3.

11	Æ 4½	7,57	Athenakopf l., der attische Helm ist mit Ölkranz und Eule geschmückt; zwischen Helmbusch und Nacken ein Zeichen wie ↖ (wohl ein misslungenes Γ).	YPINA über einem l. schreitenden Stier mit bärtigem Menschengesicht (Kopf im Profil). (Beger thes. Pal. S. 270, th. Br. I S. 320).

Vgl. Friedländer osk. Münzen S. 40, 4 und Taf. V Uria 4. — Ziemlich rohe Arbeit, besonders die Vs.

12. 13	Æ 4½-5	7,28 7,32	Athenakopf r. mit kurzem, unten geknüpftem Haarzopf; der attische Helm ist mit Ölkranz und Eule geschmückt.	*ϊϊϊ* ΦΙΝΑ über einem r. stehenden Menschengesicht (Kopf im Profil). (Fox, 2 Ex.).
14	Æ 5	7,35	Athenakopf l., der attische Helm ist mit Ölkranz und Eule geschmückt; zwischen Helmbusch und Nacken Γ	ΛΜΙ9Υ über einem r. stehenden Stier mit bärtigem Menschengesicht (der Kopf im Profil). (11398).

An dem 9 ist noch eine schwache Spur eines Querstrichs zu sehen, es könnte also ursprünglich Я gestanden haben, das nachträglich zu 9 corrigirt ward.

15- 17	Æ 5 5½ 4¾-5	7,08 7,27 7,27	Ebenso (aus demselben Stempel wie die vorhergehende).	ΛΜΙ9Υ über einem r. schreitenden Stier mit bärtigem Menschengesicht (der Kopf im Profil). (Beger thes. Br. I S. 320. Fox. Gansauge).

Die drei Exemplare aus demselben Stempel. Taf. IV, 51.
Der Punkt über dem Υ ist nur auf dem ersten Exemplar sichtbar, auf den beiden andern sieht man nur Ι

18	Æ 4½-5	6,42	Ebenso, doch ohne Γ	ΛΜΙ0Υ über demselben Stier. Doppellinie als Basis. (Herrmann).
19	Æ 5	7,41	Ebenso, doch ist zwischen Helmbusch und Nacken ein undeutliches Zeichen, vielleicht Γ (vgl. n. 11).	ΛΜΙ0Υ, sonst ebenso. (Gansauge).
20	Æ 3½-5½	7,24	Ebenso, doch ohne Zeichen hinter dem Nacken.	ΛΜΙ4*ϊϊ*, sonst ebenso. (Rauch).
21	Æ 4¾	7,38	Ebenso, auch ohne Zeichen. Wie es scheint, hat Athena ein Halsband.	ΛΜΙ9Σϊϊ, sonst ebenso. (Fox).

Der erste Buchstabe dürfte Υ gewesen sein.

22	Æ 3½-4	5,88	Athenakopf l., der attische Helm ist mit Ölkranz und Eule geschmückt.	*ϊϊ*ΙΟ*ϊϊ*, sonst ebenso. (B. Friedländer).

Die Münze ist gut erhalten, aber auf einen sehr kleinen Schrötling geprägt; das leichte Gewicht lässt vielleicht auch schliessen, dass sie subärat ist, obwohl man davon keine Spur erkennt.

23	Æ 4½	7,35	Athenakopf r. mit kurzem, unten geknüpftem Haarzopf; der attische Helm ist mit Ölkranz und Eule geschmückt. Spuren eines erhabenen Reifens um das Bild.	ꓷꓤꓲꓷꓯ über einem r. schreitenden Stier mit bärtigem Menschengesicht (Kopf im Profil). (B. Friedländer).

Fast ebenso das Exemplar bei Imhoof-Blumer a. a. O. S. 207 n. 2 und Taf. V, 2.

24	Æ 4½	6,75	Athenakopf l., der attische Helm ist mit Ölkranz und Eule geschmückt.	ꓷꓦＥꓷꓬ über demselben Stier. Doppellinie als Basis. (4455. Gansauge).
25	5	6,05		

Beide Exemplare aus demselben Stempel und beide subärat. Die Vs., wie es scheint, aus demselben Stempel wie n. 7.

Erwähnt bei Friedländer osk. Münzen S. 40, 4; vgl. Garrucci S. 93, 8.

Diese und die unter n. 5.6 beschriebene Münze lassen auf Orena oder eine ähnliche Form des Stadtnamens schliessen.

26	Æ 4½	7,25 etwas abgenutzt	Kopf der Hera fast ganz von vorn (etwas r.) mit einem breiten Diadem, das mit einer Palmette zwischen den Vordertheilen von zwei r. springenden Greifen verziert ist; um den Hals Band und Perlschnur. Oben r. am Haar ein Γ Perlkreis.	ꓤꓦꓲꓳꓬ über einem r. schreitenden Stier mit bärtigem Menschengesicht (Kopf im Profil). Doppellinie als Basis. (Gansauge).

Vgl. Friedländer osk. Münzen S. 40, 6 und Taf. V Uria 6. — Derselbe Kopf kommt vor auf den Münzen mit der Aufschrift Fensernum. — Y, sowie Ꝩ, scheinen Nebenformen des rein oskischen V = o zu sein.

27	Æ 4½-5	7,23 oxydirt	Ebenso (aus demselben Stempel).	ꓵꓩꓲꓤꓬ, sonst ebenso. (Peytrignet).
28	Æ 5	6,75 etwas abgenutzt	Ebenso (aus demselben Stempel).	ꓤꓦꓲꓷꓬ, sonst ebenso. (Prokesch).
29	Æ 5	7,47	Ebenso (aus demselben Stempel).	ꓷꓦꓲꓹ∥∥, sonst ebenso. (Fox. 8377).
30	4½-5	7,28		

Beide Exemplare aus demselben Stempel.

Taf. IV, 52.

Fensernia

Über diese Münze und die Gegend, welcher sie an-
gehört vgl. Friedländer osk. Münzen S. 64 ff. nebst
Taf. VIII und in den Berliner Blättern für Münzkunde I
(1863) S. 135; Garrucci S. 93; besonders aber Imhoof-
Blumer in der Wiener Numism. Ztschr. X (1878) S. 3 und
XVIII (1886) S. 214 ff.

Die Aufschrift einiger dieser Münzen, Fensernum
oder Fensernu, lässt nach Analogie von Cupelternum,
Cupelternu (vgl. auch Romanom, Romano) auf
eine Stadt Fensernia oder Fenseria schliessen. Dieselbe
wird jetzt für die von den Römern Veseris genannte,
am nordöstlichen Abhange des Vesuvs gelegene Stadt
gehalten, und Imhoof a. a. O. identificirt die samnitische
Stadt der Fenserner mit derjenigen, die bis um die
Mitte des vierten Jahrh. v. Chr. den Namen Hyria führte.

1	Æ 4½-5	7,41 gut	Kopf der Hera fast ganz von vorn mit einem breiten Diadem, das mit einer Palmette zwischen den Vordertheilen von zwei r. springenden Greifen verziert ist; um den Hals kleinere und grössere Perlschnur. Perlkreis.	Aufschrift nicht sichtbar. Bellerophon (mit Hut) auf dem r. fliegenden Pegasus die Chimära mit der Lanze bekämpfend. (Fox).

Taf. IV, 53.

Abgebildet bei Imhoof-Blumer (Numism. Ztschr. 1886)
Taf. V, 10.

2	Æ 4-4½	7,25 abgenutzt	Ebenso (verschiedener Stempel).	Aufschrift nicht sichtbar. Derselbe Typus, aber die Lanze gegen den Kopf der Chimära gerichtet. (Peytrignet).

Vs. aus demselben Stempel wie Imhoof Taf. V,
11—13; Ks. aus demselben Stempel wie Imhoof Taf. V, 12.

3	Æ 4½-5	5,79 stark oxydirt und beschädigt	Derselbe Kopf, nur ist hier der Hals gleich unterhalb der Perlschnur scharf abgegrenzt (derselbe Kopf wie auf n. 26—30 der Hyriamünzen und, wie es scheint, aus demselben Stempel; das Γ wegen mangelhafter Ausprägung nicht sichtbar, kein Perlkreis?).	Ebenso (der Typus ähnlich der vorletzten). (Peytrignet).

Neapolis

[Ordnung der Silbermünzen. Nach der Form der Aufschrift lassen sich die Münzen nicht ordnen, weil gleichtypische und dem Styl nach sicher gleichzeitige bald diese bald jene Endung der Aufschrift haben. Die Endung **AΣ** findet sich auf einer der ältesten Münzen mit dem Pallaskopf (siehe auch Eckhel Sylloge Tafel I 1), und dann wieder auf einer der spätesten; also giebt die Endung keinen chronologischen Anhalt. Doch versteht sich, dass die Münzen mit der Endung **EΣ** die ältesten sind, das zeigt schon die Form **S** für **Σ**. Auch haben sie nur den Stier, niemals die Nike über dem Stier, die einfacheren Typen sind immer die älteren. Ich habe also nach den Typen geordnet.[*])

    I   Athenakopf — Stier.
   II Weiblicher Kopf r. — Stier.
  III Weiblicher Kopf von vorn — Stier.
  IV Weiblicher Kopf r. (älterer Styl) — Stier und Nike, mit der Endung **HΣ**.
   V Weiblicher Kopf r. (jüngerer Styl) — Stier und Nike r., mit der Endung **ΩN** (einige mit **HΣ** oder **AΣ**, diese sind vorangestellt).
  VI Die ähnlichen (weibl. Kopf r. oder l.) mit dem Stier **linkshin**. Dieser Unterschied ist freilich unwesentlich, aber diese Münzen haben einen etwas andern, feineren Styl.
 VII Weiblicher Kopf l. — Stier und Nike r.
VIII Ohne den Stadtnamen.
  IX Mit Delphinen um den Kopf.
   X Die Drachmen und Theilstücke.

Das immer noch unerklärte **IΣ**[**]) scheint keine besondern Beizeichen zu begleiten.

Über den Stier mit Menschenantlitz siehe Avellino Opuscoli und Bullettino Napoletano V, 57.[***])

Ein Zusammenhang zwischen Beizeichen und Namen ist keineswegs immer vorhanden; die kleine Artemis findet sich neben **APTEMI**, aber auch neben **ΠAPME**: **ΣTA**, welches Στάφυλος erklärt wird, findet sich neben der Traube, aber **ΔIOΦANOYΣ** findet sich auch neben der Traube.

Abweichungen im Stadtnamen finden sich auf den folgenden Münzen: **NEΩΠOΛITΩN** steht deutlich auf zwei Silbermünzen (vgl. n. 39. 40. 78), auch auf Kupfermünzen.

NEYΠOΛITΩN auf einer Bronzemünze (n. 213).

NEOΠOΛETEΩN auf einer Bronzemünze mit dem **halben** stossenden Stier (n. 223).

Ungriechische Namen sind **OYIA**, **ΛOY**, **Œ**, was vielleicht **CIBI** zu lesen ist, wie **CIBI** auf Münzen von Laos vorkommt.

Die von Minervini Saggio di oss. num. 1856 Taf. III, 4 u. VII, 3 publicierten Münzen von Neapolis mit angeblich phönizischen Aufschriften sind, wie ich in den Berliner Blättern für Münzkunde Th. IV 134 nachgewiesen habe, antike Münzen mit unlesbaren Schriftzügen, welche keinerlei Sinn haben. Eine solche ist mit der Fox'schen Sammlung in die unsrige gelangt (n. 158). Luynes Choix I, 14 bildet eine weniger barbarische ab, welche **NEΩΠOH** oder ähnlich hat.[†) Friedlaender].

[*) Die von Friedländer befolgte Ordnung ist etwas geändert worden, das hier folgende Verzeichniss entspricht der jetzigen Einordnung.
[**) Vgl. darüber auch Garrucci S. 83.
[***) Auch Garrucci S. 83 und besonders Eckhel d. n. I S. 129 ff., neuerdings Fr. Wieseler in den Göttinger Nachrichten 1871 S. 369 ff.
[†) Vgl. auch Garrucci S. 84, 6.

I. Athenakopf — Stier

1	Æ 4-5	7,11 oxydirt	Athenakopf r. mit kurzem, unten geknüpftem Haarzopf; der attische Helm (mit Busch) ist mit einem Ölkranze geschmückt, der sich unten beiderseits verzweigt.	ΝΕΟΠΟΥΙΤΕΣ über einem stossenden Stier mit bärtigem Menschengesicht (der Kopf im Profil) r. Die Stelle des Abschnitts ist nicht zur Ausprägung gekommen. (7242).
2	Æ 4½-5	7,53	Derselbe Kopf, doch geht von dem Ölkranze unten nur ein Zweig aus.	[Ν]ΕΟΠΟΥΙΤ oben, im Abschnitt ΖΒ von einer kleinen Kammmuschel r. getrennt. Stier mit bärtigem Menschengesicht l. stehend (der Kopf im Profil). Unter seinem Bauche ΙΑ (28688).

Taf. IV, 54.

Wie es scheint, auf eine andere Münze geprägt, deren Typus sich aus den wenigen vorhandenen Spuren nicht mehr feststellen lässt.

Vgl. Sambon S. 142, 9.

3	Æ 4-5	7,3	Derselbe Kopf wie auf n. 1 (wie es scheint, aus demselben Stempel).	ΝΕΟΠΟΛΙ über einem r. eilenden Stier mit bärtigem Menschengesicht (der Kopf im Profil; der l. Vorderfuss ist erhoben). Vor dem Horn des Stiers die Spuren eines Τ, so dass also anzunehmen ist, dass die Aufschrift in dieser Richtung sich fortsetzte (der Rand der Münze an dieser Stelle sowie der Abschnitt sind nicht zur Ausprägung gekommen). (7034).

Dieses Exemplar stammt aus der Sammlung Campana (Catal. Campana n. 264).

Vgl. Garrucci Taf. LXXXIV, 20.

4 5	Æ3½-4½ 4½-5	7,58 7,59	O ◘ O Ǝ Ѵ Athenakopf r.; der mit dem Ölkranz geschmückte attische Helm hat keinen Busch. Perlkreis.	ЅH ΛEOΓOΛIT über einem l. stehenden Stier mit bärtigem Menschengesicht (der Kopf im Profil). Im Abschnitt eine r. liegende Ähre. (314/1872. Fox).

Beide Exemplare aus demselben Stempel.
Taf. IV, 55.

6	Æ4-5	7,59	O Π OƎѴ, sonst ebenso.	OΠOƎѴ im Abschnitt. Stier mit bärtigem Menschengesicht r. stehend (der Kopf im Profil); Doppellinie als Basis. Über dem Stier r. liegende Ähre. (Fox).

Die Vorderseite ist aus demselben Stempel wie die voraufgehende Münze. Dadurch erklärt sich wohl auch, dass das π auf der Vs. fast gleich lange Schenkel hat, auf der Ks. nicht.

7	Æ 4-5½	7,04 etwas verdorben	Derselbe Kopf, doch ohne Umschrift (?).	[N]EOΓOΛITA[Σ] über einem l. schreitenden Stier mit bärtigem Menschengesicht (der Kopf im Profil). Im Abschnitt eine r. liegende Ähre. (Fox).

Die zu diesen gehörigen kleinen Münzen mit dem Athenakopf s. am Ende der Silbermünzen.

II. Weiblicher Kopf r. — Stier

8	Æ 4½	7,40	Kopf r., weiblich, wie es scheint; im Haar, das hinten aufgenommen ist, oben ein Band.	IΛOΠOƎ[Ѵ] über einem l. stehenden Stier mit bärtigem Menschengesicht (der Kopf im Profil); Doppellinie als Basis. Im Abschnitt ein Getreidekorn. (4905).

Taf. IV, 56.
Friedländer bezeichnet den Kopf als Apollo.
Die Aufschrift ist vollständig, da weder vor dem Stier noch im Abschnitt Buchstaben gestanden haben.

9 |.R3½-4½| 7,17 oxydirt | Weiblicher Kopf r. | Stier mit bärtigem Menschengesicht r. stehend (der Kopf im Profil). Darüber [NE]OΓOΛIT, vor der Brust des Stiers Э (oder H?), die Schrift setzte sich also nach dieser Seite fort (die r. Seite und der Abschnitt sind nicht zur Ausprägung gekommen).

Der Kopf ähnlich einem Londoner Exemplar (Cat., Italy, S. 93 n. 6).

III. Weiblicher Kopf von vorn — Stier

10 |.R 3½-5| 7,30 | Weiblicher Kopf fast ganz von vorn (etwas r. gewendet) mit gelöstem, fliegendem Haar, das von einem breiten, nur über der Stirn sichtbaren Bande gehalten wird. | [N]EOΓOЬ (oben) ZHT (im Abschnitt). Stier mit bärtigem Menschengesicht (der Kopf im Profil) l. schreitend; Doppellinie als Basis. (Fox).

Taf. IV, 57.

Vgl. Cat. of greek coins in the Brit. mus., Italy, S. 94, 11; Garrucci Taf. LXXXIV, 24.

IV. Weiblicher Kopf r. — Stier und Nike (älteren Styls)

11 |.R 4-4½| 7,33 | Weiblicher Kopf r., das Haar von einem breiten, dreifach gegliederten Bande umwunden; am Halse Perlschnur. | [N]·OΓOЬ//// im Abschnitt. Stier mit bärtigem Menschengesicht r. schreitend (der Kopf von vorn) und von der über ihm schwebenden Nike bekränzt. (Arditi).

Taf. IV, 58.

12. |.R 4½-5| 7,35 etwas abgenutzt | Weiblicher Kopf r. mit Ohr- | NEOΓOΛITHΣ im Abschnitt.
13 | 4½ | 7,14 subärat | gehänge und Perlenschnur, das Haar von einem breiten Bande umwunden. Hinter dem Halse ein E | Derselbe Typus, unter dem Bauche des Stiers ein N (4898. Fox).

Auf dem ersten Exemplar ist der Buchstabe hinter dem Kopfe sehr undeutlich und sieht fast wie ℟ aus.

14-17	R4½-5 4 4½ 4-4½	6,75 etwas abgenutzt 7,05 7,51 7,28	Ebenso.	NEOΠOΛITHΣ im Abschnitt. Derselbe Typus, doch ohne den Buchstaben N (B. Friedländer. Fox. Peytrignet. 19794).

Die vier Exemplare aus verschiedenen Stempeln. Taf. IV, 59.
Auf dem Peytrignet'schen Exemplar ist die Aufschrift nicht sichtbar.
Das leichte Gewicht des Friedländer'schen Exemplars lässt vermuthen, dass die Münze subärat sei; äusserlich ist davon nichts zu sehen.

18	R4-4½	7,41	Ebenso, doch ohne den Buchstaben.	[NEOΠ'OΛITHΣ im Abschnitt. Derselbe Typus, unter dem Bauche des Stiers ein N (Rauch).
19	R4-4½	7,42	Ebenso.	NEOΠOΛITHΣ im Abschnitt (sehr kleine Buchstaben). DerselbeTypus, doch ohne den Buchstaben. (Ohne Bezeichnung).
20. 21	R5	7,11 7,45	Weiblicher Kopf r., mit Ohrgehänge und Halsreif; um das Haar ein breites, dreifach getheiltes Band, welches über der Stirn einen Knoten bildet. Das Band ist mit einem Maeander verziert. Einfacher Kreis.	NEOΠOΛITHΣ im Abschnitt. Derselbe Typus, unter dem Bauche des Stiers ein Γ (B. Friedländer. Fox).

Beide Exemplare aus demselben Stempel. Taf. V, 60.
[Der Kopf kommt genau ebenso auf einer unserer Münzen von Nola vor. FRIEDLAENDER].
Vor dem Stier ist ein kleiner, einem Fische ähnlicher Vorsprung, der indess nur von einer Beschädigung des Stempels herrührt.

22	R4-4½	7,12	Weiblicher Kopf r. mit Ohrgehänge und Perlschnur, um das Haar ein breites Band.	[NEOΠOΛITHΣ im Abschnitt. Derselbe Typus, doch ohne Buchstaben. (Fox).
23	R4-5½	7,4	Ähnlicher Kopf r., doch ohne Ohrgehänge.	Ebenso. Doppellinie als Basis. (17944).

Bei dieser und der folgenden Münze erinnert der sehr jugendliche Kopf an den Typus der Nike; ähnlich ist es mit der ersten Münze dieser Reihe (n. 11), auf welcher der Kopf auch ohne Ohrgehänge erscheint.

24	Æ 4-4½	7,48	Derselbe weibliche Kopf r. ohne Ohrgehänge und ohne Halsband. Taf. V, 61.	ΝΕΟΠΟΛΙΤΗ[Σ] im Abschnitt. Derselbe Typus [Stier mit bärtigem Menschengesicht (Kopf von vorn) und Nike], doch nach l. gekehrt. Doppellinie als Basis. Verprägt. (Beger thes. Br. I, 350).
25	Æ 4½-4½	7,38 etwas abgenutzt	Ähnlicher Kopf mit Ohrgehänge und Halsreif; das Band ist über der Stirn zu einem Knoten geknüpft. Einfacher Kreis (?).	ΝΕΟΠΟΛΙΤΗΣ im Abschnitt. Derselbe Typus l., doch ist hier vor dem Stiere ein Γ und unter seinem Bauche ein kleiner Delphin r. Abschnitt durch einfachen Strich bezeichnet. (Peytrignet).
26	Æ 4-4½	7,35	Ganz ähnlicher Kopf; am Halsbande hängt vorn ein längliches Kleinod.	ΝΕΟΠΟΛΙΤΗ[Σ] im Abschnitt. DerselbeTypus l., vor dem Stiere nichts, unter seinem Bauche ein O. (Peytrignet).
27	Æ 4-4½	7,29	Ganz ähnlicher Kopf (die Vs. vielleicht aus demselben Stempel wie n. 20. 21).	ΙΙΤΙΛΟΠΟ[ΞΝ] im Abschnitt. Derselbe Typus l., ohne Beizeichen. Doppellinie als Basis. (Fox).
28	Æ 4½-5	5,33 subärat	Weiblicher Kopf r. mit Halsreif; um das Haar ein breites Band.	ΙΙΙΤΙΛΟΠΟΞ[Ν] im Abschnitt, sonst ebenso. (17945).

Der Typus des Kopfes hat Ähnlichkeit mit demjenigen auf den Exemplaren n. 11. 23. 24.

V. Weiblicher Kopf r. — Stier und Nike (jüngeren Styls)

29	Æ 4½-5	6,04 etwas beschädigt	Weiblicher Kopf r. mit Ohrgehänge und Perlschnur; um das Haar ein breites Band. Hinter dem Halse Weintraube, unter demselben die folgenden Schriftspuren //////////	//////////ΛΙΤΑΣ im Abschnitt. Stier mit bärtigem Menschengesicht r. schreitend (Kopf von vorn) und von der über ihm schwebenden Nike bekränzt. Unter dem Bauche des Stiers Ρ (7527).

Der Vergleich mit zwei ähnlichen Exemplaren (Carelli Taf. LXXVI, 79 und Cat. of greek coins in the Brit. mus. S. 98, 46) lässt kaum einen Zweifel, dass unter dem Kopfe ΝΕΟΠΟΛΙΤΑΣ stand. Vgl. auch Garrucci Taf. LXXXV, 2.

30	Æ4½	7,48	Derselbe Kopf, dasselbe Beizeichen; unter dem Halse ΔΙΟΦΑΝΟΥΣ (sehr kleine Buchstaben). Taf. V, 62.	[NE]οΓοΛΙΤΗΣ im Abschnitt. Derselbe Typus, doch unter dem Bauche des Stiers ⋈ (Peytrignet).
31	Æ4½-5	7,59	Ebenso.	NEοΓοΛΙΤΗ[Σ] im Abschnitt. Derselbe Typus, unter dem Bauche des Stiers ⋈ (95/1885).

Es wäre nicht unmöglich, dass trotz scheinbarer Verschiedenheit die Monogramme auf den Rückseiten dieser und der beiden vorhergehenden Münzen dieselben sind und aus den Buchstaben Γ und Δ (nicht Λ) bestehen. Mit dem Peytrignet'schen Exemplar stimmt das im Cat. of greek coins in the Brit. mus., Italy, S. 98, 47 beschriebene völlig überein. Ohne Monogramm und mit NEOΠOΛΙΤΩΝ das bei Garrucci Taf. LXXXIV, 34 abgebildete Exemplar.

32. 33	Æ4½-5 4½	7,45 7,10 subärat	Derselbe Kopf, doch als Beizeichen ein Kantharos und unter dem Halse Δι	NEοΓοΛΙΤΗΣ im Abschnitt. Derselbe Typus. Kein Monogramm. Der Strich, auf welchem der Stier steht, ist mit dem Eierstabornament geziert. (Peytrignet. Rauch).
34	Æ4	7,47	Derselbe Kopf, dasselbe Beizeichen, doch ist unter dem Halse das Δι nicht zu sehen (der Schrötling etwas zu klein). Taf. V, 63.	[NE]οΠοΛΙΤΗ[Σ] im Abschnitt, sonst ebenso. (Beger thes. Br. I, 351).
35. 36	Æ4-4½ 4½-4¾	7,20 7,41	Derselbe Kopf, doch als Beizeichen hinter dem Halse ein Adler mit angelegten Flügeln r., vor dem Halse ein Kranz, unter dem Halse Δι	[N]ΕΟΠΟΛΙΤΗΣ im Abschnitt. Derselbe Typus, doch unter dem Bauche des Stiers ein kleiner Delphin r., vor dem Stiere ΛΟ Der Strich, auf welchem der Stier steht, ist geperlt. (Fox. Peytrignet).

Etwas verschieden das Exemplar im Cat. of greek coins in the Brit. mus., Italy, S. 99, 55.

37	Æ4	7,39	Derselbe Kopf (die Stelle hinter dem Halse ist nicht ausgeprägt).	[NE]οΠοΛΙΤῊ⫶⫶/ im Abschnitt. Derselbe Typus, doch zwischen den Beinen des Stiers OΛ YM ΓI (94/1885).

Vgl. Cat. of greek coins in the Brit. mus., Italy, S. 99, 53; auch Garrucci Taf. LXXXV, 4.

| 38 | AR4 | 7,31 | Derselbe weibliche Kopf r., hinter dem Halse ein, wie es scheint, von vorn gesehener (korinthischer?) Helm. Unter dem Halse mit sehr kleinen und ungeschickten Buchstaben ΛΓΤΣΛΛΙΛ Λ///// | Wenige Spuren von Schrift im nicht ausgeprägten Abschnitt. Derselbe Typus [Stier mit bärtigem Menschengesicht r. und Nike], doch unter dem Bauche des Stiers ΘE (B. Friedländer). |

Wie der Name unter dem Kopfe zu lesen sei, ist schwer zu sagen. Sicher ist, trotz der uncorrecten Buchstabenformen, APTEMI, dann folgen 2 zweifelhafte Buchstaben (vielleicht eher ΦA oder ΟΔ als ΔΩ), der Rest der Schrift ist nicht zur Ausprägung gekommen. — Garrucci's wohl identisches Exemplar (Taf. LXXXIV, 35 mit demselben Beizeichen, das G. als 'coperchio forse di un ara accesa, forse della incudine su cui si conia la moneta' bezeichnet) soll APTEMIOV haben. Auf S. 83 bemerkt G., dass dieser Magistratsname auf den Neapolitanischen Silberstücken nicht APTEMIΔ, sondern APTEMIOV sei.

| 39. 40 | AR4½-5 4½ | 7,25 7,27 | Derselbe Kopf; hinter dem Halse als Beizeichen eine kleine stehende Artemis von vorn, die in jeder Hand eine lange Fackel hält. Unter dem Halse ΛPTEMI (auf n.40 APTEMI). | NEΩΠOΛITΩN im Abschnitt. Derselbe Typus, doch unter dem Bauche des Stiers N (Peytrignet. Fox). |

NEΩΠOΛITΩN wird auch durch ein in Paris befindliches Exemplar bestätigt und dürfte wohl auch auf dem Londoner stehen (Cat. of greek coins in the Brit. mus., Italy, S. 99, 57 giebt NEOΓOΛITΩN, so auch Garrucci Taf. LXXXIV, 36). Vgl. unten n. 78.

| 41 | AR4⅓-4⅔ | 7,34 | Derselbe Kopf; hinter dem Halse als Beizeichen eine kleine r. laufende Artemis, welche in jeder Hand eine Fackel hält. Unter dem Halse ΛPTE | NEOΓOΛITΩ[N] im Abschnitt. Derselbe Typus, doch unter dem Bauche des Stiers Μ (also wohl ΠYT) (Arditi). |

Cat. of greek coins in the Brit. mus., Italy, S. 101, 70 ist wohl dieselbe Münze.

| 42. 43 | AR4½-5 4½ | 7,04 7,33 | Derselbe Kopf; hinter dem Halse als Beizeichen eine kleine r. vorstürmende Artemis, welche mit beiden Händen eine grosse Fackel nach Art einer Lanze hält. Unter dem Halse ΓAPME | [N]EOΓOΛITΩN im Abschnitt. Derselbe Typus, doch unter dem - Bauche des Stiers eine Biene l. (Prokesch. Ohne Bezeichnung). |

44. 45	Æ4½ 4	7,0 stark oxydirt 7,38	Derselbe Kopf; hinter dem Halse als Beizeichen eine Traube, vor demselben ein kleiner undeutlicher Buchstabe, vielleicht K. Unter dem Halse ΣΤΑ	[NEO]ΠΟΛΙΤΩ[N] im Abschnitt. Derselbe Typus, doch unter dem Bauche des Stiers ein kleines K (Ohne Bezeichnung).

Beide Exemplare aus demselben Stempel.

46	.Æ4½	7,08	Ebenso, nur dass hier vor dem Halse X oder X steht.	ΝΕΟΠΟΛΙΤΩΝ im Abschnitt. Derselbe Typus, doch unter dem Bauche des Stiers ⋏ (Rauch).
47	Æ4½-5	7,41	Ähnlicher Kopf r., hinter dem Halse ein Kantharos, unter dem Halse ΧΑΡΙ	Der Abschnitt ist nicht zur Ausprägung gekommen. Derselbe Typus, doch unter dem Bauche des Stiers K (Fox).

Vgl. Cat. of greek coins in the Brit. mus., Italy, S. 102, 81.

48	.Æ4½-5	7,01 stark oxydirt	Derselbe Kopf, hinter dem Halse als Beizeichen eine anstürmende Artemis, die mit beiden Händen eine lange Fackel nach Art einer Lanze hält. Unter dem Halse ΧΑΡΙ	ΝΕΟΠΟΛΙΤΩΝ im Abschnitt. Derselbe Typus, doch unter dem Bauche des Stiers ⋏ (Rauch).

Vgl. Cat. of greek coins in the Brit. mus., Italy, S. 102, 80.

49	.Æ4-4½	7,02 ab-genutzt	Derselbe Kopf (kleiner als gewöhnlich), hinter dem Halse ein Kantharos, unter dem Halse ΧΛ (oder ΧΑ?)	[NE]ΟΠΟΛΙΤΩ[N] im Abschnitt. Derselbe Typus, ohne Monogramm. (Ohne Bezeichnung).

Vgl. Cat. of greek coins in the Brit. mus., Italy, S. 102, 82.

50	Æ 4½	5,86 subärat	Derselbe Kopf in der gewöhnlichen Grösse, hinter dem Halse ein Kantharos, unter dem Halse die oberen Enden von zwei Buchstaben, vielleicht ΔΙ oder ΛΙ	ΝΕΟΠΟΛΙΤ im Abschnitt. Derselbe Typus, doch unter dem Bauche des Stiers ΒΙ (4904).
51. 52	Æ 5 4½	7,21 7,34	Derselbe Kopf; hinter dem Halse ein Astragal, unter dem Halse X	ΝΕΟΠΟΛΙΤΩΝ im Abschnitt. Derselbe Typus, doch unter dem Bauche des Stiers K (Fox. Ohne Bezeichnung.)

Beide Exemplare aus demselben Stempel.
Mit dem X unter dem Halse des weibl. Kopfes ist

wohl der Magistratsname **XAPIΛEΩ** angedeutet (vgl. Garrucci Taf. LXXXV, 1 und S. 84, 1. 2).

53	Æ 4½	7,29	Ähnlicher weiblicher Kopf r., hinter dem Halse eine kleine r. anstürmende Artemis, welche mit beiden Händen eine grosse Fackel nach Art einer Lanze hält. Vor dem Halse **K**	**NEOΠOΛITΩN** im Abschnitt. Derselbe Typus [Stier mit bärtigem Menschengesicht r. und Nike], doch unter dem Bauche des Stiers **Γ** (12101).

Cat. of greek coins in the Brit. mus., Italy, S. 100, 60 ein Exemplar mit A; auf dem unsrigen scheint das *a* oben rechts ein Häkchen zu haben.

| 54 | Æ 4-4½ | 7,21 | Derselbe Kopf, hinter dem Halse ein kleiner Spitzhut, der oben mit einem Aufhängsel versehen ist; vor dem Halse **HΣ** | **NEOΠOΛITΩN** im Abschnitt. Derselbe Typus, doch unter dem Bauche des Stiers **ΑM** (Arditi). |

| 55 | Æ 4-5 | 7,12 abgenutzt | Ebenso, nur dass hier der Spitzhut an einem Nagel aufgehängt erscheint. | Ebenso, doch scheint hier das Monogramm **ΑM** zu sein. (166). |

Vielleicht ist dieses Exemplar überprägt. Das Beizeichen hinter dem weibl. Kopfe, welches ich als Spitzhut bezeichnet habe, wird im Cat. of greek coins in the Brit. mus., Italy, S. 102, 76 und 77 als Glocke mit und ohne Klöpfel aufgefasst; die Form des Gegenstandes lässt allerdings auch an eine Glocke denken, und eine solche muss es ja sein, wenn der Klöpfel wirklich vorhanden ist. Auf unseren, nicht vollkommen ausgeprägten Exemplaren lässt sich das nicht constatiren.

| 56 | Æ 4-5 | 7,52 | Ebenso, doch ist die Stelle hinter dem Halse nicht zur Ausprägung gekommen. Hier hat der zweite Buchstabe des Monogramms die Form **Σ** | Ebenso, doch fehlt in Folge mangelhafter Ausprägung der ganze Abschnitt, und von dem Monogramm ist nur der obere Theil sichtbar. (Peytrignet). |

| 57 | Æ 4½ | 7,54 | Derselbe Kopf, hinter dem Halse ein Astragal, vor dem Halse ein Monogramm, das entweder **ЭK** oder **Ж** ist. | **NEOΠOΛITΩ[N]** im Abschnitt. Derselbe Typus, doch unter dem Bauche des Stiers **N** (Peytrignet). |

| 58 | Æ 4½ | 7,27 etwas abgenutzt | Derselbe Kopf, hinter dem Halse eine aufrecht stehende Keule, vor dem Halse der Rest eines Monogramms **ΛⅢ** | Die Schrift im Abschnitt nicht mehr sichtbar. Derselbe Typus, doch unter dem Bauche des Stiers **⊙** (Rauch). |

59	Æ3¾-4	7,32	Ebenso, doch ist von dem Monogramm nichts zu sehen.	Ebenso. (Arditi).
60. 61	Æ4	7,48 7,0	Derselbe Kopf, hinter dem Halse ✕	[NE]OΠOΛIT[ΩN] im Abschnitt. Derselbe Typus, doch unter dem Bauche des Stiers EYΣ (101/1885. B. Friedländer).

Auf dem zweiten Exemplare ist die Schrift im Abschnitt nicht mehr vorhanden.

62	Æ3½-3¾	7,07	Derselbe Kopf, hinter dem Halse ✕	[NE]OΠOΛITΩ[N] auf einem Streifen, welcher dem Stier als Basis dient. Derselbe Typus, doch unter dem Bauche des Stiers ☉ (8220).

Vgl. Cat. of greek coins in the Brit. mus., Italy, S. 101, 69.

63	Æ4-4½	7,43	Ähnlicher Kopf, hinter dem Halse ein Astragal.	[N]EOΠOΛITΩN im Abschnitt. Derselbe Typus, doch ohne Beizeichen. (Fox).
64	Æ4½-5	7,42	Ähnlicher Kopf, hinter dem Halse eine kleine r. anstürmende Artemis, die mit beiden Händen eine Fackel nach Art einer Lanze hält.	[NEOΠOΛI]TΩ[N] im Abschnitt. Derselbe Typus. (Ohne Bezeichnung.)
65	Æ4¼	5,92 subärat	Derselbe Kopf, doch ist hier das Haarband an beiden Rändern mit Perlen verziert. Hinter dem Halse eine aufrecht stehende Amphore.	[N]EOΠOΛITΩ[N] im Abschnitt (das Π hat gleich lange Schenkel). Derselbe Typus. (Dannenberg).
66	Æ4¼-5	7,52	Ähnlicher Kopf (das Band ist nicht mit Perlen verziert). Hinter dem Halse eine Traube.	[NE]OΠOΛITꟼ im Abschnitt. Derselbe Typus. (Peytrignet).

Taf. V, 64.
Diese Münze zeichnet sich vor allen anderen dieser Classe durch einen besonderen Typus aus, welcher demjenigen der unter Classe IX (S. 118) aufgeführten Exemplare ganz nahe verwandt ist.

67. 68	Æ3¾-4 4-4½	7,23 6,78 subärat	Ebenso (der Kopf kleiner und von etwas anderem Typus).	Die Schrift im Abschnitt undeutlich. Derselbe Typus. (Herrmann).

69	Æ 4½ stark oxydirt	7,08	Derselbe weibliche Kopf r., hinter dem Halse ein Kantharos; vor dem Halse scheinen Spuren eines Monogramms zu sein.	NEOΠOΛIT.. im Abschnitt. Derselbe Typus des von der Nike bekränzten Stiers r. (Ohne Bezeichnung.)
70	Æ 4 subärat	5,62	Derselbe Kopf, hinter dem Halse ein bucranium.	Der Abschnitt ist nicht ausgeprägt. Derselbe Typus. (Ohne Bezeichnung).
71	Æ 4½	7,43	Ähnlicher Kopf, kein Beizeichen.	NEOΠOΛITΩN im Abschnitt. Derselbe Typus; unter dem Bauche des Stiers AI (Peytrignet).
72	Æ 4½-5	7,32	Ebenso (aus demselben Stempel). Taf. V, 65.	Ebenso (aus demselben Stempel), doch erscheinen die zwei Buchstaben unter dem Bauche des Stiers hier wie Δ! (93/1885).

VI. Den vorhergehenden Münzen ganz ähnlich, doch mit dem Stier links hin

73	Æ 4½-5 subärat	6,38	Weiblicher Kopf r. mit Ohrgehänge und Perlschnur; um das Haar ein breites Band. Hinter dem Halse ein Kantharos, unter dem Halse [X]ΛPI	Der Abschnitt ist nicht ausgeprägt. Stier mit bärtigem Menschengesicht l. schreitend (Kopf von vorn), von der über ihm schwebenden Nike bekränzt. Unter dem Bauche des Stiers ΛOY (Gansauge).

[ΛOY ist ein ungriechischer Namensanfang, gleich OYIΛ auf anderen. FRIEDLAENDER].

74. 75	Æ 4½-5 4-4½	6,9 7,21	Ähnlicher Kopf, aber l. Hinter dem Halse EY	NEOΠOΛITΩN im Abschnitt. Derselbe Typus, auch hier ΛOY (Ohne Bezeichnung. 1307).

Cat. of greek coins in the Brit. mus., Italy, S. 100, 63.

76. 77	Æ 4-4½ 4-4½	7,42 7,32	Ähnlicher Kopf l., ohne Beizeichen.	NEOΠOΛITΩN im Abschnitt. Derselbe Typus, ohne Buchstaben. (Rauch. Arditi).

Die Rückseiten aus demselben Stempel.

VII. Ebenso (weiblicher Kopf linkshin), doch der Stier rechtshin

78	Æ4½-5	6,99	Ähnlicher weiblicher Kopf l., hinter dem Halse eine kleine stehende Artemis von vorn, in jeder Hand eine Fackel haltend. Unter dem Halse [Γ]ΝΑΙ[ΟΥ]	ΝΕΩΠΟΛΙΤΩ[Ν] im Abschnitt. Derselbe Typus des von der Nike bekränzten Stiers, aber r. Unter dem Bauche des Stiers Ν (Peytrignet).

Vgl. Cat. of greek coins in the Brit. mus., Italy, S. 105, 106; das Londoner Exemplar dürfte wie das unsrige ΝΕΩΠΟΛΙΤΩΝ haben. Siehe oben n. 39. 40.

79	Æ4-4½	7,10	Ähnlicher Kopf l. (das Band ist zur Hälfte durch das Haar verdeckt; hinter dem Halse ΤΑΡ, unter dem Halse Spuren von ΕΥΞ	[ΝΕΟ]ΠΟΛΙ]Τ[ΩΝ] im Abschnitt. Derselbe Typus r., unter dem Bauche des Stiers ΕΠΙ (B. Friedländer).

Vgl. Cat. of greek coins in the Brit. mus., Italy, S. 100, 109.

Die folgenden Münzen unterscheiden sich von den beiden vorhergehenden im Styl und dadurch, dass die meisten auf der Vs. den Perlkreis haben; das Π hat gewöhnlich gleich lange Schenkel.

80	Æ4½-5	7,16	Weiblicher Kopf l. mit Ohrgehänge und Perlschnur; im Haar ein breites, nur in seiner oberen Hälfte sichtbares Band. Hinter dem Halse ein länglicher Schild (auf demselben ein undeutlicher Gegenstand oder Ornament); unter dem Halse Ƀ Perlkreis.	[ΝΕΟ]ΠΟΛΙΤΩΝ im Abschnitt. Derselbe Typus r. Unter dem Bauche des Stiers ΒΙ (12102).

81	Æ4½-5	6,86 oxydirt	Derselbe Kopf, doch ist das Band ganz sichtbar und nur durch zwei Locken in der Mitte unterbrochen. Hinter dem Halse ein Schöpflöffel. Perlkreis.	[Ν]ΕΟΠΟΛΙΤΩΝ im Abschnitt. Ebenso. (Ohne Bezeichnung).

82	Æ4½	6,53 subärat	Ebenso, doch als Beizeichen hinter dem Halse eine Leier. Perlkreis nicht sichtbar.	[Ν]ΕΟΠΟΛΙΤΩ[Ν] im Abschnitt. Ebenso. (Fox).

83	Æ4½	5,32 subärat	Ebenso, doch als Beizeichen eine Amphore. Perlkreis.	[Ν]ΕΟΠΟΛΙΤΩΝ im Abschnitt. Ebenso. (Prokesch).

8*

84	Æ4⅜-5	7,02	Ähnlicher weiblicher Kopf l., doch als Beizeichen ein kleiner bocksfüssiger Pan l. (ithyphallisch), welcher die l. Hand in die Seite stemmt, die r. hoch erhoben hält. Perlkreis.	[NEʲ⁰ΠΟΛΙΤΩΝ im Abschnitt. Derselbe Typus des von der Nike bekränzten Stiers r.; unter dem Bauche des Stiers ΒΙ (28876).

Das Pariser Exemplar (im Abdruck vorliegend) ist aus demselben Stempel.

85	Æ 4⅓	6,68 am Rande beschädigt	Ebenso, doch als Beizeichen ein Elephant l. Perlkreis.	[N]EΟΠΟΛΙΤΩ[N] im Abschnitt. Ebenso, die Buchstaben so: ΒΙ (Peytrignet).

Vgl. Cat. of greek coins in the Brit. mus., Italy, S. 105, 103. Garrucci Taf. LXXXIV, 33 und S. 84: 'l'insegna dell' elefante dinota che cotesto didramma fu battuto dopo l'arrivo di Pirro'.

86	Æ 4-4⅓	7,15	Ebenso, doch als Beizeichen ein achtstrahliger Stern. Perlkreis.	[N]EΟΠΟΛΙΤΩ[N] im Abschnitt. Derselbe Typus, doch unter dem Bauche des Stiers ΙΞ (Peytrignet).

87	Æ 4-4⅓	7,21	Ebenso, doch als Beizeichen eine Gerstenähre. Perlkreis nicht sichtbar.	ΝΕΟΠΟΛΙ[ΤΩΝ] im Abschnitt; sonst ebenso. (B. Friedländer).

Cat. of greek coins in the Brit. mus., Italy, S. 106, 118.

88	Æ 4⅓-5	6,63 am Rande beschädigt	Ebenso, doch als Beizeichen ein Füllhorn. Perlkreis.	Ebenso. (Rauch).

Cat. of greek coins in the Brit. mus., Italy, S. 106, 113.

89	Æ 4⅜-5	7,38	Ebenso, doch als Beizeichen ein Thyrsus, an welchem eine Binde mit einer Schleife befestigt ist. Perlkreis.	ΝΕΟΠΟΛΙΤΩ[N] im Abschnitt; sonst ebenso (die Buchstaben so: ΙΣ). (Fox).

Cat. of greek coins etc. S. 106, 123.

90	Æ 4⅓	7,31	Ebenso, doch als Beizeichen ein Adler mit angelegten Flügeln l., den Kopf zurückwendend. Perlkreis nicht sichtbar.	[N]EΟΠΟΛΙΤ[ΩN] im Abschnitt; sonst ebenso. (27689).

Cat. of greek coins etc. S. 106, 116.

91	Æ4½-4⅜	7,32	Ebenso, doch als Beizeichen ein abwärts gerichteter Delphin. Kein Perlkreis.	Ebenso. (Ohne nung).

92	ЯR 4½	7,16 etwas abgenutzt	Ebenso, doch als Beizeichen ein Pegasus (oder Hippocamp) l. Kein Perlkreis sichtbar.	NEOΠOΛIT[ΩN] im Abschnitt; sonst ebenso (hier IΣ). (Beger thes. Pal. 187, th. Brand. I, 350).
93. 94	ЯR 4½	7,34 6,51	Ebenso, doch als Beizeichen der strahlenumgebene Kopf des Helios von vorn. Kein Perlkreis.	[N]EOΠOΛITΩ[N] im Abschnitt; sonst ebenso. (Beger th. Br. I,350. Fox).
			Cat. of greek coins etc. S. 106, 122.	
95	ЯR 5	6,91	Ebenso, doch als Beizeichen ein kleiner dickbäuchiger histrio von vorn (als Herme): er hat die komische Maske an, die Arme sind in Gewand gewickelt, ein undeutlicher Gegenstand (Keule?) liegt in seinem l. Arm. Kein Perlkreis.	NEOΠOΛITΩN im Abschnitt; sonst ebenso. (Fox).
96	ЯR 4½-5	7,36 etwas beschädigt	Ebenso, doch als Beizeichen ein Krater. Perlkreis.	NEoΠoΛITΩN im Abschnitt. Derselbe Typus, doch unter dem Bauche des Stiers A (Fox).
97	ЯR 5	7,28	Ebenso, doch als Beizeichen ein kleiner Helm (im Profil l.) mit Wangenklappen und einer nach vorn gekrümmten Spitze. Perlkreis.	Ebenso. (Peytrignet).
98	ЯR4½-5½	6,63 oxydirt	Derselbe Kopf (die Haarbinde ist hier aber nicht durch Locken unterbrochen); als Beizeichen ein Hahn r. Perlkreis. Taf. V, 66.	NEOΠOΛIT[ΩN] im Abschnitt; sonst ebenso. (102/1885).
99	ЯR 5	6,96 subärat	Derselbe Kopf in dem gewöhnlichen Typus; als Beizeichen ein Schwert in der Scheide mit dem Bandelier. Perlkreis.	[NE]oΠoΛITΩ[N] im Abschnitt. Derselbe Typus, doch unter dem Bauche des Stiers E (Beger thes. Br. I, 350).
100 ♀₄	ЯR 4-4½	6,97	Ebenso, doch als Beizeichen eine Eule etwas l. Kein Perlkreis sichtbar. Taf. V, 67.	NEOΠOΛIT[N] im Abschnitt; sonst ebenso. (Gansauge).

101	Æ 5	7,29	Derselbe weibliche Kopf
102	4½-4¾	6,24 subärat	l., doch als Beizeichen Herme des Priap r. Perlkreis.

[N]EOΠOΛITΩN im Abschnitt. Derselbe Typus, ohne Buchstaben. (18670. Rauch).

VIII. [Die beiden folgenden Münzen haben keine Aufschrift gehabt, der Abschnitt ist bei ihnen sichtbar und leer. Alle drei Exemplare sind subärate, dies erklärt wohl die Unregelmässigkeit. FRIEDLAENDER.]

103	Æ4½	6,11	Weiblicher Kopf r. mit Ohrgehänge
104		7,0 beide subärat	und Perlschnur, im Haar ein breites Band. Hinter dem Halse eine Keule. Kein Perlkreis.

Stier mit bärtigem Menschengesicht r. (der Kopf fast von vorn), von der über ihm schwebenden Nike bekränzt. Unter dem Bauche des Stiers ⊙ (Ohne Bezeichnung. 28302).

Beide Exemplare aus demselben Stempel.
Taf. V, 68.
Diese Münze ist von recht guter Arbeit.
Vgl. Cat. of greek coins in the Brit. mus., Italy, S. 107, 134.

105	Æ 4½	5,92 subärat	Derselbe Kopf, doch als Beizeichen eine kleine Athena promachos r.

Derselbe Typus, aber l. und ohne Buchstaben. (Herrmann).

IX. Mit Delphinen um den Kopf

[Der Stempel der Kehrseite war so gross, dass die Aufschrift im Abschnitt nur auf wenigen Exemplaren sichtbar ist.

Die Zahl der Delphine um den Kopf wechselt zwischen vier und fünf (doch in Folge der mangelhaften Ausprägung lässt sich die Anzahl nicht immer bestimmen). Es scheint, dass diese Münzen besonders vollwichtig ausgeprägt sind. FRIEDLAENDER].

106	Æ 4½-5	7,41	Weiblicher Kopf r. mit Ohrgehänge
-	4-4½	7,52	und Perlschnur; im Haar eine breite, dreifach gestreifte Binde. Um
108	4½-5	7,53	den Kopf vier Delphine. Perlkreis.

NEOΠOΛITHΣ im Abschnitt. Stier mit bärtigem Menschengesicht r. schreitend (Kopf von vorn), von der über ihm schwebenden Nike bekränzt. Unter seinem Bauche ΔI, im Felde r. ΘE (Peytrignet, 2 Ex. B. Friedländer).

Die beiden ersten Exemplare aus demselben Stempel.
Auf dem letzten Exemplare sieht der letzte Buchstabe der Aufschrift fast wie Σ aus.

109 R 4½-5 | 7,37
110 4-4½ | 7,30

Ebenso (doch unter dem Halse vielleicht die Spur eines kleinen Buchstabens?).

[N]EOΠOΛITΩ[N] im Abschnitt. Derselbe Typus, doch unter dem Bauche des Stiers OE, sonst nichts. (96/1885. Ohne Bezeichnung).

Beide Exemplare aus demselben Stempel.

---

111 R 4½-5½ | 7,28
- 4½-5½ | 7,51
115 4½-5 | 7,52
4½-5 | 7,51
5 | 7,50

Derselbe Kopf, von fünf Delphinen umgeben. Perlkreis.

[N]EOΠOΛITΩN im Abschnitt. Derselbe Typus, doch unter dem Bauche des Stiers OYIΛ (7723. Arditi. Peytrignet. 97/1885. 98/1885).

Zwei Exemplare aus demselben Stempel.
Taf. V, 69.
Die Aufschrift ist nur auf einem Exemplare sichtbar.
— Vgl. Garrucci Taf. LXXXV, 5.
Der Beamtenname ist OYIΛ(λίου), vgl. Imhoof-Blumer in der Wiener Numism. Ztschr. XVIII (1886) S. 227 f.

---

116 R 5-5½ | 7,30
- 5 | 7,48
119 4½-5 | 7,52
5 | 7,42

Derselbe Kopf, von vier Delphinen umgeben. Perlkreis.

[N]EOΠOΛITΩN im Abschnitt. Derselbe Typus, doch ohne den Namen. (Peytrignet. Fox. 99/1885. 100/1885).

Zwei Exemplare aus demselben Stempel.
Taf. V, 70.

— —

X. Die Drachmen und Theilstücke

Im Typus und Styl entsprechen die nächstfolgenden Drachmen genau den unter VII beschriebenen Didrachmen; auch die Beizeichen sind dieselben.

---

120 R 3½-3¾ | 3,46 etwas abgenutzt

Weiblicher Kopf l. mit Ohrgehänge und Perlschnur, im Haar ein breites Band. Hinter dem Halse ein Füllhorn. Perlkreis.

NEOΠOΛITΛN im Abschnitt. Stier mit bärtigem Menschengesicht r. schreitend (der Kopf von vorn), von der über ihm schwebenden Nike bekränzt. Unter dem Bauche des Stiers IΣ (Beger thes. Brand. I, 351).

Die Endung TAN ist, obwohl auch Beger so las, doch nicht ganz sicher; der jetzt wie Λ aussehende Buchstabe dürfte ursprünglich doch wohl Λ gewesen sein.

---

121 R 3-4 | 3,22 etwas abgenutzt

Ebenso, doch als Beizeichen hier ein Elephant l. Perlkreis.

NEOΠOΛITΩN im Abschnitt. Derselbe Typus, doch unter dem Bauche des Stiers BI (Rauch).

| 122 | Æ4-4½ | 3,20 ab-genutzt | Derselbe weibliche Kopf l., doch als Beizeichen länglicher Schild. Perlkreis. | NEОΠΟΛΙ/// im Abschnitt Derselbe Typus des von der Nike bekränzten Stiers r.; unter dem Bauche des Stiers ΒΙ (Herrmann). |

Nur zufällig sieht der erste Buchstabe unter dem Leibe des Stiers wie Κ aus.

123	Æ 3¼	3,50 oxydirt	Ebenso, doch als Beizeichen abwärts gerichteter Delphin. Kein Perlkreis.	NEОΠΟΛΙΤΩ[N] im Abschnitt. Derselbe Typus; unter dem Bauche des Stiers ΙΣ (Peytrignet).
124	Æ 3	3,38 oxydirt	Derselbe Kopf, kein Beizeichen.	NEОΠΟΛΙΤΩN im Abschnitt; sonst ebenso. (Peytrignet).
125	Æ2½-3	3,14 oxydirt	Derselbe Kopf, hinter dem Halse Β	[NE]оΠΟΛΙΤ//// imAbschnitt; sonst ebenso (hier ΙΣ). (Peytrignet).
126	Æ3-3½	3,37 ab-genutzt	Derselbe Kopf; als Beizeichen ein Schiffsvordertheil l.	NEОΠΟΛΙΤΩN im Abschnitt. Derselbe Typus; unter dem Bauche des Stiers Α (Fox).
127	Æ3-3½	3,30 oxydirt	Derselbe Kopf; das Beizeichen undeutlich (komische Maske?). Perlkreis.	[NEО]Π[ОΛ]ΙΤ//// im Abschnitt; sonst ebenso. (Arditi).

[Die nächstfolgenden Münzen, theils mit dem Hahn, theils mit dem Zwiegespann auf der Ks., würde man den äusseren Kennzeichen nach für syrakusanische halten, auch hat eine von ihnen das triquetrum als Beizeichen. Allein Avellino (opusc. II S. 46 f.) führt Exemplare mit den Aufschriften NEОΠΟΛΙΤΩN und NEОΠ ... an (vgl. auch Sambon S. 143, 32; 144, 33—35 und Garrucci Taf. LXXXV, 25—28). Auch habe ich drei von unseren Exemplaren in Neapel, keins in Sicilien gekauft. An den Stadttheil Neapolis von Syrakus wird man nicht denken wollen. FRIEDLAENDER].

| 128 | Æ 2½-3 | 1,83 ab-genutzt | Lorbeerbekränzter Kopf des Apollo r. Davor undeutliche Buchstabenspuren; ein N unter dem Halse ist der letzte Buchstabe der Aufschrift (NEОΠΟΛΙΤΩN). Taf. V, 71. | Hahn r., dahinter ein, wie es scheint, leicht vertieftes Χ oder Stern. (7515). |

129 130	Æ 2-3 2-2½	1,24 mit Loch 1,03 beide sehr abgenutzt	Derselbe Kopf, doch ist von der Schrift nichts mehr zu sehen.	Hahn r., von dem Stern ist nichts mehr zu sehen. (Ohne Bezeichnung).

Diese beiden Exemplare wurden von Sestini (lett. VIII S. 54) irrig als Münzen von Carystus publicirt. Hierher gehört auch die von Mionnet II, S. 302, 16 beschriebene Münze. Vgl. Garrucci Taf. LXXXV, 27, der über die Erhaltung der abgebildeten Münze nichts angiebt, sodass zweifelhaft bleibt, ob Schrift und Stern nur in Folge der Abnutzung fehlen.

131	Æ 1¾-2½	1,48 etwas abgenutzt	Lorbeerbekränzter Kopf des Apollo r., davor undeutliche Spuren von Schrift.	ΔΙ im Abschnitt. Undeutliche Gestalt in einem r. eilenden Zwiegespann, welche mit der L. die Zügel, in der R. die erhobene Ruthe hält. (7516).

Ein bei Sambon Taf. X, 18 abgebildetes Exemplar hat auf der Vs. die Aufschrift ΝΕΟΓΟΛΙΤΩΝ. Vgl. auch Avellino opuscoli II Taf. 5, 3 und S. 43, 41.

132	Æ 2-2½	1,11 sehr abgenutzt	Derselbe Kopf, keine Schriftspuren sichtbar.	Ebenso, doch sieht man die Buchstaben im Abschnitt nicht mehr. (17982).

[Auf der Vorderseite ist ein kleiner moderner Stempel (12·D) eingeschlagen. In den Berliner Blättern f. Münzkunde III S. 284 ist erwähnt, dass der Stempel vielleicht ein englischer im Anfang dieses Jahrhunderts eingeschlagener ist, als die Engländer Sicilien besetzt hatten. FRIEDLAENDER].

133	Æ 1¾-2	1,38 etwas beschädigt	Ähnlicher Apollokopf r., von Schrift nichts zu sehen (der Schrötling zu knapp).	Der Abschnitt ist nicht sichtbar. Derselbe Typus. (Fox).

134	Æ 2¼-2½	1,62	Derselbe Kopf r.	Der Abschnitt ist nicht sichtbar. Derselbe Typus (die wagenlenkende Figur scheint hier Nike zu sein); oben im Felde das triquetrum. (28693).

Taf. V, 72.

135	Æ 1⅓-1½ oxydirt	0,62	Athenakopf r. mit korinthischem Helm ohne Busch. Umher O Ƌ M so vertheilt, dass die beiden ersten Buchstaben vor dem Kopfe, das O hinter demselben steht.	Halber Stier mit bärtigem Menschengesicht (Kopf im Profil) r. eilend (das r. Bein eingezogen). Darüber scheinen Schriftspuren zu sein. (7800).

Die Münze ist von alterthümlichem Styl, aber unschöner Arbeit; der Athenakopf fast genau ebenso und wie hier ohne Haar auf einer Münze von Cumae (n. 23). — Vgl. Cat. of greek coins in the Brit. mus., Italy, S. 95, 16.

136	Æ 1-1½	0,65	Ähnlicher Kopf, umher OƋ[M], wie bei der vorhergehenden Münze vertheilt. Einfacher Kreis.	Derselbe Typus, aber l. Darüber in gerader Linie (die Buchstaben stehen umgekehrt) ///////ΓO (Fox).

Die auf der Ks. vor ΓO erhaltenen Schriftspuren deuten eher auf NEΓO als auf NEOΓO

137	Æ 1½	0,54	Athenakopf r. (attischer Helm mit Busch).	NEOΠO über dem halben Stier mit bärtigem Menschengesicht r. (Kopf im Profil, das r. Bein eingezogen). (11738).

Von roher, halb verwilderter Arbeit.

138	Æ ⅔-1¼ abgenutzt	0,64	Derselbe Kopf, der Helm ist bekränzt.	NEOΠ über demselben Typus l. (Fox).

Vgl. Garrucci Taf. LXXXV, 14.

139	Æ 1¼-1¼ sehr verletzt	0,61	Ebenso (ob der Helm bekränzt war, ist nicht zu sehen).	Im Felde r. N, l. ꟺ, also NE Halber Stier mit bärtigem Menschengesicht r. (Kopf im Profil, ein Bein eingezogen). (Fox).

140	Æ 1-1¼ abgenutzt	0,64	Ebenso.	Derselbe Typus, doch hier NE (aufwärts) l. im Felde. (17515).

Ob auf NE noch etwas folgte, ist nicht ersichtlich.

| 141 | Æ 1-1½ | 0,63 oxydirt | Weiblicher Kopf r., im Haar eine breite Binde (Typus gleich den Köpfen in Abth. IV). Undeutlicher Kreis. | ΙΛΟΠΟΘΝ im Abschnitt. Stier mit bärtigem Menschengesicht r. schreitend (ob der Kopf im Profil oder von vorn dargestellt war, ist nicht mehr zu sehen), von der über ihm schwebenden Nike bekränzt. Unter dem Bauche des Stiers scheint ein Buchstabe gewesen zu sein. (Peytrignet). |

| 142 | Æ ½-1 | 0,68 | Lorbeerbekränzter Kopf des Apollo r. mit kurzem Haar. Undeutlicher Kreis. | ΝΕΟ über einem Stierkopf mit bärtigem Menschengesicht von vorn; von den Hörnern hängt je eine Binde herab. (7214). |

Vgl. Cat. of greek coins in the Brit. mus., Italy, S. 98, 44; Avellino opusc. II Taf. III, 8 und S. 42, 40.

| 143 | Æ 1½-1¾ | 0,52 etwas ab-genutzt und oxydirt | Jugendlicher, männlicher Kopf r. mit Lorbeerkranz. | ΝΕΟΠΟΛΛ''''''' Herakles, r. knieend (wie er kniet ist undeutlich), würgt mit beiden Armen den Löwen. L. im Felde die Keule. (28460). |

Der Kopf wird gewöhnlich als der des Apollo bezeichnet; allein der breite Hals und die derben, etwas portraitartigen Züge lassen eher an Herakles denken. [Millingen (ancient coins S. 8) theilte eine ähnliche Münze Neapolis Campaniae zu, weil auch eine grössere Münze dieser Stadt den tarentinischen verwandte Typen habe; in den Considérations S. 131 wiederholt er dies. Allein diese kleinen Münzen könnten wohl auch Neapolis Apuliae gehören, da andere apulische Städte, wie Caelium und Rybastini, dieselbe Kehrseite haben. Der Apollokopf beweist nicht, dass sie Neapolis Campaniae zugetheilt werden müssen, wenn er auch dafür spricht. FRIEDLAENDER].

| 144 | Æ 1½ | 0,51 etwas ab-genutzt und be-schädigt | Derselbe Kopf, doch hier vor dem Halse der Rest eines Monogramms ℞ | '''''ΠΟΛΙΤΩΝ Derselbe Typus, doch kniet hier Herakles mit dem r. Bein. Die Keule ist nicht zur Ausprägung gekommen. (Peytrignet). |

Das Monogramm dürfte wohl ℞ gewesen sein wie auf dem Exemplare bei Garrucci Taf. LXXXV, 23.

145	Æ 1-1½	0,56 beschädigt	Derselbe Kopf, doch hier hinter dem Halse Λ	NEOΠOΛ///// Derselbe Typus (Herakles kniet mit beiden Beinen), auch hier ist die Keule nicht sichtbar. (Fox).
146	Æ 1	0,44	Ebenso. Taf. V, 73.	Ebenso, mit der Keule. Von der Schrift nichts zu sehen, weil der Schrötling zu knapp ist. (Peytrignet).
147	Æ 1	0,59	Ähnlicher Kopf r. (dem Apollotypus verwandt), hinter dem Halse ein undeutliches Zeichen (Kranz?).	/////////:)Λ Herakles, mit beiden Beinen l. knieend, würgt den Löwen. R. im Felde Spuren der Keule. (Fox).
148	Æ 1⅛	0,59	Lorbeerbekränzter Kopf des Apollo l.; hinter dem Halse O Perlkreis. Taf. V, 74.	NE[OΠOΛI]TΩ N (das N steht im Abschnitt). Herakles, mit beiden Beinen r. knieend, würgt den Löwen. L. im Felde die Keule. (28226).

Die Münze ist von sehr feiner Arbeit.

| 149 | Æ 1-1½ | 0,48 beschädigt | Ähnlicher Kopf l. (der Kranz ist nicht ganz sicher); hinter dem Halse zwei kleine Blätter oder Beeren an einem Stiel (das Ganze dem Buchstaben Y ähnlich). | ////oΛI≣ΛΛI Derselbe Typus (von der Keule scheinen Spuren vorhanden zu sein). (Peytrignet). |

Der auf der Rs. zuerst sichtbare Buchstabe ist vielleicht O, aber nicht ganz sicher; die beiden folgenden ΛI sind klar; darauf folgt eine Spur, die kaum auf ein T hindeutet, dann sicher ΛN; der letzte, wie ein I aussehende Strich könnte möglicherweise das Ende des Löwenschweifs sein. An ΛΛΛIBΛN scheint nicht gedacht werden zu können.

150	Æ 1-1½	0,73	NEOΓOΛITHΣ Jugendlicher Kopf r. mit verworrenem, fliegendem Haar. (Die Vs. concav).	Nike l. sitzend. Der Gegenstand, den sie in der vorgestreckten R. hält, ist nicht mehr zu erkennen, ebenso der Gegenstand, auf dem sie sitzt. (812/1876. Peytrignet, 2 Ex.).
-	1-1⅝	0,65		
152	1-1½	oxydirt 0,50 abgenutzt und oxydirt		

Die drei Exemplare aus demselben Stempel.
Taf. VI, 75.
Vgl. Minervini osservazioni numism. Taf. I, 3. Gewiss unrichtig bei Garrucci Taf. LXXXV, 13 Kopf mit Löwenhaut (vgl. Sallet's Ztschr. für Numism. XIV (1886) S. 178).

153	ÆR 1½-1¼	0,66
-	1-1¼	0,50 stark oxydirt
155		
	1-1⅛	0,62 abgenutzt

S EΓ EI ΘΟ S Kopf des jugendlichen Flussgottes r. mit einem Hörnchen an der Stirn und einem Bande um das Haar.

N E [O] ΓΟLITE S Nike auf einer Amphore*) r. sitzend; den Kopf hat sie zurückgewendet und hält in der L. einen kurzen Stab, in der R., wie es scheint, einen kleinen Palmenzweig. (811/1876. Peytrignet, 2 Exemplare).

Taf. VI, 76.

Vgl. Minervini osserv. numism. Taf. I, 1 und 2 und S. 35 ff. Garrucci war der erste, der die Personification des heutigen Sebeto auf dieser Münze wahrnahm. Über die Münze und ihren Typus überhaupt ist zu vgl. Garrucci S. 82 und 85, 10—11, der jedoch in der Beschreibung des Typus der Kehrseite ungenau ist (vgl. Sallet's Ztschr. für Numism. XIV (1886) S. 178).

— —

156	ÆR ⅞	0,28 oxydirt

Athenakopf r. (attischer Helm mit Busch und, wie es scheint, bekränzt).

NIE innerhalb eines weitläufigen Perlkreises, um welchen ein einfacher Kreis. (Peytrignet).

Vgl. Sambon S. 143, 20 und 21 und Taf. X, 12. Garrucci Taf. LXXXV, 16. Über das einem H ähnliche Zeichen vgl. Friedländer osk. Münzen S. 27 und meine Bemerkungen in den Histor. und philol. Aufsätzen zu Ehren Ernst Curtius S. 252.

157	ÆR 4-4½	7,14 oxydirt

Ein Didrachmon mit den gewöhnlichen Typen (Vs. Weiblicher Kopf r., Ks. Stier mit bärtigem Menschengesicht r. von der schwebenden Nike bekränzt, unter dem Bauche des Stiers Γ, vgl. n. 53), die ein auf der Ks. tief eingeschlagener Stempel

ƎVO

zum Theil zerstört hat. Die drei Buchstaben sind gross und gewiss rückläufig zu lesen wie die Gestalt des Ǝ beweist. (382/1875).

—

*) Es ist nicht recht klar, ob das grosse Gefäss eine Amphore ist oder ob es nur einen Henkel hat.

158 Æ 4½-5 | 7,16 etwas ab- genutzt | Weiblicher Kopf r. mit Ohrgehänge und Halsreif; um das Haar ein breites, dreifach getheiltes Band, welches über der Stirn einen Knoten bildet (das Band war mit einem Maeander verziert). Einfacher Kreis. | Stier mit bärtigem Menschengesicht r. schreitend (Kopf von vorn¹), von der über ihm schwebenden Nike bekränzt. Im Abschnitt verwilderte, den phönikischen ähnliche Schriftzeichen. (Fox).

Taf. VI, 77.
Die Rückseite ist von ziemlich roher Arbeit, während die Vorderseite von gutem Styl und mit demselben Stempel geprägt ist, aus welchem die beiden Exemplare von Neapolis n. 20. 21 hervorgingen.

Minervini (osserv. numism. S. 54ff.), welcher zwei Exemplare dieser Münze publicirte, erklärte die Zeichen im Abschnitt für phönikische; vgl. dagegen Friedländer in den Berliner Blättern f. Münzkunde IV S. 134 ff., welcher darin nur zufällige Striche erblickt, 'welche ein unkundiger griechischer Stempelschneider, die Aufschrift ΝΕΟΠΟΛΙΤΩΝ nachahmend, gemacht hat'.

Die von Garrucci untersuchten Exemplare (eins abgebildet auf Taf. LXXXV, 6) führten diesen zu dem Resultat, dass die Aufschrift 'tuttoché barbara e retrograda ostenta nulladimeno elementi greci, e tali che si possono interpretare per Νευπολι, erroneamente scritto Νευπιλ' (S. 85); ein anderes Exemplar soll nach Garrucci haben 'la chiara leggenda ΛΟΓΥΙΙΛ' (Νευπολ.). Vgl. darüber meine Bemerkungen in Sallet's Zeitschr. f. Numism. XIV (1886) S. 176 ff.

1. Mit dem Stier und der schwebenden Nike

Die zunächst folgenden Münzen haben die Aufschrift auf der Vorderseite und ausserdem einen wechselnden Buchstaben; vorhanden sind hier die Buchstaben [H] K Λ M N Ξ O Π(?) P Σ T. Auf der Vs. immer Perlkreis. Über das IΣ auf der Rs. vgl. Garrucci S. 83.

159 Æ 3¾-4 | 6,44 | ΝΕΟΠΟΛΙΤΩΝ vor dem lorbeerbekränzten Kopfe des Apollo l. Hinter dem Halse ein [H]. | Stier mit bärtigem Menschengesicht r. schreitend, von der über ihm schwebenden Nike bekränzt. Unter dem Bauche des Stiers Σ, im Abschnitt Spur der beiden Buchstaben IΣ (B. Friedländer).

Von dem hinter dem Apollokopfe befindlichen H ist auf unserem Exemplar nur ein ganz kleiner Rest zu sehen. Ein sicheres H zeigen ein Pariser (im Abdruck vorliegend) und das im Cat. of greek coins in the Brit. mus., Italy, S. 115, 225 aufgeführte Londoner Exemplar.

160	Æ 4½	5,45 oxydirt	NEOΠOΛITΩN vor demselben Kopfe; hinter dem Halse K Perlkreis.	Derselbe Typus. Unter dem Bauche des Stiers IΣ; der Abschnitt ist nicht ausgeprägt. (Fox).
161	Æ 4-4½	5,60 oxydirt	Ebenso, doch hinter dem Halse Λ	Derselbe Typus. Unter dem Bauche des Stiers scheint nichts gestanden zu haben; im Abschnitt Spuren von Buchstaben. (B. Friedländer).
162	Æ4½-5	6,12	Ebenso, doch hinter dem Halse NÐ, also wohl M Perlkreis.	Derselbe Typus. Unter dem Bauche des Stiers IΣ; im Abschnitt nichts. (B. Friedländer).

Auf der Rs. dieser Münze ist noch der Rest eines alten Gepräges (Helmbusch).

| 163 | Æ4-4½ | 6,45 | Ebenso. | Derselbe Typus. Unter dem Stiere IΣ; im Abschnitt KE (11345). |

Vgl. Cat. of greek coins in the Brit. mus., Italy, S. 114, 211.

164	Æ4½-5	5,67	Ebenso, doch hinter dem Halse ein nicht ganz klares Monogramm ﹖ (kaum einfaches M). Perlkreis.	Derselbe Typus. Die Stelle unter dem Bauche des Stiers verletzt; im Abschnitt KP (der zweite Buchstabe undeutlich). (Arditi).
165	Æ4-4½	5,43 schlecht	Ebenso (die Schrift zu Anfang erloschen), doch hinter dem Halse N	Derselbe Typus. Ob Buchstaben vorhanden waren, ist nicht mehr zu erkennen. (Ohne Bezeichnung).
166	Æ4-4½	4,81 oxydirt	NEOΠOΛITΩN vor demselben Kopfe; hinter dem Halse ﹖, also wohl N	Derselbe Typus. Unter dem Stiere IΣ; im Abschnitt nichts. (28766).
167	Æ4-4½	4,89	Ebenso (die Schrift zu Anfang erloschen), doch hinter dem Halse ﹖, also wohl Ξ Perlkreis.	Derselbe Typus. Keine Buchstaben. (Rauch).
168	Æ4-4½	6,96	NEOΓ▓▓▓▓ vor demselben Kopfe; hinter dem Halse O Perlkreis.	Derselbe Typus. Unter dem Stiere IΣ; im Abschnitt ﹖X ΣΓ (Biron).

Der erste im Abschnitt sichtbare Buchstabe könnte vielleicht auch X gewesen sein. Vielleicht gehört hierher das Exemplar im Cat. of greek coins in the Brit. mus., Italy, S. 114, 213.

169	Æ 4½	5,58 oxydirt	NEOΠOΛITΩN vor demselben Kopfe des Apollo l.; hinter dem Halse O Perlkreis.	Derselbe Typus des von der Nike bekränzten Stiers. Unter dem Stiere IΣ; im Abschnitt scheint ein Buchstabe gewesen zu sein. (4420).
170	Æ4-4¾	5,20 etwas abgenutzt	Ebenso, doch hinter dem Halse vielleicht Γ Perlkreis.	Derselbe Typus. Unter dem Stiere IΣ; der Abschnitt ist nicht ausgeprägt. (B. Friedländer).
171	Æ4½-5½	6,37	Ebenso, doch hinter dem Halse P Perlkreis.	Derselbe Typus. Unter dem Stiere IΣ; im Abschnitt ein undeutlicher Buchstabe (etwa M) oder Monogramm (etwa M). (B. Friedländer).

Dieses Exemplar ist verprägt (nicht überprägt).

172	Æ4-4½	5,07 oxydirt	Ebenso.	Derselbe Typus. Ob Buchstaben vorhanden waren, ist nicht mehr zu erkennen. (B. Friedländer).
173 - 175	Æ 4⅝	6,90 6,50 5,02 oxydirt	Ebenso, doch hinter dem Halse Σ (auf einem Exemplare Σ). Perlkreis.	Derselbe Typus. Unter dem Stiere IΣ; der Abschnitt ist nicht ausgeprägt. (Fox, 2 Ex. Rauch).

Vgl. Cat. of greek coins in the Brit. mus., Italy, S. 114, 215.

176	Æ 4⅝	5,76	Ebenso, doch hinter dem Halse T Perlkreis.	Derselbe Typus. Unter dem Stiere nichts; im Abschnitt Buchstabenreste, vielleicht von IΣ (Beger thes. Pal. 187, thes. Br. I, 350).
177	Æ 4-4⅝	5,75	Ebenso (die Aufschrift nicht deutlich), hinter dem Halse Rest eines Buchstabens oder Monogramms M	Derselbe Typus. Unter dem Stiere IΣ; im Abschnitt könnte etwas gewesen sein. (Ohne Bezeichnung).
178	Æ 4-4¾	4,89 nicht gut	Ebenso, die Stelle hinter dem Halse ist nicht ausgeprägt. Perlkreis.	Derselbe Typus. Unter dem Stiere IΣ; im Abschnitt etwas undeutliches (K////?) (Rauch).
179	Æ 3¾-4	5,36 nicht gut	Ebenso.	Derselbe Typus. Unter dem Stiere die Spuren von zwei Buchstaben, wie es scheint; im Abschnitt IΣ (Arditi).

Zwei im Abdruck vorliegende Pariser Exemplare haben unter dem Stier OΣ oder BΞ; vgl. auch Cat. of greek coins in the Brit. mus., Italy, S. 115, 219 und 221.

180	Æ 4-4½	5,87	NEOΠOΛITΩN vor dem-selben Kopfe. Kein Bei-zeichen hinter dem Halse. Perlkreis.	Derselbe Typus. Unter dem Stiere IΣ; im Abschnitt nichts. (12103).

181 | Æ3⅓-3½ | 5,65 | ΛEOΠOΛιIΣ* vor demsel-ben Kopfe; dahinter **M** | Derselbe Typus. Unter dem Bauche des Stiers IΣ (7244).

Von n. 162 verschieden (kleiner und roher). Auch auf dieser Münze Spuren von Umprägung.

Die vier folgenden Münzen sind die Halbstücke zu den vorhergehenden, die letzte vielleicht das Viertelstück.

182	Æ2¼-2½	2,07	Lorbeerbekränzter Kopf des Apollo l. Perlkreis.	NΕ•Π•ΛIT///// im Abschnitt.
183	3	oxydirt 3,04		Derselbe Typus. Einfacher Kreis. (B. Friedländer. 5760).

Vgl. Cat. of greek coins in the Brit. mus., Italy, S. 115, 230.

184	Æ 3	2,44 oxydirt	Ebenso.	[N]Ε•Π•ΛITη im Abschnitt, sonst ebenso. (Fox).

Der letzte Buchstabe der Aufschrift ist ein schlecht gerathenes Ω

185	Æ2⅓-3½	2,66	Lorbeerbekränzter Kopf des Apollo r.; hinter dem Halse ∃ (also IΠ wie auf n. 267. 269). Perlkreis.	Derselbe Typus. Von der Schrift sieht man im Abschnitt nur schwache Spuren; ausserhalb des-selben, und zwar r. im Felde, steht TΩN, sodass im Abschnitt NEOΠOΛI gestanden haben muss. Perlkreis. (Fox).

Diese Münze ist von roher Arbeit.
Eine ähnliche im Cat. of greek coins in the Brit. mus., Italy, S. 115, 231.

186	Æ 1½-2	1,15	Lorbeerbekränzter Kopf des Apollo r. Umher ein Kranz (nur rechts sicht-bar).	[N]ΕΟΠΟΛITΛ im Abschnitt. Derselbe Typus. Undeut-licher Kreis. (Peytrignet).

2. Mit dem Stiere ohne Nike

a) mit der Aufschrift auf der Vs.

Die beiden nächsten Münzen scheinen Doppelstücke
zu sein; sie wiegen fast das Doppelte der gewöhnlichen
Stücke, welche zwischen 5 und 7 Gramm schwer sind:
vgl. Garrucci S. 83.

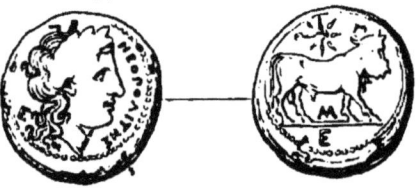

187 Æ 5-5½ dick	10,23	NEOΠOΛITHΣ vor dem lorbeerbekränzten Kopfe des Apollo r.; hinter dem Halse E Perlkreis.	Stier mit bärtigem Menschengesicht (Kopf von vorn) r. schreitend, darüber grosser achtstrahliger Stern. Unter dem Bauche des Stiers M; im Abschnitt E Perlkreis. (Fox).

Das im Cat. of greek coins in the Brit. mus., Italy,
S. 110, 158 beschriebene Exemplar weicht wahrscheinlich
von dem unseren nicht ab; das bei Garrucci Taf.LXXXV, 29
abgebildete giebt NEOΠOΛITΩN.

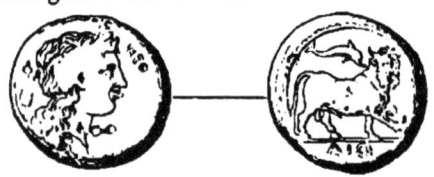

188 Æ 4½-5 dick	10,84	NEO⫻⫻⫻⫻⫻⫻⫻ vor demselben Kopfe, hinter dem Halse ein undeutliches Beizeichen, und darüber Φ, wie es scheint (kann auch zum Beizeichen gehören).	Derselbe Typus. Über dem Stiere Delphin r.; im Abschnitt AIO Perlkreis. (Fox).
189 Æ 4-4½	5,50 etwas abgenutzt	NEOΠOΛIT⫻⫻⫻ vor demselben Kopfe; hinter dem Halse M	Derselbe Typus. Über dem Stiere grosser achtstrahliger Stern; im Abschnitt ganz links ꓥA, der folgende Raum des Abschnitts ist leer. Perlkreis. (Peytrignet).

Sehr ähnlich im Cat. of greek coins in the Brit. mus.,
Italy, S. 111, 168. — Vgl. Minervini osserv. numism.
Taf. VI, 2 und 3 und S. 68; Garrucci Taf. LXXXV, 36.

| 190 | Æ3½-3½ | 4,03 | NEᴏⲄOΛIT/// (abwärts) vor dem lorbeerbekränzten Kopfe des Apollo l.; dahinter ein kleines undeutliches Beizeichen (vielleicht ein K). Perlkreis. | Stier mit bärtigem Menschengesicht (Kopf von vorn) l. schreitend; darüber Kantharos zwischen Ξ und Ω; im Abschnitt ⲅΛΙΩ (10621). |

Ähnlich Cat. of greek coins in the Brit. mus., Italy, S. 111, 175 und 176.

| 191 | Æ2½-3½ | 3,40 | NEOⲄOΛITΩN (aufwärts) vor demselben Kopfe; hinter dem Halse EⳞ (der erste Buchstabe könnte auch ein Ⲥ sein). Perlkreis. | Derselbe Typus; über dem Stiere vielleicht ein Adler l.; unter dem Bauche des Stiers K. Im Abschnitt scheint nichts gestanden zu haben. (Fox). |

Vgl. Cat. of greek coins in the Brit. mus., Italy, S. 111, 173.

| 192 | Æ 2½-3 | 3,41 | NEOⲄOΛITΩN vor dem lorbeerbekränzten Kopfe des Apollo l.; hinter dem Halse Ξ (oder E?). | Stier mit bärtigem Menschengesicht (Kopf von vorn) r. schreitend. Über ihm Eule mit angelegten Flügeln r., unter seinem Bauche E. Der Abschnitt nicht ausgeprägt. (Peytrignet). |

Vgl. Cat. of greek coins in the Brit. mus., Italy, S. 111, 174.

| 193 194 | Æ 3-3½ | 4,48 oxydirt 3,62 oxydirt | NEO.///////// vor demselben Kopfe; hinter dem Halse EⳞ Perlkreis. | Derselbe Typus. Über dem Stiere Seepferd r.; unter seinem Bauche nichts; im Abschnitt IΣ (17058. 28764). |

[Man könnte die Buchstaben der Vs. ⲤIBI lesen, wie auf Münzen von Laos steht. FRIEDLAENDER].

| 195 | Æ 3-3½ | 4,15 | Schrift nicht sichtbar. Derselbe Kopf; Beizeichen nicht sichtbar. | Derselbe Typus. Über dem Stiere Traube auf einem Weinblatt; unter dem Bauche ⲭ (wohl ⲬАⲢI zu lesen). Der Abschnitt nicht ausgeprägt. (7843). |

| 196 197 | Æ 3-4 3-3½ | 3,58 4,27 | Ebenso, hinter dem Halse scheint E gewesen zu sein. | Derselbe Typus, dasselbe Beizeichen; unter dem Bauche des Stiers jedoch nur ⲭ. Auf dem einen Exemplar ist der Abschnitt nicht ausgeprägt, bei dem andern ist darin Spur eines Buchstabens (M?). (17952. Ohne Bezeichnung.) |

Vgl. Cat. of greek coins in the Brit. mus., Italy, S. 111, 171 und 172.

198	Æ 3-3¼	4,49	◿◿◿◿◿◿ΩΝ vor demselben Kopfe; die Stelle hinter dem Halse ist nicht ausgeprägt. Perlkreis.	Derselbe Typus des r. schreitenden Stiers. Über dem Stiere Kantharos mit kurzen Henkeln; unter seinem Bauche E Der Abschnitt ist nicht sichtbar. (17953).
199	Æ 3½	4,57	NEOΠOΛITΩN vor dem lorbeerbekränzten Kopfe des Apollo l.; das Haar ist am Nacken zu einem Zopf gebunden. Dahinter undeutliches Beizeichen.	Derselbe Typus. Über dem Stiere Blitz mit darunter befindlichem E; der Abschnitt ist nicht ausgeprägt. (B. Friedländer).
200	Æ3½-3⅔	4,77	Derselbe Kopf, die Aufschrift davor erloschen, die Stelle hinter dem Halse verletzt.	Derselbe Typus. Über dem Stiere runder Schild; unter dem Bauche des Stiers AΦ. Im Abschnitt Schwert in der Scheide mit Bandelier, wie es scheint. (Ohne Bezeichnung).

Vgl. Cat. of greek coins in the Brit. mus., Italy, S. 111, 170.

201	Æ2¼-3¼	3,25	Ebenso, hinter dem Halse ein kleines undeutliches Beizeichen oder Buchstabe. Perlkreis.	Ebenso, nur scheint unter dem Bauche des Stiers nichts zu sein; was im Abschnitt war, ist nicht mehr kenntlich. (Fox).
202	Æ3½-3½	3,98	[NEOΠ]OΛITΩN vor dem lorbeerbekränzten Kopfe des Apollo r.; hinter dem Halse ein undeutlicher Buchstabe, vielleicht E Perlkreis.	Stier mit bärtigem Menschengesicht (Kopf von vorn) r. schreitend, darüber ein r. liegender caduceus. Im Abschnitt ein undeutlicher Buchstabe oder Monogramm (A? N?). Perlkreis. (858).
203	Æ 3-3¼ dick	5,21	[NEOΠO]ΛITΩN vor demselben Kopfe, dahinter Κ Perlkreis.	Ebenso, der caduceus endigt in eine Pfeilspitze und war vielleicht geflügelt. Der Abschnitt ist nicht ausgeprägt. Perlkreis. (104/1885).

Taf. VI, 78.
Die Münze ist von sehr feiner Arbeit, die Schrift winzig klein.

204	Æ 3-3½	4,45	NEΩΠΟΛίΤ.𝑊𝑊 (aufwärts) vor demselben Kopfe; dahinter K	Derselbe Typus. Über dem Stiere Delphin r. Der Abschnitt schlecht ausgeprägt. (B. Friedländer).

Bei der Aufschrift ist der dritte Buchstabe undeutlich, scheint aber eher Ω als O zu sein.

205	Æ 3-3½	4,87	Ebenso, doch ist die Schrift nicht zu sehen. Perlkreis.	Ebenso. Perlkreis. (105/1885).
206	Æ 3½	2,66 oxydirt	NEΩ𝑊𝑊𝑊𝑊, vor demselben Kopfe (die Schrift beginnt auch hier vor dem Halse); dahinter K Perlkreis.	Ebenso, nur dass der Strich, auf welchem der Stier steht, eine Curve bildet. (7765).

Diese Münze ist von roher Arbeit. — Auch hier ist das Ω nicht sicher.

b) mit der Aufschrift auf der Ks.

207	Æ3½-4½	4,07 abgenutzt	Lorbeerbekränzter Kopf des Apollo l. Ob ein Beizeichen vorhanden war, ist nicht zu erkennen. Perlkreis.	NEOΠΟΛIΤ𝑊𝑊 im Abschnitt. Stier mit bärtigem Menschengesicht (Kopf von vorn) l. schreitend, darüber Füllhorn. Perlkreis. (Arditi).
208	Æ 3-4½	3,87	Lorbeerbekränzter Kopf des Apollo r. Perlkreis.	NEOΓOΛIΤΩN im Abschnitt. Stier mit bärtigem Menschengesicht (Kopf von vorn) r. schreitend. Darüber Brustbild des strahlenumkränzten Helios von vorn (nur der untere Theil ist sichtbar). Unter dem Bauche des Stiers 𝟋Α𝔏 Perlkreis. (B. Friedländer).

Vgl. Cat. of greek coins in the Brit. mus., Italy, S. 110 n. 159—161. Im ersten Monogramm abweichend das bei Garrucci Taf. LXXXV, 35 abgebildete Exemplar (mit fehlerhafter Beschreibung auf S. 86, 35).

209	Æ 3	3,93	Ebenso.	Aufschrift und Typus ebenso, doch über dem Stiere Biene (oder Fliege), unter seinem Bauche 𝔈K (B. Friedländer).

Vgl. Cat. of greek coins in the Brit. mus., Italy, S. 110, 163.

210	Æ 3-3⅓	4,25	Derselbe Apollokopf r., dahinter E	Spuren des Stadtnamens im Abschnitt. Derselbe Typus des r. schreitenden Stiers; doch über dem Stiere Helm r. mit nach vorn gekrümmter Spitze und herabhängenden Seitenklappen, unter dem Stiere ϺΑ (Peytrignet. Fox).
211		4,15 abgenutzt		

212 | Æ 3½ | 3,97 | Ebenso. | Ebenso, doch hier ist das Monogramm ϺΑ (Fox).

Vgl. Cat. of greek coins in the Brit. mus., Italy, S. 111, 164.

213 | Æ 3¾-4½ | 4,84 | Lorbeerbekränzter Kopf des Apollo r. (der Kranz hat drei Blattreihen), dahinter Ρ Perlkreis. | ΝΕΥΡΟΛΙΤΩΝ (sehr kleine Buchstaben) im Abschnitt. Stier mit bärtigem Menschengesicht (Kopf von vorn) r. schreitend, darüber Kranz mit einem achtstrahligen Stern darin; unter dem Bauche des Stiers Δ Perlkreis. (Peytrignet).

Taf. VI, 79.
Das im Cat. of greek coins in the Brit. mus., Italy, S. 110, 162 beschriebene Exemplar ist wahrscheinlich nicht verschieden.
Der dritte Buchstabe der Aufschrift ist sicher Υ, nicht Ο oder Ω; vgl. auch Hunter Taf. 39, 19. Vielleicht liegt oskischer Einfluss vor: Υ oder Ý = Ο.
Das Relief dieser Münze ist flacher als gewöhnlich.

214 | Æ 3¾-4 | 5,02 | Ebenso, doch hinter dem Halse hier A | Ebenso, doch ist der Abschnitt nicht ausgeprägt. (7844).

c) mit Delphinen um den Kopf

215	Æ 3-3¾	4,30	Lorbeerbekränzter Kopf des Apollo r. (der Kranz hat drei Blattreihen), umher vier Delphine. Perlkreis.	ΝΕΟΠΟ[ΛΙΤΩΝ] im Abschnitt (auf 2 Ex. ist der Abschnitt nicht ausgeprägt). Stier mit bärtigem Menschengesicht (Kopf im Profil) r. schreitend; darüber r. liegender Dreizack ohne den Stiel. Perlkreis. (5541. 28850. B. Friedländer. Rauch).
–	3¾-4½	6,20		
218	3-4½	6,05		
	3½-4	4,39 oxydirt		

Vgl. Cat. of greek coins in the Brit. mus., Italy, S. 113 n. 192—194.
[Wie hier den Apollokopf, so umgeben auf manchen

Silbermünzen den weiblichen Kopf Delphine. Man darf daraus schliessen, dass die Delphine keine nähere Beziehung zu diesen Köpfen haben. Friedlaender].

d) aufschriftlose Münzen

219	Æ 4½-4½	6,60	Lorbeerbekränzter Kopf des Apollo r.; dahinter eine Amphore. Perlkreis.
220	3½-4¼	6,81	

Stier mit bärtigem Menschengesicht (Kopf von vorn) r. schreitend; darüber ein Kranz. Unter dem Bauche des Stiers ΛΕ. Der Abschnitt ist leer. Perlkreis. (17951. 103/1885).

Diese Münze, auf welcher sicher keine Aufschrift sich befindet, gehört den äusseren Kennzeichen nach gewiss nach Neapolis.

221	Æ 3½-4	

Eine sehr mangelhaft erhaltene (ob schriftlose?) Münze mit dem Apollokopf r., auf der Ks. erkennt man den r. schreitenden Stier mit bärtigem Menschengesicht (Kopf von vorn), darüber Stern im Halbmond. (Ohne Bezeichnung).

3. Mit dem halben Stiere

a) Apollokopf mit langem, ein Mal gewundenem Haarzopf; Aufschrift auf der Ks.

Die hier zusammengestellten Münzen sind ohne Zweifel die ältesten in der Kupferseries von Neapolis.

222	Æ 3½-4	5,47	Lorbeerbekränzter Kopf des Apollo r., mit langem, ein Mal gewundenem Haarzopf.

[ΝΕΟΠ] ΟΛΙΤΕΩ Ν um den halben Stier mit bärtigem Menschengesicht r. (der Kopf im Profil); auf seiner Schulter ein grosser vierstrahliger Stern. Einfacher Kreis. (B. Friedländer).

Der Typus der Ks. dürfte wohl mit dem Sternbilde des Stiers (vgl. Ztschr. für Numism. XVI S. 225) in irgend einer Beziehung stehen.

| 223 | Æ 2½-3 | 3,67 | Derselbe Apollokopf. | ΝΕΟΠ ΟΛΕΤΕΩ Ν um denselben Typus, doch ohne Stern. Perlkreis. (Peytrignet). |

Vgl. Garrucci Taf. LXXXVI, 3. Den Sperberflügel (?) auf dem Halse des Stiers, den Garrucci S. 86, 3 erwähnt, vermag ich auf unserem Exemplar nicht zu finden.

| 224 | Æ 4 | 6,01 | Derselbe Kopf r., der Kranz besteht aus drei Blattreihen. Hinter dem Nacken Δ

Taf. VI, 80.
Von sehr schöner Arbeit. | [N]ΕΟΠΟΛΙΤΗΣ in gerader Linie über dem halben Stier mit bärtigem Menschengesicht r. (der Kopf im Profil); auf seiner Schulter ein grosser vierstrahliger Stern. (B. Friedländer). |

| 225
-
229 | Æ 3½-4½
3½-4
3½-4½
3-4
3-3½ | 5,0
4,43
5,13
5,50
4,15 | Ebenso, doch ist von dem Buchstaben nichts zu sehen (auf 2 Exemplaren war er sicher niemals vorhanden). | ΝΕΟΠΟΛΙΤΗΣ in gerader Linie über demselben Typus (auf dem letzten Exemplar ist der Stern nicht zu sehen). (Fox. B. Friedländer. 5265. 17946. 6007). |

Zwei von diesen 5 Exemplaren sind aus demselben Stempel. Auf einem Exemplar befindet sich auf der Ks. ein durch einen Meisselhieb entstandener Schnitt, ebenso auf der Vs. von n. 230; dergleichen Meisselhiebe, mitunter in Kreuzform, finden sich öfters auf dieser Münze.

| 230 | Æ 3-3½ | 4,68 | Ebenso, hinter dem Kopfe Æ | Spuren von Schrift über demselben Typus (Rauch). |

| 231 | Æ 3-4½ | 5,23 | Ebenso, doch ist hier nur Ɛ sichtbar, vielleicht als Theil desselben Monogramms. | Ebenso. (Ohne Bezeichnung). |

| 232 | Æ 3-3½ | 4,20
oxydirt | Derselbe Kopf, doch hat der Kranz nur zwei Blattreihen. | ΝΕΟΠΟΛΙΤ Η Σ (die ersten 8 Buchstaben in einer geraden Zeile l. abwärts). Halber Stier mit bärtigem Menschengesicht r. (Kopf im Profil); darüber Delphin r. Perlkreis. (Fox). |

| 233 | Æ 2⅓-3 | 3,05 | Ebenso, doch Kranz mit drei Blattreihen. | Derselbe Typus mit dem Delphin r.; von der Aufschrift ist nur !T H ≤ erhalten (IT zwischen den Beinen des Stiers, H zwischen Bein und Bart, ≤ vor dem Barte). Perlkreis. (Rauch). |
| 234 | Æ2⅓-2⅓ | 3,10 | Ebenso (im Kranze sind Beeren sichtbar). | Ebenso, doch ist von der Aufschrift nur ▲I zwischen den Beinen des Stiers zu sehen, mehr folgte nicht. (6008). |

Es ist nicht sicher, ob ΛI oder ΔI zu lesen ist; im ersten Falle könnten das die letzten Buchstaben des Stadtnamens sein.

| 235 | Æ 2-2⅕ | 1,80 | Derselbe Kopf, doch Kranz mit zwei Blattreihen. Perlkreis. | ////ΠΟΛΙΤΩΝ in gerader Linie über dem halben Stier mit bärtigem Menschengesicht r. (Kopf im Profil). Einfacher Kreis. (5170). |

Diese Münze ist dünner als alle vorhergehenden.

| 236 | Æ 2-2⅓ | 3,09 | Derselbe Kopf, doch Kranz mit drei Blattreihen. | ΝΕΟΠΟΛΙ///// in gerader Linie über demselben Typus. Im Felde l. ΜΕ (Ohne Bezeichnung). |

Vgl. Cat. of greek coins in the Brit. mus., Italy, S. 109, 153.

Die folgenden Münzen mit demselben Apollokopf linkshin sind alle etwas jünger als die vorhergehenden.

| 237 | Æ 2 | 1,81 | Derselbe Kopf, aber l. (der Kranz hat zwei Blattreihen); hinter dem Nacken Q | [NE]ΘΠΟΛΙΤ//// in gerader Linie über dem halben Stier mit bärtigem Menschengesicht r. (Kopf im Profil). (Peytrignet). |

Das Zeichen hinter dem Apollokopfe dürfte eher eine Mondsichel sein als ein nicht völlig ausgeprägtes O.

| 238 | Æ 2 | 1,90 | Ebenso. | [N]ΕΟΠΟΛ//// über demselben Typus; l. im Felde Γ (Fox). |

Vgl. Garrucci Taf. LXXXVI, 5.

239	Æ 2½-2⅓	2,18	Derselbe Apollokopf l., dahinter undeutliches Beizeichen. Perlkreis.	ΝΕοΠοΛΙΤΩ über demselben Typus; im Felde l. Ɛ (also Rest von Ε oder Σ). (Peytrignet).

Vgl. Garrucci Taf. LXXXVI, 4 mit Σ hinter dem Stiere und mit ////ΕΟΓΟΛΙΤΕ////

240	Æ 2⅓-2⅓	1,95 schlecht	Derselbe Kopf, dahinter E, wie es scheint.	Ν Ε//////////////////// über dem halben Stiere mit menschlichem Antlitz l. (Kopf im Profil); im Felde r. Ɑ (Rauch).

b) Apollokopf mit losem Haar im Nacken; Aufschrift auf der Vs.

241	Æ 2½-3	3,59	[Ν]ΕΟΠΟΛΙΤΩΝ vor dem lorbeerbekränzten Kopfe des Apollo r. (der Kranz hat drei Blattreihen). Taf. VI, 81.	Halber Stier mit bärtigem Menschengesicht r. (der Kopf im Profil). Darüber .Delphin r.; unter dem Stiere ΔΙο Perlkreis. (Beger thes. Pal. 187, th. Br. I, 352).
242 243	Æ 2 2-2⅓	2,14 1,81 oxydirt	ΝΕΟΠΟΛΙΤΩΝ vor demselben Kopfe (Kranz mit zwei Blattreihen). Perlkreis.	Ebenso, doch ist die Schrift unter dem Stiere nicht sichtbar (war vielleicht nie vorhanden). (Fox. Ohne Bezeichnung).
244	Æ 1⅓-1½	1,58	/////////////////////.ΩΝ vor demselben Kopfe; dahinter Κ	Derselbe Typus; über dem Stiere Rest des Delphins r. (17948).
245	Æ 1½-2	0,98	Derselbe Kopf, wie es scheint; von der Aufschrift nichts zu sehen.	Derselbe Typus, über dem Stiere Delphin r. (B. Friedländer).

Die Vs. mangelhaft erhalten, die Münze im Gegensatz zu den vorhergehenden sehr dünn.

246	Æ 2	1,42	ΝΕοΠοΛΙΤΩΝ vor dem lorbeerbekränzten Kopfe des Apollo l.; dahinter ΜΕ Perlkreis. Taf. VI, 82.	Derselbe Typus. Über dem Stiere Delphin r.; im Felde l. Λο ΒΙ Perlkreis. (B. Friedländer).

Von recht sauberer Arbeit. — Vgl. Cat. of greek coins in the Brit. mus., Italy, S. 112 n. 182 und 183.

247	Æ 1⅜-1⅜	1,17	[NEOΠO]ΛITΩN vor demselben Kopfe, dahinter N⌐ (Perlkreis nicht sichtbar).	Ebenso. (Peytrignet).
248	Æ 2	1,16	NEοΠοΛITΩN vor demselben Kopfe. Perlkreis.	Derselbe Typus. Über dem Stiere Delphin r.; im Felde l. B I Perlkreis. (Fox).
249	Æ 1⅜-1⅜	1,33	[N]EοΠοΛITΩN, sonst ebenso.	Ebenso, doch ohne Buchstaben im Felde. (Fox).
250	Æ 1⅝	1,15	Derselbe Kopf, dahinter *R* Von der Schrift ist nichts zu sehen, wahrscheinlich nur deshalb, weil der Schrötling zu klein ist.	Ebenso. (B. Friedländer).

Vgl. Cat. of greek coins in the Brit. mus., Italy, S. 112, 181.

| 251 | Æ 1⅝-2 | 1,45 | NEοΠοΛITΩN (abwärts) vor dem lorbeerbekränzten Kopfe des Apollo l. (der Kranz hat drei Blattreihen); dahinter *Λ* (Rest von Λ oder A oder ähnlichem Monogramm). Perlkreis. | Halber Stier mit bärtigem Menschengesicht l. (Kopf im Profil); darüber Delphin l. Im Felde r. ein nicht ganz deutlicher Buchstabe, vielleicht M; unter dem Stiere ⌐. Einfacher Kreis. (17059). |

Vielleicht ist das im Cat. of greek coins in the Brit. mus., Italy, S. 112, 186 beschriebene Exemplar ebenso.

| 252 | Æ 3 | 3,31 | NEOΠO▨▨▨ vor dem lorbeerbekränzten Kopfe des Apollo r.; der Haarzopf ist am Nacken ein Mal geknüpft. Perlkreis. | Halber Stier mit bärtigem Menschengesicht r. (der Kopf fast von vorn); darüber undeutlicher Rest eines Beizeichens. Perlkreis. (Arditi). |

| 253 | Æ 2-2⅝ | 1,76 | Derselbe Kopf, aber l. Von der Aufschrift ist nichts zu sehen; sie scheint auch nicht vorhanden gewesen zu sein. | Halber Stier mit bärtigem Menschengesicht r. (Kopf im Profil); darüber Delphin r. (Rauch). |

4. Mit Leier und Omphalos

Diese Münzen sind alle von späterem Styl, einige von ganz roher Arbeit.

254 Æ 4½-5 | 6,24 | Lorbeerbekränzter Kopf des Apollo l.; dahinter AΣ Perlkreis. | ΝΕΟΠΟΛΙΤΩΝ im Abschnitt. Leier r. geneigt und an einen Omphalos gelehnt. Einfacher Kreis. (B. Friedländer).

Taf. VI, 83.

An den Spitzen der Leier sind zwei wie Täfelchen aussehende Ansätze, die bei den folgenden Stücken nicht vorkommen.

---

255 Æ 4½ | 6,70
256 4½-5 | 5,63
beide gleich gut

Derselbe Kopf, dahinter HPA Perlkreis. | ΝΕΟΠΟΛΙΤΩΝ und darunter r. liegender Lorbeerzweig mit einer taenia gebunden (im Abschnitt). Palmzweig mit daran geknüpfter taenia; Omphalos; Leier l. geneigt und an den Omphalos gelehnt (am r. Arm der Leier eine taenia). Einfacher Kreis. (Peytrignet. Gansauge).

Beide Exemplare aus demselben Stempel.

Vielfach entstellt, aber sicher dieselbe Münze, bei Garrucci Taf. LXXXV, 39 (vgl. Sallet's Ztschr. für Numism. XIV 1886 S. 179).

257 Æ 4-4½ | 7,20 | Derselbe Kopf, dahinter ////ΠΟ Perlkreis. | ΝΕΟΠΟΛΙΤΩΝ und darunter, zwischen Λ und P, ein ungewisser Gegenstand (ähnlich einer r. kriechenden Schnecke) im Abschnitt. Palmzweig; Leier r. geneigt; bekränzter Omphalos. (Beger thes. Pal. 187, th. Br. I, 352).

Von ziemlich roher Arbeit. — Vgl. das bei Carelli Taf. LXXXI, 156 abgebildete Exemplar, das auf der Vs. ΙΠΠΟ hat. Carelli bezeichnet den Gegenstand im Abschnitt der Ks. als prora navis.

258 Æ 3¾-4 | 5,23 | Derselbe Kopf, dahinter war vielleicht ein Beizeichen. Perlkreis. | ΝΕΟΠΟΛΙΤΩΝ, darunter PO und unter diesen Buchstaben l. liegender Dreizack (im Abschnitt). Leier r. geneigt; Omphalos. (Gansauge).

Von ziemlich roher Arbeit.

259	Æ 4-4½	5,70	Derselbe Kopf. Weitläufiger Perlkreis.	NEONOΛITΩN, darunter Rest eines Dreizacks l., an welchem ein gekrümmter, aus Kügelchen gebildeter Gegenstand sich befindet (im Abschnitt). Aufrecht stehende Leier; Omphalos, darüber Mondsichel zwischen zwei sechsstrahligen Sternen. Weitläufiger Perlkreis. (Rauch).

Von sehr roher Arbeit. — Vgl. Cat. of greek coins in the Brit. mus., Italy, S. 117, 247.

Möglicherweise stellt das undeutliche Beizeichen im Abschnitt einen Seekrebs oder ein ähnliches Seethier vor, das an einem Dreizack aufgespiesst ist.

260	Æ 4-4½	5,91	Ebenso.	Ebenso, doch könnte hier der Dreizack fehlen (der wurmähnliche Gegenstand ist hier etwas deutlicher). (Fox).
261	Æ 4½-5	6,40	Derselbe Kopf, aber r.; dahinter XΛI Perlkreis.	NEONOΛITΩN, darunter r. liegende Keule (im Abschnitt). Aufrecht stehende Leier; bekränzter Omphalos, auf dessen Spitze eine l. gewendete Schlange mit Kamm (und Bart?) sich ringelt. Perlkreis. (Gansauge. Fox).
262	4½	6,21		

Auf einem Exemplar könnten die drei Buchstaben hinter dem Kopfe auch XAI gelesen werden, und dieses wird auch das richtige sein: vgl. den Typus mit dem Reiter.

Diese, wie auch die folgenden Münzen, sind alle von ziemlich roher Arbeit.

263	Æ 4	4,41 oxydirt	Ebenso, doch hinter dem Kopfe nur ΛI	Ebenso.
264	Æ 4½	6,39	Derselbe Kopf; dahinter ΔΛ Perlkreis.	[NEO]NOΛITΩ[N] im Abschnitt. Etwas r. geneigte Leier; Omphalos. L. im Felde ein aufrecht stehender Dolch (Ochsenzunge), über dem Omphalos eine l.schwebende Nike, welche in der einen Hand einen kleinen Kranz zu halten scheint, mit der erhobenen anderen Hand vielleicht die Leier bekränzt. (B. Friedländer. Fox).
265	4-4½	5,08		

Beide Exemplare aus demselben Stempel.

Die folgenden Stücke haben einen Kranz um den Apollokopf. Auch diese Münzen sind von ziemlich roher Arbeit.

266	Æ 4-5	5,43	Lorbeerbekränzter Kopf des Apollo l.; dahinter vielleicht Π Das ganze von einem Kranze umgeben.	Im Abschnitt NEΩΠΟΛΙΤΩΝ ΕΠΙ Leier r. geneigt und an den Omphalos gelehnt; über diesem bucranium mit Binden geschmückt. Perlkreis. (5171).
267	Æ3½-4½	5,58	Ebenso, doch hinter dem Kopfe ⊆ d. h. ΙΠ (vgl. n. 185).	Im Abschnitt NEΩΠΟΛΙΤΩΝ ΕΠΙ sonst ebenso. (B. Friedländer).
268	Æ 3½-4	5,56	Ebenso, doch scheinen hier die Buchstaben zu beiden Seiten des Kopfes vertheilt gewesen zu sein (sichtbar ist nur Ι vor dem Kopfe).	Ebenso. (Beger thes. Br. I, 352).

Vgl. Garrucci Taf. LXXXV, 40.

269	Æ 4½	6,25	Ebenso, hinter dem Kopfe ⊫	NEOΠΟΛΙΤ[ΩΝ] an der Stelle des nicht angedeuteten Abschnitts. Geflügelter caduceus; Leier r. geneigt und an den Omphalos gelehnt. Perlkreis. (17950).
270	Æ 4½-5	6,24	Ebenso.	NEOΠΟΛΙΤΩ[N] im Abschnitt. Sonst ebenso, nur dass der Griff des caduceus mit Blättchen versehen ist (wie ein Getreidestengel). (B. Friedländer).

5. Mit dem Dreifuss

271	Æ 3	2,82	Lorbeerbekränzter Kopf des Apollo l. mit kurzem, lockigem Haar. Hinter dem Halse achtstrahliger Stern. Perlkreis.	NEOΠ⊙ ΛΙΤΩΝ (l. aufwärts und r. abwärts). Dreifuss; zwischen den Füssen desselben ΒΙ (Fox).
272	Æ 2½-3	2,38	Ebenso, doch ist hier der Stern vierstrahlig mit je einem Punkt zwischen den Strahlen. Perlkreis nur auf einem Exemplar zu sehen.	NEOΠO ΛΙΤΩΝ, sonst ebenso. Auf einem Exemplar Perlkreis. (B. Friedländer. Peytrignet. Fox).
-	2½-3	2,33		
274	2½	2,31		

275	Æ 2-2½	2,16	Derselbe Kopf. Ob ein Beizeichen vorhanden war, ist nicht zu sehen. Perlkreis. Taf. VI, 84.	[N]EΟΠϽ ΛΙΤΩΝ Derselbe Typus; zwischen den Füssen des Dreifusses ΚΙ Perlkreis. (Arditi).
276	Æ 2¼-3	2,65	Derselbe Kopf; dahinter scheint ein Beizeichen oder Buchstabe gewesen zu sein. Vgl. Cat. of greek coins in the Brit. mus., Italy, S. 113, 196.	NEΟΠΟ ΛΙΤΩΝ Derselbe Typus, doch zwischen den Füssen des Dreifusses NY (28624/7).
277	Æ 2½-3	2,21 oxydirt	Derselbe Kopf (von anderem Typus), dahinter M Perlkreis. Die Schrift auf der Ks. ist vollkommen gut erhalten.	ΛΕΟΠΟ ΛΙΤΩΝ Derselbe Typus (ohne Buchstaben). Perlkreis. (17947).
278	Æ 2⅔-3	2,83	Derselbe Kopf, dahinter 𝄢 (ungewiss ob Γ oder Π). Perlkreis.	[N]EΟΠΟ ΛΙΤΩΝ, sonst ebenso. (4986).
279 280	Æ 3 2½-3	2,41 1,92	Ähnlicher Kopf, dahinter achtstrahliger Stern. Perlkreis.	NEΟΠΟ ΛΙΤΩΝ (auf der zweiten NEΟΠΟ ΛΙΤΩΝ), sonst ebenso. (Rauch.Fox).
281 282	Æ 3 2⅓-2⅔	2,63 2,19	Derselbe Kopf (von anderem Typus, breit), dahinter ein kleines Füllhorn. Perlkreis. Taf. VI, 85.	NEΟΓΟ ΛΙΤΩΝ, sonst ebenso. Kein Perlkreis. (Beger thes. Pal. 187, th. Br. I, 352. 106/1885).
283 - 285	Æ 3 2⅔-3 2⅔	2,37 3,09 2,47	Derselbe Kopf, kein Beizeichen. Perlkreis (auf dem schweren Ex. einfacher Kreis).	NEΟΠΟ ΛΙΤΩΝ, sonst ebenso. Perlkreis. (857. Fox. B. Friedländer).
286	Æ 2	1,89	Ähnlicher Kopf l., ein Beizeichen scheint nicht vorhanden zu sein. Perlkreis. Ein anderes Ex. bei Garrucci Taf. I.XXXVI, 13.	ΝΕΟΠΟ ΛΙΤΩΝ Derselbe Typus. (B. Friedländer).
287	Æ 1¼-1½	1,12	Männlicher Kopf l.; um das nicht lange Haar ein Band.	NEΟΠΟ ΛΙΤΩΝ (l. abwärts und r. aufwärts). Dreifuss. Einfacher Kreis. (Rauch).
288	Æ 1-1½	0,93	Ebenso; vor dem Halse scheint die Spur eines Buchstabens (Π?) zu sein. Beide Münzen, besonders die Köpfe auf der Vs., sind von ziemlich roher Arbeit.	NEΟΠΟ [Λ]ΙΤΟΝ (sic), sonst ebenso. (Fox).

289	Æ 2	1,41	Jugendlicher, männlicher Kopf r. mit einem Kranze im kurzen Haar (Herakles?); dahinter eine Keule, unter dem Halse Spuren von Buchstaben, vielleicht Λ////. Perlkreis	NEOΠO ΛΙΤΩΝ (in zwei geraden Zeilen l. abwärts und r. aufwärts). Dreifuss. Perlkreis. (Fox).
290	Æ 2-2½	2,12	Ähnlicher Kopf r. (ob er bekränzt war, ist nicht zu sehen), doch fehlen die Keule (dafür vielleicht ein anderes kleines Beizeichen) und die Buchstaben. Perlkreis.	Ebenso, aber einfacher Kreis, wie es scheint. (Fox).

6. Mit dem Füllhorn

291	Æ 2	1,76	Kopf der Artemis r. mit Diadem, Perlenhalsband und etwas Gewand am Halse; am Nacken Köcher und Bogen. Perlkreis. Taf. VI, 86.	ΝΕΟΠΟ ΛΙΤΩΝ (l. abwärts und r. aufwärts) zu beiden Seiten eines Füllhorns, von welchem l. und r. eine Traube herabhängt. L. unten im Felde ₳Α Perlkreis. (Rauch).
292	Æ 2	2,58	Ebenso.	ΝΕΟΠΟ ΛΙΤΩΝ, sonst ebenso. (Fox).
293	Æ2½-2½	1,94	Ähnlicher Kopf der Artemis r. mit Diadem, Halsband, Ohrgehänge und etwas Gewand am Halse; am Nacken Köcher. Perlkreis.	ΝΕΟΠΟ ΛΙΤΩΝ (r.abwärts und l. aufwärts) zu beiden Seiten eines Füllhorns, von welchem l. und r. eine Traube herabhängt. In der Mitte ist das Horn mit einem Bande umwunden, an seiner Spitze ist es mit zwei Flügeln versehen. Einfacher Kreis. (Fox).
294	Æ 2½	1,91	Ebenso, doch ohne Ohrgehänge.	Ebenso. (5817. 5818. 12104).
-	2⅔	1,60		
296	2	1,71		

297	Æ 2⅔-3⅔	2,47 abgenutzt	Brustbild der Artemis r., vielleicht mit dem Diadem; am Nacken Köcher und vielleicht auch Bogen; vor dem Halse ΔH Perlkreis.	NEOΠO ΛITΩN (l. abwärts und r. aufwärts) zu beiden Seiten eines Füllhorns, von welchem l. und r. je eine Traube herabhängt. Von der Mitte des Horns hängen l. zwei breite, unten gefranste Bänder herab; das Horn selber endigt in einen Thierkopf. Perlkreis. (B. Friedländer).
298 299	Æ 2½-3	3,11 3,25	Brustbild der Artemis r. mit dem Diadem; am Nacken Köcher. Im Felde l. ≡, vielleicht die undeutlichen Reste von ⊐ d. h. IΠ Perlkreis.	NEOΠO ΛΠΤΩN ebenso zu Seiten eines Füllhorns, von welchem l. und r. je eine Traube herabhängt. An der l. Seite des Horns hängt ein breites, unten gefranstes Band herab. Perlkreis. (28670/18. Beger thes. Br. I, 351).

Beide Exemplare aus demselben Stempel.

300	Æ 2⅓-2⅔	2,72	Brustbild der Artemis r. mit Diadem; am Nacken Köcher. Vor dem Halse ΔH Perlkreis.	NEOΠOΛ ITΩN (unten im Bogen). Füllhorn, von welchem l. und r. je eine Traube herabhängt. Das Horn scheint in einen Thierkopf zu endigen. Perlkreis. (Fox).

7. Mit dem Reiter

Vgl. über diesen Typus Garrucci S. 83.

301	Æ 3⅓-4⅔	4,71	Jugendlicher, männlicher Kopf l. mit kurzem Lockenhaar, dahinter IΠ (oder ////IΠ?); das ganze von einem Kranze umschlossen.	N NEOΠOΛITΩ im Abschnitt (der letzte Buchstabe ausserhalb desselben). Reiter l. sprengend; er hat einen Spitzhut und hält die R. erhoben, die Chlamys flattert hinter seinem Halse. Perlkreis, wie es scheint. (5494).
302	Æ 2½-3	3,76	Ähnlicher Kopf l. (das Haar ist weniger lockig), dahinter Spur von Buchstaben //T; das ganze von einem Kranze umschlossen. Taf. VI, 87.	NEOΠOΛI im Abschnitt und ausserhalb desselben, rechtwinklig darauf, die Fortsetzung TΩN Derselbe Typus. (Fox).

[Auf den folgenden Münzen ist der Kopf oft von einem Stern begleitet, vielleicht ist es einer der Dioskuren, ebenso wie der Reiter der Kehrseite. FRIEDLAENDER].

303	Æ 3½-4½	2,57	Jugendlicher, männlicher Kopf r. mit kurzem, etwas gelocktem Haar, dahinter ein Stern; das ganze von einem Kranze umschlossen.	░░░░░ΠoΛIΪ░ im Abschnitt. Derselbe Typus, doch erscheint hier unter dem flatternden Mantel die Schwertscheide. Perlkreis. (7794).
304	Æ 2⅔-3	3,55	Ebenso.	Der Abschnitt ist nicht ausgeprägt. Derselbe Typus ohne Schwertscheide. Perlkreis. (Fox).
305	Æ 3	3,01	Jugendlicher, männlicher Kopf r. mit kurzem Lockenhaar; dahinter Stern. Perlkreis.	Undeutliche Schriftreste im Abschnitt. Derselbe Typus; unter dem Pferde Σ (Fox).
306	Æ 2⅔-3	2,25	Ähnlicher Kopf r. (das Haar kurz, aber kaum gelockt), dahinter achtstrahliger Stern. Perlkreis. Taf. VI, 88.	NEOΠOΛITΩN in einer gebogenen Zeile unter demselben Typus. Perlkreis. (Fox).
307	Æ 2⅔-3	3,18	Ebenso.	Ebenso, doch erscheint hier unter dem flatternden Mantel die Schwertscheide und unter dem Pferde steht ΔY (B. Friedländer).

Die beiden Buchstaben unter dem Pferde sind nicht ganz deutlich, dürften aber eher ΔY als das auf den folgenden Münzen sicher befindliche ΛY sein. Ein Exemplar mit anderen Buchstaben, aber fast identischem Typus, bei Garrucci Taf. LXXXVI, 12.

308 309	Æ 3 2⅔-3	2,97 2,21	Ebenso.	░oΠoΛIT░ im Abschnitt. Derselbe Typus, ohne Schwertscheide, doch unter dem Pferde ΛY Einfacher Kreis, wie es scheint. (B.Friedländer. Gansauge).
310	Æ 2½-3½	3,68	Derselbe Kopf, dahinter sechsstrahliger Stern. Weitläufiger Perlkreis.	NEoΠoΛITΩN im Abschnitt (die 3 letzten Buchstaben ausserhalb desselben). Derselbe Typus, aber unter dem Pferde NY Perlkreis. (5889).

311	Æ 3-3½	3,93	Derselbe Kopf, dahinter achtstrahliger Stern.	NEOΠOΛITΩN in einer gebogenen Zeile unter demselben Typus. Unter dem Pferde PO (7815).

Vgl. Garrucci Taf. LXXXVI, 11.

312	Æ2½-3½	3,69	Derselbe Kopf, der Stern ist nicht sichtbar. Perlkreis.	NEOΠOΛIT//// im Abschnitt. Derselbe Typus, doch unter dem Pferde ΦI Einfacher Kreis. (6144).
313	Æ3½-3½	3,41	Derselbe Kopf, dahinter achtstrahliger Stern. Perlkreis.	NEOΠOΛITΩN mit darunter befindlichem liegenden Palmzweig im Abschnitt. Derselbe Typus, doch unter dem Pferde RA Perlkreis. (5218).
314	Æ2½-3½	3,0	Ebenso.	NEOΠOΛITΩN im Abschnitt (der letzte Buchstabe ausserhalb desselben). Derselbe Typus, doch unter dem Pferde XAI Perlkreis. (Peytrignet).

Neapolis und Suessa

1	Æ 4½	6,89 etwas abgenutzt	NEOΠOΛITΩN vor dem lorbeerbekränzten Kopfe des Apollo l. Dahinter T Perlkreis. Auf dem Kopfe des Apollo scheint ein ovaler Stempel eingeschlagen zu sein.	[S]VESAN[O] im Abschnitt. Stier mit bärtigem Menschengesicht (Kopf von vorn) r. schreitend und von der über ihm schwebenden Nike bekränzt. (28850).

Vgl. Minervini osserv. numism. Taf. VI, 11 und S. 69; Sambon S. 179, 6 und Taf. XII, 54; Garrucci Taf. LXXXV, 34.

Neapolis mit oskischen Namen
(früher Aurunca)

I	Æ 4	5,74 schlecht erhalten	

[NEOΠOΛITΩN, hier nicht sichtbar] vor dem lorbeerbekränzten Kopfe des Apollo l. Dahinter ⊙ | Delphin l. Darüber in einer etwas gekrümmten Zeile ⫞⫞⫞⫞⫞Ⅴ Я ⅄ �, unter dem Delphin ⵊⵊ⅄⅄ⵟⵟ und darunter liegende Keule. (7545).

Abgebildet und besprochen von Friedländer oskische Münzen Taf. VIII und S. 63 f.

Diese Münze wurde noch vor kurzem infolge unrichtiger Lesung der Stadt Aurunca zugetheilt (Cat. of greek coins in the Brit. mus., Italy, S. 75; Garrucci S. 78 f. und Taf. 83 n. 2—4). Meine Zweifel an der Richtigkeit dieser Zutheilung habe ich ausgesprochen in Sallet's Ztschr. f. Numism. XIV (1886) S. 162 f.; bald darauf ergab ein aus der Sammlung Löbbecke bekannt gewordenes Exemplar (in derselben Ztschr. XV (1887) S. 35 von dem Besitzer herausgegeben) die bis dahin unlesbare Aufschrift der Vs.

Auf der Ks. ist Makkiis sicher ein Beamtenname (= Maccius); ob auch das erste, unvollkommen erhaltene Wort zum Beamtennamen gehört, wie Löbbecke annimmt, oder ein Stadtname ist, lässt sich vorläufig nicht entscheiden. Auf unserem Exemplar wie auf dem des Herrn Löbbecke scheinen mir die drei ersten Buchstaben eher Я⅄ Π zu sein als ⅄⅄Π.

Mit der Aufschrift PΩMAIΩN

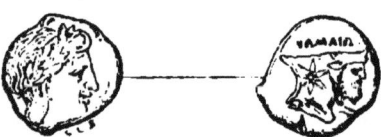

I	Æ 2½-3	2,54 oxydirt .	

Lorbeerbekränzter Kopf des Apollo r. (Kranz mit drei Blattreihen), mit langem, ein Mal gewundenem Haarzopf. | ꟼΩMAIΩ⫞⫞ in gerader Linie über dem halben Stier mit bärtigem Menschengesicht r. (Kopf im Profil); auf seiner Schulter ein grosser sechsstrahliger Stern. (7546).

Die Münze hat dieselben Typen wie die n. 222 ff. beschriebenen und ist diesen ungefähr gleichzeitig, wohl auch sicher in Neapel geprägt. Vergl. über dieselbe ausser Eckhel (I, 114; V, 47) und Mommsen (röm. Münzw. S. 341) auch Babelon monn. de la républ. rom. I S. 15.

Nola

| 1 | Ⅎ 4⅓-5 | 7,25 | Kopf der Athena r. mit einem kleinen, unten geknüpften Haarzopf. Der attische Helm ist mit Ölkranz und Eule geschmückt. Zwischen Helmbusch und Nacken Æ | ΝΩΛΑΙΩΝ über einem r. stehenden Stiere mit bärtigem Menschengesicht (Kopf im Profil); unter seinem Bauche Æ (7240). |

| 2-4 | Ⅎ 4⅓-4⅓ 4⅓-5 4⅓-5 | 7,28 7,14 7,18 | Ebenso, doch hier zwischen Nacken und Helmbusch Ƨ | Ebenso, doch hier unter dem Bauche des Stiers Æ (4897. Gansauge. Peytrignet). |

Die 3 Exemplare aus demselben Stempel.

| 5 | Ⅎ 5-5⅓ | 6,72 oxydirt | Ebenso. | Ebenso, das Monogramm sieht hier wie Æ aus. (Fox). |

| 6 | Ⅎ 4⅓-5 | 7,18 | Kopf der Athena l., der attische Helm mit Ölkranz und Eule geschmückt. | ΝΩΛΑΙΩΝ über dem r. schreitenden Stiere; unter seinem Bauche Æ (Peytrignet). |

Taf. IV, 49 a.

Die Vs. dieser Münze ist mit demselben Stempel geprägt, aus dem das Silberstück von Hyria (auf derselben Tafel n. 49) hervorging: Hyria und Nola hatten also eine gemeinsame Prägestätte.

| 7 | Ⅎ 4⅓ | 5,86 subärat | Athenakopf r. mit einem kleinen, unten geknüpften Haarzopf. Der attische Helm ist mit Ölkranz und Eule geschmückt. | ΝΙΩΙΛΛΩΝ über dem l. schreitenden Stiere mit bärtigem Menschengesicht (Kopf im Profil); unter seinem Bauche ϶Λ. Doppellinie als Basis. (7217). |

[Andere Exemplare, z. B. das bei Carelli Taf. LXXXIII, 5, haben dieselbe Aufschrift ΝΩΛΑΙΩΙΝ rechtläufig, es ist also kein Stempelfehler. Siehe darüber Avellino suppl. ad vol. I Italiae veteris num. S. 20 f. FRIEDLAENDER].

| 8 | Ⅎ 4⅓-5 | 7,56 | Ebenso. | ΝΩΛΛ über dem r. stehenden Stiere mit bärtigem Menschengesicht (Kopf im Profil). (Peytrignet). |

9. 10	Æ 5 4½	7,20 7,33	Weiblicher Kopf r. mit Ohr-gehänge und Halsreif; um das Haar ein breites, mit einem Maeander ver-ziertes Band, welches über der Stirn zu einer Schleife geknüpft ist.	ΝΩΛΛΙΟΣ im Abschnitt. Stier mit bärtigem Men-schengesicht (Kopf von vorn) r. stehend und von der über ihm schweben-den Nike bekränzt. (Peytrignet. Beger thes. Pal. 186, th. Br. I, 349).

Beide Exemplare aus demselben Stempel.
Beger las ΝΩΛΛΙΩΝ, Sestini lett. VIII S. 29 ver-besserte in ΝΩΛΛΙΟΝ, es steht aber auch auf diesem Exemplar sicher ΝΩΛΛΙΟΣ.
Die Vs. dieser Münze hat die grösste Ähnlichkeit mit dem bei Neapolis unter n. 20.21 beschriebenen Stücke; die Stempel beider rühren offenbar von demselben Künstler her.

11. 12	Æ 4½-5 4-4½	7,28 7,09	Ebenso.	ΝΩΛΛΙΩΝ im Abschnitt, sonst ebenso. (Fox. 6455).

13	Æ 4-4½	6,97 ab-genutzt	Ebenso.	ΝΩΛΛΙΟΣ im Abschnitt. Stier mit bärtigem Men-schengesicht (der Kopf von vorn) l. stehend und von der über ihm schwe-benden Nike bekränzt. Doppellinie als Basis. (Rauch).

14	Æ 3½-4½	6,77 ab-genutzt	Ebenso.	. ΝΩΛΛΙ◻◻ im Abschnitt, sonst ebenso. (19544).

Aus der Auction von Werlhof n. 52, wo irrig Æ angegeben war.

15	Æ 4-4½	7,10	Weiblicher Kopf r. mit Ohr-gehänge und Halsreif, das Haar von einem brei-ten Bande umwunden, das mit einem Maeander verziert ist.	ΝΩΛΛΙΩΝ im Abschnitt. Stier mit bärtigem Men-schengesicht (Kopf fast von vorn) r. stehend und von der über ihm schwe-benden Nike bekränzt. Doppellinie als Basis. (Prokesch).

Der Maeander auf dem Haarbande ist auf diesem Exemplar kaum sichtbar, auf den folgenden jedoch sicher vorhanden.

16	R 3½-4	7,02 ab- genutzt	Ebenso.	ΝΩΛΛΙΟ im Abschnitt, sonst ebenso. (7538).
17. 18	R3½-3½ 3½-4	7,08 7,26	Ebenso.	ΝΩΛΛΙΩ im Abschnitt, sonst ebenso; doch ist hier der Strich des Abschnitts einfach. (107/1885. Peytrignet).
			Taf. VI, 89.	
19	R3½-4½	7,15	Ebenso.	ΝΩΛΛΙΩΝ im Abschnitt. Stier mit bärtigem Menschengesicht (Kopf fast von vorn) l. stehend und von der über ihm schwebenden Nike bekränzt. Doppellinie als Basis. (Gansauge).
20	R 4-4½	4,96 subärat	Weiblicher Kopf r. mit Ohrgehänge und Perlenschnur und einem Bande im Haar.	ΡΩ im Abschnitt. Stier mit bärtigem Menschengesicht (Kopf von vorn) r. stehend und von der über ihm schwebenden Nike bekränzt. (Ohne Bezeichnung).

Der Kopf hat die grösste Ähnlichkeit mit demjenigen auf den Münzen von Neapel neueren Styls.

| 21 | R 4-4½ | 7,23 | Weiblicher Kopf r. mit Ohrgehänge und Halsreif; um das Haar ein breites, mit einem Maeander verziertes Band, welches über der Stirn eine Schleife bildet. Taf. VI, 90. | Stier (nicht mit menschlichem Antlitz) l. stehend (der Kopf von vorn) und von der über ihm schwebenden Nike bekränzt. Doppellinie als Basis. (28670/9). |

Andere Exemplare dieser aufschriftlosen Münze mit dem gegen die Regel der campanischen Münzen nicht mit dem menschlichen Antlitz versehenen Stiere erwähnen Minervini osserv. numism. S. 71 und Taf. IV, 5; Sambon S. 156, 5 und Taf. XI, 21 (vgl. Mionnet I S. 122, 237). Garrucci Taf. LXXXVIII, 26 und S. 92, 27.
Das vorliegende Exemplar ist ganz deutlich, und die gegen den völlig thierisch gebildeten Stier erhobenen Bedenken (Sallet in der Wiener Numismat. Zeitschrift II S. 271) sind hinfällig.

| 22 | Æ 4½-5 | 6,38 | [NΩΛ]AI vor dem lorbeerbekränzten Kopfe des Apollo l. Ob hinter dem Kopfe ein Buchstabe war, ist nicht zu erkennen. Perlkreis. | Stier mit bärtigem Menschengesicht (Kopf von vorn) r. schreitend und von der über ihm schwebenden Nike bekränzt; unter dem Bauche des Stiers X, im Abschnitt MI (7805). |

Auf einem im Abdruck vorliegenden Exemplar dieser Münze in Paris steht hinter dem Apollokopfe A

23	Æ 4½-5	7,45	N[Ω]ΛAI vor demselben Kopfe; dahinter Rest des Buchstabens A Perlkreis.	Derselbe Typus; unter dem Bauche des Stiers MI, im Abschnitt nichts. (Gansauge).
24	Æ 4½-5	7,37	Derselbe Kopf. Von der Schrift ist nichts zu sehen; hinter dem Kopfe undeutlicher Rest (eines Buchstabens?).	Ebenso. (Fox).
25.	Æ 4-4½	7,59	NΩΛAI vor demselben Kopfe, dahinter A Perlkreis.	Ebenso (der Abschnitt ist nicht vollständig). (Dannenberg. Fox).
26	4½	7,14		

Auf dem zweiten, abgenutzten Exemplar ist wohl nur scheinbar die Aufschrift NOΛAI

Nuceria Alfaterna

Über die auf den Münzen von Nuceria dargestellten Typen vgl. besonders Garrucci S. 96 f.

| 1 | R4½-4⅓ | 5,56 | ⊲Ⅎ T ꓤO ꓦ Ⅱ Ⅰ ⅤꓶⅠⅆ⋊Ⅎ Ⅴ Ⅱ Ⅰ Ⅴ Ⅵ um einen jugendlichen, männlichen Kopf mit Widderhorn l. Im Haar ein Band, das nur am Hinterkopfe erscheint. Perlkreis. | Stehender, nackter Jüngling (Dioskur?), fast von vorn (Kopf im Profil l.), hält mit der R. sein Pferd am Zügel, in der L. einen nicht sehr langen Stab (Scepter), der oben mit einem Knauf und zwei kleinen Zacken versehen ist. Im Abschnitt vielleicht Schriftspuren. (Peytrignet). |

Taf. VI, 91.
Vgl. Friedländer osk. Münzen S. 21 und Taf. IV Nuceria 1.

Das leichte Gewicht erklärt sich wohl daraus, dass diese Münze eine subärate ist, obwohl äusserlich nichts davon zu sehen ist.

Bemerkenswerth ist Alfaternúm statt des gewöhnlichen Alafaternûm; auch die Form des Buchstabens O, welche bei dem sauberen Schnitt der Buchstaben und der guten Erhaltung der Münze ganz sicher ist. Die Schriftspuren im Abschnitt der Ks. sind zweifelhaft, aber nicht unmöglich: vgl. Friedländer osk. Münzen S. 22.

2	Æ 4-4½	6,97	◁ TΠ ΟΠ◁Π ΜⱯᵕᴺ◁ᴃᴿᵕΜ ΜΛVΜ um denselben Kopf. Perlkreis.	Ebenso. (Prokesch).
3	Æ 4½-5	6,88 oxydirt	ΩƷTΠ δΠ.; Π ΜVΜΙΩᴋƆVΜ ΜΛVΜ um denselben Kopf, doch ist hier das Band im Haar nicht zu sehen. Perlkreis.	Ebenso, doch sind im Abschnitt keine Schriftspuren. (7035).
4	Æ5½-5½	7,08	ΠƷTΜΩΠVΠ ΜVΜΩᴋƆVΜ ΜΛVΜ um denselben Kopf. Perlkreis.	Ebenso, im Abschnitt ist hier sicher niemals Schrift gewesen. (Ohne Bezeichnung).

Die Buchstaben sind von schlechter Form und zum Theil verwildert, z. B. Μ statt Π

5.6	Æ 4½-5 / 4½-5	7,29 / 7,22	ΜΛVΜ⋆ ᴋΠΜΠ ΜVᴚ/////////// um denselben Kopf, dahinter Delphin. Perlkreis.	Ebenso, nur scheint hier der Jüngling bekränzt zu sein (oder Hut?). (Fox. Gansauge).

Beide Exemplare aus demselben Stempel.
Taf. VI, 92.
Vgl. Cat. of greek coins in the Brit. mus., Italy, S. 121, 2. Über diese Münze s. meine Bemerkung in Sallet's Ztschr. f. Numismatik XIV (1886) S. 180.

7-9	Æ 4-4½ / 4-4½ / 4½	4,91 / 5,50 / 5,59	ΩƷ TΠ δᴿᴙᴙ ΜVΜΙ◁ƷᴿVΜ ΜΛVΜ um denselben jugendlichen Kopf l., doch ohne Widderhorn und mit einem schmalen Band im Haar. Perlkreis.	ᴺΩΜΛVΜΙƆ>ƷԿ ԿᴟΜᴚԿδᴚ im Abschnitt. Die Dioskuren l. sprengend, beide mit erhobenem r. Arm. (4980. 7547. Peytrignet).

Vgl. Friedländer osk. Münzen S. 22, 2 und Taf. IV Nuceria 2.

Friedländer giebt a. a. O. den ersten Buchstaben der im Abschnitt befindlichen Schrift als 'ein sicheres d' und die Abbildung bietet auch ᴙ Indess ist der Buchstabe keineswegs so sicher, es scheint vielmehr eher an ◁ als an ᴙ gedacht werden zu müssen. In der zweiten, bisher nur zum Theil gelesenen Zeile scheint zu Anfang ein Ɔ gestanden zu haben, darauf ein Buchstabe, der eher ein Π als ein Я gewesen zu sein scheint, dann ein ziemlich sicheres ∨; das übrige war bereits bekannt. Möglicherweise ist also die Aufschrift so zu lesen reg‑vinum ravalanum (oder ravdlanum?). Gewiss unrichtig ist die von Garrucci S. 97, 4 (vgl. Taf. XC, 4) gegebene Lesung, vgl. Sallet's Zeitschr. für Numism. XIV (1886) S. 181 f. Über den auf dieser Münze dargestellten Kopf vgl. dieselbe Ztschr. S. 183.

10	Æ 3	2,87	Ähnlicher Kopf (Apollotypus) l. mit einem schmalen Band im Haar, das oben in zwei Spitzen ausläuft. Perlkreis.	⊲Ⴈ ꓔᴙᏮᴙ ∀ᴙ ꟺꓱᏛ∨ꟼ∢⋊⊐ᐯꟺ ꟺᐯꟺ Hund eine Spur verfolgend r. (Gansauge).
11.	Æ 2½-3	2,99	Ebenso.	⊲ႨꓔꟺᏮ ᴙ∀ᴙ ꟺ∨ꟺ∢ᏛᏛ∢⋊⊐ᐯꟺ ꟺᐯꟺ sonst ebenso. (Peytrignet. 9204).
12	3	3,22		

Taf. VI, 93.

Auf einem Exemplar hat das a immer die Form Π

Vgl. Friedländer osk. Münzen S. 23, 3 und Taf. IV Nuceria 3.

13	Æ 3	3,09	Ebenso.	Ꮕ⊐ꓔᏮᏮᴙ∨ᴙ ꟺᐯꟺ∢⋊⊣ᐯꟺ ꟺᐯꟺ sonst ebenso. (B. Friedländer).

Suessa

Über Suessa vgl. Garrucci S. 77.

1	Æ5½-6	7,31	Lorbeerbekränzter Kopf des Apollo r.; dahinter Leier.	SVESANO im Abschnitt. Nackter Reiter (desultor) mit Spitzhut, ein zweites Pferd neben sich führend, l. Mit der L. hält er (ausser den Zügeln seines eigenen Pferdes) einen langen Palmzweig geschultert, von welchem eine taenia herabhängt. (Fox).

Taf. VII, 94.

Sehr schön erhaltenes Exemplar von vorzüglicher Arbeit aus der Northwick'schen Sammlung.

Über die Darstellung des desultor vgl. Avellino suppl. ad Italiae vet. numism. S. 8 und nach ihm Garrucci S. 77 sowie zu n. 33—34.

2	Æ5-5½	6,82 abgenutzt	Ebenso, doch als Beizeichen das triquetrum.	Ebenso. (B. Friedländer).

Bei den folgenden Münzen ist der Apollokopf grösser und von weniger guter Arbeit.

3	Æ 5½	6,78	Ebenso, als Beizeichen Mondsichel. Ist vielleicht subärat, obgleich nichts davon zu sehen ist.	SVESANO im Abschnitt, sonst ebenso. (Gansauge).
4	Æ5-5½	7,19	Ebenso, als Beizeichen ein Dreizack ohne Schaft.	SVESANO, sonst ebenso. (Prokesch).
5	Æ5-5½	7,21	Ebenso, als Beizeichen eine Ähre. Vgl. Cat. of greek coins in the Brit. mus., Italy, S. 124, 8.	SVESANO, sonst ebenso. (11376).
6	Æ5-5½	7,05	Ebenso, als Beizeichen das Pentagramm.	Ebenso. (Fox).

Die Münzen mit ⨅RBOVM legte Lepsius (inscr. Umbr. et Oscae S. 105 f.) nach Suessa Pometia in Latium. — Über die Bedeutung von probom, prboum vgl. Avellino suppl. ad Italiae vet. num. S. 8 und nach ihm Garrucci S. 78 zu n. 35—38: er erklärt es als Bezeichnung von probum (aes, metallum). Meine Bedenken dagegen s. in Sallet's Zeitschr. für Numismatik XIV (1886) S. 161.

7-10	Æ4-4½ 4½-5 4-5 4-5	5,17 oxydirt 8,42 7,73 7,06	⨅RBOVM vor dem Kopfe des Hermes l.; der petasus ist durch ein Band befestigt, das um das Kinn geht; am Halse etwas Gewand. Perlkreis.	SVESANO (l.). Löwenwürgender Herakles von vorn (Oberkörper r.). Zwischen den Beinen des stehenden Herakles seine Keule. Perlkreis. (5008. Pfau. Fox. B. Friedländer).
11. 12	Æ4½-5 4½-5	6,31 8,04	⨅ROBOM vor dem Kopfe des Hermes l. (von anderem Styl; das Haar gelockt); der petasus ist durch ein Band befestigt, das um das Kinn geht und hier zugebunden erscheint. Perlkreis.	SVESANO, sonst ebenso. (Fox. Prokesch).

13	Æ 4	6,50	SVESANO vor dem lorbeerbekränzten Kopfe des Apollo l., dahinter N Perlkreis.	Stier mit bärtigem Menschengesicht (Kopf von vorn) r. schreitend und von der über ihm schwebenden Nike bekränzt; unter seinem Bauche N (Fox).
14	Æ4-4½	5,42	Ebenso.	Ebenso, doch unter dem Bauche des Stiers Π (Gansauge).
15	Æ3¾-4½	6,47	[SV]ESANO vor demselben Kopfe, dahinter N Perlkreis.	Ebenso. (Beger thes. Br. III, 36).
16	Æ3¾-4½	4,65	SVESANO vor demselben Kopfe; dahinter A Perlkreis.	Derselbe Typus; der Buchstabe unter dem Bauche des Stiers ist nicht mehr kenntlich. (B.Friedländer).
17	Æ 4-5	5,89	Ebenso, doch ist der Buchstabe hinter dem Kopfe nicht zu erkennen.	Derselbe Typus, unter dem Bauche des Stiers M (Rauch).
18	Æ3¾-4½	5,32 beschädigt	Ebenso, mit undeutlichem Buchstaben oder Zeichen hinter dem Kopfe.	Ebenso, doch unter dem Bauche des Stiers N· (Rauch).

Der Punkt hinter N könnte auch zufällig sein.

19-23	Æ4½-5	6,16 5,66 5,99 6,13 5,47	Lorbeerbekränzter Kopf des Apollo l., dahinter O Perlkreis.	SVESANO im Abschnitt. Stier mit bärtigem Menschengesicht (Kopf von vorn) r. schreitend und von der über ihm schwebenden Nike bekränzt. (Rauch. B. Friedländer, 3 Ex. Gansauge).
24	Æ.4½-4¾	6,74	Ebenso, doch ist hinter dem Kopfe kein Buchstabe.	SVESANO im Abschnitt, sonst ebenso. (B. Friedländer).
25	Æ 4-4½	7,99	Athenakopf l. (korinthischer Helm mit Busch), mit langem, in der Mitte geknüpftem Haarzopf. Perlkreis.	SVESANO (r., in einer geraden Zeile aufwärts). Hahn r.; im Felde l. achtstrahliger Stern. Perlkreis. (1324).

Diese Münze zeichnet sich vor den folgenden durch ihre Dicke (und Gewicht) aus; im Styl weicht sie von den übrigen kaum ab. — Vgl. unten Teanum n. 23.

26- 28	Æ 4½ 4½-4⅜ 4-4½	7,11 5,27 5,62	Ebenso.	Ebenso. (4973. B. Friedländer, 2 Ex.).
29- 31	Æ 3½-4 4 3⅔-4	4,99 3,97 4,12	Ebenso, doch ist der Helm der Athena mit einer undeutlichen Verzierung versehen.	Ebenso. (Fox. Gansauge B. Friedländer).

Vgl. Cat. of greek coins in the Brit. mus., Italy, S. 124, 16 mit einer Schlange auf dem Helm. Es wäre möglich, dass auch auf unseren Exemplaren eine Schlange war.

| 32 | Æ 3-4 | 4,23 | Athenakopf l. (korinthischer Helm mit Busch). Perlkreis. | ΕΣΑΝ//// (r., in einer geraden Zeile aufwärts). Hahn r.; im Felde l. zehnstrahliger Stern. Perlkreis. (Fox). |

Taf. VII, 95.

Diese Münze weicht von der vorhergehenden wesentlich ab. Unter dem Kopfe der Athena ist ein undeutlicher Gegenstand (wie ein umgekehrter Delphin), der vielleicht von Überprägung herrühren könnte. Die Aufschrift der Kehrseite ist ganz klar; nur scheint am Ende etwas zu fehlen, da hier das Metall geborsten ist; vielleicht ist zu ΕΣΑΝΟ zu ergänzen. Dem Styl nach würde man die Münze nicht für verwildert halten. Der Stern neben dem Hahn ist von einer dicken Kugel gebildet, die von Strahlen umgeben wird, also anders als bei den ähnlichen Münzen von Suessa, Cales, Tianum.

Teanum Sidicinum

Über die Münzen von Teanum Sidicinum und ihre Typen vgl. Garrucci S. 79. [Die mit dem ganzen Stadtnamen teanud sidikinud scheinen die älteren zu sein. Dass die eine vorhandene Æ leichter ist, beweist nichts dawider. FRIEDLAENDER].

a) Oskische Münzen mit dem vollen Stadtnamen

| 1 | Æ 4½ | 6,44 am Rande beschädigt und stark oxydirt | ΛVИЯⱵT vor dem Kopfe des jugendlichen Herakles r.; er ist mit der unter dem Kinn geknüpften Löwenhaut bedeckt. | [Я]VИ⋈IЯⱵ im Abschnitt. Nike in einem l. eilenden Dreigespann; sie hält in der L. die Zügel und treibt mit einer langen Ruthe die Rosse an. (20/1882). |

Taf. VII, 96.

Vgl. Friedländer osk. Münzen S. 2, 1. Abgebildet ist dieses Exemplar in Sallet's Zeitschr. f. Numism. XI (1884) Taf. I, 6, vgl. S. 50.

2	Æ 3½-4	5,82	ЯVᏚᎡIIT vor dem lorbeer-bekränzten Kopfe des Apollo r.; er hat einen in der Mitte geknüpften Haarzopf. Perlkreis.	ЯVИIЯIЯI[Ꝟ] im Abschnitt. Stier mit bärtigem Men-schengesicht r. (Kopf von vorn); darüber eine grosse Leier. Einfacher Kreis. (Fox).
3	Æ 4-4½	6,64	ЯVᏚᎡ⫶⫶⫶⫶ vor demselben Kopfe. Perlkreis.	ЯVИIЯIЯIꝞ im Abschnitt, sonst ebenso. (7311).

Vgl. Friedländer osk. Münzen, S. 2, 4—5 und Taf. I, 3.

4	Æ3½-4½	5,67	ЯVNᎡIT (so) vor dem lor-beerbekränzten Kopfe des Apollo r. (das Haar hängt hier frei am Nacken herab); dahinter ein kleiner un-deutlicher Gegenstand. Perlkreis.	ЯVИIЯI[ЯIꝞ] im Abschnitt. Stier mit bärtigem Men-schengesicht r. (Kopf von vorn); darüber ein grosser sechzehnstrahliger Stern. (385/1875).
5	Æ 4-4½	5,50 oxydirt	Spuren von Schrift vor dem lorbeerbekränzten Kopfe des Apollo l.; das Haar ist am Nacken in der Mitte geknüpft.	Ꝟ⫶IЯIЯ⫶⫶⫶ im Abschnitt. Stier mit bärtigem Men-schengesicht r. (Kopf von vorn); unter seinem Bauche N Über dem Stiere eine grosse Leier, an den oberen Enden mit Schwa-nenköpfen verziert. (28758).
6.7	Æ4½-4Ꝟ 4-4½	5,98 5,10 oxydirt	Spuren von Schrift vor demselben Kopfe. Perl-kreis. Taf. VII, 97.	SIRIKIꝞ⫶⫶⫶ im Abschnitt, sonst alles ebenso. (28673. 384/1875).

8	Æ 3Ꝟ-4	5,93	ЯVИᎡIT vor dem Kopfe des Hermes mit flügellosem Hut r. Das Haar hängt lang über den Nacken herab, am Halse etwas Gewand, das vorn ge-knüpft ist. Hinter dem Nacken der Heroldstab; l. im Felde ein achtstrah-liger Stern. Perlkreis.	ᎤVИIЯIЯIꝞ im Abschnitt. Stier mit bärtigem Men-schengesicht r. (Kopf von vorn); darüber ein grosser sechzehnstrahliger Stern. (235/1877).

Vgl. Friedländer osk. Münzen S. 3, 4 und Taf. I, 4. — Über den flügellosen Hut bemerkt Garrucci S. 79 'pare intessuto di paglia'.

b) Oskische Münzen mit blossem Teanud

9	ℛ4¼-5¼	6,86 oxydirt	Kopf des jugendlichen Herakles r., mit dem unter dem Kinn geknüpften Löwenfell bedeckt. Unter dem Halse eine liegende Keule.	ЯVИRІ-T im Abschnitt. Nike in einem l. eilenden Dreigespann; sie hält in der L. die Zügel und treibt mit einer langen Ruthe die Rosse an. (7770).
			Vgl. Friedländer osk. Münzen S. 2, 2 und Taf. I, 2.	
10	ℛ5-5½	6,66 oxydirt und etwas beschädigt	Ähnlicher Kopf (von anderem Styl), dahinter Kantharus. Taf. VII, 98.	ЯVИRІT im Abschnitt, sonst ebenso. (Prokesch).
11	ℛ5½-6	7,18	Ähnlicher Kopf, kein Beizeichen.	ЛVИRІT im Abschnitt. Derselbe Typus, doch hat Nike in der erhobenen R. nicht die lange Ruthe, sondern einen ganz kurzen Gegenstand. (Gansauge).
12	ℛ5-5½	6,92	Kopf des jugendlichen Herakles r.; das unter dem Kinn geknüpfte Löwenfell lässt hier den Hinterkopf frei. Hinter dem Halse eine kleine Priapusherme l. Taf. VII, 99.	ЯVИRІT im Abschnitt. Derselbe Typus, doch hat Nike in der R. die Ruthe. (11528).
13	ℛ5	7,12	Derselbe Kopf. Hinter dem Halse ein Pedum.	Ebenso. (Fox).
14	ℛ4½-5	7,09	Derselbe Kopf. Hinter dem Halse ein Kantharus.	ЯVИRІT im Abschnitt, sonst ebenso. (Fox).
15	Æ4¼-5	6,73	ЯVNRІT vor dem lorbeerbekränzten Kopfe des Apollo l.; dahinter o Perlkreis.	Stier mit bärtigem Menschengesicht (Kopf von vorn) r. schreitend und von der über ihm schwebenden Nike bekränzt. Unter dem Bauche des Stiers das Pentagramm. (Ohne Bezeichnung).

Vgl. Friedländer osk. Münzen S. 4, 6 und Taf. I, 6 (das Pentagramm ist ausgelassen).

16-18	Æ 5 / 5 / 4½-5	6,17 / 7,38 / 5,70	ЯVИRЬT sonst ebenso [lorbeerbekränzter Kopf des Apollo l.; dahinter o Perlkreis].	Ebenso [Stier mit bärtigem Menschengesicht (Kopf von vorn) r. schreitend und von der über ihm schwebenden Nike bekränzt. Unter dem Bauche des Stiers das Pentagramm]. (Gansauge, 2 Ex. Fox).
19	Æ 4-5	5,02	Ebenso, doch hinter dem Apollokopfe T	Ebenso. (6132).
20. 21	Æ 4½	5,02 / 5,92	ЯVИRЬT vor demselben Kopfe; dahinter Blitz. Perlkreis.	Ebenso. (B. Friedländer, 2 Ex.).
22	Æ 4½-5	4,86 oxydirt	Lorbeerbekränzter Kopf des Apollo l.; dahinter O, wie es scheint. Perlkreis.	ЯVИRЬT im Abschnitt. Stier mit bärtigem Menschengesicht (Kopf von vorn) r. schreitend und von der über ihm schwebenden Nike bekränzt. Unter dem Bauche des Stiers das Pentagramm. (4978).

Vgl. Friedländer osk. Münzen S. 4, 7.

c) Mit lateinischer Aufschrift

23	Æ 4-5	8,46	Athenakopf l. (korinthischer Helm mit Busch) mit langem, in der Mitte geknüpftem Haarzopf. Perlkreis.	TIANO (r., in einer geraden Zeile aufwärts). R. stehender Hahn; im Felde l. ein achtstrahliger Stern. Perlkreis. (4974).

Taf. VII, 100.
Vgl. Friedländer osk. Münzen S. 4, 8 und Taf. I, 8.
Diese Münze ist dicker und schwerer als die folgenden Exemplare; vgl. oben Suessa n. 25.

24-28	Æ4½-4½ / 4½-4½ / 4-5 / 4-5 / 4½-5	7,15 / 6,84 / 6,24 / 7,50 / 6,36	Ebenso.	Ebenso. (Fox. Beger thes. Br. III, 36. 6575. B. Friedländer. Prokesch).

Das erste Exemplar ist aus demselben Stempel wie die vorhergehende schwerere Münze.

Unbestimmte Münzen Campaniens und Samniums

| 1 | Æ 4½-5 | 7,39 | Kopf der Hera fast ganz von vorn (etwas r.) mit einem breiten Diadem, welches mit einer Palmette zwischen den Vordertheilen von zwei r. springenden Greifen und einer zweiten Palmette (ganz l.) verziert ist. Am Halse vielleicht Perlschnur. | Stier mit bärtigem Menschengesicht r. (Kopf im Profil), von der über ihm schwebenden Nike bekränzt. Doppellinie als Basis. (28741). |

Taf. VII, 101.

Vgl. Cat. of greek coins in the Brit. mus., Italy, S. 94, 13.

[Da diese Münze aufschriftlos ist, lässt sie sich keiner bestimmten Stadt zutheilen. Der Styl ist unschön und trocken, das Relief flach, in beidem weicht sie von den Münzen von Neapolis ab. Friedlaender].

Gewiss mit Unrecht giebt sie Garrucci S. 95, 20 nach Fistelia (vgl. Sallet's Ztschr. für Numism. XIV (1886) S.168); eher könnte man an Poseidonia denken, vgl. die bei Garrucci Taf. CXXI, 4 abgebildete Münze der Sammlung Santangelo.

| 2 | Æ 1½ | 0,65 | Athenakopf r. Der mit einem Busch versehene attische Helm scheint bekränzt und mit einem Flügel (oder Eule?) verziert zu sein. | Stier mit bärtigem Menschengesicht r. schreitend (der Kopf von vorn) und von der über ihm schwebenden Nike bekränzt. Unter dem Bauche des Stiers zwei Blättchen an einem Stiel. Der Strich, auf welchem der Stier steht, ist geperlt. Einfacher Kreis. (6546). |

Taf. VII, 102.

Ob diese Münze, welche in Neapel gekauft wurde, dieser Stadt angehört, ist ungewiss; der rohe Styl spricht für diese Zutheilung nicht.

Über die folgenden kleinen aufschriftlosen Silbermünzen habe ich gehandelt in den Historischen und philol. Aufsätzen zu Ehren Ernst Curtius S. 250. 258.

Sie gehören wohl, wie schon Carelli annahm, nach Fistelia; die Angabe Garrucci's freilich, dass auf einem

			Exemplar ⟨VJ[TꙄ8] stehe, ist mit Vorsicht aufzunehmen, vgl. meine Bemerkungen in Sallet's Ztschr. für Numismatik XIV (1886) S. 170.	
3-7	Æ 1½-1¾	0,64	Weiblicher Kopf (ohne Hals) fast ganz von vorn (etwas l. gewendet) mit gelöstem, flatterndem Haar. An der Stelle des Halses eine aus länglichen Schmuckstücken bestehende Kette, die auf den meisten Exemplaren wie eine Fortsetzung des Haars erscheint und mit diesem das ganze Gesicht umrahmt.	Löwe (mit ausgestreckter Zunge) l. auf einem geperlten Strich. Im Abschnitt eine ein Mal geringelte Schlange l. (Fox. Friedländer, 2 Exemplare. Arditi. Rauch).
	1-1½	0,62		
	1½	0,62		
	1½	0,59		
	1½-1½	0,57		

Taf. VII, 103.
Der Kopf entspricht demjenigen auf Didrachmen von Fistelia in vielen Beziehungen. Auf den meisten Exemplaren ist er sehr roh gezeichnet, während die Ks. der Münze ziemlich fein und sorgfältig ausgeführt ist. Der Kopf des Löwen ist entschieden stylisirt und sieht fast wie der Kopf eines Wolfshundes aus. Die Ks. dieser Münze ist immer stark concav.

8	Æ 1½	0,58	Ebenso (recht roh).	Derselbe Löwe l., aber den Kopf zurückwendend, auf einem geperlten Strich; über seinem Rücken ein Helm l. mit vornüber geneigter Spitze und herabhängenden Seitenklappen. Im Abschnitt l. liegender Thyrsus mit Binde. (11360).

Irnum?

[Es ist noch nicht entschieden, ob diese Münzen mit Aufschrift in einer unbekannten Sprache campanisch sind. Dass nach der Zeitschrift für Numismatik II S. 264 zwei Exemplare in einem Grabe bei Pompeji gefunden sind, macht es wahrscheinlich. Der Kopf ist eine rohe Nachahmung von bekannten Bronzemünzen von Neapolis, dorthin deutet auch die Ks. eher als nach Uria oder Nola, aber die äusseren Kennzeichen sind sehr verschieden. Die Aufschrift wird gewöhnlich IDN⊗I⊣ angegeben, auf unseren Exemplaren ist das ⊣ nicht vollständig. FRIEDLAENDER].

Vgl. Eckhel d. n. I S. 118 f. und Friedländer osk. Münzen S. 38. Der Fabrik und eigenthümlichen Form

nach (Vs. linsenförmig, Ks. ganz flach) kann man diese
übrigens recht rohen Münzen nicht für campanisch halten.
Beloch (Bull. d. Inst. 1877 S. 34 f.) glaubt sie einer
im picentinischen Gebiet gelegenen Stadt Arinthe,
Arnthe zuweisen zu müssen; Garrucci S. 97 (oder vielmehr Fiorelli monete inedite S. 4) ist für ein unweit
Salerno am Flüsschen Irno gelegenes Irnum (vgl. hierzu
meine Bemerkung in Sallet's Ztschr. für Numismatik XIV
(1886) S. 184).

Die Feststellung des letzten Buchstabens der Auf-
schrift wäre sehr zu wünschen; ein sicheres ꓤ würde die
Zugehörigkeit zum oskischen Sprachgebiete und die
Lesung Irnthie bedingen; freilich scheint gegen die
Zutheilung an eine samnitische Stadt der Buchstabe ⊗
zu sprechen.

1	Æ 2¼-3½	3,66 etwas ab- genutzt	Lorbeerbekränzter Kopf des Apollo r. mit langem, aus- wärts gekrümmtem Haar- zopf; der Kranz hat drei Blattreihen.	IDN⊗I꓿ in einer geraden Zeile über einem Stier mit bärtigem Menschengesicht l. (Kopf im Profil). (7812).
2	Æ 3-3½	2,93 ab- genutzt	Ebenso.	////DN⊗I꓿, sonst ebenso. (Peytrignet).
3	Æ 3¼-4	3,82	Ebenso.	//// DH⊙I////, sonst ebenso. (Fox).
4	Æ 3	4,04	Ebenso.	////ID//////, sonst ebenso. (Arditi).
5	Æ 3-3½	3,46	Ebenso.	////DN⊙////, sonst ebenso. (Peytrignet).
6	Æ 3	3,09 oxydirt	Ebenso.	///////, //////IꜦI, sonst ebenso. (6781).

Die Aufschrift könnte hier [IDN⊗]NI gewesen sein.

7	Æ 2¼-3	3,85	Ebenso. Taf. VII, 104.	////꓿꓾ꓦꓳI sonst ebenso. (7405).

8	Æ 2¼	2,42 oxydirt	Derselbe Kopf.	Miesmuschel, umgeben von drei kleinen Delphinen. Perlkreis. (Fox).

Dasselbe Exemplar, welches bei Carelli Taf. LXXXV, 6
ungenau abgebildet ist. Vgl. Sambon S. 158 und Garrucci
Taf. XC, 9.

[Die Zutheilung beruht auf der Übereinstimmung

der Vorderseite und der äusseren Kennzeichen mit denen der voranstehenden Münzen. Der Typus der Ks. erinnert an Cumae. FRIEDLAENDER].

Malies

| 1 | Æ 2½ | 3,70 abgenutzt | MALI⫶ (r., abwärts). Weiblicher Kopf r. mit Haube, wie es scheint (die Einzelheiten sind bei der mangelhaften Erhaltung undeutlich). | Stier mit bärtigem Menschengesicht r. (Kopf von vorn); darüber eine bärtige Maske. (7245). |

Vgl. über diese Münze Friedländer osk. Münzen S. 67 (abgebildet daselbst Taf. VIII) und Garrucci S. 98 f. nebst meinen Bemerkungen in Sallet's Ztschr. für Numismatik XIV (1886) S. 171 f.

Velecha

Das aes grave oben S. 25 f.

Über diese Prägestätte vgl. oben S. 25. Garrucci S. 90 glaubt, dass diese Münzen von Siculern, welche in Campanien einwanderten, geprägt wurden.

| 1 | Æ 7-7½ | 13,93 | Jugendlicher, männlicher Kopf von vorn, von einem Strahlenkranz umgeben (Helios); zu Seiten des Halses je eine Werthkugel. Perlkreis. | CEΛEXA über einem r. schreitenden Elephanten. Im Abschnitt waren zwei Werthkugeln, von denen eine nicht ausgeprägt ist. (7543). |

Es sind die Typen der uncia von Atella (Garrucci Taf. LXXXVIII, 4), und zwar aufgeprägt auf eine mamertiner Münze: APEOΣ lorbeerbekränzter jugendl. Kopf r., Ks. MAMEPTINΩN stossender Stier l. Näheres über diese Münze bei Friedländer osk. Münzen S. 17; abgebildet in der Wiener Numism. Ztschr. I Taf. X, 1, vgl. daselbst S. 258.

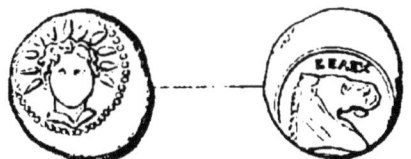

2-4	Æ 4½-4¾	6,85
	4½-4¾	7,41
	4-4½	4,70

Jugendlicher, männlicher Kopf von vorn, von Strahlen umgeben (Helios). Perlkreis

ᄃΕΛΕX oben, in einer geraden Zeile. Pferdekopf mit Hals r. Einfacher Kreis. (7544. 5548. Peytrignet).

Vgl. Friedländer osk. Münzen S. 17; abgebildet in der Wiener Numism. Ztschr. I Taf. X, 2, vgl. daselbst S. 258. Das erste Exemplar ist aufgeprägt auf eine campanische Münze (weibl. Kopf mit Mauerkrone r., Rs. Reiter r. galoppirend, darunter ROMA), nicht, wie Friedländer a. a. O. meint, dieser Typus auf die Münze von Velecha (ganz irrig ist die Angabe Garrucci's S. 90, 12 'tipo del cignale che corre a destra e la leggenda ROM'). Auf dem zweiten Exemplar ist von der Schrift nur der letzte Buchstabe erhalten. Das dritte Exemplar (das abgebildete) ist dünner als die beiden anderen.

Campanische Münzen mit der Aufschrift
ROMANO oder ROMA
(mit Ausschluss derjenigen, welche römische Typen haben)

Vgl. über diese Münzen im allgemeinen Mommsen röm. Münzw. S. 211 ff. und was über die nächstfolgenden Garrucci S. 62 ff. gesagt hat.

Die Münze mit der Aufschrift PΩMAIΩN und den Typen von Neapolis liegt bei dieser Stadt (S. 148).

Die Goldmünzen

1. 2	A' 2⅓-2⅔	3,42
	2½	3,35

Behelmter, bärtiger Kopf des Ares r., am Halse etwas Gewand. Dahinter ↓X Perlkreis.

ROMA unten. Adler mit ausgespannten Flügeln r. auf dem Blitz stehend. (4366. Gansauge).

Auf dem ersten Exemplar ist auf der Ks. im Felde r. ein grosses, leicht eingeritztes Λ, in welchem ein ganz kleines, ebenfalls eingeritztes Λ sich befindet.

3. 4	A' 3	3,36
	2⅓-2¼	2,31

Ebenso.

Ebenso, doch vor dem Adler ein umgekehrter, stehender Anker. (Fox. Rühle v. Lilienstern).

Das zweite, nur 2,31 wiegende Exemplar ist aus Silber mit einem dünnen, jetzt zum Theil abgeblätterten Überzug aus blassem Golde. [In der Sammlung von Rauch war ein Exemplar der Münze mit XX, welches ebenfalls einen silbernen Kern hatte, und Herr Landgerichtsrath Dannenberg besitzt ein ähnliches. Friedlaender].

5	Æ 2	2,24	Derselbe Areskopf r., dahinter XXXX Perlkreis.	Ebenso, doch ohne Anker. (Rauch).
6. 7	Æ 1½-1½ 1½	1,11 1,12	Derselbe Kopf, dahinter XX Perlkreis.	ROMA (auf dem zweiten Exemplar vielleicht ROMA) unter demselben Typus (ohne Anker). (Fox. 6448).
8	Æ 4-4½	6,76 Loch	Jugendlicher, unbärtiger Doppelkopf mit Lorbeerkranz. Perlkreis.	ROMA im Abschnitt. Zwei Krieger (mit unbedeckten Köpfen) berühren mit ihren Schwertern ein Ferkel, das von einem zwischen ihnen knieenden und r. aufwärts blickenden Jünglinge gehalten wird. Der Krieger l. ist bärtig, trägt nur einen gegürteten Waffenrock und stützt sich mit der L. auf seine Lanze. Der andere Krieger (unbärtig) trägt über seinem Waffenrock einen Panzer und hält in der L. Schwertscheide und abwärts gekehrte Lanze. (Rauch).

Taf. VII, 105.
Wahrscheinlich nicht ganz treu die Abbildung bei Garrucci Taf. LXXVIII, 14. — Vgl. oben die Münzen aus dem Bundesgenossenkriege S. 61 n. 27 ff., S. 64 n. 43 ff.

9	Æ 2¼	3,42	Ebenso.	ROMA im Abschnitt, sonst ebenso; nur ist hier in der Hand des Kriegers r. die Schwertscheide nicht zu erkennen. (535/1875).
10. 11	El. 2¼ 2½-3	2,77 gut 2,85 beschädigt	Jugendlicher, weiblicher Doppelkopf, mit Ähren bekränzt. Perlkreis.	Zeus im r. eilenden Viergespann, das auf einer kleinen Basis steht, hält in der L. das Scepter, in der erhobenen R. den Blitz. Hinter Zeus eine kleine Nike, welche das Viergespann lenkt. Einfacher Kreis. (28779. B. Friedländer).

Das zweite Exemplar ist sehr stark silberhaltig.
Garrucci S. 65, 17 (Taf. LXXVIII, 14) erwähnt den Ährenkranz nicht.

Die Silber- und Kupfermünzen
a) Doppelkopf — Viergespann

12	Æ5½-5¾	6,51	Jugendlicher, unbärtiger Doppelkopf mit Lorbeerkranz. Perlkreis.	ROMA (unten, auf erhabenem Streifen) mit vertieften Buchstaben. Zeus im r. eilenden Viergespann hält in der L. das Scepter, in der erhobenen R. den Blitz. Hinter ihm eine kleine Nike, die Rosse lenkend. Einfacher Kreis. (1365).
13-18	Æ 6	6,54 stark oxydirt	Ebenso.	Ebenso, doch hier steht ROMA (B. Friedländer. Sandes, 2 Ex. Gansauge.
	5½-6	6,54		Prokesch).
	5-5¾	6,61		
	5	6,75	Auf den meisten Exemplaren hat das O ovale Form, wenige zeigen die vollkommen runde Form; auf einem einzigen Exemplar ist es kleiner als die anderen Buchstaben.
	5	6,66	
	4¾-5	6,56	

19	Æ5½-5¾	6,45	Ebenso.	Ebenso, doch hier steht ROMA (B. Friedländer).
20	Æ4½-4¾	6,36	Ähnlicher Doppelkopf mit Lorbeerkranz (von dem der vorhergehenden Münzen stylistisch abweichend: stark nach oben verjüngt). Perlkreis.	Ebenso, doch hier steht ROMA (B. Friedländer).
21.	Æ 5½	6,76	Ebenso.	Ebenso, doch hier steht ROMA (B. Friedländer.
22	4¾-5	6,73		Ohne Bezeichnung).

Auf dem einen Exemplar hat das 'm' fast die Form M.

23	Æ4½-4¾	6,45	Ebenso.	Ebenso, doch hier steht ROMA (B. Friedländer).
24	Æ4½-4¾	6,17	Ebenso.	Ebenso, doch hier steht ROMA (B. Friedländer).
25-27	Æ 5½	6,24 oxydirt	Jugendlicher, unbärtiger Doppelkopf mit Lorbeerkranz. Perlkreis.	ROMA (unten, auf erhabenem Streifen) mit erhabenen Buchstaben. Derselbe Typus. Einfacher Kreis. (Prokesch. 28691. B. Friedländer).
	4¾-5	6,48		
		6,64		

| 28-31 | Æ 4½-5
4½-4¾
4½-4¾
4¼-4½ | 6,34 stempelfrisch
6,56 stempelfrisch
6,76
6,22 etwas abgenutzt | Ebenso [jugendlicher, unbärtiger Doppelkopf mit Lorbeerkranz. Perlkreis]. | Ebenso, doch hier ROMA nicht auf erhabenem Streifen, sondern nur von einem Rahmen umschlossen. (Sandes, 2 Ex. B. Friedländer. Ohne Bezeichnung). |

Auf den beiden letzten Exemplaren ist das o kleiner als die anderen Buchstaben.

Die nächstfolgenden Münzen sind von stark legirtem Silber, zum Theil fast ganz von Kupfer. Vgl. die Bemerkung Garrucci's S. 65 oben.

32	Æ 4⅓	4,72 beschädigt	Ebenso.	Ebenso. (Ohne Bezeichnung).
33	Æ 4½	5,16	Ebenso, doch ohne Perlkreis, wie es scheint.	Derselbe Typus; die Aufschrift ist erloschen. (Ohne Bezeichnung).
34-37	Æ (Æ) 4 3½-3¾ 3¾-4 3¾	5,67 5,17 4,78 4,37	Ebenso. Auf zwei Exemplaren ist die Aufschrift fast ganz erloschen.	ROMA sonst ebenso. (1366. B. Friedländer, 3 Ex.).
38	Æ 4-4½	5,24	Ebenso, mit Perlkreis.	ROMA sonst ebenso. (Herrmann).

Die zwei folgenden Münzen sind die Halbstücke zu den grossen Silberstücken; Garrucci (S. 65) nennt sie »quinario o mezzo denaro primitivo«.

| 39. 40 | Æ 3½-4
3⅓-3½ | 3,30
3,22 | Jugendlicher, unbärtiger Doppelkopf mit Lorbeerkranz. Perlkreis. | ROMA im Abschnitt. Derselbe Typus, aber l. Einfacher Kreis. (Peytrignet. Sandes). |
| 41. 42 | Æ 3½-4
3½-3¾ | 3,32
3,34 | Ebenso. | ROMA im Abschnitt, sonst ebenso. (Peytrignet. Gansauge). |

b) Apollokopf (mit ROMANO und ROMA)

| 43 | Æ 4-4½ | 7,30 | ROMANO (l., aufwärts). Lorbeerbekränzter Kopf des Apollo l. Perlkreis. | Pferd r. sprengend, darüber ein sechszehnstrahliger Stern. Einfacher Kreis. (Fox). |

44 | ℛ 4½-4½ | 6,97 oxydirt | **ROMANO**, sonst ebenso. | Ebenso. (B. Friedländer).

45. | Æ 4-4½ | 7,39 | **ROMANO**, sonst ebenso. | Ebenso, doch hat der Stern nur acht Strahlen. (Fox. Peytrignet).
46 | 4½-4½ | 7,16

Taf. VII, 106.
Der Styl des Fox'schen Exemplars (des abgebildeten) zeigt die allergrösste Ähnlichkeit mit der gleichtypischen Münze von Beneventum (S. 56), zumal in der Behandlung und Bildung des Apollokopfes; es scheint also sicher, dass beide von demselben Stempelschneider sind und in derselben Prägestätte hergestellt wurden.

Über die beiden folgenden Münzen vgl. die Bemerkungen Garrucci's S. 60. 23 und S. 61, 25—26.

47- | Æ 4½-5 | 9,97 | Kopf des Apollo r., ein doppeltes Band umgiebt das Haar. Perlkreis. | **ROMANO** im Abschnitt. Löwe r. (in schreitender Stellung, Kopf von vorn), hält im Rachen ein Schwert (oder kurze Lanze?), das er mit der l. Vordertatze gefasst hat. (6139. Beger thes. Br. III, 35. Rauch. B. Friedländer. Fox).
51 | 5-6 | 11,61
  | 4½-5½ | 10,40
  | 4½-5½ | 9,75
  | 4½-5½ | 9,61

Die Aufschrift ist auf den meisten Exemplaren dieser fast immer roh ausgeprägten Münze mangelhaft, auch das Schwert im Rachen des Löwen nur selten klar. Derselbe Typus des Löwen kehrt ganz ähnlich in Capua wieder (vgl. S. 83 n. 4—7).

52. | Æ 4-5 | 9,90 | Derselbe Kopf l. Perlkreis. | Ebenso. (Rauch. Ohne Bezeichnung).
53 | 3½-4 | 7,77

54- | ℛ 4 | 6,66 | Lorbeerbekränzter Kopf des Apollo r. Perlkreis. | **ROMA** in einer geraden Zeile über einem l. sprengenden Pferde. Einfacher Kreis. (Beger thes. Pal. 192, th. Br. I, 358. Dannenberg. 12095. Fox).
57 | 4 | 6,60
  | 4½-4½ | 6,66
  | 4½ | 6,50

Auf einem Exemplar steht **ROMA**.

58. | ℛ 2½-3 | 3,18 | Ebenso. | Ebenso. (B. Friedländer. Gansauge).
59 | 3 | 3,16

60- 66	Æ 3 3 2½-3 3 2½-3 3 2½	2,72 3,31 2,52 2,25 2,20 3,10 3,62	Lorbeerbekränzter Kopf des Apollo r. Perlkreis.	ROMA unter dem Bauche eines l. sprengenden, gezäumten Pferdes. Einfacher Kreis. (111/1885. Fox.6136. 12098. B.Friedländer, 2 Ex. Fox).

Auf zwei Exemplaren steht ROMA.
Die leichteren Exemplare sind alle stark patinirt.

c) Areskopf

67	Æ 3½-4½	7,34	Bärtiger, behelmter Kopf des Ares l.; dahinter Eichenzweig (zwei Blätter und eine Eichel).	Gezäumter Pferdekopf r. auf einer schmalen Basis, auf der ROMANO Im Felde l. eine Ähre mit zwei Blättchen. (Fox).

Zum Typus der Ks. vgl. den As S. 30 n. 1.

68	Æ 4-5	7,39	Ebenso. ·	ROMAN////, sonst ebenso. (Fox).
69	Æ 4	7,40	Ebenso.	ROMANO, sonst ebenso. (Rauch).
70- 72	Æ 4½-5 4½-5 4-4½	7,42 7,39 7,32	Ebenso.	ROMANO, sonst ebenso. (Beger thes. Pal. 192, th. Br. I, 358. Dannenberg. 28693).
73	Æ 4-4½	7,54	Ebenso. Taf. VII, 107.	R.)/////////, sonst ebenso. (Peytrignet).
74- 76	Æ 4½ 4-4½ 4½	6,36 oxydirt 6,72 6,70	Behelmter Kopf des jugendlichen Ares r. mit kleinem Backenbart; dahinter Keule. Perlkreis.	ROMA unter dem Leibe eines r. sprengenden Pferdes; über ihm eine Keule. Einfacher Kreis. (Beger thes. Pal. 192, th.Br. I, 358. Fox. Prokesch).

Der Helm ist hier und auf den ähnlichen Kupferstücken kürzer als bei dem vorhergehenden Typus.

77- 80	Æ 3-3½ 3 3 3-3½	3,07 3,11 3,15 3,27	Ebenso.	Ebenso. (28732. Gansauge. B. Friedländer, 2 Ex.).

| 81-84 | Æ 4
4½-5
4½
4½-4½ | 6,42
5,83
oxydirt
6,63
6,26 | Behelmter Kopf des jugendlichen Ares r. mit kleinem Backenbart (als Helmverzierung r. rennender Greif, wie es scheint). Perlkreis.

Taf. VII, 108. | ROMA unter einem gezäumten Pferdekopfe r. Im Felde l. ein Gartenmesser (Attribut des Silvanus). Einfacher Kreis. (Beger th. Br. I, 359. Gansauge. Peytrignet. B. Friedländer). |

Auf zwei Exemplaren hat das 'm' die Form M.

| 85 | Æ 3 | 3,21 | Ebenso, nur ist der Helm ohne Verzierung. | Ebenso. (28688). |

Dieses ist das Halbstück zu der vorhergehenden Münze.

| 86-90 | Æ 3-3½
3½
3
3
2¾-3 | 3,63
3,37
2,68
patinirt
3,51
2,67 | Ebenso. | ROMA, sonst ebenso. (28732. Prokesch. Fox. Gansauge. Herrmann). |

---

d) Athenakopf

91	Æ 4	6,08	R.O MANO (von unten beginnend) vor dem Kopfe der Athena r. (korinthischer Helm mit Busch und gerolltem Nackenstück); dahinter Rest eines Sternes, wie es scheint.	R[O] MA[N] O Gezäumter Pferdekopf l. (Rauch).
92	Æ 3½-4	5,97	R[O] MANO vor demselben Kopfe.	[RO] MA NO, sonst ebenso. (Ohne Bezeichnung).
93	Æ 3¼-4	6,02	[RO] MANO vor demselben Kopfe. Perlkreis.	RO MA NO, sonst ebenso. (Fox).
94	Æ 2¾-4	4,04	Derselbe Kopf, Schrift nicht zu sehen (erloschen?). Perlkreis.	RO MA NO, sonst ebenso. (12099).

| 95 | Æ 3¼-3¾ | 4,39 | [RO] MANO vor demselben Kopfe. | [R] OM[A] NO Gezäumter Pferdekopf r. (Rauch). |

Die Aufschrift der Kehrseite könnte vielleicht auch ON[A]MO[Я] gewesen sein.

96	Æ 3-3½	3,21 oxydirt	Derselbe Athenakopf; von der Schrift ist nichts zu sehen, da die betreffende Stelle nicht erhalten ist.	▨AM OЯ vor einem gezäumten Pferdekopfe r. (6138).
97	Æ 3	4,10 oxydirt	Derselbe Kopf, aber l.	RO ΛΛΛ▨ vor einem gezäumten Pferdekopfe l. (Ohne Bezeichnung).
98	Æ 3-3½	4,42	Derselbe Kopf r. (ob Schrift vorhanden war, ist wegen mangelhafter Ausprägung nicht zu sehen).	[R]OMAΛ▨ hinter einem gezäumten Pferdekopfe r. (Fox).
99	Æ 4-4½	6,27	Derselbe Athenakopf l. Perlkreis.	ROMAN▨ hinter einem auf einer schmalen Basis r. stehenden gezäumten Pferdekopfe. (4508).

Hinter dem N ist noch ein kleiner Rest eines Buchstabens sichtbar, der fast wie die untere Hälfte eines I aussieht; wahrscheinlich ist es aber der linke untere Theil des offenen O

100 101	Æ 3½-4 4	5,48 3,51 nicht gut	Ebenso.	ROMA▨ hinter dem r. gewendeten gezäumten Pferdekopfe ohne Basis. (Fox. 6152).
102	Æ 3½-4	6,43	Ebenso.	ROMANC▨ hinter dem auf einer Basis r. stehenden gezäumten Pferdekopfe. Auf der Basis Schriftspuren? (B. Friedländer).

Die nächstfolgenden Stücke, deren Aufschrift mit dem Buchstaben C schliesst, wurden nach Eckhel's Ansicht (doctrina num. V S. 49) von campanischen Oskern geprägt, nach Garrucci (S. 61 zu n. 29) von den Galliern in Norditalien.

103	Æ 3½-4	4,24	Ebenso.	ROMANC hinter dem r. stehenden gezäumten Pferdekopfe ohne Basis. (Rauch).
104	Æ 3½-4	5,11	Ebenso. Perlkreis nicht sichtbar.	[R]OMAΛC hinter demselben Typus. (11589).

Vgl. Garrucci Taf. LXXVII, 27.

105 Æ 3¼-4	5,86	Ebenso. Perlkreis.	ROMAAOC hinter dem r. stehenden gezäumten Pferdekopfe auf schmaler Basis. Rauch.

Vgl. Garrucci Taf. LXXVII, 28.

106 Æ 3¼-3½	5,63	Ebenso. Perlkreis nicht sichtbar.	ROMAAIℭ hinter dem r. stehenden gezäumten Pferdekopfe auf schmaler Basis. (B. Friedländer).

Der nach dem I vorhandene Buchstabenrest ist nicht recht klar, scheint aber einem C anzugehören.

---

e) Herakleskopf

107 Æ 4½-5	6,94	Kopf des jugendlichen Herakles r. mit kleinem Backenbart; ein breites Band umgiebt das Haar, am Halse Löwenfell und Keule. Perlkreis.	ROMANO im Abschnitt. Wölfin r., den Kopf nach den von ihr gesäugten Zwillingen wendend. (Ohne Bezeichnung. Beger thes. Pal. 192, th. Br. I, 358. Fox. 108/1885).
- 4½-5	6,91		
110 4½-4½	7,29		
5	7,09		

Taf. VIII, 109.

111 Æ 4½	6,83	Ebenso.	ROMANO im Abschnitt, sonst ebenso. (109/1885. B. Friedländer).
112 4½-5	etwas beschädigt 7,01		

---

113 Æ 4½	6,75	Kopf des jugendlichen Herakles r., mit dem Löwenfell bedeckt; am Halse die Keule. Perlkreis.	ROMA unter dem Bauche eines r. auffliegenden Pegasus; über demselben Keule. Einfacher Kreis. (Herrmann. B. Friedländer, 2 Ex. 5137).
- 4½-5	7,14		
116 4-4½	6,52		
3½-4	4,08 oxydirt		

---

117 Æ 3-3½	3,47	Ebenso.	ROMA unter dem Bauche eines r. auffliegenden Pegasus; über demselben das Zeichen der semuncia Ɛ (7278).

f) Weiblicher Kopf mit dem sog. phrygischen Helm

118	Æ 5	6,50 Loch	Weiblicher Kopf r. mit eng anliegendem Helm (gerolltes Nackenstück und herabhängende Seitenbänder), dessen nach vorn übergebogene Spitze einen Thierkopf bildet. Im Felde l. ein Füllhorn. Perlkreis.	ROMANO (l. aufwärts, in einer geraden Zeile). Nike, r. stehend und nur unterwärts bekleidet, fasst mit der L. einen Palmzweig und berührt mit der R. dessen Spitze, an der sie einen an einem Bande hängenden Kranz eben befestigt hat. Im Felde r. (unter dem Kranze) Ａ Einfacher Kreis. (12097).

Der Typus der Kehrseite dieser Münze findet sich wieder auf Kupfermünzen von Ausculum, vgl. Friedländer osk. Münzen Taf. VII Asculum 3.

119	Æ 4¼-4½	6,59	Ebenso.	ROMANO (l. aufwärts, in einer etwas gekrümmten Zeile). Derselbe Typus, doch hier im Felde r. ꓯ (Prokesch).

Der kleine horizontale Strich an dem I ist zwar ganz deutlich, dürfte aber kaum als dazugehörig zu betrachten sein, da diese Buchstaben nicht aus dem oskischen, sondern aus dem griechischen Alphabet genommen sind.

120	Æ 4-4⅓	6,68	Ebenso.	Ebenso, doch hier im Felde r. Λ (Beger thes. Br. I, 359).
121	Æ 4	6,46 etwas verletzt	Ebenso.	ROMANO (in gerader Zeile); derselbe Typus, doch im Felde r. BB (Rauch).
122	Æ 4½-4¾	6,62	Ebenso. · Taf. VIII, 110.	ROMANO (in einer etwas gekrümmten Zeile); derselbe Typus, doch im Felde r. ΔΔ (7499).
123	Æ 4-4½	6,51	Derselbe Kopf, dahinter ein Schwert in der Scheide. Perlkreis.	ROMANO (in gerader Zeile); derselbe Typus, doch im Felde r. II (Fox).
124	Æ 4-4½	6,30	Derselbe Kopf, dahinter eine Weintraube, wie es scheint. Perlkreis.	ROMANO (in etwas gekrümmter Zeile); derselbe Typus, doch im Felde r. MM (Fox).
125	Æ 4-4⅓	6,58	Derselbe Kopf, dahinter ein Schwert in der Scheide. Perlkreis.	Ebenso, doch im Felde r. Ξ [Ξ] (Peytrignet).

126	Æ 4-4½	6,45 oxydirt	Derselbe Kopf, dahinter eine Mondsichel. Perlkreis.	Ebenso, doch im Felde r. PP (B. Friedländer).
127	Æ 4-4½	6,44 etwas beschädigt	Derselbe Kopf, dahinter ein Schwert in der Scheide. Perlkreis.	Ebenso, doch im Felde r. ΩΩ (6307).
128	Æ 4-4½	5,27 subärat	Derselbe Kopf, dahinter kein Beizeichen. Perlkreis.	ROMANO, sonst ebenso; die Stelle, an der sonst die Buchstaben sind, ist nicht ausgeprägt. (Gansauge).
129 – 135	Æ 1½-2 die meisten; 1 Ex.: 1½	1,53 2,14 1,93 1,17 1,63 1,56 1,34	Derselbe Kopf r. (der ebenso geformte Helm endigt in einen Greifenkopf), kein Beizeichen. Perlkreis.	ROMA im Abschnitt. Hund r., die l. Vorderpfote erhebend. (Beger th. Br. I, 360. Rösel. Fox. Ohne Bezeichnung. B. Friedländer, 2 Ex. 112/1885).
136 – 139	Æ 1½-2 1½-2 2 2	1,71 1,52 1,88 1,66	Ebenso.	ROMA im Abschnitt, sonst ebenso. (Ohne Bezeichnung, 2 Ex. Rühle v. Lilienstern. B. Friedländer).
140	Æ 1⁴/₅-2	1,78	Ebenso.	ROMA (oder ROMA) im Abschnitt, sonst ebenso. (Ohne Bezeichnung).

Taf. VIII, 111.

g) Weiblicher Kopf mit Mauerkrone

| 141 – 146 | Æ 4½-4½ 4½-5 4-4½ 4-4½ 4½-4½ 4-4½ | 6,48 5,67 6,36 5,34 6,51 5,98 | Weiblicher Kopf r. mit Mauerkrone, Ohrgehänge, Perlenschnur und Gewand am Halse. Perlkreis. | ROMA unter dem Leibe eines r. galoppirenden Pferdes, auf dem ein nackter Knabe reitet, welcher mit der R. eine Peitsche schwingt. Einfacher Kreis. (Fox. 6134. 6135. B. Friedländer. 110/1885. Gansauge). |

h) Mit Werthbezeichnung

Triens

147	Æ	51,33
148	11-11½	51,25
	11	

Weiblicher Kopf r. mit Ohrgehänge und hohem Diadem, an dessen Ende ein kleiner Helmbusch aufgesteckt ist. Drei lange, steife Haarlocken hängen am Nacken herab. Hinter dem Kopfe ist, wie es scheint, ein Scepter angedeutet, von dem nur die Spitze über dem Scheitel und das untere Stück vor dem Halse sichtbar sind. Im Felde l. ⦂ Perlkreis.

ROMA im Abschnitt. Herakles stehend, von vorn, mit dem Löwenfell am Rücken und der Keule in der erhobenen R., hat mit der L. einen r. schreitenden Centauren am Haare gepackt; dieser sucht sich mit der L. loszumachen. Vor dem Centauren ⦂ Einfacher Kreis. (Fox. ⦁Rühle v. Lilienstern).

Garrucci (S. 61, 1—2) beschreibt den Kopf auf der Vs. folgendermaassen: 'Testa di donna con capelli acconciati e ornati di lamine in modo da figurare un elmo con cresta e pennacchi laterali. Porta pendenti agli orecchi e una lancia al fianco sinistro.' Die 'cresta' beruht auf einem Irrthum, mit der Lanze aber, auf welche G. zum ersten Male aufmerksam macht, hat es seine Richtigkeit, falls der Gegenstand nicht ein Scepter vorstellen soll. [Ganz ähnlich das Scepter am Kopfe der Arsinoe. v. Sallet].

149	Æ	52,45
150	10½-11½	46,30
	10-10½	vollkommen gut

Ebenso.

ROMA im Abschnitt, sonst ebenso. (Rühle v. Lilienstern. 36/1872).

| 151 | Æ 11 | 47,22 |

Ebenso.

Die Schrift nicht mehr kenntlich, sonst ebenso. (28472).

Quadrans

152	Æ 10	38,25	Jugendlicher, männlicher	ROMA im Abschnitt. Stier,
-	9½	35,86	Kopf r. mit dem Felle	r. galoppirend, wird von
154	9½-10	38,51	eines Ebers bedeckt, das	einer am Boden hinstrei-
			am Halse zusammenge-	chenden Schlange (mit
			bunden ist. Hinter dem	Kamm und Bart) ange-
			Kopfe ⠇ Perlkreis.	griffen. Über dem Stiere
				••• Einfacher Kreis.
				(363/1872. Ohne Bezeich-
				nung. Rühle v. Lilienstern).

Über den Typus der Ks. vgl. Eckhel d. n. I S. 138.

155	Æ 7½-8	17,19	Ebenso.	ROMA im Abschnitt. Stier
				r. galoppirend, unter ihm
				am Boden eine Schlange
				(mit Kamm) in Windun-
				gen r. Über dem Stiere
				•••, darüber eine Ähre
				r. liegend. Einfacher Kreis.
				(Fox).

156	Æ 6-7	15,92	Ebenso.	Ebenso, doch ist die Auf-
				schrift erloschen. (Ohne
				Bezeichnung).

157	Æ 4½-5	5,55	Ebenso.	ROMA im Abschnitt. Stier r.
				galoppirend, unter seinem
				Bauche eine Schlange
				r. Über dem Stiere •••,
				darüber eine Ähre r. lie-
				gend. Einfacher Kreis.
				(Gansauge).

158	Æ 4½-5	5,45	Ebenso.	Keine Schrift erhalten, sonst
-	4	5,45		ebenso. (1362. Rauch.
160	4½	5,05 oxydirt		Gansauge).

| 161 | Æ4½-4½ | 5,48 | Ebenso [Jugendlicher, männlicher Kopf r. mit dem Felle eines Ebers bedeckt, das am Halse zusammengebunden ist. Hinter dem Kopfe ⁞]. | Keine Schrift sichtbar. Stier r. galoppirend, unter seinem Bauche eine Schlange r. Über dem Stiere ••• und darüber vielleicht die Ähre. (5802). |

Von roher, flacher Arbeit. In Milazzo auf Sicilien gekauft. [Der Ähre nach, welche sich ähnlich auf den in Sicilien geprägten römischen Asses und Astheilen über der prora findet, könnte man auch diese Münzen in Sicilien geprägt glauben. FRIEDLAENDER]. Vgl. auch die Bemerkung Garrucci's (S. 62 n. 8—9) über das auf eine Münze des Hiero aufgeprägte Exemplar.

Sextans

(figure: two coin illustrations)

162	Æ 8	25,63	Wölfin r., den Kopf nach den von ihr gesäugten Zwillingen wendend; im Abschnitt •• Perlkreis.	ROMA (im Felde r., in gerader Linie). R. stehender Adler mit angelegten Flügeln, eine kreuzförmige Blume (?) im Schnabel haltend. Im Felde l. ⁞ Einfacher Kreis. 28693. 28732. B. Friedländer. Prokesch).
-	8-8½	26,80		
165	8-8½	26,16		
	8	25,35		

Garrucci (S. 61, 5) macht auf die stylisirte Form des Wolfsschweifs aufmerksam.

Uncia

166	Æ 6-6½	12,27	Jugendlicher, männlicher Kopf von vorn (Helios), von einem Strahlenkranze umgeben; am Halse etwas Gewand, das durch einen runden Knopf zusammen gehalten ist. Im Felde l. unten • Perlkreis.	ROMA unter einer Mondsichel, innerhalb welcher zwei achtstrahlige Sterne. Zwischen den beiden Sternen ein • Einfacher Kreis. (6133. B. Friedländer, 2 Ex. Gansauge).
-	6-6½	12,48		
169	6	12,22		
	6	12,44		

| 170 | Æ 6 | 13,42 | Ebenso, doch kein Gewand am Halse. | Ebenso. (Fox). |

| 171 | Æ 7½ | 15,0 | ROMANO vor dem Kopfe der Athena l. |korinthischer Helm mit Busch, mit langem, in der Mitte geknüpftem Haarzopf. Zwischen Helmbusch und Nacken ein kleines undeutliches Beizeichen (Greifenkopf? Stern?). | ROMA NO Adler mit ausgebreiteten Flügeln von vorn (etwas l.gekehrt) mit r. gewandtem Kopfe, auf einem Blitz stehend. Im Felde l. eine Keule (?). Perlkreis. (28722). |

Ein ähnliches Exemplar dieser seltenen und schönen Münze ist von Combe numi mus. Brit. S.18 n.8, Taf. I n. 24 publicirt; vgl. Garrucci S. 60, 13, der als Beizeichen neben dem Adler einen Dolch angiebt, der auch auf unserem Exemplar denkbar ist.

APVLIA

Arpi

Über Arpi vgl. Garrucci S. 111.

| 1 | ÆR 5 | 7,15 | ΑΡΠΑΝΩΝ (l., aufwärts). Ährenbekränzter, weiblicher Kopf l. mit Ohrgehänge (Halsband nicht sichtbar). Hinter dem Halse eine Amphore. Perlkreis. Taf. VIII, 112. | ΔΑΙΟΥ unter dem Bauche eines l. sprengenden Pferdes. Über demselben ein grosser, achtstrahliger Stern. Unter dem Beamtennamen ein Helm l. (Fox). |

| 2 | Æ4¼-5 | 6,51 stark oxydirt | Erloschene Schrift vor dem-selben Kopfe; hinter dem Halse eine Ähre. | Derselbe Beamtenname und derselbe Typus, doch kein Beizeichen unter dem Namen. (4908). |

Vgl. Garrucci Taf. XCIII, 1.

| 3 | Æ1½-2 | 0,93 | Athenakopf r. mit Ohrge-hänge, Halsband und lan-gem, am Nacken herab-hängendem Haar. Der attische Helm (mit Busch) ist mit einem geflügelten Seepferde verziert. | ΑΠϤΑ über einem l. sprin-genden, gezäumten Pferde. Im Abschnitt (die Linie ist geperlt) ϻ ϨΑϺϤ Μϻ (Fox). |

Taf. VIII, 113.
Die Schrift im Abschnitt ist sehr schwer zu ent-ziffern. Der Buchstabe zwischen Ϩ und Μ(?) sieht fast wie Ϥ aus.

| 4 | Æ1¼-2 | 0,9 be-schädigt | Ebenso. | ΑΠϤΑ, sonst ebenso; doch auch hier ist von der Schrift im Abschnitt sehr wenig zu erkennen, etwa ϻϨΑΧϻ (Dannenberg). |

| 5 | Æ1½-2 | 0,94 oxydirt | Ebenso. | ΑΠϤΑ, sonst ebenso, doch ist der Abschnitt nicht ausgeprägt. (7533). |

| 6-8 | Æ1-1½ 1-1¼ 1 | 0,62 0,68 0,67 | Gezäumtes Pferd r. spren-gend, darüber A Perl-kreis. | Ein von einem Ringe aus-gehender Haken. Im Felde r. Λ Perlkreis. (7534. 7726. Fox). |

[Millingen Recueil S. 16 Tafel I 10 hat diese Münze zuerst publicirt; nach Visconti erklärt er den Haken für eine ἄρπη, in Anspielung auf den Namen Arpi, daher die Zutheilung. Mazocchi wollte der Aspiration wegen diese Anspielung nicht gelten lassen; allein diese Frage scheint müssig, da das Dargestellte weder einer Sichel noch dem bekannten sichelartigen Schwert gleicht. Es findet sich auch auf Bronzemünzen der Brettier, als Beizeichen aufrecht gestellt, und ähnlich auf einer schrift-losen Münze der Königl. Sammlung, welche Mionnet S. VII 310, 19 zweifelnd Clides zutheilt.

In dem Versteigerungs-Katalog der Northwick'schen Sammlung von 1859 S. 10 Nr. 92 wird die Bemerkung gemacht, die Zutheilung nach Arpi sei irrig, da diese Münzen immer im südlichen Klein-Asien gefunden würden. Allein der Styl und die Fabrik der Münzen scheint mir italisch, und ich habe zwei Exemplare in

Campi bei Lecce gekauft und drei andere in der Sammlung des Herrn d'Errico in Potenza gesehen, also fünf
Exemplare dieser seltenen Münze in Süditalien; ob sie
nach Arpi gehört, ist zweifelhaft, aber italisch ist sie
wohl sicher. FRIEDLAENDER].

9	Æ1¼-1½	1,04 beschädigt	**APΠΞEPTϞ** vor dem Kopfe der Athena r., deren attischer Helm mit einem geflügelten Seepferde verziert ist. / Herakles, mit dem r. Bein r. knieend, würgt den Lö-wen; in der gesenkten R. scheint er die Keule zu halten. (Peytrignet).

Die Schrift ist an mehreren Stellen undeutlich. Am
Schluss scheint I gewesen zu sein, doch ist dieser Buchstabe nicht ganz sicher; er wird indessen gestützt durch
die Münzen bei Garrucci Taf. XCIII, 13 mit **CEPTIENA**
oder mit **CEPTIΠPA** etc. (vgl. Imhoof in der Wiener
Numism. Ztschr. XVIII (1886) S. 234).

Minervini osserv. num. S. 86 f.; auf Taf. VII, 9 bildet
er unser Exemplar mit andern ab, aus welchen sich die
Aufschrift **APΠ CEPT** ergiebt.

10	Æ4½-4½	6,22	**ΠOYΛΛV** unter dem Leibe eines stossenden Stieres r. / **APΠA** R. rennendes Pferd **NOY** (Fox).

Vielleicht ist **ΠOYΛΛY** zu lesen; der letzte Buchstabe ist sicher V oder Y.

11	Æ5½-6	8,81	**ΠOYΛΛ////**, sonst ebenso. / Ebenso. (Arditi).
12. 13	Æ4½-5 4-5	6,08 6,38	**ΠOYΛΛI**, sonst ebenso. / Ebenso. (Fox. Dannenberg).
14	Æ4½-5½	8,18	**ΠOYΛΛ**, sonst ebenso. / Ebenso. (Peytrignet).
15- 17	Æ4-4½ 4-4½ 4	4,15 4,16 6,87	**ΠYΛΛO** unter dem Leibe eines stossenden Stieres r. / **APΠA** R. sprengendes Pferd **NOY** (Beger thes. Pal. 169, th. Br. I, 318. Gansauge. Rauch).
18. 19	Æ4½-5 4-4½	4,76 5,96	**ΠYΛΛo**, sonst ebenso. / **APΠA NOY**, sonst ebenso. (B. Friedländer. Pfau).

20- 25	Æ 4½ 5 5 4½-5 5 4½-5	6,87 8,04 8,66 6,99 5,32 oxydirt 7,49	ΔΑΙΟΥ (l., aufwärts). Lor-beerbekränzter Kopf des Zeus l. Dahinter Blitz. Taf. VIII, 114.	ΑΡΠΑΝΩΝ im Abschnitt. R. rennender Eber, darüber Spitze eines Speeres r. liegend. (Beger thes. Br. I, 318. 28656/5. Fox, 2 Ex. Gansauge. B. Friedländer).
26. 27	Æ 4½-5	6,67 7,02	Lorbeerbekränzter Kopf des Zeus l.; dahinter undeut-liches Beizeichen.	ΑΡΤΤΑ im Abschnitt. R. rennender Eber, darüber Speerspitze r. liegend. (B. Friedländer, 2 Ex.).

Auf einem Exemplar ist die Stelle, wo das Bei-zeichen sein konnte, nicht ausgeprägt.

28	Æ 2½-2½	3,84	Kopf der Athena r. (korin-thischer Helm mit Busch).	ΥΟΝ Trau-be ΑΡΤΤΑ Perlkreis. (7269).
29	Æ 2½	3,22	Ebenso.	ΑΡΤΑ Trau-be ΝΟΥ Perlkreis. (B.Friedländer).
30	Æ 2½-2½	3,0	Ebenso.	Traube; zu beiden Seiten der-selben undeutliche Schrift-reste. Perlkreis. (7270).

31	Æ 4½-4½	7,48	ΕΙΗΜΑΝ vor dem lorbeer-bekränzten Kopfe des Apollo l.; dahinter Leier.	ΑΡΠΑΝΩ im Abschnitt. Löwe r.; darüber Penta-gramm. (7510).

[Ein anderes Exemplar mit ΕΙΗΜΑΝ habe ich in der Sammlung Bonghi zu Mola di Gaeta gesehen. ΕΡΗΜΑΝ bei Carelli Tafel XCI 12 ist gewiss unrichtig. Unvoll-ständig gab diese Aufschrift Avellino Opusc. II S. 62, vorher im Suppl. ad Italiae num. S. 22 Nr. 35, danach Mionnet S. I 231,441. Auf einem Exemplar bei Sestini Med. del pr. Cr. Fed. di Danimarca S. I Tafel I 2 stand ΑΡΠΑΝΩ / Ν (Vgl. auch das bei Garrucci Taf. XCIII, 18 ab-gebildete Exemplar). Der Typus der Kehrseite ist genau einer Silbermünze von Velia entnommen. FRIEDLAENDER].

| 32 | Æ.1⅜-2 | 1,46 | Kopf der Artemis r.; am Nacken, wie es scheint, der Köcher. | ΕΙΝ Blitz ΜΑΝ |

(6443).

Avellino opusc. II S. 128 und Taf. 5, 7, sowie Garrucci Taf. XCIII, 19 mit APΓAN auf der Vs., was auf unserem Exemplar zufällig nicht sichtbar ist.

[Die Aufschrift beider sehr seltenen Münzen ist EINMAN, nicht EINMAN; obwohl der Querstrich des N ein wenig nach rechts geneigt ist, ist der Buchstabe doch von dem N am Ende verschieden. Nach der Art wie EINMAN auf der ersten Münze in einer Zeile steht, kann man nicht zweifeln, dass es ein Wort ist. Da die Aufschrift auf der zweiten Münze neben dem Blitz steht, kann sie auf der ersten sich nicht auf den Kopf beziehen, sondern ist wohl ein Magistratsname, ohne Zweifel ein messapischer. In diesem Dialekt ist H sehr häufig, doch steht es sonst nicht vor einem Consonanten wie hier, sondern als Aspirationszeichen zwischen zwei Vokalen. FRIEDLAENDER].

Über beide Münzen vgl. auch Minervini im Bull. archeol. napoletano, n. s. II S.122 und Taf. IX 6, 7, sowie Garrucci S. 112 oben.

Ausculum (Asculum)

Einige Stücke aes grave mit A werden Ausculum zugetheilt, s. oben S. 29.

Über die Münzen von Ausculum, besonders über die Aufschrift derselben, handeln ausführlich Friedländer osk. Münzen S. 54 ff. und Garrucci S. 110.

| 1. 2 | Æ.4½-5 4⅜-4⅜ | 8,07 8,08 | AYҺYϹΚΛ▨ unter einem gezäumten Pferdekopfe (mit Hals) l. | AYҺYϹΚΛ⊦ (aufwärts) längs der r. Seite einer grossen Ähre (mit einem Blatt l.). (7552. Fox). |

Taf. VIII, 115.

Auf dem ersten Exemplar ist die Aufschrift der Vs. nicht zur Ausprägung gekommen.

Vgl. Friedländer osk. Münzen S. 55, 1 und Taf. VII Asculum 1.

3	Æ4½-4½	7,28	ᛈᛁᛌᚪᛉᛯᚣ⫽⫽⫽ im Abschnitt. Eber r. rennend; darüber Speerspitze r. liegend. Taf. VIII, 116.	Grosse Ähre, mit einem Blatt links. (6578).

Auf der Ks. dieser Münze befinden sich längs des r. Randes einige leicht eingeritzte Zeichen, in denen man Buchstaben vermuthen könnte.
Vgl. Friedländer osk. Münzen S. 56, 2 und Taf. VII Asculum 2.

4-10	Æ4-4½ 4-4½ 4-4½ 4 4½ 3¾-4 4-4½	5,97 4,51 5,59 4,40 6,30 3,32 beschädigt 4,89	Kopf des jugendlichen Herakles l., mit der Löwenhaut bedeckt, die unter dem Kinn geknüpft ist; am Nacken kommt die Keule zum Vorschein. Perlkreis.	AYCKΛΛ (aufwärts) hinter einer r. gewandten Nike, welche einen an langem Bande hängenden Kranz an einem vor ihr stehenden Palmzweig befestigt. Perlkreis. (Prokesch. 5852. 5853. 5156. Fox, 2 Ex. B. Friedländer).

Vgl. Friedländer osk. Münzen S. 56, 3 und Taf. VII Asculum 3. — Über den Typus der Ks. (ebenso auf der campanischen Münze S. 174 n. 118) vgl. Garrucci S. 110 f.

11	Æ 3¾	6,68	Derselbe Kopf, aber r.	Ebenso. (B. Friedländer).

Barium

Über Barium vgl. Garrucci S. 116.

Sextans

1-6	Æ 4	5,25 5,48 5,80 5,11 4,68 5,62	Lorbeerbekränzter Kopf des Zeus r.; dahinter ✳ Perlkreis.	BAPINΩN Prora r., darauf bogenschiessender Eros r. Unter der prora ein Delphin r. Einfacher Kreis. (7653. Fox, 2 Ex. B. Friedländer. Prokesch. 28741).

Taf. VIII, 117.
Die 6 Exemplare weichen nur darin etwas von einander ab, dass die Aufschrift verschieden vertheilt ist (BAP INΩN 3 Ex.; BAPINΩN 2 Ex.; 1 Ex. undeutlich).
Der bogenschiessende Eros ganz ähnlich auf einer Goldmünze der Brettier.

Uncia

| 7 | Æ 2½-3 | 2,39 | Derselbe Kopf; dahinter eine kleine Werthkugel (scheint kein Stern). Perlkreis. | BA PIN ⫿⫿ Derselbe Typus, doch ohne Delphin. Einfacher Kreis. (6586). |

Hinter dem Kopfe erscheint unter der kleinen Werthkugel noch ein undeutlicher Punkt (ob zufällig?).

| 8 | Æ 3 | 3,20 | Derselbe Kopf; dahinter ✳ Perlkreis. | BAP INΩN, sonst ebenso. Einfacher Kreis. (7654). |

| 9 | Æ 2¼-3 | 2,54 | Derselbe Kopf; dahinter ein undeutlicher Stern (mit einer kleinen Verzweigung nach oben?). Perlkreis. | BAPI NΩ N, sonst ebenso. (Gansauge). |

| 10 | Æ 1¼-2 | 1,30 | Lorbeerbekränzter Kopf des Zeus r. Perlkreis. | BAPI N Prora r. Einfacher Kreis. (5891). |

Vgl. Garrucci Taf. XCV, 13 mit BAPI und im Felde r. Ⴑ; an derselben Stelle befindet sich auf unserem Ex. das N, so dass der Gedanke nahe liegt, es möchte dasselbe auch auf jenem Exemplar gestanden haben.

| 11 | Æ 2⅓ | 1,94 | Ebenso. | BAPI über einer prora r. Im Felde r. Æ Einfacher Kreis. (9195). |

Das Monogramm ist deutlich Æ, nicht Æ. Vgl. Garrucci Taf. XCV, 11.

Caelia

Über die Ubication von Caelia vgl. besonders Garrucci S. 117.

| 1-2 | R 1-1⅓ | 0,43 | Jugendlicher Kopf r. mit bekränztem Spitzhelm (mit Busch). | KAIΛ I NΩN Vase mit zwei hohen Henkeln; darüber Ⴙ (7525. 28786). |
| | 1 | 0,46 | Taf. VIII, 118. | |

Ob in dem über der Vase befindlichen Ⴙ (auf dem zweiten Exemplar weniger deutlich) die Buchstaben IT zu erkennen sind (vgl. Carelli Taf. XCVIII, 1; Bull. napol., n. s. III S. 156, 13; Garrucci S. 117 f. n. 18—19), ist nach unseren beiden Exemplaren mindestens sehr fraglich. [Mionnet S. I S. 263, 450 giebt die Grösse 4 an und hält die Münze für verdächtig, beides ist irrig. — Die schreitende Pallas auf den folgenden Kupfermünzen hat einen ähnlichen Helm, vermuthlich stellt der Kopf Pallas dar. FRIEDLAENDER.]

3	Æ ¼	0,32 oxydirt	KAI über einem Stierkopfe von vorn, von dessen Hörnern Tänien herabhängen.	Leier mit schräger Querleiste. (Fox).

In Rubi kommt derselbe Typus vor.

4	Æ 2	0,78 beschädigt	Athenakopf r. (attischer Helm mit Busch), mit Ohrgehänge, wie es scheint.	KAI über dem Löwen, im Abschnitt undeutliche Schriftspuren. Herakles, mit beiden Beinen r. knieend, würgt den Löwen. Im Felde l. Keule. (7243).

Vgl. Cat. of greek coins in the Brit. mus., Italy, S. 132 Caelia 1.

5	Æ 1¼-2½	1,03	Athenakopf r. mit Ohrgehänge, der attische Helm ist mit einer Scylla (?) verziert.	KAI über dem Löwen, im Abschnitt ⅃Ɐ, sodass vielleicht KAIAI zu lesen ist. Derselbe Typus. (Fox).

Vgl. Garrucci Taf. XCV, 15 und dazu S. 118 oben. Diese und die folgende Münze von ziemlich roher Arbeit.

6	Æ 1½-2½	1,13	Ebenso.	KAI (l., aufwärts). Herakles, mit dem r. Beine r. knieend, würgt den Löwen. Keine Keule sichtbar. (Fox).

7	Æ 1½-2½	0,92 oxydirt	Athenakopf r. mit Ohrgehänge; der attische Helm ist mit einem geflügelten Seepferd (?) verziert.	///AI ꞨAⵎꞢᵀᴵᵘⁱⁱ Herakles, mit beiden Beinen r. knieend, würgt den Löwen. Im Felde l. Keule. (Fox).

Sextans

8. 9	Æ 4-4½	6,51 5,86	Kopf der Athena r. mit langem, in der Mitte geknüpftem Haarzopf. Auf dem korinthischen Helm (mit Busch) undeutliche Verzierung. Darüber •• Perlkreis.	KAIAIN ΩN Tropaeon l., bestehend aus Helm, Rundschild (mit Gorgoneion, wie es scheint), Schwert in der Scheide, Lanze (schräg nach oben gerichtet), Waffenrock, Beinschiene; ausserdem grosser Palmzweig. L. im Felde umgekehrte Keule. Einfacher Kreis. (9191. B. Friedländer).

Taf. VIII, 119.

10. 11	Æ4½-5 5	8,29 9,83	Athenakopf r. (korinthischer Helm mit Busch); darüber •• Perlkreis.	KAIΛINΩN (r., abwärts). Tropaeon r.(Helm, Rundschild, Schwert, Lanze schräg nach unten gerichtet, Waffenrock). L. und r. im Felde je ein sechsstrahliger Stern. Einfacher Kreis. (Pfau. 3926).

Katalog Pfau S. 22 = Gessner num. pop. Taf. XXVII n. 10.

12. 13	Æ4½-5	5,78 5,16	Athenakopf r. mit langem, in der Mitte geknüpftem Haarzopf. Auf dem korinthischen Helm (mit Busch) geringelte Schlange. Über dem Kopfe •• Perlkreis.	KAIΛINΩN (r., abwärts). Tropaeon l.(Helm, Rundschild, Schwert in der Scheide, Lanze schräg nach oben gerichtet, Waffenrock). Im Felde l. ein Blitz; zu Seiten des Tropaeonstammes je ein sechsstrahliger Stern. Einfacher Kreis. (B. Friedländer, 2 Ex.).

14- 16	Æ4½-4¾ 3½-3¾ 3¾	6,50 4,96 6,60	Athenakopf r. mit Ohrgehänge (korinthischer Helm mit Busch); darüber ••, im Felde l. K Perlkreis.	KAIΛIN/// im Abschnitt. Nike, l. schreitend, hält mit der L. ein Tropaeon geschultert, in der gesenkten R. einen Kranz. Einfacher Kreis. (9192. Ohne Bezeichnung. Fox).

Taf. VIII, 120.
Ob im Abschnitt mehr als KAIΛIN gestanden hat, lässt sich auf unseren Exemplaren nicht erkennen. Die Ks. ist von besonders unschöner Zeichnung.

17	Æ 4	5,45 abgenutzt	Athenakopf r. (korinthischer Helm); darüber ••, zwischen Hals und Helmbusch K Perlkreis.	Von der im Abschnitt beginnenden Aufschrift KAIΛINΩN oder KAIΛEINΩN sind nur noch schwache Spuren sichtbar. Nike, l. laufend, hält mit der L. ein Tropaeon geschultert, in der vorgestreckten R. einen Kranz. (B. Friedländer).

Die nächstfolgenden Stücke mit dem Zeuskopfe sind
von roher Arbeit, ebenso die uncia n. 30 ff.

18-	Æ4-4½	4,71	Lorbeerbekränzter Kopf des	ΚΑΙΛΙ (r., abwärts) ΝΩΝ
21	4-4¾	5,01	Zeus (?) r.; dahinter ⁑	(l., abwärts). Athena (etwas
	4	5,99	und Κ Perlkreis.	vom Rücken gesehen), l.
	4	5,28		laufend, hält in der vor-
				gestreckten L. den Schild,
				in der R. die Lanze. Ihr
				Helm ist hutförmig und
				mit doppeltem Busch ver-
				sehen. Einfacher Kreis.
				(5886. Herrmann. Ohne
				Bezeichnung. Rauch).
22	Æ 4-4½	5,53	Ebenso, nur ist hier das Κ	ΚΑΙΛΙ ΝΩΝ, sonst ebenso.
			nicht zu sehen (der ge-	(B. Friedländer).
			ringen Erhaltung wegen?).	
			Taf. VIII, 121.	

Uncia

23	Æ3⅓-4	4,22	Athenakopf r. mit langem	ΚΑΙΛΙΝΩΝ (r., abwärts).
			(geknüpftem?) Haar im	Tropaeon l. (Helm, Rund-
			Nacken; der korinthische	schild, Schwertscheide,
			Helm (mit Busch) ist mit	Lanze schräg nach oben
			einer geringelten Schlange	gerichtet, Waffenrock). Im
			verziert. Darüber ● Perl-	Felde l. Blitz, darunter
			kreis.	fünfstrahliger Stern. Ein-
				facher Kreis. (Rauch).
24	Æ3¼-4	6,43	Athenakopf r. (korinthischer	//////::::////// ΛΝ vor einem Tro-
			Helm mit Busch); darü-	paeon r. (Helm, Rund-
			ber ● Perlkreis.	schild, Schwert, Lanze
				schräg nach unten ge-
				richtet, Waffenrock). Im
				Felde l. ein Stern. (864).

Diese Münze ist aussergewöhnlich dick.

— — — — — —

25.	Æ 3	4,20	Athenakopf r. (korinthischer	ΙΛΙΑϰ (l., abwärts). Adler
26	2¼	3,75	Helm mit Busch) mit	mit angelegten Flügeln l.
			langem, in der Mitte ge-	auf einem Blitz stehend;
			knüpftem Haarzopf. Da-	im Felde r. zwei achtstrah-
			rüber ●, vor dem Halse Κ	lige Sterne. Perlkreis.
			Perlkreis.	(5887. B. Friedländer).
27	Æ2¼-3	3,10	Athenakopf r. (korinthischer	///:Aϰ (l., abwärts) vor dem-
			Helm mit Busch), darüber	selben Typus. Im Felde r.
			●, vor dem Halse scheint	zwei achtstrahlige Sterne.
			das Κ nicht zu sein.	(B. Friedländer).

| 28 | Æ 3 | 3,12 | Athenakopf r. (korinthischer Helm mit Busch), darüber • Perlkreis. | ΙΛΙΑΉ (l., aufwärts) vor demselben Typus. Im Felde r. zwei achtstrahlige Sterne. Perlkreis. (Peytrignet). |

Auf dieser wie auf der folgenden Münze ist das K vor dem Halse der Athena nicht zu sehen und dürfte auch nicht vorhanden gewesen sein.

| 29 | Æ 2½ | 2,99 | Ebenso. | ΚΛΙΛΙ (l., abwärts) vor demselben Typus; im Felde r. zwei Sterne. (B. Friedländer). |

| 30 | Æ 3-3½ | 3,31 | Lorbeerbekränzter Kopf des Zeus (?) r.; dahinter ^K • Perlkreis. | ΚΑΙΛΙ Blitz ΝϢΝ (Dannenberg). |

| 31-33 | Æ 2½-3 / 2-3 / 2-2½ | 2,49 / 2,22 / 1,92 | Ähnlicher Kopf r. Perlkreis. | Ebenso. Einfacher Kreis. (B. Friedländer, 2 Ex. 6713). |

Das K und die Werthkugel scheinen nicht vorhanden gewesen zu sein.

| 34-36 | Æ 2½ / 2-2½ / 2 | 2,95 / 1,95 / 1,78 | Athenakopf r. (korinthischer Helm mit Busch). Perlkreis. | ΚΑΙ im Felde l. Mann l. mit spitzem Hut, umgeschlagenem Mantel und Stiefeln hält in der halberhobenen Rechten einen Palmzweig. Perlkreis. (B. Friedländer. Fox, 2 Ex.). |

Taf. VIII, 122.
Es ist nicht recht klar, ob KAI oder nur KA zu lesen ist; das scheinbare I könnte nämlich auch als Stiel des Palmzweiges aufgefasst werden.
Vgl. Bull. arch. napol. I S. 130 und Taf. VIII, 5. Num. chron. IV (1841) S. 127, wo die Figur als Apollo Silvanus bezeichnet wird, was willkürlich ist. Cat. of greek coins in the Brit. mus., Italy, S. 134, 8. Garrucci S. 118, 31.

| 37-41 | Æ 2½-3 / 2 / 2 / 2-2½ / 2-2½ | 1,92 / 1,64 / 2,07 / 1,68 / 1,69 | Athenakopf r. (korinthischer Helm mit Busch) mit Ohrgehänge (und Halsband?). Perlkreis. | ΚΑΙΛΙ im Abschnitt. Die Dioskuren mit eingelegten Lanzen r. sprengend. Einfacher Kreis. (9193. Fox. Rauch. B. Friedländer. Peytrignet). |

Auf einem Exemplar steht ΚΑΙΛΙ
Nur auf einem Exemplar ist die Stelle über den Dioskurenköpfen ziemlich gut ausgeprägt und hier ist von den Sternen, welche Garrucci Taf. XCV, 30 hat, nichts zu sehen.

42	Æ 2⅓-3	2,36	Athenakopf r. (korinthischer Helm mit Busch) mit Halsband und langem, in der Mitte geknüpftem Haarzopf. Perlkreis.	Κ ΑΙ Λ Ι[ΝΩ]Ν Drei mit den convexen Seiten einander zugekehrte Mondsicheln, in jeder ein •. Einfacher Kreis. (28686).

Vgl. Cat. of greek coins in the Brit. mus., Italy, S. 134, 7. Garrucci Taf. XCV, 27.

Canusium

1-4	Æ 1⅓ 1¼-1⅓ 1-1¼ 1¼	0,43 0,38 0,47 0,40	Zweihenklige Vase mit hohem Fuss, l. Füllhorn, r. ein kleines einhenkliges Gefäss.	Κ Α, dazwischen Leier mit drei Saiten und schräger Querleiste, l. mit einem Bande geschmückt. (4402. 4862. B. Friedländer. Fox).

Auf einem Exemplar ist der Querstrich des Α so tief gestellt, dass es wie Δ aussieht.

5-7	Æ 4½-5 4-4½ 4⅓-5	7,03 7,06 6,15	Jugendlicher, männlicher Kopf l. (Porträt?).	ΚΑΝΥΣΙΝ//// unter einem mit eingelegtem Speer r. sprengenden Reiter; er ist behelmt, sonst aber, wie es scheint, nackt. (5214. Fox. B. Friedländer).

Taf. VIII, 123.

8	Æ 2-2¼	1,81	Kopf des jugendlichen Herakles r., mit dem Löwenfell bedeckt. Perlkreis.	• Keule • ΚΑ senkrecht ΚΑ Perlkreis. (28788).

Ähnlich, doch mit dem Hermeskopf auf der Vs., ist die bei Minervini osserv. num. Taf. II, 8 abgebildete Münze, vgl. daselbst S. 100. Auf dem Sextans ist ja der Kopf des Hermes recht passend; unser Exemplar ist aber vollkommen erhalten und lässt keinen Zweifel über die Darstellung.

9-	Æ 2-2½	1,97	Lorbeerbekränzter Kopf des	KA, dazwischen umgekehrte
11	1¾-2	1,81	Zeus r.	Keule, das Ganze in einem
	2-2¼	2,23		Kranze. (Fox. B. Fried-
				länder. 5854).

Vgl. Cat. of greek coins in the Brit. mus., Italy,
S. 135 Canusium 14.

| 12 | Æ 2 | 2,0 | Ähnlicher Kopf r. Perlkreis. | Umgekehrte Keule in einem |
| | | | | Kranze. (7624). |

Diese schriftlose Münze ist zwar von roherer Arbeit
als die vorhergehende, ihr aber sonst sehr ähnlich und
dürfte wohl hierher gehören.

Die Münzen mit römischen Typen mit der Aufschrift
ROMA und den Buchstaben CA oder KA, welche man
für die Bezeichnung der Münzstätte Canusium hält,
s. unter Rom.

Hyrium

Über Hyrium vgl. besonders Garrucci S. 109.

Die folgenden kleinen Kupfermünzen hat Friedländer in sehr grosser Menge in der Sammlung des
Herrn Onofrio Bonghi gesehen, welcher in Lucera
lange gewohnt hat.

1-5	Æ 2	1,83	Kopf der Athena r. mit	YPIA
	2	2,35	langem Haar im Nacken,	Steuerruder
	2½	2,44	doppeltem Halsband und	Delphin r., den Kopf
	2	2,24	Perlenschnur. Der korin-	zurückwendend
	2	2,11	thische Helm (mit Busch)	
			ist mit einem r. rennen-	TINΩN
			den Greif verziert. Perl-	Einfacher Kreis. (6003.
			kreis.	7630. Ohne Bezeichnung.
				B. Friedländer. Fox.).

Taf. VIII, 124.

Der Helmschmuck ist nur auf dem abgebildeten
Exemplar deutlich erkennbar.

6-8	Æ 1½	1,07	Lorbeerbekränzter Kopf des	YPIA
	1	1,35	Zeus r. Perlkreis.	Blitz
	1-1¼	0,93		TINΩN
				(7263. 7631. Fox.).

Auf der Vs. des ersten Exemplars sind hinter dem Kopfe die Spuren eines kleinen Symbols zu sehen, vielleicht eines Dreizacks, sodass man auch an Poseidon denken könnte. Die Schrötlinge der beiden anderen Exemplare sind so klein, dass die betreffende Stelle nicht ausgeprägt ist.
Vgl. Avellino opusc. II Taf. 5, 9.

Luceria

Das aes grave von Luceria s. oben S. 26 ff. Über die Typen von Luceria vgl. besonders Garrucci S. 109.

Quincunx

1-5	Æ6½-6¾	14,63	Athenakopf r. (korinthischer	LOVCERI zwischen den
	6½	14,64	Helm mit Busch), darüber	acht Speichen eines Ra-
	6¾	13,45	• • • • • Perlkreis.	des (ein Zwischenraum
	6¾	15,92		ist leer). (4970. Rühle
	6¼	14,30		von Lilienstern. Rauch.
				B. Friedländer. Fox).

Alle fünf Exemplare etwas abgenutzt.

Triens

6. 7	Æ6-6¼	12,42	Kopf des jugendlichen He-	Köcher mit Deckel r.
	6	sehr gut	rakles r., mit dem Löwen-	Keule r.
		12,31	fell bedeckt, das am Halse	LOVCERI
		oxydirt	zusammengeknüpft ist;	Bogen
			dahinter ⦂ Perlkreis.	Einfacher Kreis. (Fox.
				Beger th. Br. I, 317).

Taf. VIII, 125.
An dem Köcher befindet sich ein Band mit Schleife.

Quadrans

8. 9	Æ 5	9,78	Kopf des Poseidon r., da-	LOVCERI unter einem r.
		10,86	hinter ⦂ Perlkreis.	springenden Delphin;
				über demselben Dreizack
				(ohne Schaft) r. Einfacher
				Kreis. (7276. Peytrignet).

| 10 | Æ5-5½ | 9,20 | Ebenso. | Derselbe Typus, doch ist die Schrift wenig kenntlich und steht (wohl nur scheinbar, infolge der Corrosion) auf einem erhabenen Streifen. (7275). |

Sextans

| 11-13 | Æ 4 | 6,85 7,25 6,42 oxydirt | Weiblicher bekränzter Kopf r. (Demeter?) mit dem Schleier; hinter dem Halse : Perlkreis. | OVCERI unter einer grossen Fächermuschel. Einfacher Kreis. (Rauch. Ohne Bezeichnung. 5521). |

Von den drei vorliegenden Exemplaren zeigt eins die Schrift in vollkommener Erhaltung in der hier angegebenen Weise; das L steht links neben der Muschel. Vgl. Riccio monete di Luceria Taf. III cl. 3 n. 4.

| 14. 15 | Æ 3½ 3¾-4 | 5,05 abgenutzt 5,28 | Ebenso. Sehr kleine Schrift. | LOVCERI (l. abwärts). Grosse Fächermuschel. Einfacher Kreis. (Ohne Bezeichnung. Fox). |

Uncia

| 16-20 | Æ 2¼ | 3,61 3,99 3,38 3,23 3,94 | Lorbeerbekränzter Kopf des Apollo r.; dahinter • Perlkreis. | ⌐ Frosch ⌐ von oben gesehen. Einfacher Kreis. (6014. 5560. 7274. 7848. 17954). |

| 21 | Æ 2 | 2,33 | Kopf der Artemis r. mit der Mondsichel über der Stirn. Undeutlicher Kreis. | LOV CERI über einer grossen Mondsichel. Einfacher Kreis. (7279). |

| 22 | Æ 2 | 1,86 | Ebenso. | LOVCERI, sonst ebenso. (Peytrignet). |

Das L ist auch hier rechtwinklig, aber etwas schräg gestellt (ᐯ).

| 23 | Æ1¼-1¾ | 2,05 | Die aneinander geschobenen Köpfe der Dioskuren r. mit spitzen, bekränzten Hüten. | ⫶VⳐⱤⱤ⫶ oben. Die beiden Rosse der Dioskuren r. rennend. Einfacher Kreis. (Peytrignet). |

| 24 | Æ 1½ | 2,08 | Die aneinander geschobenen Köpfe der Dioskuren r. mit spitzen Hüten. Perlkreis. | ////VCERI über den beiden r. rennenden Rossen. (B. Friedländer). |

Ob die Hüte der Dioskuren bekränzt waren, ist nicht zu erkennen. Die Rosse scheinen auf diesem Exemplar gezäumt zu sein.

| 25 | Æ 2½ | 2,07 | Die aneinander geschobenen Köpfe der Dioskuren r. mit spitzen (bekränzten?) Hüten. Im Felde l. T | Die Rosse der Dioskuren r. sprengend. Im Abschnitt ⌐ (17955). |

Ob über den Köpfen der Rosse je ein Stern gestanden hat, wie auf dem bei Riccio mon. di Luceria Taf. IV, 8 abgebildeten Exemplar, lässt sich nicht entscheiden.

Die Münzen mit der Aufschrift ROMA mit römischen oder nichtrömischen Typen und dem Buchstaben Ƚ, als deren Prägestätte Luceria gilt, liegen unter Rom.

Nur die Stücke mit nichtrömischen Typen mögen hier kurz erwähnt werden.

Quinar (1,97 Gr.): Weiblicher Kopf mit geflügeltem phrygischen Helm r.; unter dem Halse Ƚ, im Felde l. V. — Ks.: ROMA im Abschnitt, umrahmt. Die Dioskuren r. sprengend.

Dextans (24,15 Gr.): Weibl. Kopf r. (wohl Demeter) mit Ährenkranz. — Ks.: Nike im r. rennenden Zwiegespann; unter den Pferden ROMA, im Felde oben Ƚ, im Abschnitt S ••••

Quincunx (24,48 Gr.): Lorbeerbekränzter Kopf des Apollo r., dahinter Ƚ (also wohl Ƚ). — Ks.: Die Dioskuren r. sprengend; unter den Pferden ROMA, im Abschnitt •••••

Sextans (7,30; 7,09; 6,84; alle nicht gut erhalten): Athenakopf r. (korinthischer Helm mit Busch); unter dem Halse ••, davor Ƚ. — Ks.: ROMA im Abschnitt. Die Dioskuren r. sprengend; unter den Pferden T

Uncia (4,48; abgenutzt): Weiblicher Kopf mit (geflügeltem?) phrygischem Helm; unter dem Halse Ƚ, im Felde l. • — Ks.: ROMA im Abschnitt. Einer der Dioskuren r. sprengend; unter dem Pferde T, im Felde l. •

(4,59; abgenutzt): Vs. ebenso. — Ks.: Die Schrift im Abschnitt erloschen. Dioskur r. sprengend; unter den Vorderbeinen des Pferdes ein undeutlicher Buchstabe (wohl Ƚ).

(4,25): Vs. ebenso (der Helm ist geflügelt). — Ks.: ROMA über einer prora r.; unten •

Mateolum?

[Millingen hat in der Sylloge S. 15 die erste Münze zuerst publiciert, er schlug Natiolum Bisceglie', Matinum (am Garganus) und Mateolum (Matera) vor.

Der Typus des sitzenden Löwen kommt in Venusia vor, also in der Nähe von Venusia werden die Münzen heimisch sein, jene drei Städte sind aber weit entfernt. Der Fundort würde entscheiden, ein Exemplar habe ich in Barletta gekauft.

Die natürlichste Lösung des Monogramms ist TMA oder TAM.

Die letzte, unedierte Münze hat auf der Ks. AP in grossen Buchstaben, so dass in diesen vielleicht der Stadtname steckt. An Arpi darf man nicht denken.

Die Zutheilung Avellino's nach Gnathia (Bull. Napol. I 130) beruht auf falscher Lesung des Monogramms.

Dass dasselbe Monogramm auf einer Münze von Neapolis Campaniae als Beamten-Bezeichnung vorkommt, ist Zufall (Mionnet I 119, 189). FRIEDLAENDER].

Sextans

1-4 Æ3½-4	4,44	
3-3½	2,84	
3½-3¾	etwas abgenutzt	
4	genutzt	
	3,31 abgenutzt	
	4,42	

Athenakopf r. (korinthischer Helm mit Busch) mit lang über den Nacken herabhängendem Haar. Darüber •• Perlkreis.

Taf. IX, 126.

Sitzender Löwe r , den Kopf nach vorn gewendet, hält mit der linken Vordertatze eine Lanze im Rachen, deren Schaft geknickt ist. Im Felde r. TA Einfacher Kreis. (7453. 7627. Fox, 2 Ex.).

Auf dem ersten Exemplar scheint die Athena eine Perlenschnur am Halse zu tragen, auf dem ersten und dritten vor dem Halse eine kleine Mondsichel zu sein (oder Haarlocke?).

Uncia

5-7 Æ2½-2½	2,33	
2½-3	2,73	
2½	2,80	

Derselbe Kopf. Darüber • Perlkreis.

Taf. IX, 127.

Der farnesische Herakles halb r.; im Felde l. dasselbe Monogramm. Undeutlicher Kreis. (7454. Rauch. B. Friedländer).

8 Æ1½-2	2,25	

Kopf r. (lorbeerbekränzter Apollokopf?); vor dem Halse eine Leier; im Felde l. TA

Taf. IX, 128.

Zwei rechtwinklig gekreuzte Fackeln; darüber ein achtstrahliger Stern, zu Seiten A und P (oder B?), unten Blatt oder Blume. (28732).

Wahrscheinlich gehört diese Münze nicht hierher; das Monogramm enthält zwar dieselben Elemente wie das der vorhergehenden Münzen, aber in anderer Verbindung.

Neapolis

Über die Ubication dieses Neapolis vgl. Garrucci S. 118.

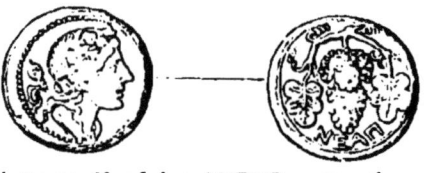

1. 2	Æ 4 4-4½	6,70 8,33	Epheubekränzter Kopf einer Bacchantin r.; am Nacken der Thyrsus. Perlkreis.	NEAΠ unter einer grossen Traube, welche zwischen zwei Weinblättern hängt. Einfacher Kreis. (4999. Fox).
3. 4	Æ 3½ 3½	3,84 3,14	Ebenso, doch vor dem Halse NI (aufwärts).	NEAΠ, derselbe Typus. Auf der Traube ist ein Herold-stab eingestempelt. (Rauch. 7649).
5	Æ 3-3½	3,53 nicht gut	Ebenso, doch sind die beiden Buchstaben nicht zu sehen (der mangelhaften Erhaltung wegen?)	NEA, derselbe Typus. Auf der Traube ist ein Herold-stab eingestempelt. (Fox).
6	Æ 3-3½	4,61 ab-genutzt	Ebenso.	NEAΠ unter einer grossen, zwischen zwei Weinlaub-zweigen herabhängenden Weintraube. Perlkreis. (6714).

Ob A oder **A**, ist unsicher.

| 7 | Æ 3 | ein Stück fehlt | Kopf der Demeter r. mit Schleier und Ährenkranz, wie es scheint. Dahinter NI (abwärts). | NEAΠ (l., abwärts). Grosse Ähre; ein Heroldstab ist auf dieselbe gestempelt. (7650). |

| 8 | Æ 3½-3¾ | 4,92 | Kopf der Demeter r. mit Schleier und Ährenkranz (Ohrgehänge, vielleicht auch Perlschnur). Perl-kreis. | NEAΠ (r., aufwärts). Grosse Ähre mit zwei Blättern. Einfacher Kreis. (Fox). |

9	Æ 2-2½	2,45 ab-genutzt	Bekränzter Kopf der Artemis r., am Nacken der Köcher.	NEAΠ (l, abwärts). Köcher mit seinem Bande; Bogen. (Peytrignet).

Vgl. Fiorelli monete inedite Taf. II, 2 und S. 11. [Ramus mus. reg. Daniae I S. 113 Taf. II, 15 theilt ein unvollkommen erhaltenes Exemplar der Insel Nea zu, danach hat es Mionnet angeführt (S. II, 542). FRIEDLAENDER].

10	Æ 2	2,04 ab-genutzt	Derselbe Kopf, wie es scheint. Perlkreis.	NEA Köcher mit Band Bogen ΠΘ Einfacher Kreis. (Rauch).

11	Æ 2	1,96	Delphin r.	NEA Steuerruder r. ΠΟΛ (28676/21).

Taf. IX, 129.

[In den Annali dell' Instituto 1833 S. 264 Nr. 12, Monumenti I Tafel 57, 12 ist diese Münze von Fontana als Neapolis Macedoniae publiciert, allein die Fabrik und die Ähnlichkeit der Kehrseite mit der der Münzen von Hyrium Apuliae sprechen dafür, dass sie hierher gehört. FRIEDLAENDER].

Vgl. Sallet's Zeitschr. f. Num. VII (1880) S. 2.

Rubastini (Rubi)

Vgl. besonders Garrucci S. 115.

1	R 1½-3	1,04	Athenakopf r. (korinthischer Helm ohne Busch) mit lang über den Nacken herabhängendem Haar.	PY (l., aufwärts). Ähre mit zwei Blättern; im Felde r. ein Füllhorn ohne Früchte. (5894).

Avellino Rubastinorum num. catal. Taf. II, 1.

2. 3	R 1½-2½ 2	1,00 1,02	Ebenso, am Kessel des Helms ein achtstrahliger Stern.	PY l. im Felde. Ähre mit zwei Blättern; im Felde r. ein Füllhorn ohne Früchte. (28693. B. Friedländer).
4	R 2	0,83	Ebenso.	Ebenso, doch ragen aus dem Füllhorn einige Spitzen hervor. (Fox).

Taf. IX, 130.
Avellino a. a. O. Taf. II, 2.

5. 6.	Æ 1¼-1½ 1½-1¾	0,73 oxydirt 0,95 oxydirt	Athenakopf r.; der attische Helm (mit Busch) ist mit einer Scylla verziert. Avellino a. a. O. Taf. II, 9. 10.	PY (oben). Herakles r., mit dem r. Beine knieend, würgt den Löwen. (7462. Fox).
7	Æ 1½-2	1,18	Ebenso.	PY (oben). Herakles, mit beiden Beinen r. knieend, würgt den Löwen. Hinter Herakles sind die unteren Spitzen von zwei (?) nicht vollständig ausgeprägten Buchstaben sichtbar, etwa ΣΙ? (Fox).
8. 9	Æ 1½-2 1½-1¾	0,94 oxydirt 1,04	Ebenso.	PY (oben). Herakles, mit dem r. Beine r. knieend, würgt den Löwen. Hinter Herakles ΣΙ, unter der Gruppe ΔΑΙΟΥ (374/1875. Arditi).

Auf dem zweiten Exemplar ist unter der Gruppe
nur ΔΑΙΠ erhalten. Das bei Garrucci Taf. XCIV, 24
abgebildete Exemplar hat den Namen im Abschnitt (?).
Wahrscheinlich sind die drei bei Avellino a. a. O.
Taf. II, 11—13 abgebildeten Münzen nur unvollkommene
Exemplare dieses Typus. Avellino (S. 17 f.) glaubt in
dem ΣΙ den Namen der benachbarten Stadt Silvium erkennen zu können; vgl. indessen Garrucci S. 115.

10 11	Æ 1	0,41 oxydirt 0,36	Stierkopf von vorn; von den Hörnern hängen Tänien herab. Avellino a. a. O. Taf. I, 5.	geflügelter P Blitz, Y senkrecht (7540. Fox).
12. 13	Æ 1	0,52 0,46	Ebenso.	Ebenso, nur sind die Flügel weniger vollständig ange-geben, so ϟ (Peytrignet. Fox).
14	Æ ¾-1	0,42	Leier mit etwas schräger Querleiste. Taf. IX, 131. Avellino a. a. O. Taf. I, 6.	ΡΥ über einem Stierkopf von vorn, von dessen Hörnern Tänien herab-hängen. (Fox).

15	Æ 1	0,43	Zweihenklige Vase mit hohem Fuss zwischen Füllhorn (l.) und kleinem Gefäss mit einem Henkel (r.). Im Felde Δ A (Δ über dem Füllhorn, A über dem kleinen Gefäss).	P Y, dazwischen Leier mit drei Saiten und etwas schräger Querleiste. (Fox).
16. 17	Æ ⅚ 1	0,41 0,32	Helioskopf von vorn, von einem grossen Strahlenkranz umgeben. Taf. IX, 132.	Δ A P)(Y (7529. Peytrignet).
18	Æ ⅚-1	0,46	Ebenso.	Δ.A P)(Y (Fox).

Zuerst bekannt gemacht durch Avellino, ad Ioannem Jatta de argenteo anecdoto Rubastinorum numo epistola (Neapel 1844, 4°). Vgl. Evans im Numism. chronicle 1889 S. 84.

19- 21	Æ4½-4½ 4-4½ 4½-5	5,19 6,62 8,27	Lorbeerbekränzter Kopf des Zeus r. Perlkreis. Avellino a a. O. Taf. I, 1.	PYΨ (l. im Felde). Adler mit ausgebreiteten Flügeln halb l. auf dem Blitz stehend. Einfacher Kreis. (5928.7142.B.Friedländer).
22. 23	Æ4+4½ 4-4½	6,76 6,47	Derselbe Kopf r., dahinter Ɛ Perlkreis. Avellino a. a. O. Taf. I, 2.	Ebenso. (Arditi. B. Friedländer).
24- 26	Æ4½-5 3½-4 5	7,64 5,61 11,33	Derselbe Kopf; dahinter Ø, davor eine kleine Mondsichel (so gestellt ☾. Perlkreis. Taf. IX, 133. Avellino a. a. O. Taf. I, 3. — Von roher Arbeit, besonders die Vs.	Ebenso, aber oben über dem einen Flügel des Adlers eine kleine Mondsichel. Einfacher Kreis. (B. Friedländer. Rauch. Dannenberg).
27- 30	Æ3½-3½ 3½-4 3-3½ 4-4½	3,73 4,13 4,81 5,59	Bekränzter Kopf des jugendlichen Herakles r. Perlkreis.	P Y Keule Köcher Bogen Ψ das Ganze von einem Kranze umschlossen (Rauch. 7455. Fox. 6000).

Avellino a. a. O. Taf. I, 4. Der Köcher hat einen Deckel und ist mit einem Bande versehen. Auf unseren

Exemplaren ist nicht klar, welcher Art der schmale Kranz ist, mit welchem der etwas porträthaft behandelte Herakleskopf geschmückt ist.

| 31. | Æ 2¼ | 3,79 |
| 32 | 2-2½ | 3,75 |

Ähnlicher Kopf r. Perlkreis. | PY / Keule / Köcher / Bogen

in einem Kranze. (6584. Prokesch).

Von roher Arbeit, namentlich der Kopf. Auf dem zweiten Exemplar scheint unter dem Köcher ein kleiner runder Gegenstand zu sein, vielleicht ein Buchstabe (Φ oder ⊕?).

33-	Æ 3-3½,	2,67
36	3-3½	3,25
	3	2,98
	3-3½	3,58

ΓΡο CE•E (l., aufwärts). Lorbeerbekränzter, bärtiger Kopf (des Zeus?) r. Perlkreis. | PY (r., abwärts). Stehende Frau (von vorn, Kopf l.), im l. Arm das Füllhorn, in der vorgestreckten R. eine Opferschale. Einfacher Kreis. (B. Friedländer, 2 Ex. 6665. Fox).

Taf. IX, 134.

Avellino a. a. O. Taf. I, 7—9 mit unrichtiger Aufschrift der Vs. Ebenso giebt Garrucci Taf. XCIV, 31 und S. 115, 31 die Umschrift unrichtig.

Durch zwei unserer Exemplare wird ausser Zweifel gesetzt, dass zwischen P und C nicht ein Punct, sondern ein kleines O steht; unklar dagegen bleibt es, ob zwischen den beiden E das runde Zeichen Buchstabe oder Interpunktion ist.

Die Angabe Garrucci's, dass der Kopf »halbkahl« sei, beruht auf einem Irrthume; auf einigen Exemplaren (eins davon auch in unserer Sammlung) ist nämlich durch eine Stempelverletzung der obere Theil des Kopfes nur unvollkommen ausgeprägt.

37-	Æ 2¼	2,10
41	1½-2	1,60
	1½-1¾	1,46
	2	2,10
	1½-2	1,56

Athenakopf r. (korinthischer Helm mit Busch) mit lang am Nacken herabhängendem Haar. | PYBA (r., abwärts). Stehende Nike, etwas l. gewendet, im l. Arm einen Palmzweig, in der vorgestreckten R. eine Opferschale. (7265. 8168. B. Friedländer, 2 Ex. Fox).

Avellino a. a. O. Taf. II, 8.

42-	Æ2¼-2¼	2,78
44	2½-2½	2,48
	2¾-3	3,28

Ebenso. | PYΨ (r., abwärts). Derselbe Typus. (Rauch. Peytrignet. Fox).

Avellino a. a. O. Taf. II, 6.

| 45-48 | Æ 2½-3 3 3 3 | 2,58 2,70 4,46 3,43 | Athenakopf r. (korinthischer Helm mit Busch) mit langem Haar im Nacken; darüber Ҟ Perlkreis (nur auf dem ersten Exemplar sichtbar). | PYBAƐTEINᴖ N (l., auf-wärts). Eule mit angeleg-ten Flügeln halb r. (Kopf von vorn), auf einem Öl-zweig stehend. Im Felde r. ⋀Ι Einfacher Kreis (nur auf dem ersten Ex. sicht-bar). (B. Friedländer, 2 Ex. Fox. Peytrignet). |

Avellino a. a. O. Taf. II, 10.

Salapia

Vgl. besonders Garrucci S. 113.

| 1. 2 | Æ 4-5 3½-4 | 7,43 7,12 | ΔΟΜΥΛΑR hinter und über einem r. schreitenden Pferde. | Delphin r.; darüber (bei dem Schweif) O⫶⫶⫶, darunter ⫶⫶ΛΛΝΝ (Rauch. 7628). |

Beide Exemplare sind nur unvollkommen erhalten, sodass sich nicht entscheiden lässt, ob die Aufschrift der Vs. vollständig ist. Das erste ist abgebildet und be-sprochen in Köhne's Zeitschr. f. Münzkunde II (1842) S. 9 f. und Taf. II, 2.
Vgl. Fiorelli cat. d. mus. Nazionale di Napoli (coll. Santangelo) S. 22 n. 2051.

| 3 | Æ 3½ | 5,87 | R. schreitendes Pferd. Da-rüber (beim Ansatz des Schweifes) ᚨΩ, zwischen den Beinen NΩ N | Delphin r.; darunter ΞΕΝΤΕ⫶⫶ (Fox). |

Mangelhaftes Exemplar. Vgl. Cat. of greek coins in the Brit. mus., Italy, S. 144, Salapia 4; abgebildet bei Garrucci Taf. XCIII, 31.

| 4 | Æ 4½ | 6,61 | R. schreitendes Pferd. Da-rüber verwischte Schrift-spuren ("⫶ᚾ⫶⫶⫶); zwischen den Beinen vielleicht Ν Ω Ν | Delphin l.; darüber ⫶⫶⫶⋀ ⫶⫶⫶⫶⫶!, darunter ⫶⫶ᚨΝΔΑΜ⫶⫶⫶ (7629). |

Mangelhaft erhalten. Vgl. Cat. of greek coins in the Brit. mus., Italy, S.144, Salapia 6. Garrucci Taf. XCIII, 33.

5	Æ 4	5,44	R. schreitendes Pferd. Da-rüber ΛΓΙΙ, unter dem Bauche Λ Vgl. Cat. of greek coins in the Brit. mus, Italy, S. 144, Salapia 6.	Delphin l.; darunter ϟΛΔΑΜ (Fox).
6	Æ 4-4½	6,80	R. schreitendes Pferd. Da-rüber in schräger Zeile ΔΑΙΟ˅, unter dem Bauche Α	Delphin l.; darunter ϟΛΔΑΜ; über dem Kopfe sind einige Schriftspuren (darunter Χ, wie es scheint). (6012).
7	Æ2½-2½	3,06	ϟΜΟΨΙΠΛ (in einer gekrümmten Zeile) unter einem Delphin r. Vgl. Fiorelli cat. d. mus. Nazionale (coll. Santangelo) S. 23 n. 2059, und wohl auch Garrucci Taf. XCIII, 39.	Delphin r. Perlkreis. (7451).
8.9	Æ 2½ 2½-2½	3,02 3,56	ϟϟϓΝϓΟΨϟϟϟ unter einem Delphin r. Delphin r.	Delphin r. Perlkreis. (Peytrignet, 2 Ex.).

Auf beiden, übrigens mangelhaft erhaltenen Exemplaren sieht der vorletzte Buchstabe (in der richtigen Stellung fast wie Ν aus (ob nur zufällig?). Vgl. Garrucci Taf. XCIII, 39 mit vollständiger Aufschrift WVΛΓΝΩ

[Ein Exemplar bei Avellino Italiae vet. numism. S. 103 n. 15; danach bei Mionnet S. I S. 267, 477, wo das crassiusculus, welches Avellino von der Münze sagt, irrig auf den Delphin bezogen wird. FRIEDLAENDER].

10-12	Æ 5-5½ 4½-5	7,16 7,40 7,43	ΣΑΛΑΓΙΝΩΝ (r., abwärts). Bekränzter Apollokopf r., am Nacken der Köcher.	ΠΥΛΛΟΥ unter dem Bauche eines r. sprengenden Pferdes; darüber ein Dreizack r. liegend. (11880. Fox. B Friedländer).

Taf. IX, 135.

Auf zwei Exemplaren hat das erste Υ im Namen der Ks. die Form Ѵ

Der Kranz des Apollo ist eigenthümlich gebildet: er erscheint auf unseren, freilich nicht vollkommenen Exemplaren nur als eine Reihe von aufwärts gerichteten spitzen Blättern oder vielmehr Zacken. Garrucci S. 113 oben bezeichnet den Kopf als 'testa giovanile coronata di canna palustre' und hat den Köcher ganz übersehen.

13	Æ 5½	6,91 ab-genutzt	ΣΑΛΑΓΙΝΩΛ, sonst ebenso.	Ebenso. die Schrift fast ganz erloschen, man sieht eben noch Spuren von ϟϟϟΛΟΥ). (7272).

14.	Æ 4½-5	7,30	ΣΑΛΑΠΙ𝑁·Ω.▨ vor einem	ΤΡΩΔΑ	unter dem Leibe
15	4½-5	4,82 beschä-, digt	ähnlichen Kopfe r. mit einem aus spitzen Blät-	ΝΤΙΟΥ	eines r. sprengenden Pfer-
			tern bestehenden Diadem oder Kranze.		des; darüber Palmzweig. (7391. Rauch).

Es ist nicht unmöglich, dass die Aufschrift der Vs. auf dem besseren Exemplar ΣΑΛΑΙΠΝ·Ω.▨ lautet. Auf dem einen Exemplar ist die Aufschrift der Ks. gänzlich verloren; das andere hat den Namen in der angegebenen Weise, während Friedländer (im Manuscript) ΤRΩΔΑ ΝΤΙ·ΟΣ) darauf las. Ein gleiches Exemplar bei Minervini osserv. num. Taf. I, 10.

| 16. | Æ 4½ | 5,83 ab- genutzt 6,77 nicht gut | Vereinzelte Schriftspuren [ΣΑΛΑΠΙΝΩΝ] vor dem lorbeerbekränzten Kopfe des Zeus r. | ΠΛΩΤΙΟΥ im Abschnitt. Eber r. rennend; darüber ein Kranz. (B. Friedländer. 1245). |
| 17 | 5 | | | |

| 18 | Æ 4½-5 | 5,74 | [ΣΑΛΑΠ]ΙΝΩΝ (aufwärts) vor demselben Kopfe l.; dahinter Blitz. Perlkreis. | ΠΥΛΛΟΥ im Abschnitt. Eber r. rennend; darüber Drei- zack r. liegend. (Gans- auge). |

| 19 | Æ 3 | 2,81 | Lorbeerbekränzter Kopf des Zeus l. Perlkreis, wie es scheint. Taf. IX, 136. | Pferd l. sprengend, darüber siebenstrahliger Stern; unter dem Pferde ⱶ (5416). |

| 20. | Æ 3-3½ | 2,90 | Ebenso. Perlkreis (nur auf einem Exemplar sichtbar). | Ebenso, doch hat der Stern sechs Strahlen und das Monogramm ist ⱶ (auf dem einen Exemplar ⱶ). (6793. B. Friedländer). |
| 21 | 3 | 3,19 | | |

[Ob diese Münzen hierher gehören, ist fraglich. Mionnet S. I S. 269, 487 hat eine ähnliche. An Panormus darf man nicht denken; eher vielleicht an Cyrenaica, wo Müller Africa I S. 89 und 95 aber nur andere hat. FRIED-LAENDER].

| 22 | Æ 3 | 2,55 nicht gut | ΣΑΛΑΠ ΙΝΩΜ (abwärts) vor einem jugendlichen Satyrkopf r.; am Nacken, wie es scheint, das pedum. | Vogel r., wie es scheint, auf einer kleinen Basis (Capitell?) stehend; im Felde l. Spuren eines Zweiges. (28764). |

Vgl. Garrucci Taf. XCIII, 37.

Teate (Teanum Apulum)

Über die Namensformen Teate und Teanum vgl. Mommsen im Corpus inscr. Lat. IX S. 67; die Münzen haben nur ꟽVITꟼIIT (vgl. Friedländer osk. Münzen S. 49, 1) und TIATI.

| 1 | R4½-4½ | 7,13 | Weiblicher Kopf l. mit Ohrgehänge und einem breiten Band im Haar. | Nackter Knabe r. reitend. Er hat im Haar eine Binde, deren Enden an seinem Nacken sichtbar sind, und hält mit der R. einen Kranz (der nur als Zweig erscheint) über seines Rosses Kopf. Hinter dem Rücken des Knaben TIA, zwischen den Vorderbeinen des Pferdes TI (also TIATI); im Felde r. A, unter dem Bauche des Pferdes ein Delphin r. (6658). |

Taf. IX, 137.
Die Typen dieser Münze sind eine etwas rohe Wiederholung der spätteren tarentiner Didrachmen mit dem Frauenkopfe.
Vgl. Friedländer osk. Münzen S. 49, 2 und Taf. VI, Teate 2. Garrucci Taf. XCII, 2.

Nummus

| 2 | Æ 10½ - 11 | 45,40 | Bekränzter Kopf des Zeus r. Perlkreis. | [TI]ATI (l., aufwärts). Adler mit ausgebreiteten Flügeln r. [auf einem Blitz stehend]. Im Felde r. N Einfacher Kreis. (10590). |

Der Kranz des Zeuskopfes ist nicht recht deutlich, wird aber wohl, wie auf der folgenden Münze, ein Eichenkranz sein.
Über das N vgl. Friedländer a. a. O. S. 50.

			Obv.	Rev.
3. 4	Æ 9 / 8½	29,21 / 26,54 beide vollkommen	Eichenbekränzter Kopf des Zeus r. Perlkreis. Taf. IX, 138.	TIATI (r., abwärts). Adler mit ausgespannten Flügeln halb r. auf einem Blitz stehend. Im Felde r. N mit darüber befindlichem achtstrahligen Stern. Einfacher Kreis. (7246. Fox).

Vgl. Friedländer osk. Münzen S. 50, 4 und Taf. VII, Teate 4, wo der Zeuskopf irrig als lorbeerbekränzt bezeichnet und abgebildet wird; ebenso bei Garrucci Taf. XCII, 11.

Quincunx

5. 6	Æ 7 / 6½	15,33 / 14,34 abgenutzt	Kopf der Athena (korinthischer Helm mit Busch) r. mit Ohrgehänge und lang über den Nacken herabhängendem Haar. Darüber ••••• Perlkreis.	TIATI (aufwärts) hinter einer Eule, die mit angelegten Flügeln halb r. (Kopf von vorn) auf einem korinthischen Capitell steht. Im Felde r. achtstrahliger Stern und ⦂ Einfacher Kreis. (4975. Biron).

Vgl. Friedländer a. a. O. S. 51, 5 und Taf. VII, Teate 5.

7	Æ6¼-6¾	15,62	Ebenso, doch befindet sich auf dem Helm eine undeutliche Verzierung. Perlkreis nicht sichtbar.	Ebenso, doch statt des Sterns eine Mondsichel. (Fox).
8	Æ 7½	21,47	Kopf der Athena (korinthischer Helm mit Busch) r. mit Ohrgehänge, Halsband und lang am Nacken herabhängendem Haar. Unter dem Halse eine kleine Kugel. Perlkreis.	[T]IATI (aufwärts) hinter einer Eule, welche mit angelegten Flügeln halb r. (Kopf von vorn) auf einem Stabe steht. Darunter [••]••• Einfacher Kreis. (Fox).
9	Æ6¼-7½	11,4	Ebenso; die kleine Kugel unter dem Halse ist auch hier vorhanden, wenn auch weniger deutlich.	TIATI, sonst ebenso (hier •••••). (1329).
10. 11	Æ 6½-7 / 6½-7	20,77 / 14,12	Athenakopf r. (korinthischer Helm mit Busch). Perlkreis (nur auf einem Ex. sichtbar).	Ebenso. (Beger thes. Pal.168, th. Br. I, 316. 1543).

Vgl. Friedländer a. a. O. S. 51, 6 und Taf. VII, Teate 6.

Triens

12 | Æ5½-6 | 8,76 abgenutzt | Athenakopf r. (korinthischer Helm mit Busch). Perlkreis. | TIATI (aufwärts) hinter einer Eule, welche mit angelegten Flügeln halb r. (Kopf von vorn) auf einem Stabe steht. Darunter ••••, im Felde r. K Einfacher Kreis. (17941).

Vgl. Friedländer a. a. O. S. 51, 7.

Quadrans

13. | Æ5½-6 | 11,03

14 | 5½-6 | 13,30 | Athenakopf r. (korinthischer Helm mit Busch) mit langem, in der Mitte geknüpftem Haarzopf. | TIATI hinter derselben Eule. Unten ••• Einfacher Kreis. (7249. 1330).

Vgl. Friedländer a. a. O. S. 51, 8 und Taf. VII, Teate 8.

15. | Æ4½-4¾ | 5,61 etwas abgerieben

16 | 4¾ | 5,60 | Athenakopf r. (korinthischer Helm mit Busch. Perlkreis. | TIATI hinter derselben Eule, welche auf einem Stabe steht, der r. mit einem Zweige verbunden ist. Darunter ••• Einfacher Kreis. (B. Friedländer. 17940).

Sextans

17- | Æ4½-4¾ | 7,47

19 | 4 | 6,04 abgerieben

| 4¾ | 6,23 abgenutzt | Athenakopf r. (korinthischer Helm mit Busch) mit langem, in der Mitte geknüpftem Haarzopf. Perlkreis. | TIATI hinter derselben Eule, welche auf einem kurzen Stabe steht. Darunter •• Einfacher Kreis. (5880. 7250. Rauch).

Auf dem dritten Ex. Spuren eines älteren Gepräges.
Vgl. Friedländer a.a.O. S.52, 9 und Taf. VII, Teate 9.

20. | Æ4½-5 | 6,12

21 | 6,90 | Athenakopf r. korinthischer Helm mit Busch. Perlkreis. | TIATI hinter derselben Eule, welche auf einem kurzen Stabe steht. Unten ••, im Felde r. ₷ Einfacher Kreis. B. Friedländer, 2 Ex.).

Vgl. Friedländer a.a.O. S.52, 10 und Taf. VII, Teate 10.
Garrucci S. 108, 15—16 sieht in dem Buchstaben ₷ (griechisches Sigma) die Bezeichnung des Sextans.

Uncia

22 | Æ 3 | 3,72 etwas beschädigt | Athenakopf r. (korinthischer Helm mit Busch). Perlkreis. | TIATI hinter derselben Eule, welche auf einem kurzen Stabe steht. Unten • Einfacher Kreis. (B. Friedländer).

Vgl. Friedländer a.a.O. S.52, 11 und Taf. VII, Teate 11.

<table>
<tr><td colspan="4" align="center">Uncia?</td></tr>
<tr>
<td>23</td>
<td>Æ4½-5
ab-
genutzt</td>
<td>6,60</td>
<td>Athenakopf r. mit dem
attischen Helm (mit
Busch). Perlkreis.
Vgl. Friedländer a. a. O. S. 53, 12 und Taf. VII, 12
(Aufschrift unvollständig).</td>
<td>TI ATI Dieselbe Eule.
(Peytrignet).</td>
</tr>
<tr>
<td>24</td>
<td>Æ 4
ab-
genutzt</td>
<td>4,35</td>
<td>Ebenso.</td>
<td>TI [///?] Ebenso (worauf
die Eule steht, ist nicht zu
sehen). (Fox).</td>
</tr>
<tr><td colspan="5" align="center">Triens</td></tr>
<tr>
<td>25.
26.</td>
<td>Æ 6</td>
<td>12,75
gut
10,75
oxydirt</td>
<td>Kopf des bärtigen Herakles
r. mit dem Löwenfell be-
deckt, das am Halse ge-
knüpft ist. Perlkreis.

Taf. IX, 139.
Vgl. Friedländer a. a. O. S. 53, 13 und Taf. VII, 13.</td>
<td>TIATI (oben). Löwe r.; da-
rüber r. liegende Keule
(über der Keule die Auf-
schrift, unter dem Bauche
des Löwen neunstrahliger
Stern. Im Abschnitt ••••
(7248. Fox).</td>
</tr>
<tr>
<td>27</td>
<td>Æ 5½</td>
<td>13,55</td>
<td>Ebenso. Perlkreis nicht
sichtbar.

Vgl. Friedländer a. a. O. S. 53, 13.</td>
<td>TIATI (oben). Löwe r.; da-
rüber r. liegende Keule
und Mondsichel (die Auf-
schrift über der Keule).
Im Abschnitt •••• Un-
deutlicher Kreis. (7633).</td>
</tr>
<tr><td colspan="5" align="center">Quadrans</td></tr>
<tr>
<td>28.
29</td>
<td>Æ5-5½
4½-6
etwas
ab-
genutzt</td>
<td>7,45
6,35</td>
<td>Lorbeerbekränzter Kopf des
Poseidon Zeus?) r. Perl-
kreis.

Vgl. Friedländer a. a. O. S. 53, 14 und Taf. VII, 14.</td>
<td>TIATI (l. oben). Poseidon
(Taras?), bärtig, auf einem
Delphin l. reitend (oder
sitzend?), hält mit der L.
den Dreizack, in der aus-
gestreckten R. ein zwei-
henkliges Gefäss. Unter
dem Delphin ••• Ein-
facher Kreis. (7632. 7247).</td>
</tr>
</table>

Venusia

Das aes grave von Venusia s. oben S. 28.
Über Venusia vgl. besonders Garrucci S. 114.
Die Münzen sind nach dem Styl geordnet, welchem
das Gewicht entspricht.

Erste Reihe: Trientalfuss

Quadrans

1	Æ 6-6½ ab- genutzt	13,96	Lorbeerbekränzter Kopf des Zeus l.; darunter Ɐ, dahinter ⋮	Drei mit den convexen Seiten einander berührende Mondsicheln, in jeder ein grosser zwölfstrahliger Stern. (Rauch).

Die Exemplare bei Carelli Taf. LXXXIX, 6, Garrucci
Taf. XCIV, 12 und Cat. of greek coins in the Brit. mus.,
Italy, S. 150, 12 haben das Ɐ nicht.

Sextans

2. 3	Æ 5-5½ 5½	12,45 10,60 be- schädigt	Athenakopf r. (korinthischer Helm mit Busch) mit langem Haar im Nacken; darüber ••	Ɐ zwischen zwei nach unten gerichteten Delphinen. (7256. 7156).

Uncia

4. 5	Æ 4 4-4½	6,51 4,92	Brustbild des jugendlichen Herakles r. mit dem Löwenfell bedeckt; er hält mit der R. die Keule geschultert (der ganze r. Arm ist dargestellt). Im Felde r. • Perlkreis.	Ɐ vor einem l. sitzenden Löwen (Kopf von vorn), der mit der r. Vordertatze eine Lanze im Rachen hält. Einfacher Kreis, wie es scheint. (7257. Fox).

Taf. IX, 140.
Der Typus der Ks. findet sich ähnlich auf der Münze
von Mateolum (?) S. 195 n. 1—4.

Semuncia

6. 7	Æ 2⅓ 2⅓	2,81 1,75	Eberkopf l., darüber ꭣ Perlkreis.	Eule mit angelegten Flügeln halb r. (Kopf von vorn) auf einem Ölzweig stehend; im Felde l. Ɐ Einfacher Kreis. (7260. Fox).

Vgl. Garrucci Taf. XCIV, 20.

Zweite Reihe: Zweiunzen- und Unzenfuss

Doppelas

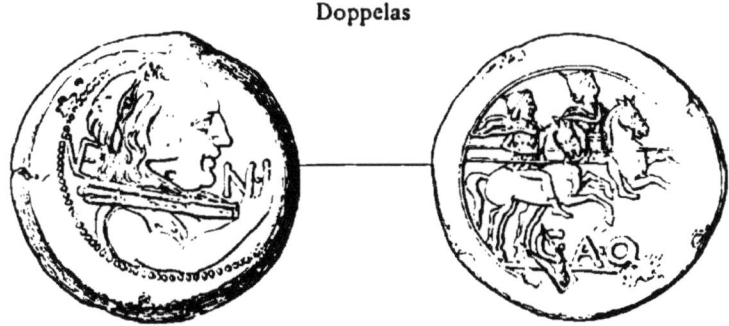

| 8 | Æ
10½-11 | 42,52 | Brustbild des jugendlichen Herakles r. mit dem Löwenfell bedeckt; er hält mit der R. die Keule geschultert (der ganze r. Arm ist dargestellt). Im Felde l. \E, r. N·1⅓ Perlkreis. | Die Dioskuren (Spitzhüte, flatternde Mäntel) mit eingelegten Lanzen r. sprengend. Unter den Pferden G·A·Q Einfacher Kreis. (Fox). |

Auf der Vs. stand N·II, d. h. nummi II; vgl. Garrucci Taf. XCIV, 8. Der erste Buchstabe auf der Ks. ist auf unserem Exemplar sicher G (Garrucci a. a. O. giebt C), obwohl er durch einen eingeschlagenen undeutlichen Gegenstempel verletzt wurde.

As

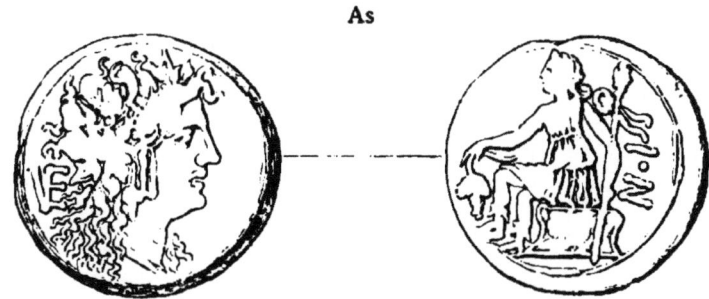

| 9.
10 | Æ9½-10
9½ | 29,0
29,96 | Kopf des Dionysos r. mit Epheu und Bändern bekränzt; dahinter \E Perlkreis (nur auf dem ersten Exemplar sichtbar). | Dionysos (?), l. auf einem Felsblock sitzend (derselbe ist nach Art eines Sessels profilirt), mit kurzem Gewande und mit Stiefeln, hält in der L. den mit Bändern geschmückten Thyrsus, in der vorge- |

streckten R. eine grosse Traube. Im Felde r. N·1 (aufwärts). EinfacherKreis. (5154. Fox).

Die von Garrucci S. 114, 9-10 gegebene Beschreibung enthält mancherlei Unrichtigkeiten; richtig scheint aber zu sein, dass die sitzende Figur den rechten Fuss auf einen Stein stützt.

| 11 | Æ 8 | 22,0 am Rande beschädigt | Derselbe Kopf, doch ist der Epheukranz anders behandelt; dahinter \E | Ebenso; Dionysos scheint mit dem Epheukranz geschmückt zu sein. Der Felsblock ist hier sehr deutlich, aber nicht profilirt. (Fox). |

Quincunx

| 12-14 | Æ 7½-8 7½ 7 | 15,61 12,5 13,33 oxydirt | Lorbeerbekränzter Kopf des Zeus l.; dahinter ⁚ Perlkreis.

Taf. IX, 141. | Adler mit ausgebreiteten Flügeln halb l. auf einem Blitz stehend; davor \E Einfacher Kreis. (7613. Fox. B. Friedländer). |

Quadrans

| 15-17 | Æ 5-5½ 5½-6 6 | 6,21 4,50 5,12 oxydirt | Kopf (fast Brustbild) der Hera l. mit Diadem und Ohrgehänge, das Hinterhaupt verschleiert. Vor dem Halse \E, im Felde r. ⁚ Perlkreis, wie es scheint.
Taf. IX, 142. | Um einen Punkt drei mit den convexen Seiten einander zugekehrte Mondsicheln, in jeder ein grosser zwölfstrahliger Stern. Einfacher Kreis. (6010. B. Friedländer. Fox). |

| 18-21 | Æ 6½ 6-6½ 5½-6 5½ | 11,67 9,95 7,10 abgenutzt 9,36 | Ebenso, nur scheint das Ohrgehänge zu fehlen und das Diadem ist undeutlich. Perlkreis.

Die beiden letzten Exemplare haben auf der Ks. Spuren von Verprägung (oder Umprägung?). | Ebenso. (28035. B. Friedländer. 17060. 7259). |

Sextans

22-26	Æ 4-5	5,40	
	5-5½	vollkommen	
	4½	4,80	
	4½-4½	5,40	
	4½-4½	5,38	
		5,90	
		etwas abgenutzt	

Athenakopf l. (korinthischer Helm mit Busch) mit lang am Nacken herabwallendem Haar. Oben • • Perlkreis. | Eule mit angelegten Flügeln halb l. auf einem Palmzweig stehend (Kopf von vorn). Im Felde r. ꓦ Einfacher Kreis. (7258. 7620. B. Friedländer. Fox. Rauch).

Auf einigen Exemplaren scheint Athena Ohrgehänge zu tragen.

27	Æ 4½-5½	4,96

Ebenso. | Ebenso. (Rauch).

Dieses Exemplar ist auf einen römischen Triens geprägt. Man sieht unter der prora nur zufällig nicht mehr als eine Kugel; allein das lange, zusammengebundene Haar des r. gewendeten Kopfes auf der anderen Seite zeigt, dass es ein Athenakopf, das Stück also ein triens war.

Uncia

28.	Æ 2½-3½	2,57
29	3½	2,68

Lorbeerbekränzter Kopf des bärtigen Herakles l. Unter dem Halse •, im Felde r. Keule (senkrecht). Perlkreis. | ꓦ vor einem l. sitzenden Löwen (Kopf von vorn), der mit der r. Vordertatze eine Lanze im Rachen hält. Einfacher Kreis. (9203. B. Friedländer).

Über den Typus der Ks. vgl. oben n. 4. 5.

Nach anderem Fuss geprägte Stücke

Sescuncia

30	Æ 4	6,21

Büste des Helios von vorn mit grossem Strahlenkranz. Das Gewand ist auf der Brust geknüpft. Perlkreis. | Mondsichel, darin grosser Stern. Unten • S ꓦ (525/1875).

Vgl. Garrucci S. 115, 16.

Unser Exemplar ist geprägt auf die grosse Uncia von Venusia (Heraklesbüste mit geschulterter Keule — sitzender Löwe); von dem ursprünglichen Typus haben sich erhalten: ꓦ an der Schulter des Helios und der Heraklesarm mit Keule nebst • auf der Kehrseite.

31	Æ 3½-4	3,95

Dieselbe Münze, geprägt auf eine Münze der Brettier (Kopf der Nike — blitzschleudernder Zeus, davor Füllhorn). (Peytrignet).

Semis´

| 32 | Æ 2½ | 2,02 | Kopf des Hermes r. mit dem Flügelhut, etwas Gewand am Halse. Perlkreis. | Ein Flügelstiefel l., darüber Ⅴ⊂; l. Heroldstab mit davor befindlichem ꟻ Einfacher Kreis. (6441). |
| 33 | Æ 2 | 1,61 etwas abgenutzt | Taschenkrebs, darunter Ⅴ⊂ Perlkreis. | Frosch, von oben gesehen. Undeutlicher Kreis. (7160). |

CALABRIA

Azetini

Vgl. Garrucci S. 116.

| | Æ 4-4½ 4½-5 4½ | 4,91 5,42 beschädigt 6,07 | Athenakopf r. (korinthischer Helm mit Busch) mit Ohrgehänge, Halsreif und in der Mitte geknüpftem Haarzopf. Auf dem Kessel des Helms ein Stern. Perlkreis (nur auf dem ersten Exemplar sichtbar). | ΑΙΕΤΙΝΩΝ (in einer fast geraden Zeile, l. aufwärts). Eule mit angelegten Flügeln, welche halb r. (Kopf von vorn) auf einem ionischen Capitell (mit einem Theil des cannellirten Säulenschaftes) steht, von dem ein grosser Ölzweig ausgeht. Einfacher Kreis. (5922. Dannenberg. Fox). |

Taf. X, 143.
Die beiden ersten Exemplare aus demselben Stempel.

4	Æ 4½-5	4,84 etwas abgenutzt	Ebenso, doch sind Ohrgehänge, Halsreif und Stern nicht zu erkennen.	ΑΙΕΤΙΝΩ[N], ebenso.(12106).
5	Æ 3½-4	4,57 etwas abgenutzt	Ebenso, der Halsreif ist sichtbar.	ΑΙΕΤΙΝΩΝ halbkreisförmig hinter demselben Typus. Einfacher Kreis. (7740).
6	Æ 3½-4	3,81	Adler mit ausgespannten Flügeln r. auf einem Blitz stehend. Perlkreis.	ΑΙΕΤΙΝΩΝ (l., abwärts). Grosse Gerstenähre (mit einem Blatt r.). Einfacher Kreis. (12107).

7. 8	Æ 3-3⅓	4,12	Ebenso.	AIETI (l., abwärts) in schräger Linie längs derselben Ähre. Einfacher Kreis. (5855. Ohne Bezeichnung).
	3⅓-4	3,86		
9	Æ 2-2⅓	1,62 etwas abgenutzt	Kammmuschel. Undeutlicher Kreis.	Dreizack r. A Kranz Delphin r. (Peytrignet).

Vgl. Garrucci Taf. XCV, 4 und Carelli Taf. C, 5, wo unter dem Delphin AIETI steht. Auf unserem, auch sonst mangelhaft erhaltenen Exemplar ist die betreffende Stelle nicht ausgeprägt.

Brundisium

Über die Ableitung des Namens Brundisium vgl. Mommsen im Corpus inscr. Lat. IX S. 8, wo auch das Münzwesen dieser Stadt kurz besprochen wird.

Über die Bedeutung der Werthzeichen auf den Münzen von Brundisium vgl. Garrucci S. 121.

Zuerst sind die Münzen der schweren Reihe beschrieben, dann die der leichten, zuletzt die mit Beamtennamen.

I. Schwere Reihe

Sextans

| 1 | Æ 7 | 16,90 | Lorbeerbekränzter Kopf des Poseidon (ohne Hals) r. Dahinter eine kleine schwebende Nike mit erhobenem Kranze r., unter derselben, wie es scheint, ● Perlkreis.

Taf. X, 144. | BR VN unter einem nackten jugendlichen Heros, der l. auf einem Delphin reitet; im l. Arm hält er eine grosse Leier, auf der ausgestreckten R. eine kleine, ihn bekränzende Nike. Unten ●● (9186). |
| 2 | Æ 6½-7 | 15,0 etwas abgenutzt | Derselbe Kopf r.; dahinter dieselbe Nike mit erhobenem Kranze, unter derselben Dreizack. Unter dem Poseidonkopfe ●● | Ebenso. (Fox). |

| 3 | Æ. 6½-7 | 15,57 sehr schlecht | Derselbe Kopf des Poseidon (ohne Hals) r., darunter •• L. im Felde Dreizack. | Ebenso, nur scheint hier der Heros in der ausgestreckten R. statt der Nike etwas anderes zu haben (Vase?). (Rauch). |

Uncia

4. 5	Æ 5½-5½ 5½-6	8,31 9,07	Derselbe Kopf r., darunter • L. im Felde kleine r. schwebende Nike mit erhobenem Kranze, unter derselben Dreizack. Perlkreis.	BR VN unter einem nackten jugendlichen Heros, der l. auf einem Delphin reitet; im l. Arm hat er ein Füllhorn, auf der ausgestreckten R. eine kleine, ihn bekränzende Nike. Im Felde r. Keule (senkrecht). Unten • Einfacher Kreis. (Pfau. Gansauge).
6	Æ 5-5½	6,56 abgenutzt	Derselbe Kopf r., darunter • Ob l. im Felde etwas war, ist nicht zu erkennen.	BR VN unter demselben Heros, der l. auf einem Delphin reitet; im l. Arm hat er eine Leier, in der ausgestreckten R. eine zweihenklige Vase. Unten • Einfacher Kreis. (Rauch).
7	Æ 4	3,58 etwas beschädigt	Derselbe Kopf r.; dahinter kleine r. schwebende Nike mit erhobenem Kranze, darunter •, wie es scheint.	BR VN unter demselben Heros, der l. auf einem Delphin reitet; im l. Arm hat er eine grosse Leier, auf der ausgestreckten R. eine kleine, ihn bekränzende Nike. Im Felde r. achtstrahliger Stern. Unten die Spuren von • Einfacher Kreis. (Fox).

II. Leichte Reihe

Semis

| 8 | Æ 6-6½ | 12,85 | Lorbeer(?)bekränzter Kopf des Poseidon (ohne Hals) r., dahinter kleine ihn bekränzende Nike und Dreizack; unten ∾ Perlkreis. | BR VN unter einem nackten jugendlichen Heros, der l. auf einem Delphin reitet; er hat im l. Arm eine grosse Leier, auf der ausgestreckten R. eine kleine, ihn bekränzende Nike. Im Felde r. S Einfacher Kreis. (Rauch). |

9	Æ 6-6½	12,26 etwas ab- genutzt	Lorbeerbekränzter Kopf des Poseidon r. (mit Hals und von anderem Styl); dahinter, wie es scheint, nur die kleine, ihn bekränzende Nike. Unter dem Halse ∾ Perlkreis.	Ebenso. (B. Friedländer).
10.	Æ 5	7,39	Lorbeerbekränzter Kopf des Poseidon r.; dahinter kleine, ihn bekränzende Nike und Dreizack; unter dem Halse ∾ Perlkreis.	Ebenso. (Fox. 19597).
11	4½-5	7,89		

Die beiden Exemplare von verschiedenem Styl.

12.	Æ 5	7,14	Ebenso.	BRVN, sonst ebenso.
13	5-5½	6,87		(B. Friedländer. Fox).

Die beiden Exemplare von verschiedenem Styl (auf dem zweiten scheint der Perlkreis auf der Vs. zu fehlen; auf der Ks. kein Kreis).

14-	Æ 4-4½	7,47	Ebenso.	Ebenso, mit BRVN oder
18	4	7,40		. BR VN (B Friedländer,
	4-4½	6,77		2 Ex. 133. 1270. Fox).
	4-4½	6,81		
	4	5,68		

Exemplare verschiedenen Styls, bei denen wegen mangelhafter Prägung die Beizeichen auf der Vs. nur zum Theil oder gar nicht sichtbar sind.

Triens

19	Æ 5	8,70 ab- genutzt	Lorbeerbekränzter Kopf des Poseidon r. (ohne Hals) mit denselben Beizeichen, wie es scheint; unten •••• Perlkreis.	BR VN unter demselben Typus. Unten •••• Einfacher Kreis. (Ohne Bezeichnung).
20	Æ3½-3½	3,28	Lorbeerbekränzter Kopf des Poseidon r. (mit Hals und von anderem Styl), dahinter kleine, ihn bekränzende Nike r. und Dreizack; unter dem Halse •••• Einfacher Kreis.	Ebenso. (Gansauge).
21	Æ3½-3½	5,02	Ebenso. Undeutlicher Kreis.	Ebenso, aber Perlkreis. (9187).

Quadrans

22-24	Æ 4½ 4½-5 4-4½	0,90 0,92 6,65 etwas ab- genutzt	Der Poseidonkopf ohne Hals r. mit denselben Beizeichen; unten • • • Perlkreis.	BR VN unter demselben Typus des l. auf dem Delphin reitenden Heros mit Leier und Nike; unten • • • Einfacher Kreis. (Rauch. 5856. Fox).
25	Æ 3½	3,18	Der Poseidonkopf mit Hals, sonst ebenso.	Ebenso. (Fox).

Sextans

26. 27	Æ 3¾ 3½-4	4,49 4,32	Der Poseidonkopf ohne Hals mit denselben Beizeichen; unten • • Perlkreis.	Ebenso, doch unten • • (Peytrignet. Fox).
28	Æ 3	2,04	Der Poseidonkopf mit Hals, sonst ebenso. Einfacher Kreis.	Ebenso. (28775).
29	Æ 3	2,76	Ebenso, aber Perlkreis.	Ebenso. (Fox).
30	Æ 2½	2,52	Ebenso.	Ebenso, doch ist das Werthzeichen nicht zu sehen (ob nur zufällig?). (Rauch).
31	Æ 2½	2,85	Derselbe Kopf r. (ob mit oder ohne Hals, ist unklar), dahinter die kleine, ihn bekränzende Nike, unten • • (der Dreizack scheint zu fehlen). Undeutlicher Kreis.	Ebenso (hier mit • •), doch ist l. im Felde eine Traube (oder Blatt?). (9188).

Semuncia

32	Æ 1½-1½	0,99	Derselbe Kopf r. (mit Hals), dahinter Spuren der kleinen, ihn bekränzenden Nike. Perlkreis.	BR VN unter demselben l. auf dem Delphin reitenden Heros. Im l. Arm hat er einen undeutlichen Gegenstand (nicht Leier, vielleicht Zweig), auf der ausgestreckten R. die ihn bekränzende Nike. Im Felde r. das Zeichen der Semuncia Ɛ Einfacher Kreis. (Fox).

Taf. X, 145.

Vgl. Garrucci Taf. XCVI, 37, wo der Heros einen Zweig im l. Arm hat.

33	Æ 1-1½	1,03	Nike, halb r. stehend, befestigt mit der R. eine Binde an einem Palmzweig, den sie wohl mit der L. hält. Perlkreis. Taf. X, 146. Vgl. Cat. of greek coins in the Brit. mus., Italy, S. 155, 8.	Delphin l., darüber ⟨, darunter **BRVN** Einfacher Kreis. (Fox).

III. Mit Beamtennamen

Diese Münzen sind alle von roher Arbeit.

Semis

34. 35	Æ4½-4½ 5	8,15 beschädigt 9,39	Lorbeerbekränzter Kopf des Poseidon r., dahinter kleine, ihn bekränzende Nike, Dreizack und ∽ (letzteres unter dem Halse). Perlkreis.	**BRVN** unter einem nackten Heros, der r. auf einem Delphin reitet und die Leier spielt. Hinter ihm schwebt eine kleine Nike, ihn bekränzend. Hinter dem Rücken des Heros **CARB** (aufwärts', im Felde r. **S** Undeutlicher Kreis. (5128. Fox).

Friedländer las den Namen **C·ARR** und das bei Carelli Taf. CXX, 23 abgebildete Exemplar giebt **ARR**. Auf einem unserer Exemplare ist die Schrift undeutlich, das andere aber hat zweifellos **CARB**, also wohl C. Arb(   ).

36	Æ 5	9,38	**M·BIT** (aufwärts) vor demselben Kopfe mit denselben Beizeichen und ∽ unter dem Halse.	**BRVN** unter dem nackten, auf einem Delphin l. reitenden Heros; im l. Arm hat er eine grosse Leier, auf der ausgestreckten R. eine kleine, ihn bekränzende Nike. Im Felde r. **S** (Fox).
37	Æ 4½	6,01 oxydirt	Ebenso, doch sind die Beizeichen nicht zur Ausprägung gekommen.	**BRVN**, sonst ebenso. (Peytrignet).
38	Æ 4	5,25 oxydirt	Lorbeerbekränzter Kopf des Poseidon r., dahinter kleine, ihn bekränzende Nike, Dreizack und ∽ (letzteres unter dem Halse).	**BRVN** unter demselben Typus. Links Rest von Schrift, wie es scheint, ▨▨▨ ⊂ A Im Felde r. **S** (Prokesch).

Quadrans

39 | Æ 3½ | 4,69 | C·Æ (aufwärts) vor demsel- BR VN unter demselben
ben Kopfe; unter dem Typus des l. auf dem Del-
Halse ••• Perlkreis. phin reitenden Heros mit
Leier und Nike. Unten
••• (9190).
Ob hinter dem Kopfe die gewöhnlichen Beizeichen
waren, ist nicht zu erkennen.

40 | Æ 3½ | 5,50 | M·BIT (aufwärts) vor demsel- BRVN unter demselben Ty-
ben Kopfe, hinter welchem pus. Unten ••• (9189).
die bekränzende Nike (?)
und Dreizack. Unter dem
Halse ••• Perlkreis.

Butuntum

1 | Æ 5 | 6,26 | Athenakopf r. (korinthischer   ΒΥΤΟΝ Grosse Gersten- ΤΙΝΩΝ
Helm mit Busch) mit lan- ähre mit zwei
gem, in der Mitte geknüpf- Blättchen
tem Haarzopf, Ohrge-
hänge (?) und Halsband. Einfacher Kreis. (2867·6/5).
Auf dem Helm undeut-
liche Verzierung (Schlan-
ge?). Perlkreis.

2 | Æ 5 | 8,61 | Athenakopf r. (korinthischer   ΒΥΤΟΝ Grosse Gersten- ΤΙΝΩΝ
Helm mit Busch). Perl- ähre mit zwei
kreis. Blättchen
     Perlkreis. (7651).
Von roher Arbeit, wie die zwei folgenden.

3.4 | Æ 4½-5 | 5,70 | Ebenso.   ΒΥΤΟΝ Grosse Gersten- ΤΙΝΩΝ
     4-4½ | 5,65 | ähre mit vier
Blättchen
Die Schrift in gekrümmten
Zeilen. (7393. Fox).

5 | Æ 5-5½ | 7,97 | Ebenso.   Kein Perlkreis ΤΙΝΩΝ Grosse Gersten- ΒΥΤΟ
sichtbar. ähre mit zwei
Blättchen
Perlkreis. (Pfau).
Catalog Pfau S. 21 mit irriger Lesung.

6 | Æ 4-4½ | 7,48 | Athenakopf (korinthischer   ΒΥΤΟΝ Grosse Gersten- ΤΙΝΩΝ
Helm mit Busch) r., viel- ähre mit zwei
leicht mit Halsband. Blättchen
Perlkreis.
     (Peytrignet).

7	Æ 3½-4	4,10	Kammmuschel.	Perlkreis.

BYTONTINΩN (unten im Bogen). Knabe, auf einem Delphin l. reitend, hält mit der L. eine Keule (?) geschultert, in der ausgestreckten R., wie es scheint, eine zweihenklige Vase. (7392).

8	Æ 3-3½	3,95	Ebenso.	

[B]Y TON TIN *III* (unter dem Kopfe des Delphins beginnend). Derselbe Typus, die zweihenklige Vase ist deutlich. (Ohne Bezeichnung).

9-	Æ3½-4½	4,48	Ebenso.	
11	4	4,14		
	4	4,26		

BYToN TINΩN unter demselben Typus. Einfacher Kreis. (B. Friedländer. Fox. 7264).

12-	Æ 3-3½	2,79	Eule mit angelegten Flügeln
16	3-3¼	2,79	halb r. (Kopf von vorn)
	2¼-3	2,25	auf einem Zweig stehend.
	2½	2,55	Perlkreis.
	2½	2,48	

BYToN Geflügelter Blitz TINΩN

Einfacher Kreis.
(590/1872. Rauch. 19596. Peytrignet. 7652).

Auf einem Exemplar hat das Ω die Form Ⴒ

Orra

[Eine überaus grosse Menge von Münzen dieser Stadt habe ich in der erzbischöflichen Sammlung von Brindisi gesehen. FRIEDLAENDER].
Über Orra vgl. besonders Garrucci S. 120.

Semis

1-3	Æ 5	9,07	Kopf des jugendlichen He-	
		8,85	rakles r. mit dem Löwen-	
		oxydirt	fell bedeckt, das am Halse	
		10,02	geknüpft ist. Unter dem	
			Halse Ƨ Perlkreis.	

ORRA
Blitz mit vier Flügeln (liegend)
Ƨ
ᖇOᖇ
Einfacher Kreis.   (6676. 1331. Fox).

Das zweite R in Orra hat auf einem Exemplar die Form ᖇ. Durch das beiderseits wiederholte Zeichen Ƨ (= Ƨ?) wird der Semis bezeichnet.

Quadrans

4. 5	Æ 4½ 3½-4	5,50 oxydirt 5,85 ab- genutzt	Derselbe Kopf des jugend- lichen Herakles r., unter dem Halse ••• Perlkreis.	**ORRA** Derselbe Blitz ᴦOᴿ ••• Einfacher Kreis. (9198. Ohne Bezeichnung).

Quincunx

6. 7	Æ 4	4,37 4,41	Kopf der Aphrodite (oder Hera) r. mit Diadem und Kranz, Ohrgehänge und Halsband. An der Schul- ter Gewand. Hinter dem Kopfe ragt das schräg gestellte Scepter hervor. Perlkreis. Garrucci Taf. XCVI, 23	ORRA (r., aufwärts). Leier- spielender Eros, r. schrei- tend; am r. Fussknöchel hat er einen Ring. Im Felde l. ⫶ Einfacher Kreis. (9196. Fox). verwechselt das Scepter mit einer Lanze.
8. 9	Æ 3½-4 3½	4,87 4,9	Ähnlicher Kopf r., doch viel roher ausgeführt, ohne Diadem. Das Scepter wohl auch vorhanden. Undeutlicher Kreis.	ORRA, sonst ebenso (der Ring am Fusse des Eros ist nicht zu sehen). (Fox. 5879).

Quadrans

10. 11	Æ 3	2,73 3,0	Kopf der Aphrodite (oder Hera) r. mit Diadem und Kranz, Ohrgehänge und Halsband. An der Schul- ter Gewand. Hinter dem Kopfe ragt das schräg gestellte Scepter hervor. Perlkreis.	ORRA und darunter ••• r. im Felde. Eros, r. schrei- tend, hält mit beiden er- hobenen Händen eine lange Binde; an jedem Fussknöchel ist ein Ring sichtbar. Einfacher Kreis. (9197. Fox).

Sextans

12. 13	Æ 3	3,16 2,55 beschädigt	Derselbe Kopf r.; auch hier das schräg gestellte Scepter. Perlkreis.	OR RA Taube, r. fliegend, hält mit den Krallen einen Kranz (zu beiden Seiten desselben ist die Aufschrift vertheilt). Unten •• Einfacher Kreis. (Fox. Gansauge).

Quincunx

14. 15	Æ 4-5 4½	10,75 7,60 verdorben	Jugendlicher Kopf r. mit einem mit drei Büschen und einer Feder versehenen Helm. Unter dem Halse ΛΛ, wie es scheint. Perlkreis.	ORRA (r., schräg abwärts). Adler mit ausgespannten Flügeln r. auf einem Blitz stehend. Unten ••••• (21404. Fox).
16	Æ 4	6,0 etwas abgenutzt	Ebenso.	OR im Felde r., sonst ebenso (aber roher). (6004).

Die folgenden Münzen sind von roher, zum Theil sehr roher Arbeit.

17	Æ3½-3½	4,34	Jugendlicher Kopf r. mit einem kegelförmigen Helm (mit Busch). Hinter dem Halse ΛΛ (schräg).	ORRA (in schräger Linie) über einem mit angelegten Flügeln, welcher r. auf einem Blitz steht. (Arditi).
18	Æ 3-3½	4,25	Ebenso, doch hier ΛΛ	Ebenso. (Fox).
19	Æ 3	3,75 beschädigt	Ebenso, die Stelle am Halse ist nicht ausgeprägt.	ORRA, sonst ebenso. (Fox).
20	Æ3½-3½	3,75 abgenutzt	Ebenso, die Buchstaben sind undeutlich (≡Λ)	O[R]RA, sonst ebenso. (Rauch).
21- 23	Æ 2-2½ 2 2-2½	2,13 2,15 1,65	Derselbe Kopf r. Unter dem Halse ΛΛ	OR (schräg über einem Adler mit angelegten Flügeln, der, den Kopf zurückwendend, r. auf einem Blitz steht. (7621. Fox, 2 Ex.).

Die Buchstaben unter dem Halse sind nur auf einem Exemplar deutlich.

| 24 | Æ 1¼-2 | 1,19 beschä-digt | Derselbe Kopf r. Unter dem Halse undeutliche Buchstabenspuren. Vgl. Garrucci Taf. XCVI, 18. | ⊙R. über einem Adler mit angelegten Flügeln, welcher r. auf einem Blitz steht. (18137). |

Tarentum

[Die gewöhnlichen Didrachmen mit dem Reiter sind von zweierlei Gewicht. Ich habe dies zuerst gefunden und die Münzen der Königl. Sammlung nach dem Gewicht gesondert, aber diese Bemerkung ist auch, ohne mich zu erwähnen, bereits gedruckt worden, worauf jedoch wenig ankommt. Die schwereren Stücke wiegen bis 8,02 Gramm (die Exemplare der Königl. Sammlung und die von Mionnet gewogenen der Pariser). Die Stücke der leichteren Art wiegen kaum über 6,59 Gramm, eins bei Hunter 102⅔ engl. Gran oder 6,67. Zwischen diesen beiden Gewichten steht das der Stücke mit dem weiblichen Kopf, statt des Taras, sie wiegen bis 7,45.[*] Diese Münzen haben nur TA oder TAP, dem Styl nach stehen sie weit hinter den Reitermünzen zurück, man möchte sie weit später als diese geprägt glauben.

Die leichten Didrachmen mit dem Reiter sind häufiger als die schweren, wie es scheint. Mehrere der schweren Didrachmen sind auf korinthische Pegasusmünzen geprägt (n. 155. 157. 175. 178. 192. 196; vgl. auch n. 48), keine der leichten.

Die schweren Didrachmen sind vielleicht von schönerem Styl, allein keineswegs ist dieser Unterschied erheblich.

Auch die Typen sind nach dem Gewicht nicht verschieden. Beiderlei, sowohl schwere als leichte, haben bald den Krieger bald den Knaben zu Pferd, auf beiderlei kommt Taras als Knabe mit dem Wollrocken vor, auf beiderlei ein Knabe auf einem auffallend kleinen Pferd. Dagegen findet sich, wie es scheint, allein auf den schwereren der Reiter mit dem kleinen runden Schild, die Nike vor dem Reiter, die Figur, welche das aufgeregte Pferd umfasst. Dagegen auf leichten nur der Krieger, welcher fast ganz von seinem grossen runden Schild bedeckt ist, der Feldherr, die Eule als Beizeichen. Diese Regeln sind jedoch nur von den Stücken der Königl. Sammlung hergenommen und können daher leicht irrig sein.

Die seltenen Drachmen mit dem Reiter gehören dem Gewicht nach zu den s c h w e r e n Didrachmen, die schwerste Drachme der Königl. Sammlung wiegt 3,47.[**]) Dagegen wiegen die Drachmen mit der Eule nicht über 3,26 Gramm, sie gehören also zu den leichten Didrachmen von 6,6 Gramm. Dies bestätigt sich dadurch, dass die Magistratsnamen ΣΑΛΟ, ΗΣΤΙΑΡΧΟΣ, ΝΕΥΜΗΝΙΟΣ der Drachmen sich auf l e i c h t e n Didrachmen wiederfinden.

Bei den kleinen Silbermünzen ist meistens dem Gewichte nach nicht zu unterscheiden, zu welcher der beiden Gattungen von Didrachmen sie

---

[*]) Ein Stück bei Carelli von 147 seiner Gran (welche 0,05132 Gramm betragen) oder 7,54 Gramm ist wohl zweifelhaft. Solche vereinzelte Gewichtsangaben sind ohne Werth. So stehen auch bei Mionnet zwei Reitermünzen von 130 und 135 Pariser Gran, 6,9 und 7,16 Gramm, die also zu keinem von beiden Gewichten passen, es sind ganz sicher s u b ä r a t e von der schwereren Art.

[**]) Die Münzen bei Mionnet I Nr. 401 und 402 von 1 Gros 0⅓ Gran oder 4,34 Gramm sind gewiss subärate Exemplare von Didrachmen der leichteren Art. Die Münze ebenda Nr. 370 von 1 Gros 23¼ Gran ist falsch, wie die Schwefelpaste beweist.

gehören, denn sie scheinen ungenau abgewogen zu sein. Das schwere Didrachmon zu 8 Gramm gerechnet giebt für das Diobolon 1,33, für den Obol 0,665, den Halbobol 0,333; das leichte von 6,6 Gramm für das Diobolon 1,1, den Obol 0,55, den Halbobol 0,26, den Viertelobol 0,13. Mehrere dieser Gewichte finden sich, aber auch andere, z. B. häufig 0,75 bis 0,81, welches in keins dieser Systeme passt, auch nicht zu dem Didrachmon von 7,4 Gramm mit dem weiblichen Kopf. Allein man darf hier keine grosse Sorgfalt erwarten, wiegen doch zwei derartige Silbermünzen von Heraclea in Lucanien, beide gut erhalten 0,95 und 0,77 Gramm. FRIEDLAENDER].

Über die Münzen von Tarent im allgemeinen vgl. de Luynes in den Annali dell' Inst. 1830 S. 337 ff., die sehr nützlichen Übersichts-Tabellen bei Head historia numorum S. 44 ff. und die ausgezeichnete Arbeit von Arthur J. Evans, welcher die tarentinischen Münzen in ein chronologisches System gebracht hat (im Numismatic chronicle 1889 S. 1 ff., auch als selbstständiges Werk erschienen 'The horsemen of Tarentum', London 1889). Wir haben von der in unserer Sammlung im allgemeinen bestehenden Anordnung nach Typen (mit Berücksichtigung von Metall und Grösse) nicht abgehen können, da sie bei umfangreichen Reihen das Auffinden sehr erleichtert.

Über die auf den Münzen Tarents vorkommenden Künstlernamen handelt ausführlich Evans S. 105 ff. Ob indessen Künstlernamen hier in dem Umfange auftreten, wie Evans annimmt, wird wohl erst eine umfassende Behandlung aller Münzen Unteritaliens ergeben.

Über das tarentinische Münzsystem vgl. Mommsen Gesch. d. röm. Münzwesens S. 101 ff. und besonders die bereits angeführte Arbeit von Arthur J. Evans.

Wie Studniczka Kyrene S. 175 ff. wohl richtig nachweist, ist der Delphinreiter auf den älteren Münzen der mythische Phalanthos; erst in späterer Zeit ('in der Zeit zwischen Onatas oder doch wol Antiochos von Syrakus und Aristoteles') wurde der Name des ursprünglichen Stadtgründers Taras auf den delphinreitenden Phalanthos übertragen. Ich habe überall die bisherige Bezeichnung Taras beibehalten, da sich schwerlich feststellen lässt, wo das Bild des Phalanthos aufhört und das des Taras beginnt.

Die Münzen Tarents sind so geordnet:
> Die Goldmünzen
> Die Silbermünzen:
>> Incusi
>> Die Münzen von altem Styl und mit dem sitzenden Demos
>> Die schweren Didrachmen mit dem Reiter:
>>> *a)* ältere und seltene Darstellungen
>>> *b)* mit dem Krieger
>>> *c)* mit dem Knaben
>>> *d)* mit dem Knaben auf dem jagenden Pferde
>> Die leichten Didrachmen mit dem Reiter:
>>> *a)* mit dem Feldherrn
>>> *b)* mit dem reitenden Krieger
>>> *c)* mit zwei Reitern
>>> *d)* mit dem Knaben zu Pferde
>>> *e)* mit dem Knaben auf dem jagenden Pferde
>> Didrachmen mit dem weiblichen Kopfe
>> Die Drachmen
>> Die Theilstücke
> Die Kupfermünzen.

Die Goldmünzen (nach der Grösse geordnet)

1   A′ 4   8,56   **TAPA** (r., abwärts). Kopf der Demeter (oder Hera?) r. mit Diadem (mit Palmetten und Kreisen verziert), Ohrgehänge und Perlenhalsband. Über dem Hinterkopf hängt ein durchsichtiger Schleier, der von den kleinen Locken etwas gehoben wird, sodass er Ecken bildet. Der Schleier ist auch unter dem Kinn und dem Abschnitt des Halses sichtbar. Im Felde r. ein abwärts gerichteter Delphin, l. **E**

TAPANTINΩN (l., aufwärts). Poseidon, nur an der unteren Hälfte des Körpers bekleidet, sitzt auf einem Thron ohne Lehne halb l. Im l. Arm hat er den Dreizack, die r. Hand ruht auf dem Knie. Er beugt das Haupt zu dem vor ihm stehenden Knaben Taras, der seine Arme bittend, oder vielmehr kosend zu ihm erhebt. Taras ist nackt, hat aber um die Brust ein Band (vielleicht mit Amuleten) und, wie es scheint, um den r. Fussknöchel einen Ring. Über der Stirn hat er ausserdem eine Blume. Im Felde r. ein achtstrahliger Stern, darunter **Ͱ**, zwischen den Füssen des Sessels **K** (572/1878).

Taf. X, 147.

[Das vollkommen schöne Exemplar dieses seltenen Staters soll im Piraeus gefunden sein. — Die Schnur mit den Amuleten trägt auch der Herakles-Knabe öfter auf Münzen. Friedlaender].

Die Blume über der Stirn des Taras ist zwar nicht recht deutlich, kann aber nicht in Zweifel gezogen werden, da sie öfters auf den Silberstücken bei dem Knaben Taras vorkommt. — Über den Kopf der Demeter und den Schleier, sowie über den Typus der Ks. vgl. Evans the horsemen of Tarentum S. 66 f.

2. 3   A′ 3⅓-3½   8,55 — Derselbe Kopf r., doch ohne Halsband.
     3½-3¾   8,60

TAPANTINΩN (r., abwärts). Nackter Reiter r. sprengend; in der erhobenen R. hält er einen Speer abwärts gerichtet, am l. Arm hat er den grossen runden Schild und in der L. zwei andere Speere. Vor dem Pferde **☉**, unter dem Bauche desselben **AΠ**, l. im Felde **Ͱ** (562/1872. Fox).

Taf. X, 148.

Die beiden Exemplare sind aus demselben Stempel und ergänzen sich gegenseitig.

Vgl. Evans the horsemen of Tarentum S. 85.

4. 5	A' 3½-4 3-3½	8,58 8,59	**Kopf der Demeter (oder Hera?) r.** mit Diadem (nur mit Palmetten verziert), Ohrgehänge und Perlenhalsband. Am Hinterkopf hängt ein kleines Schleierstück seitlich herab (wie auf den Silbermünzen von Metapont). Taf. X, 149.	**TAPAΣ oben l.** Nackter Knabe, r. reitend, bekränzt mit der R. den Kopf seines Rosses. L. im Felde, hinter dem Rücken des Knaben, ein Rundschild; unter dem Bauche des Pferdes eine Purpurschnecke und unter dem erhobenen r. Vorderbein Σ (28786. Fox).

Beide Exemplare aus demselben Stempel.

6	A/ 4	8,59	**TAPA (l., aufwärts). Kopf der Demeter (oder Hera?)** l. mit Diadem (mit Palmetten verziert), Ohrgehänge und Perlenhalsband. Ein leichter Schleier hängt vom Hinterkopfe herab. Umher drei Delphine. Perlkreis und einfacher Kreis. Taf. X, 150.	**TAPAΣ im Abschnitt.** Nackter Knabe, r. reitend, bekränzt mit der R. den Kopf seines Rosses. Hinter dem Knaben schwebende Nike, ihn mit beiden Händen bekränzend. Unter dem Bauche des Pferdes ΣA, unter dem erhobenen l. Vorderfuss ein sechsstrahliger Stern. (Fox).
7	A/ 4	8,55	**Kopf der Demeter (oder Hera?) r.** mit Diadem (Palmetten und Kreise), Ohrgehänge und Perlenhalsband. Über dem Hinterkopf hängt ein Schleier, der von den kleinen Locken etwas gehoben wird, sodass er Ecken bildet. Der Schleier ist auch unter dem Kinn und dem Abschnitt des Halses sichtbar; an dieser Stelle KOИ Vor dem Kinn ein abwärts gerichteter Delphin. Perlkreis. Taf. X, 151.	**ΔIOΣKOPO[I]** über den beiden Dioskuren (nackt und ohne Hut), welche neben einander l. reiten. Der vordere trägt einen Palmzweig, an dessen Spitze ein Kranz gebunden ist; der zweite bekränzt den Kopf seines Rosses. Im Abschnitt ΣA Perlkreis. (171/1873).

Ob auch auf diesem Exemplar vor dem Kopfe TAPA steht (vgl. Luynes choix de méd. grecques Taf. II, 6), ist nicht zu sehen, da die Stelle nicht ausgeprägt ist. — Gewiss irrig las Garrucci S. 130, 54 unter dem Halse ΛIKOM, indem er die Falten des Schleiers für ΛI nahm (vgl. Evans the horsemen of Tarentum S. 99). Über den Typus der Ks. vgl. Evans S. 100.

8	*N* 4	8,59	Kopf des jugendlichen Herakles r., mit dem Löwenfell bedeckt, das am Halse geknüpft ist. Unter dem Halse eine kleine Keule. Taf. X, 152.	TAPANTINΩN im Abschnitt. Taras im r. eilenden Zwiegespann, mit kleinem, im Winde flatterndem Mantel, hält mit der L. die Zügel, in der vorgestreckten R. den Dreizack, mit dem er die Pferde antreibt. Oben Spuren von NIKAP (Fox).
9	*N* 3½-4	8,58	Lorbeerbekränzter Kopf des Zeus r., dahinter NK Taf. X, 153.	Adler mit ausgespannten Flügeln halb l. auf einem Blitz stehend; davor im Felde eine kleine Athena promachos l. (Von Schrift nichts zu sehen). (28810).

Über das Beizeichen auf der Ks. vgl. Evans the horsemen of Tarentum S. 139 f.

10	*N* 3½-4	8,58	Ebenso. .	TAPANTINΩN (in einer geraden Zeile aufwärts) vor einem halb l. auf dem Blitz stehenden Adler mit ausgespannten Flügeln. Zwischen Aufschrift und Adler *R*; oben r. ΣΩΣ (28944).

Der abgekürzte Name auf der Ks. scheint ΣΩΣ gewesen zu sein (vgl. n. 19), nicht ΣΩK, wie der ähnliche Stater bei Carelli Taf. CIII n. 1 haben soll.

11	*N* 3½-4	8,58	Ebenso. Taf. X, 154.	[TA]PANTINΩN (aufwärts) hinter einem halb r. auf dem Blitz stehenden Adler mit ausgespannten Flügeln. Im Felde r. ein phrygischer Helm r. und AΓOΛ in einer geraden Linie abwärts. (Rauch).

12- 14	*N* 2-2½ 2½-2½ 2½-2¾	4,30 4,26 4,26	TAPANTINΩN (r., abwärts). Kopf der Aphrodite (oder Persephone?) r. mit Diadem, Ohrgehänge, Perlenhalsband und lang über den Nacken herabwallendem Haar (Apollotypus). Im Felde l. E Perlkreis.	TAPAΣ (r., abwärts). Taras l. auf dem Delphin reitend; im l. Arm hat er den Dreizack, über der ausgestreckten R. ein Delphin. Unten ⊦ und K (11508. 361/1871. Gansauge).

Diese drei Exemplare sind aus demselben Stempel.

Auf einem Exemplar ist der Buchstabe hinter dem Aphroditekopfe nur scheinbar **C**. Auf dem dritten Exemplar ist auf der Ks. **ΩΩ** eingeritzt.

Der zweite Buchstabe auf der Ks. unten ist nicht ganz deutlich, scheint aber eher **K** (vgl. Garrucci S. 130, 58) als **H** zu sein.

15	Æ 2⅛-2⅜	4,28	TΛ//////// vor demselben Kopfe r. (das Diadem ist hier deutlich mit Palmetten verziert; das Perlenband nicht recht sichtbar). Im Felde l. undeutlicher Buchstabe. Perlkreis. Taf. X, 155.	TΛPAΞ (r., abwärts). Taras l. auf dem Delphin reitend; im l. Arm hat er den Dreizack, über der ausgestreckten R. ein Delphin. Im Felde l. Blitz (senkrecht) und Ͱ; unten M und Φ (Fox).
16	Æ 2⅜-3	4,28	AꟼAT (oben in der Mitte beginnend). Kopf der Aphrodite (?) l. mit kreuzweis um das Haar geschlungenem Bande, Ohrgehänge und Perlenschnur. Vor ihrem Halse ein Delphin abwärts; hinter dem Halse ΣA Perlkreis und einfacher Kreis.	Taras auf dem Delphin l. reitend mit flatterndem Gewande an den Schultern. Im l. Arm hat er den Dreizack, über der ausgestreckten R. schwebt eine kleine Nike mit dem Kranz. Unten ͰH und darunter Wellen. (Fox).
17	Æ 2½	4,14	Kopf der Demeter (oder Hera?) r. mit Diadem, Ohrgehänge und Perlenband. Vom Hinterkopfe hängt ein Schleier herab. Dicht unter dem Abschnitt des Halses undeutlich geformte Buchstaben (wie KOΛ).	Die Dioskuren, nackt und ohne Hut, neben einander r. reitend. Jeder von ihnen trägt einen Palmzweig, an dessen Spitze ein Kranz gebunden ist; der zweite Dioskur hat den r. Arm erhoben (um sein Ross zu bekränzen?). Ob im Abschnitt etwas stand, ist nicht mehr zu sehen. (Fox).

Taf. X, 156.

Diese Münze ist von roher Arbeit und offenbar eine barbarische Nachahmung des oben n. 7 beschriebenen Staters. Vgl. Evans the horsemen of Tarentum S. 208.

| 18 | Æ 2½ | 4,26 | Kopf des jugendlichen Herakles r., mit dem Löwenfell bedeckt, das am Halse geknüpft ist. | ΤΑΡΑΝΤΙΝΩΝ unter einem r. eilenden Zwiegespann, in welchem Taras (oder Poseidon?) mit flatterndem Mantel vornüber gebeugt steht und mit beiden Händen die Zügel führt; in der L. hat er ausserdem den Dreizack. Oben r. die Spuren von NIKAP; unter den Vorderfüssen der Pferde zwei aufrecht stehende Amphoren. (327/1872). |

Taf. X, 157.
Vgl. oben n. 8.

| 19 | Æ 2¼-2½ | 4,28 | Ebenso. | [T]APANTI[NΩN] unter demselben Typus. Doch steht hier oben r. Ρ und ΣΩΣ////; unter den Vorderfüssen der Pferde Ν (also ΝΚ). (28670/1). |

Auf dieser und der folgenden Münze ist der Lenker des Zwiegespanns sicher Taras, nicht Poseidon.

| 20 | Æ 2¼ | 4,29 | Ebenso. | Derselbe Typus; von Schrift und etwaigen Beizeichen ist nichts mehr zu sehen. (Fox). |

| 21. 22 | Æ 2 | 2,82 2,86 | Athenakopf r. (korinthischer Helm) mit lang am Nacken herabhängendem Haar. Der Helmbusch ist getheilt; auf dem Kessel undeutliche Verzierung. Perlkreis. | Taras mit flatterndem Mantel im r. eilenden Zwiegespann; er hält, vornüber gebeugt, die Zügel in der R., in der L. den Dreizack. Über den Köpfen der Pferde ein Stern (achtstrahlig auf dem ersten Exemplar), unter den Vorderfüssen ein Delphin abwärts. (Fox. 28670/2). |

Evans the horsemen of Tarentum S. 209 setzt diese Münze doch wohl zu spät an (212—209 v. Chr.).

| 23 | Æ 1¼ | 2,84 | TAPA NTINΩN (abwärts), vor dem Kopfe der Athena r. (korinthischer Helm mit Busch) mit Ohrgehänge und lang am Nacken herabwallendem Haar. | Taras mit flatterndem Mantel auf einem von zwei Delphinen gezogenen Wagen r.; er hält, vornüber gebeugt, in der R. die Zügel, in der L. einen Dreizack. Unten NIK (Beger thes. Pal. S. 172, thes. Br. 1 S. 327). |

Taf. X, 158.

Ein ähnliches Exemplar dieser seltenen Münze bei Garrucci Taf. C, 60.

| 24 | Æ 1½-1¼ | 2,14 | Lorbeerbekränzter Kopf des Apollo r. | TAPANTΙΝ (in schräger Linie aufwärts) vor einem Adler mit ausgespannten Flügeln, welcher halb l. auf einem Blitz steht. (28670/3). |

| 25. | Æ 1½-2 | 2,13 | Lorbeerbekränzter Kopf des Apollo r.; vor dem Halse | TAPANTINΩN (in schräger Linie aufwärts) vor demselben Typus. Zwischen |
| 26 | 1½ | 2,15 | N⊬ (wahrscheinlich NK), l. im Felde Ρ | Adler und Aufschrift Ρ (Fox; Peytrignet). |

Beide Exemplare aus demselben Stempel.

Taf. X, 159.

Der Lorbeerkranz hat oben drei Blattreihen, nach dem Nacken zu nur zwei.

| 27 | Æ 1½-1¼ | 2,16 | Derselbe Kopf r. (von ziemlich rohem Styl), dahinter NK | TAPANTINΩN (r., abwärts). Adler mit ausgespannten Flügeln halb r. auf einem Blitz stehend. Zu den Füssen des Adlers eine kleine Eule (halb r., Kopf von vorn); unter dem Blitz ΙΑ (Fox). |

| 28 | Æ 1¼ | 2,13 | Derselbe Kopf r. (von besserem Styl), dahinter ⅄ | Spuren von Schrift oben l. Adler mit ausgespannten Flügeln halb r. auf einem Blitz stehend. Im Felde r. ΦΛ, darunter zwei Sterne, darunter zwei aufrecht stehende Amphoren. Unter dem Blitz NIKAP (551/1877). |

29-31	Æ 1⅜ / ⁻1½ / 1¾	1,44 / 1,46 / 1,41	TAPAΣ (abwärts) hinter dem lorbeerbekränzten Kopfe des Apollo l. Vor demselben ΣA und ein kleiner Delphin abwärts. Perlkreis.	Herakles, nach l. ausschreitend, schwingt mit der R. die Keule gegen den Löwen, der an seine l. Seite gesprungen ist. L. im Felde Bogen und Köcher; bei den Beinen des Herakles Ͱ und H (Fox, 2 Ex. Peytrignet).

Taf. X, 160.

Die drei Exemplare aus demselben Stempel; die Arbeit, zumal der Vorderseite, nicht fein.

32	Æ 1½	1,40	Kopf der Aphrodite (oder Persephone) r. mit Diadem, Ohrgehänge und Perlenband; das Haar wallt lang über dem Nacken herab (Apollotypus). Im Felde l. K, vor dem Kopfe Ͱ, M, Φ (unter einander; vgl. oben n. 15).	TAPAΣ (r., abwärts). Taras als Kind am Boden sitzend (von vorn, der Kopf im Profil nach r.) hält in der halberhobenen R. den Rocken, in der L. den Knäuel. Unten ein kleiner Delphin r. (Fox).

Taf. X, 161.

Die anmuthige Darstellung bezieht sich, wie Friedländer bemerkt, 'ohne Zweifel auf die berühmte Wollenindustrie in Tarent'.

Vgl. Evans S. 91.

33-35	Æ ⅞-1 / ⁰/₇ / ⅞-1	0,86 / 0,84 / 0,85	Kopf des jugendlichen Herakles r., mit dem Löwenfell bedeckt, das am Halse geknüpft ist. Unter dem Halse ein kleines undeutliches Beizeichen (Keule? oder Stempelverletzung?).	TAPAΣ unten. Taras auf dem Delphin l. reitend, in der vorgestreckten R. den Kantharus, im l. Arm den Dreizack. (Peytrignet, 2 Ex. Fox).

36.37	Æ ⅞	0,71 / 0,70	Kopf der Aphrodite (oder Persephone) r. mit Diadem, Ohrgehänge und Halsband; das Haar wallt lang über dem Nacken herab (Apollotypus, wie auf n. 32). Im Felde l. Ͱ; vor dem Kopfe M und Φ, wie es scheint. Perlkreis.	TAPAN um einen Kantharus mit verzierten Henkeln. (Fox. Gansauge).

Taf. X, 162.

Beide Exemplare aus demselben Stempel.

| 38. | A¹/₆-¹ | 0,425 | Kopf des Helios, fast ganz von vorn (etwas r.), mit grossem Strahlenkranz. | TAPAN Liegender Blitz |
| 39 | ⅛ | 0,42 | | VOJV |

Taf. X, 163.
Die beiden Exemplare aus verschiedenen Stempeln; das erste früher im Besitze Millingen's (abgebildet in dem Supplément aux considérations Taf. II, 5).
Über diese Münze vgl. Evans S. 84.

(8289. Fox).

Incusi

| 40 | Ró½-6¼ | 7,99 | ٤ΑЯΑΤ (l, aufwärts). Nackter Jüngling, vielleicht Apollo, mit dem l. Knie l. knieend: in der bis zur Gesichtshöhe erhobenen R. hält er eine Blume, im l. Arm eine Leier (unten mit Schildkrötenschale). Erhabener, verzierter Rand. | Vertieft: ähnliche Darstellung r. und ohne Schrift. Der Jüngling kniet mit dem r. Knie, in der bis zur Höhe des Gesichts erhobenen l. hält er nichts, in der R. die Leier. Vertiefter Rand mit Strichen. (28787). |

Taf. XI, 164.
Dieses Exemplar stammt aus der i. J. 1867 versteigerten Dupré'schen Sammlung.
Drei Punkte vor den beiden A der Umschrift (vgl. Friedländer-Sallet Königl. Münzcabinet n. 653) und einige kleine, Buchstaben ähnliche Zeichen bei der Blume, die man für ПТО gehalten hat (vgl. Pellerin Suppl. IV S. 27 Taf. II 10; aus ihm Mionnet I S. 139 n. 379, Cavedoni zu Carelli's Tafeln, Samhon), sind wohl nichts anderes als bedeutungslose Eigenthümlichkeiten des Stempels.
De Luynes (Annali dell' Inst. 1830 S. 340 hält den auf dieser Münze dargestellten Jüngling für den Apollo 'Ταϵίνϑιος; vgl. dazu Evans S. 186.

| 41 | Æ 7 | 7,90 | ٤ΑЯΑΤ (l., aufwärts). Der nackte*) Taras r. auf einem Delphin reitend; die R. stützt er hinter sich auf den Delphin, den l. Arm hat er vorgestreckt. Unten Kammmuschel, abwärts gekehrt (undeutlich). Erhabener, verzierter Rand. | Vertieft: dieselbe Darstellung wie auf der Vs., aber l. Von Schritt vielleicht einige Spuren oben r. A ? erhaben). Vertiefter Rand mit Strichen. (Fox). |

Taf. XI, 165.
Das bei Garrucci Taf. XCVII, 23 abgebildete Exemplar hat auf der Rs. TAPAS

*) Auf allen folgenden Münzen ist Taras, falls es nicht anders bemerkt ist, nackt dargestellt

Die Münzen von altem Styl

42-46	AR 3½-4 4 3½-4 3⅝-4 4	8,11 8,07 7,93 etwas verletzt 8,12 8,00	ꟄAꟄAT (abwärts) hinter dem r. auf einem Delphin reitenden Taras; die R. stützt er hinter sich auf den Delphin, den l. Arm hat er halb erhoben. Unten Kammmuschel, abwärts gekehrt. Erhabener, mit Perlen verzierter Rand. Taf. XI, 166.	Rad mit vier Speichen. (Arditi. Rauch. 28650. Fox. Prokesch).

Die vier ersten Exemplare sind völlig gleich (die Vorderseiten aus demselben Stempel); das fünfte weicht in der Stellung des Beins des Taras etwas ab.

47	AR 4-4¼	7,91	ꟄAT (l., abwärts), sonst alles ebenso.	Ebenso. (Fox).

48	AR 3⅝	8,11	ſAꟄAT (aufwärts) hinter dem l. mit vorgestreckten Armen (die Handflächen sind abwärts gekehrt) auf dem Delphin reitenden Taras. Unter dem Delphin eine offene, zweischalige Muschel (von aussen gesehen). Spuren eines Perlkreises.	Rad mit vier Speichen, in einem der Zwischenräume ein Delphin l. (Arditi).

[Das Exemplar ist von Pinder in den Numismata inedita Tafel I 2 publicirt worden, doch ist nicht bemerkt, dass diese Typen auf ein altes korinthisches Didrachmon geprägt sind, von dessen Typen, Athenakopf r. und Pegasus l., ganz deutliche Spuren erkennbar sind. FRIEDLAENDER]. Vgl auch Ztschr. f. Numism. IV S. 329.

49	AR 4-5	7,99	ꟄAꟄAꟅ (aufwärts) hinter demselben Typus. Unter dem Delphin aufwärts gekehrte Kammmuschel. Wenig erhabener, verzierter Rand.	Rad mit vier Speichen; ungewiss, ob mit Symbol im Zwischenraum. (Arditi).

50	AR 3⅝-4½	7,88	ꟄAꟄAT (l., abwärts). Taras r. auf einem Delphin reitend; den l. Arm hat er halb erhoben, die R. stützt er hinter sich auf den Delphin. Unten Kammmuschel, abwärts gekehrt. Perlkreis und einfacher Kreis. Taf. XI, 167.	Rad mit vier Speichen, in jedem Zwischenraum ein Delphin r. (7722).

51 | .R3½-3⅜ | 8,07 | A⊣AT unter dem auf einem Delphin r. reitenden Taras; er hat den l. Arm vorgestreckt und hält in der R. einen Polyp (mit sechs Fangarmen). Erhabener Rand mit Perlen verziert. | Gezäumtes geflügeltes Seepferd r., darunter Kammmuschel abwärts. Vertiefter Rand. (Arditi).

Ob auf Ταϛα noch ein Buchstabe folgte, ist auf unserem Exemplar nicht zu sehen. Die Ks. scheint schriftlos gewesen zu sein.

52 | Æ 3½ | 7,75 corrodirt | Derselbe Typus. Spuren von erhabenem Rande. Schrift nicht sichtbar (unter dem Delphin ist das Stück mangelhaft ausgeprägt). | ⟨A⊣AT unter einem gezäumten geflügelten Seepferd r. Unter der Schrift Kammmuschel abwärts. Vertiefter Rand. (Ohne Bezeichnung).

Wohl nur eine Stempelverletzung erregt den Anschein, als ob Taras in der ausgestreckten L. einen kleinen Gegenstand halte.

53 | Æ 2½-3 kugelförmig | 7,99 | Derselbe Typus. | **ΤΑΡΑ** unter einem gezäumten geflügelten Seepferd r. (Fox).

Von den Typen ist beiderseits nur ein kleiner Theil zur Ausprägung gekommen.

54 | .R4½-4½ oxydirt | 7,81 | ⟨A⊣AT (l., abwärts). Taras mit vorgestreckten Händen r. auf dem Delphin reitend. Unten Kammmuschel, abwärts gekehrt. Erhabener Rand, wie es scheint. | Geflügeltes Seepferd l. Vertiefter Rand. (Fox).

55 | Æ 4-4½ | 8,06 | ⟨A ⊣ A T (von unten beginnend, um das ganze Bild vertheilt). Taras r. auf dem Delphin reitend; die L. hat er vorgestreckt, in der R. hält er einen Polyp. Erhabener, verzierter Rand. | ΙΑ·ΡΑT (abwärts) hinter einem gezäumten geflügelten Seepferd r. Unten Kammmuschel abwärts. Vertiefter Rand mit Strichen. (7721).

Der Delphin ist auf diesem Exemplar stärker als sonst gekrümmt, er ist wohl springend gedacht.

Der Polyp hat auf dieser und den nächstfolgenden Münzen nur sechs Fangarme.

56	·R4⅓-4½ oxydirt	7,87	T A Ʀ V S (von oben r. beginnend). Derselbe Typus. Erhabener, verzierter Rand.	ᕫ A Я A T (abwärts) hinter einem geflügelten Seepferd r. Unten Kammmuschel, aufwärts gerichtet. Vertiefter Rand mit Strichen. (Fox).
57	Æ 4½	8,00	T A Я [A] S über demselben Typus. Erhabener, verzierter Rand.	TAPAᕫ über einem gezäumten geflügelten Seepferd r. Unten Kammmuschel abwärts. Vertiefter Rand mit Strichen. (6114).

Das umgekehrte Я in der Umschrift der Vs. scheint sicher zu sein.

58	Æ 4½	7,97	TARAS in einer geraden Zeile unter demselben Typus. Erhabener, verzierter Rand.	*///.///*AT hinter einem geflügelten Seepferd r. Unten Kammmuschel aufwärts. Vertiefter Rand mit Strichen. (7642).
59	Æ 5½	8,00	ᕫ AЯAT unten. Taras (mit Haarzopf) r. auf dem Delphin reitend, indem er den l. Arm vor sich, den r. seitwärts ausstreckt. Erhabener, verzierter Rand.	ᕫAЯAT über einem geflügelten Seepferd l. Unten Kammmuschel abwärts. Vertiefter Rand mit Strichen. (28786).

Taf. XI, 168.
Die Ks. ist etwas convex; ebenso bei den zwei folgenden Münzen.

60	Æ 5	7,94	ᕫAЯAT in einer geraden Zeile unten. Taras (mit langem Haarzopf) r. auf dem Delphin reitend; den l. Arm hat er vorgestreckt, in der R. hält er einen Polyp (mit acht Fangarmen). Erhabener, verzierter Rand.	ᕫAЯAT, sonst ebenso. (Peytrignet).

Von sehr feiner alterthümlicher Arbeit, ebenso wie die folgende Münze.

61	Æ 4½	8,05	TARAS unter demselben Typus (der Polyp hat hier nur sechs Fangarme). Erhabener, verzierter Rand.	ᕫAЯAT über einem geflügelten Seepferd l. Unten Kammmuschel aufwärts. Vertiefter Rand mit Strichen. (364/1872).

Taf. XI, 169.

| 62 | Æ4½-4¾ | 7,88 | TARAϟ (r., abwärts). Taras mit vorgestreckten Armen l. auf dem Delphin reitend. Unten Kammmuschel abwärts. Zwischen dieser und dem Delphin kleines undeutliches Zeichen (oder Buchstabe ϟ?). Perlkreis. | Geflügeltes Seepferd l. (Fox). |

Der auf dem Delphin reitende Jüngling erscheint fast bärtig, was wohl einer zufälligen Verletzung des Stempels oder der Münze selbst zuzuschreiben ist.

| 63 | Æ 4-4½ | 7,81 etwas abgenutzt | ▨▨AT (l., abwärts). Taras, r. auf einem Delphin reitend, hält mit beiden vorgestreckten Händen einen grossen Kranz. Unten Kammmuschel abwärts. Kreis von dicken Perlen. | Geflügeltes Seepferd r., darunter Taschenkrebs. (Fox). |

Cat. of greek coins in the Brit. mus., Italy, S. 167, 51.

| 64 | Æ 4½-5 | 8,00 | TAPAИ (r.,abwärts). Taras (mit langem, über den Rücken herabhängendem Zopf) mit vorgestreckten Armen l. auf dem Delphin reitend. Unten Kammmuschel abwärts. Einfacher Kreis. | Geflügeltes Seepferd r. (Peytrignet). |

Der letzte sichtbare Buchstabe der Aufschrift scheint nicht ϟ, sondern И zu sein. Es wäre nicht unmöglich, dass die Aufschrift länger war, auf diesem Exemplar jedoch nur bis TAPAN zur Ausprägung kam.

| 65 | Æ 4 | 7,85 oxydirt | Jugendlicher (weiblicher?) Kopf l. mit aufgebundenem Haar. Dicht um den Kopf eine dicke Kreislinie. | ϟAϟAT (abwärts) hinter dem r. auf einem Delphin reitenden Taras. Die R. stützt er hinter sich auf den Delphin, den l. Arm hat er halb erhoben. Unten Kammmuschel abwärts. Erhabener Rand mit Perlen verziert. (28670/10). |

Die Ks. dieser Münze ist mit demselben Stempel geprägt, aus welchem die Vs. der ersten Münze dieser Abtheilung (n. 42—46) hervorging.

| 66 | Ⰰ 4½ | 8,03 | Ganz ähnlicher Kopf l. mit aufgebundenem Haar und Perlenhalsband. Dicht um den Kopf eine dicke Kreislinie. | TAPAろ (abwärts) hinter dem mit vorgestreckten Armen l. auf dem Delphin reitenden Taras. Unten Kammmuschel abwärts. Perlkreis. (Arditi). |

Taf. XI, 170.

Ein unvollkommenes Ex. ist das bei Carelli Taf. CV, 34 abgebildete. Vgl. Garrucci Taf. XCVII, 19.

Evans S. 3 bezeichnet den Kopf als denjenigen der Nymphe Satyra, Mutter des Taras.

Imhoof-Blumer hat die Ansicht ausgesprochen, Taras halte auf dieser und ähnlichen Münzen beide Hände gleichsam zum Gebet erhoben (Jahrbuch des archäolog. Inst. III 1888 S. 288 nebst Taf. 9, 12). Gegen diese Auffassung spricht die Haltung der Arme (horizontal vorgestreckt mit abwärts gekehrten Handflächen) hier wie auf den ähnlichen Typen (vgl. oben n. 48. 49. 62. 64).

| 67 | Ⰰ 4 | 7,90 | Jugendlicher Kopf l. Das Haar ist am Nacken aufgenommen und nach Art eines Diadems um den Kopf gelegt. Dicht um den Kopf ein dicker Kreis. | Spuren von Schrift (TAPAS, wie es scheint) hinter demselben Typus. Unten Kammmuschel abwärts. (113/1885). |

Taf. XI, 171.

Die Annahme Evans' (S. 3), dass hier der Kopf des Taras dargestellt sei, wird durch das Perlenhalsband auf der zweitnächsten Münze mit demselben Kopfe nicht bestätigt.

| 68 | Ⰰ 3½-4 | 7,73 abgenutzt | Ebenso. | TA[P]AS (r.,abwärts). Derselbe Typus (Taras hat aber hier einen langen Haarzopf). Unten kein Beizeichen. Erhabener Rand. (Fox). |

| 69 | Ⰰ 4 | 7,95 oxydirt | Derselbe Kopf l. mit Perlenhalsband. Dicht um den Kopf ein dicker Kreis. | Spuren von Schrift hinter dem mit vorgestreckten Händen l. auf einem Delphin reitenden Taras. Unten Kammmuschel abwärts. (Prokesch). |

Die Ks. vielleicht aus demselben Stempel wie n. 67.

70	Æ 2½-3	3,92	₹ Ⴈ AT (so). Weiblicher Kopf r. mit einem breiten Bande im Haar (die Schrift ist so vertheilt, dass AT hinter, der Rest vor dem Kopfe steht).	ʃA Ⴈ A T (l. beginnend, abwärts). Vordertheil eines geflügelten Seepferdes r. Unten Kammmuschel aufwärts. Perlkreis. (21568).

Der Kopf ist von roher Arbeit. — Ungenau abgebildet bei Carelli Taf. CV, 36.

71	Æ 2½-3	3,94	AT (l., aufwärts). Weiblicher Kopf r. mit breitem Bande im Haar.	Ebenso (diese Seite aus demselben Stempel wie die vorhergehende Münze). (Fox).

Vgl. Garrucci Taf. XCVII, 20.

72	Æ 3	3,64	Weiblicher Kopf r. mit doppeltem schmalen Bande im Haar, welches hinten in einem Zopf herabhängt (der Zopf endigt in eine kleine Kugel).	TARAS (abwärts) hinter dem Vordertheil eines geflügelten Seepferdes l. Unten Kammmuschel abwärts. Einfacher Kreis. (Peytrignet).

Vgl. Garrucci Taf. XCVII, 21.

Mit dem sitzenden Demos

Der sitzende Demos gleicht in mancher Beziehung dem meist bärtigen Manne auf Münzen von Rhegium.

73	Æ 4½-5	7,80 oxydirt	⫽⫽⫽ⰀⰀAT (r., aufwärts). Taras l. auf dem Delphin reitend, indem er die R. vorstreckt und die L. auf den Delphin stützt. Unten Kammmuschel abwärts.	Ein jugendlicher Mann, nur unterwärts bekleidet, sitzt l. auf einem Stuhl ohne Lehne; mit der L. stützt er sich auf einen langen Stab, in der ausgestreckten R. hält er einen Rocken. (6537).
74	Æ 5-5½	6,73 abgenutzt	TA⫽⫽⫽⫽ (r., abwärts). Taras mit vorgestreckten Armen l. auf dem Delphin reitend. Unten Kammmuschel abwärts.	Ein jugendlicher Mann, nur unterwärts bekleidet, l. auf einem Stuhl ohne Lehne sitzend. In der R. hält er einen Rocken, mit der L. fasst er einen Stab, den er in die l. Achselhöhle gestemmt hat. (6538).

| 75 | Æ 5-6 | 7,85 | ΤΑ·ΑΑΤ (l., abwärts). Derselbe Typus, aber r. Unten Kammmuschel abwärts. Einfacher Kreis, wie es scheint. | ΣΑΡΑΤ (aufwärts) hinter demselben Typus (die hier sichtbare Abschnittslinie ist geperlt). (Fox). |
| 76 | Æ 6 | 8,04 | ΣΑΡΑΤ (l., abwärts). Derselbe Typus r. Unten Kammmuschel abwärts. Perlkreis. | TARANTINOΣ (abwärts) hinter demselben Typus. Auch hier ist die Abschnittslinie geperlt. (28670′11). |

Taf. XI, 172.
Ob in der Aufschrift der Vs. der letzte Buchstabe Σ oder Ξ ist, ist nicht recht klar, Σ ist wahrscheinlicher.

| 77 | Æ 6-6½ | 7,80 | Taras l. auf dem Delphin reitend. Am l. Arm hat er einen böotischen Schild, die R. ist vorgestreckt. Unten Kammmuschel abwärts. | Ein jugendlicher Mann, nur unterwärts bekleidet, sitzt l. auf einem Stuhle ohne Lehne. Auf dem Rücken der ausgestreckten r.Hand lässt er eine Spindel umlaufen, in der herabhängenden L. hält er eine strigilis, während ein Salbgefäss von einem um sein Handgelenk geschlungenen Bande herabhängt. (Peytrignet). |

Taf. XI, 173.
Die Kehrseite ist besonders fein und schön componirt.

78	Æ 5-5½	7,78 etwas beschädigt	Ebenso.	Ebenso, doch hält der Mann mit der herabhängenden l. Hand nur das Salbgefäss. (6634).
79	Æ 5-6	7,87	Taras, l. auf dem Delphin sitzend, hält sich mit der R. an der Rückenflosse, die L. legt er auf den Rücken des Delphins. Unten ein schmaler Fisch l. und darunter Wellen.	Ebenso. (Peytrignet).
80	Æ 5	7,85	ΤΑΡΑΝΤ (r., abwärts). Taras mit vorgestreckten Armen l. auf dem Delphin reitend. Unten Kammmuschel abwärts. Perlkreis.	TAΡ. (abwärts) hinter einem nur unterwärts bekleideten jugendlichen Manne, welcher l. auf einem Stuhle ohne Lehne sitzt. In der R. hält er den Rocken, die L. legt er an den Stuhl. Das Ganze von einem Kranze umgeben. (Ohne Bezeichnung).

| 81 | Æ 5-6 | 7,78 oxydirt | Keine Schrift sichtbar. Derselbe Typus, aber r. Unten Kammmuschel abwärts, zwischen Muschel und Delphin ein undeutlicher Gegenstand (Fisch?). Perlkreis. | TAPAΣ (abwärts) hinter derselben Darstellung. Auch hier das Ganze im Kranz. Die hier sichtbare Abschnittslinie ist geperlt. (Fox). |
| 82 | Æ 5-5½ | 7,44 | ////////PA N TINΩ //// Taras, behelmt und mit einem kleinen runden Schild am l. Arm, reitet l. auf einem Delphin. . In der ausgestreckten R. hält er ein aplustre, wie es scheint. Unten ein breiter Fisch l. Am Bauche des Delphins ein kleines E | Ein Jüngling, nur unterwärts mit dem Mantel bekleidet, sitzt l. auf einem Sessel ohne Lehne. Er hält mit der R. einem vor ihm aufgerichtet sitzenden Panther (oder Katze) die Spindel hin; in der herabhängenden L. hält er eine strigilis (ob auch das Salbgefäss, ist nicht zu sehen). (28656/6). |

Von sehr schönem Styl. — Auf der Ks. ist ΔA eingeritzt. Taf. XI, 174.

Das auf dem Bauche des Delphins befindliche winzige E ist die älteste und sicherste Künstlersignatur auf tarentiner Münzen (vgl. Evans S. 119).

Die bei Garrucci Taf. XCVII, 32 und bei Imhoof und Keller Tier- und Pflanzenbilder Taf. I, 26 abgebildeten Exemplare weichen von dem unseren etwas ab; auf letzterem hat der sitzende Mann beide Beine eingezogen (wie auf dem Ex. bei Carelli Taf. CVI, 52).

Hinter dem Panther sieht man auf unserem Exemplar zwei sich kreuzende Linien, ebenso einen Strich hinter dem Rücken des Mannes hervorkommen; es sind wohl nur Zufälligkeiten des Stempels.

Auf einer unserer Münzen von Rhegium (28693) befindet sich ein Panther unter dem Sessel des Demos. Über den Fisch vgl. Imhoof und Keller Tier- und Pflanzenbilder S. 44 (Taf. VI, 49).

| 83 | Æ 4½-5 | 7,25 abgenutzt | Taras l. auf dem Delphin reitend. Die R. ist ausgestreckt (und hielt vielleicht einen Gegenstand), die L. stützt er auf den Delphin. Unten eine Krabbe, wie es scheint. | Ein jugendlicher Mann, mit einem Mantel, der nur die Schenkel bedeckt, sitzt auf einem Stuhl mit Lehne und geschweiften Füssen. Sich etwas überbeugend, hält er in der ausgestreckten R. einen Vogel am Flügel; den l. Arm hat er auf die Stuhllehne gelegt, in der Hand hält er einen Rocken. Von r. her |

schleicht ein katzenähn-
liches Thier heran. (Pey-
trignet).

Vgl. Carelli Taf. CVII, 73, nur ähnlich. — Die Vs.
unserer Münze gleicht der bei Evans Taf. I, 12 abgebildeten (Ks.) vollkommen.

84.	Æ 5-6	8,03		
85		7,98		

TAPA𝖠 TI 𝖭Ω𝖠 Taras
r. auf dem Delphin reitend,
indem er die R. ausstreckt,
die L. auf den Delphin
stützt. Unten Kammmu-
schel abwärts.

Ein jugendlicher Mann, nur
unterwärts mit dem Man-
tel bekleidet, sitzt l. auf
einem Stuhl ohne Lehne.
Im l. Arm hat er einen
Stab (oder Rocken?), mit
der ausgestreckten R. hält
er einen Kantharus. Der r.
Fuss ruht auf einer Er-
höhung, auf welcher sich
ein bekränzter Altar (oder
Grabstele?) mit giebelar-
tigem Aufsatz befindet.
Perlkreis. (Fox. Prokesch).

Taf. XI, 175.
Beide Exemplare aus demselben Stempel. Sehr
schön und fein componirt. Die Ks. von etwas älterem
Styl als die Vs.
Über den Typus der Ks. dieser und der folgenden
Münze vgl. Evans S. 19.

86	Æ 4½-5	7,82 ab-genutzt		

Keine Schrift sichtbar. Taras mit vorgestreckten
Armen r. auf dem Delphin
reitend. Unten Kamm-
muschel abwärts. Perl-
kreis.

Bekleidete, wohl nur scheinbar weibliche Figur (der
r. Arm und die r. Brust
sind nackt) r. sitzend auf
einem Stuhl ohne Lehne,
über welchen ein Thierfell
gebreitet ist. In der l.
hält sie den Rocken, in
der vorgestreckten R. einen
grossen Kantharus. Perl-
kreis. (Fox).

Ähnlich Cat. of greek coins in the Brit. mus., Italy,
S. 169, 70; viel alterthümlicher das bei Evans Taf. I, 7
abgebildete Stück.

87	Æ 4-4½	8,03		

Taras, l. auf dem Delphin
sitzend, hält sich mit der
R. an der Rückenflosse,
die L. legt er auf den
Rücken des Delphins. Un-
ten ein schmaler Fisch l.
und darunter Wellen.

TAP𝖠 (aufwärts) vor einem
nackten Jüngling, der l.
auf einem Felsen sitzt,
über den sein Gewand ge-
breitet ist. Die L. stützt
er auf den Felsen, den r.
Ellenbogen auf das etwas

emporgezogene Knie, und
hält in der R., wie es
scheint, eine strigilis. Hinter ihm der Rocken. (Fox).
Die Vs. ist aus demselben Stempel, aus dem die
Münze n. 79.

| 88 | Æ5-5½ | 5,95 | Taras l. auf dem Delphin reitend; am l. Arm ein grosser böotischer Schild, der r. Arm ist ausgestreckt. Unten Kammmuschel abwärts. | Ein Jüngling mit einem Mantel, der nur die Schenkel bekleidet, sitzt l. auf einem Stuhl ohne Lehne. Die L. legt er an den Sessel, der r. Arm ist ausgestreckt. (Fox). |

Diese aufschriftlose Münze ist von roher Arbeit und
eine barbarische Nachahmung der unter n. 77.78 beschriebenen Stücke.

Die schweren Didrachmen mit dem Reiter

a) Ältere und seltene Darstellungen

Auf den fünf nächsten Münzen älteren Styls (n. 89
bis 95) ist die Seite mit dem Reiter etwas vertieft, ist also
als Kehrseite anzusehen; nur der Gleichförmigkeit mit
den übrigen Münzen dieser Klasse wegen ist sie hier
als Vorderseite beschrieben.

| 89. | Æ5½-5¼ | 7,84 etwas abgenutzt | Nackter Reiter r. sprengend; die R. stützt er auf des Pferdes Hintertheil. | T APA N[TINΩ] ΛΉΜΙ Taras, r. auf dem Delphin reitend, hält die L. vorgestreckt und stützt die R. auf den Delphin. L. im Felde Γ Perlkreis zwischen zwei einfachen Kreisen (nur auf einem Ex. zu sehen). (11275. Gansauge). |
| 90 | 5-6 | 6,12 abgenutzt und oxydirt | | |

Die Kehrseiten sind aus demselben Stempel.
Das geringe Gewicht des zweiten Exemplars (6,12)
erklärt sich hauptsächlich durch die völlige Oxydation
des Silbers, das sich jetzt in körnigem Zustande befindet.
Über Styl und Aufschrift vgl. Evans S. 31 f.

91.	Æ 5½-6¼	7,82	Ebenso [Nackter Reiter r.	TAPAΣ (l., aufwärts). Taras
92	5-5½	7,89 beide etwas abgenutzt	sprengend; die R. stützt er auf des Pferdes Hintertheil].	r. auf dem Delphin reitend, indem er den l. Arm vorstreckt und die R. auf den Delphin stützt. Unter dem Delphin viele kleine Wellen (einige davon sind auch über dem Kopfe und dem Schwanze des Fisches sichtbar). Im Felde r. (vor der Brust des Taras) T Verzierter Perlrand (nur auf einem Ex. zu sehen). (28688. Fox).

Taf. XII, 176.

Beide Exemplare aus demselben Stempel (auch das bei Evans Taf. II n. 1 abgebildete ist aus diesem Stempel).

Der letzte Buchstabe der Aufschrift (Σ) ist nicht recht deutlich, da er zum Theil im Perlrande liegt, ist aber sicher vorhanden.

| 93 | Æ 5 | 7,30 oxydirt | Nackter Reiter r. trabend; in der gesenkten R. scheint er eine Gerte zu haben, mit der er das Pferd antreibt. Ein Strich giebt den Abschnitt an. | ṬΛ⸱ Ͷ ΤΙ Ͷ·Ͷ (von oben beginnend). Taras r. auf dem Delphin reitend, indem er den l. Arm vorstreckt und die R. auf den Delphin stützt. Unten Kammmuschel abwärts. (Fox). |

Von rohem Styl und, wie es scheint, verwildert.

| 94 | Æ 5½-6 | 7,79 | Nackter Reiter r., im Schritt. Ein Strich giebt den Abschnitt an. | Τ ΛΡΛ Ͷ ΤΙ ͶΩͶ (von oben beginnend), sonst ebenso. (Peytrignet). |

Unfeine Arbeit. — Vollkommen übereinstimmend das Exemplar bei Evans Taf. XI, 1, der aber S. 35 die Aufschrift irrthümlich als linksläufig angiebt.

| 95 | Æ 6-6½ | 7,80 | [T]AR AͶΤΙ///////// (von oben beginnend). Nackter Reiter l. sprengend. In der L. scheint er eine Gerte zu halten (falls hier nicht ein Stempelriss vorliegt). | Τ ΑΡΑ [Ν] Τ ΙͶΩͶ (von oben beginnend), sonst ebenso. Einfacher Kreis und Perlkreis. (28670/12). |

Ähnlich Carelli Taf. CIX, 101.

| 96 | Æ 5-5½ | 7,74 | Nackter Reiter auf einem kleinen Pferde im Schritt l. Am l. Arm hat er einen sehr kleinen, mit einem Sterne verzierten Rundschild; die R. legt er an die Kopfmähne des Pferdes (oder bekränzt dieses?). Ein Strich giebt den Abschnitt an. Undeutlicher Kreis. | ΤΑΡΑ ΝΤΙ ΝΩΝ (von oben beginnend). Taras r. auf dem Delphin reitend. In der erhobenen R. scheint er einen kurzen Speer (abwärts) zu halten, der l. Arm ist vorgestreckt, (etwas gesenkt). Unten Wellen (in einer concaven Linie). (Fox). |

Dieselben Typen auf dem im Cat. of greek coins in the Brit. mus., Italy, S. 187, 200 abgebildeten Exemplar.

| 97. 98 | Æ 4-4½ 5 | 7,90 7,70 | Nackter, behelmter Krieger hinter oder vielmehr neben seinem r. gewendeten Pferde stehend, welchem er die R. auf den Rücken legt; die L. stützt er auf die Lanze, am Arm hat er den runden Schild. Er scheint sich aufschwingen zu wollen. Im Felde r. ⊢ | ΤΑΡΑΣ (r., abwärts). Taras l. auf dem Delphin sitzend. Am l. Arm hat er einen kleinen Rundschild, in der ausgestreckten R. hält er einen langen Dreizack. Unter dem Delphin A, darunter Wellen (in einer concaven Linie). (Peytrignet. Prokesch). |

Das zweite Exemplar ist auf eine andere Münze aufgeprägt, deren Typen nicht mehr erkennbar sind. Vgl. Evans Taf. IV n. 4.

| 99 | Æ4½-4¼ subärat | 6,88 | Ebenso, doch ohne den Buchstaben im Felde. | ΤΑ//// (abwärts), sonst ebenso; nur fehlt das A unter dem Delphin und die Wellen sind nicht sichtbar (wahrscheinlich nicht vorhanden). (860). |

| 100 | Æ 4½-5 | 7,67 | Nackter, behelmter Reiter auf einem erregten Pferde l.; am l. Arm hat er einen kleinen Rundschild (darauf Seepferd), in der Hand zwei Speere. Vor dem Pferde l. ausschreitende Nike, welche mit der L. das Pferd am Zügel gefasst hat und mit der R. nach dessen Kopf greift. Im Felde r. ⊢////, unter dem Bauche des Pferdes Μ, zwischen dessen Hinterbeinen ΚΑΛ | ΤΑΡΑΣ (r., abwärts). Taras r. auf dem Delphin reitend. Auf dem l. Arm liegt ein Gewandstück, das im Winde flattert; in der L. hält er zwei abwärts gekehrte Speere, die (nicht ganz zur Ausprägung gekommene) R. ist nach dem Kopfe zu erhoben. Unten Wellen; zwischen diesen und dem Delphin ΚΑΛ (5844). |

Vgl. Cat. of greek coins in the Brit. mus., Italy,

S. 196, 272 und Evans Taf. IV, 7 (mit **TAPANTINΩN** auf
der Vs). Die Darstellung auf der Vs. dürfte am richtigsten
so aufzufassen sein: Nike empfängt das siegreiche Pferd.

101	Æ 5	7,45 subärat	Derselbe Typus; auch hier hat Nike das Pferd gefasst, ohne aber, wie bei der vorhergehenden Münze, die Arme zu kreuzen. Auf dem Schild ist keine Verzierung und die beiden Speere sind nicht sichtbar. Ebenso fehlen die Buchstaben (der Abschnitt nicht sichtbar). Taf. XII, 177.	**TAP[AΣ]** (l., aufwärts). Taras l., der sich emporhebend mit dem r. Knie auf dem Delphin kniet und den l. Fuss auf die Wellen setzt. Die R. streckt er vor, am l. Arm hat er einen kleinen Rundschild (darauf die Spuren von **E**) und in der Hand zwei abwärts gekehrte Speere. L. im Felde **ΙΟΡ** (28876).
102	Æ4½-4½	7,81	Ebenso, doch unten steht **ΛΥΚΙ** ε ᚤ (also Λυκίσκος).	**TΑΡΛΣ** (l., aufwärts). Dieselbe Darstellung. Auf dem Rundschild ist nichts zu sehen. Im Felde l. steht hier **ΙΟΡ** (Fox).

Carelli Taf. CXII, 166 (danach Evans S. 133) mit
ΛΥΚΙΑΝΟΣ, gewiss irrthümlich.

b) Mit dem Krieger

103	Æ 5	7,84	Behelmter nackter Krieger l. sprengend, der Oberleib ist fast bedeckt von dem grossen Rundschild (mit Delphin l.), den er am l. Arm hat und unter welchem zwei Speere hervorragen. Oben **Ι**, l. **Α**, r. **Λ**, unten drei undeutliche Buchstaben, vielleicht **ΚΛΛ** oder **ΚΑΛ**. Perlkreis. Taf. XII, 178.	**TΑΡΑΣ** unter dem l. auf dem Delphin reitenden Knaben Taras; er hat langes Haar und über der Stirn eine Blume(?), um den Fussknöchel einen Ring; in der L. trägt er den Rocken geschultert, die R. legt er auf die Rückenflosse des Delphins. Im Felde l. **Ϲοι** (aufwärts), r. ein abwärts gekehrter Dreizack ohne Griff. (Prokesch).
104	Æ 4-4½	5,45 subärat	Ebenso, doch ist hier von der Schrift nur **Α** und **ΚΛΛ** erhalten.	Ebenso. (Beger thes. Pal. 170, th. Br. I, 322).

105	Æ 5	7,77	Nackter behelmter Krieger r. sprengend. Er ist ganz im Profil dargestellt; am l. Arm hat er einen runden Schild, mit der R. hält er die Zügel. Unter dem Bauche des Pferdes ⊢ Vgl. Evans Taf. XI n. 5.	TAPAΣ (r., abwärts). Taras l. auf dem Delphin sitzend; in der vorgestreckten R. hält er ein einhenkliges Gefäss (mit breitem Munde und geriefelt), die L. stützt er auf den Delphin. Unten Wellen; zwischen diesen und dem Delphin Γ Einfacher Kreis. (9166).
106 – 108	Æ 4-5½ 4½-5 4-4½	7,98 7,95 7,85	Nackter behelmter Krieger r. sprengend, in der erhobenen R. eine Lanze abwärts, am l. Arm den Rundschild nebst zwei Speeren in der Hand. Unter dem Bauche des Pferdes ΔΑΙ (auf zwei Exemplaren ΔΛΙ).	TAPAΣ (r., abwärts). Taras l. auf einem Delphin reitend. Er hält mit der R. einen grossen Dreizack geschultert, am l. Arm hat er einen Rundschild (mit geflügeltem Seepferd l.). L. im Felde ΦΙ, unten eine stachlige Schnecke (die Spitze l.). (Fox. B. Friedländer. Gansauge).

Der Helm des Kriegers ist oben mit einer nach vorn gekrümmten Spitze (wohl Greifenkopf) und mit einem Busch versehen.

Vgl. Evans Taf. VI n. 6.

109	Æ 4½-5	7,90	Ebenso, doch hier unter dem Bauche des Pferdes ΣΑ	Ebenso, doch die Schnecke mit der Spitze nach unten. (B. Friedländer).
110 111	Æ 4½-5 5	7,87 7,89	Ebenso, doch der Helm hat keinen Busch und unter dem Pferde steht hier ΦΙΛΙ Taf. XII, 179.	TAPΛΣ (r., abwärts). Der Knabe Taras l. auf dem Delphin reitend; über der Stirn hat er eine Blume, auf der ausgestreckten R. einen Delphin, im l. Arm den Rocken. Unten drei Wellen. Im Felde l. ΦΙ, r. ein Epheublatt. (Beger thes. Br. I, 325. B. Friedländer).

| 112 | Æ 4½-5 | 7,90 | Derselbe Typus (doch ist nicht zu sehen, ob der Krieger behelmt ist oder nicht). Unter dem Bauche des Pferdes Φ1, im Felde l. A Perlkreis. | ΦIΛIΣ (aufwärts) vor dem Knaben Taras, welcher l. auf dem Delphin reitet. Mit der L. hält er den Rocken geschultert, die R. ruht auf dem Delphin; am Fussknöchel trägt er einen Doppelring. Unten grosse Wellen; im Felde r. Adler mit angelegten Flügeln l. (Peytrignet). |

Vgl. Evans Taf. VI n. 2.
Über das Auftreten des Adlers mit angelegten Flügeln auf tarentinischen Münzen vgl. Evans S. 88.

113	Æ4½-4½	7,93	Ebenso, doch steht hier A im Felde r.	Ebenso, nur ist die Stelle der Schrift nicht ausgeprägt. (Fox).
114	Æ 5	7,88	Nackter unbehelmter Krieger r. sprengend; in der erhobenen R. hält er die Lanze (die Spitze nach unten gekehrt), am l. Arm den Rundschild und in der Hand zwei Speere. Unter dem Bauche des Pferdes API, im Felde l. E, oben Γ (oder vielmehr Γ), r. A (also EΠA).	T APAΣ (r., abwärts). Taras (mit gesenktem Kopfe) l. auf dem Delphin reitend; im l. Arm hat er ein Steuerruder, in der ausgestreckten R. einen Kantharus. Im Felde l. (über dem Kantharus) KΛ (Ohne Bezeichnung).
115	Æ 5	7,27 etwas abgenutzt	Ebenso, die Buchstaben im Felde sind hier E (l.), Γi (oben) und A (r.).	TA PAΣ, sonst alles ebenso. (1258).
116	Æ4½-4½	7,83	Ebenso, doch scheint hier nicht mehr als E (im Felde l.) gestanden zu haben.	IIII ΛPAΣ, derselbe Typus; KΛ steht hier unter dem Kantharus. (Arditi).
117 118	Æ 4½-5 5-5½	7,85 7,86	Derselbe Typus (ohne Buchstaben im Felde); unter dem Bauche des Pferdes ΣA	TAPAΣ (r., abwärts). Taras l. auf dem Delphin reitend; im l. Arm hat er einen langen Dreizack, in der ausgestreckten R. einen Kantharus. Unten ein kleiner Delphin l.; im Felde l. K (4869. Fox).

Taf. XII, 180.

119	Æ 5	7,67 Rand beschädigt	Ebenso.	Ebenso, doch steht hier im Felde l. Λ und weiter unten K (117/1885).
120	Æ 5	7,88	Ebenso. Vgl. Evans Taf. VI n. 7.	Ebenso, doch hier im Felde l. Ω und weiter unten ℥ (116/1885).
121	Æ 4½-5	7,51	Ebenso.	Ebenso, doch hier im Felde l. ᚱ (über dem Arm des Taras). (B. Friedländer).
122	Æ 5	7,86	Ebenso.	Ebenso, doch hier steht ᚱ unter dem Arm des Taras. (Fox).
123 - 125	Æ 4¾-5 4⅛-4½ 4⅛-5	7,84 7,96 7,86	Ebenso.	ΤΑΓΑΣ (r., abwärts). Der Knabe Taras (mit langem Haar) l. auf dem Delphin reitend. Über der Stirn hat er eine Blume, im l. Arm den Rocken, die R. ist ausgestreckt. Unten Schiffsvordertheil l. (Pfau. B. Friedländer. Fox).
126	Æ 4½	7,61	Ebenso.	ΤΑΡΑΣ (l., aufwärts). Taras r. auf dem Delphin reitend (er hebt das l. Bein, als ob er vom Delphin herabspringen wollte). In der R. hält er einen Pfeil, in der vorgestreckten L. den Bogen nebst einem Pfeil (oder zwei?). Unter dem Delphin ⊢HP (Fox).

Sehr ähnlich Evans Taf. VI n. 12. Über den Typus der Ks. vgl. Evans S. 100.

127 - 130	Æ 4½-5 5-5½ 4½-5 4½-5	7,87 7,67 7,94 7,90	Derselbe Typus; unten im Bogen ΔΕΙΝΟΚΡΑΤΗΣ, im Felde l. ΣΙ	ΤΑΡΑΣ (r., abwärts). Taras l. auf dem Delphin reitend; die L. legt er auf den Rücken des Delphins, über der ausgestreckten R. ein kleiner Delphin. (Fox. Beger th. Br. I, 325. 18671. 837/1876).

Die vier Exemplare ergänzen sich gegenseitig.
Vgl. Evans Taf. VII n. 8.

131	Æ 5½-6	7,93	Derselbe Typus [Nackter unbehelmter Krieger r. sprengend; in der erhobenen R. hält er die Lanze (die Spitze nach unten gekehrt), am l. Arm den Rundschild und in der Hand zwei Speere]; unter dem Bauche des Pferdes ΚΛΛ (sic); im Felde l. Λ, r. N, unten ✕ Perlkreis.

ΤΑΡΑΣ (l., aufwärts). Taras (ganz im Profil gezeichnet) auf dem Delphin r. reitend; mit der R. befestigt er den Busch an einem Helm (mit vornüber geneigter Spitze), den er über die l. Hand gestülpt hat. Unter dem Delphin ΚΛΛ (B. Friedländer).

Taf. XII, 181.

Von sehr schöner Arbeit. — Über den Perlkreis vgl. Evans S. 73, welcher den Typus der Ks. etwas anders auffasst (Taras contemplates the casque that he holds between his hands, vgl. S. 75).

132	Æ 4½-5	7,74	Derselbe Typus; unter dem Bauche des Pferdes ΚΛΛ, im Felde l. Ͱ, r. Λ, unten A Ob auch hier Perlkreis, ist nicht sichtbar.

Ebenso; unter dem Delphin ΦΙ und im Felde l. und r. je ein grosser achtstrahliger Stern. (Gansauge).

Vgl. Evans Taf. IV n. 11. Über den Typus der Ks. dieser und der vorhergehenden Münze vgl. Evans S. 74 f.

133	Æ 5	7,82	Ebenso, doch ist der Name unter dem Bauche des Pferdes verwischt und die drei Buchstaben im Felde ganz undeutlich (der erste vielleicht Ͱ, der zweite Ͱ oder A?). Undeutlicher Perlkreis.

Ebenso. (Fox).

134 135	Æ 4½-4¾	7,93 7,83	Nackter behelmter Krieger reitet l. im Schritt. Am l. Arm hat er einen runden Schild und in der Hand eine Lanze. Unter dem Bauche des Pferdes Δ

ΤΑΡΑ Σ (r., abwärts). Taras l. auf dem Delphin reitend; mit der R. hält er einen langen Dreizack geschultert, die L. legt er auf den Delphin. Unter diesem Κ, unten Wellen. (Fox. 119/1885).

136	Æ 4¾-5½	7,92	Nackter Reiter l. sprengend; mit der R. fasst er die Mähne des Pferdes, am l. Arm hat er einen kleinen Rundschild. R. von letzterem ΣΙ, unter dem Pferde ΦΙΛΟΚΛΗΣ

ΤΑΡΑΣ (r., abwärts). Taras l. auf dem Delphin reitend, indem er die L. auf diesen stützt, in der vorgestreckten R. einen Kranz hält. Unten ΛΥΛ (oder ΛΥΑ?). (Fox).

Vgl. Evans Taf. VII n. 6 (doch S. 134 abweichend).

37	.R 4½-5	7,83	Ebenso.	TAΓAΣ hinter demselben Typus. Unten AY (Beger thes. Pal. 170, th. Br. I, 322).
138	.R 4½-5	7,74	Ebenso, nur scheint hier der Name unter dem Reiter nicht ΦΙΛΟΚΛΗΣ gewesen zu sein (eher vielleicht ΦΙΛΩΝ).	TAPAΣ hinter demselben Typus. Unten AY (Fox).

Auf der Ks. ist API eingeritzt; auf dem A wurde später ein E geritzt.

139	.R 5-6	7,56 oxydirt	Derselbe Typus, doch hier r. neben dem Schilde E, unter dem Reiter ΦΙΛΩΝ	TAΓAΣ (r., abwärts). Taras l. auf dem Delphin reitend; die L. stützt er auf diesen, über der ausgestreckten R. eine kleine Nike, welche Taras bekränzt. Unten grosse Wellen. (4866).
140	Æ 5	7,84	Nackter Reiter l. sprengend; am l. Arm hat er einen kleinen Rundschild.	ΣΑ9ΑΤ (l., abwärts). Taras l. auf dem Delphin reitend; im l. Arm hat er ein Ruder, die R. ist vorgestreckt. Unten (dem Rande folgend) Wellen. Einfacher Kreis. (Fox).

Vgl. Evans Taf. II n. 8.

141	.R 4½-5	8,02	Nackter Reiter l. im Schritt; am l. Arm hat er den kleinen Rundschild.	TAPAΣ unter dem l. auf dem Delphin sitzenden Taras. Sein Kopf ist gesenkt, beide Hände ruhen auf dem Delphin. Einfacher Kreis. (Fox).

Vgl. Garrucci Taf. XCVIII, 6. Evans Taf. III, 5.

142	.R 4½-5	7,73	Nackter l. sprengender Reiter, der sich zum Abspringen anschickt; er hat das r. Bein bereits eingezogen, mit der R. hält er sich an der Mähne fest, am l. Arm hat er den kleinen Rundschild und vielleicht einen kurzen Speer. Unten ◁ΙΚΩ///, im Felde r. Y[Ǝ]	TAPAΣ (r., abwärts). Taras l. auf dem Delphin reitend, indem er die L. auf den Delphin stützt, in der vorgestreckten R. eine Ähre mit einem ?) Blättchen hält. Im Felde l. API, unter dem Delphin eine Lanzenspitze r. (12110).

Über das Beizeichen der Lanzenspitze vgl. Evans S. 142 f.

143	R 5-5½	7,50 gra- nulirt	Derselbe Typus [Nackter l. sprengender Reiter, der sich zum Abspringen anschickt; er hat das r. Bein bereits eingezogen, mit der R. hält er sich an der Mähne fest, am l. Arm hat er den kleinen Rundschild und vielleicht einen kurzen Speer]; unten NIKΩИ, im Felde r. E[Y]. Vgl. Evans Taf. VII n. 10.	Ebenso [ΤΑΡΑΣ (r., abwärts). Taras l. auf dem Delphin reitend, indem er die L. auf den Delphin stützt, in der vorgestreckten R. eine Ähre hält]; auf diesem Exemplar hat die Ähre zwei Blättchen. (Fox).
144	R 5	7,82	Derselbe Typus, der kurze Speer ist deutlich. Unter dem Bauche des Pferdes Δ	ΤΑΡΑ //// (r., abwärts). Taras l. auf dem Delphin reitend; mit der R. hält er einen langen Dreizack geschultert, die L. stützt er auf den Delphin; unter diesem K Unten Spuren von Wellen. (Fox).

Vgl. oben n. 134. 135 mit derselben Ks.

145	R 5	7,97	Derselbe Typus, unter dem Bauche des Pferdes Ͱ	ΤΑΡΑ Σ (r., abwärts). Taras l. auf dem Delphin reitend; in der R. hält er einen korinthischen Helm mit Busch, die L. legt er auf den Delphin. Unter diesem I, unten Wellen. (836/1876).
146 - 148	R 4½-5 5-5½ 5	7,89 7,59 7,78	Reiter in ähnlicher Stellung l., aber statt mit der R. sich an der Mähne zu halten, greift er damit in die Zügel. Am l. Arm hat er den kleinen Rundschild mit kurzem Speer. Unter dem Bauche des Pferdes Γ	ΤΑΡΑΣ unter dem l. auf dem Delphin reitenden Taras; in der vorgestreckten R. hält er vielleicht einen kleinen Gegenstand, die L. stützt er auf den Delphin. Unter diesem A (Fox, 2 Ex. Prokesch).

Von den drei Exemplaren sind zwei aus demselben Stempel.

Nach Garrucci Taf. XCVIII, 9 hält Taras eine Muschel, nach dem Londoner Catalog (S. 195, 259) einen kleinen Delphin.

149	R 4½-5	7,93	Derselbe Typus, doch hat der Reiter nur den Rundschild am l. Arm. Keine Buchstaben. Einfacher Kreis. Taf. XII, 182.	ΤΑΡΑΣ unter dem l. auf dem Delphin reitenden Taras. In der ausgestreckten R. hält er ein aplustre, wie es scheint, die L. legt er auf den Delphin. Unter diesem Ϡ Einfacher Kreis. (Fox).

150	Æ 5-5½	7,80	Ebenso, doch unter dem Bauche des Pferdes Λ	ΤΑΡΑΣ unter demselben Typus. Unter dem Delphin ein undeutliches kleines Zeichen (zufällig?). Einfacher Kreis. (Fox).
151	Æ 4½-5	7,82	Derselbe Typus, doch unter dem Bauche des Pferdes A	ΤΑΡΑΣ unter dem l. auf dem Delphin reitenden Taras. Die R. ist ausgestreckt (was sie hielt, ist nicht zu sehen), die L. stützt er auf den Delphin. Unter diesem Σ (115/1885).

Taf. XII, 183.
Nach Cat. of greek coins in the Brit. mus., Italy, S. 194, 253 hält Taras einen Fisch.

152	Æ 5	7,96	Derselbe Typus, doch unter dem Bauche des Pferdes Σ Einfacher Kreis.	ΤΑΡΑΣ (im Bogen) unter dem l. auf dem Delphin reitenden Taras. In der vorgestreckten R. hält er einen runden Helm mit langem Busch, am l. Arm hat er einen etwas länglichen Schild, dessen innere Fläche man sieht, und in der Hand einen Speer. Unter dem ausgestreckten r. Arme Σ (114/1885).

Vgl. Evans Taf. II n. 7.

153	Æ 5	7,78 etwas beschädigt	Behelmter nackter Reiter in derselben Stellung l., am l. Arm hat er einen kleinen Rundschild und den Speer. Unter dem Bauche des Pferdes Σ Einfacher Kreis.	ΤΑΡΑΣ (mit grossen, nicht schönen Buchstaben) unter demselben Typus; doch ist hier der Schild oval. Unter dem Bauche des Delphins Σ (28648).

Vgl. Evans Taf. II n. 6.

154	Æ 4½-5½	7,78	Behelmter nackter Reiter (am l. Arme hat er einen kleinen Rundschild), der sich zum Abspringen anschickt, indem er mit der R. sich an der Mähne festhält. Vor dem Halse des Pferdes A, unter dem Bauche I und darunter Spuren einer flachen Schale.	ΤΑΡΑΣ unter dem r. auf dem Delphin reitenden Taras; er wendet den Oberkörper nach vorn, hält in der R. einen kurzen Speer und mit der L. einen Dreizack geschultert. (28250).

Vgl. Evans Taf. III n. 9.

c) Mit dem Knaben

155	Æ 4½-5	7,92

Nackter Knabe l. im Schritt reitend und ein zweites Pferd neben sich führend; er wird von der ihm nachschwebenden Nike bekränzt. Zwischen den Beinen der Pferde ΦI, im Felde l. K Einfacher Kreis.

TAPAΣ (l., aufwärts). Taras sitzt auf einem l. schwimmenden Delphin; indem er die L. auf denselben stützt, wendet er sich zurück und sticht mit dem Dreizack nach einem zwischen den Wellen schwimmenden Fisch. Im Felde r. K Einfacher Kreis. (6116).

Taf. XII, 184.
Dieses Exemplar ist auf eine der korinthischen Pegasusmünzen geprägt; man sieht bei dem Reiter die Flügel des Pegasus, auf dem Leibe des Taras die Lederkappe und das Haar der Athena (s. Zeitschr. f. Numism. IV S. 330).
Vgl. Eckhel d. n. I S. 147.

156	Æ 4½-5	7,74

Dieselbe Vs. aus demselben Stempel.

Ebenso, nur ist im Felde r. (an Stelle des K) eine quadratische Tafel; unter dem Delphin Χ (Fox).

Vgl. Evans Taf. III n. 7.

157	Æ 5	7,86

Nackter, von der ihm nachschwebenden Nike bekränzter Knabe auf einem r. sprengenden Pferde; ein nackter Jüngling fällt dem siegenden Rosse freudig in die Zügel. Unter dem Bauche des Pferdes Ɪ und daneben ein undeutliches Zeichen, das wie eine Krebsscheere aussieht. Perlkreis.

TAPAΣ unter dem l. auf dem Delphin reitenden Taras; in der ausgestreckten R. hält er ein einhenkliges Gefäss, die L. ist auf den Delphin gestützt. Im Felde r. K (6115).

Vgl. Evans Taf. IV n. 5.
Auch diese Münze ist auf ein korinthisches Didrachmon geprägt; auf der Vs. sind die Umrisse des l. gewendeten Athenakopfes deutlich zu erkennen (s. Zeitschrift f. Numism. IV S. 330).

| 158 | Æ 4-4½ | 7,75 |
159	4½-4¾	7,82

Dieselbe Vs. aus demselben Stempel.

TAPAΣ unter demselben Typus; doch ist hier im Felde r. (an Stelle des K) ein quadratisches Täfelchen; im Felde l. K (7442. Prokesch).

Taf. XII, 185.
Beide Exemplare sind aus demselben Stempel.

160	Æ 5	7,66	Nackter Jüngling (das Haar ist auf dem Scheitel geknüpft) auf einem r. stehenden Pferde. Davor steht eine bärtige Herme mit Stirnband. Unter dem Bauche des Pferdes ⊦E	TAPAΣ unter dem l. auf dem Delphin reitenden Taras; in der ausgestreckten R. hat er ein einhenkliges Gefäss, die L. stützt er auf den Delphin. (6540. Fox).
161	4½-5	7,74		

Die Vorderseiten sind aus demselben Stempel. Vgl. Evans Taf. III n. 10.

162	Æ4½-4½	7,90	Ebenso, nur ist das Haar des Jünglings nicht geknüpft und unter dem Bauche des Pferdes steht hier ⊦H	Ebenso. (Gansauge. Prokesch).
163	5	7,88		

Beide Exemplare aus demselben Stempel. Die Rückseite ist aus demselben Stempel, mit welchem das Fox'sche Ex. der vorhergehenden Münze geprägt ward.

164	Æ 4-4½	6,46 subärat	Derselbe Typus, aber die Herme ist hier ithyphallisch und unter dem Bauche des Pferdes steht HE	Taras l. auf dem Delphin reitend; in der ausgestreckten R. scheint er den Kantharus zu haben, die L. stützt er auf den Delphin. Aufschrift ist nicht zu sehen (nicht vorhanden gewesen?). (6541).

165	Æ 5½-6	7,67	Nackter Jüngling auf einem r. stehenden Pferde, den Kopf desselben mit der R. bekränzend. Vor dem Pferde ein auf den Boden aufgepflanzter Heroldstab.	TAPAΣ (l., aufwärts). Taras r. auf dem Delphin reitend, indem er den l. Arm vorstreckt und die R. auf den Delphin stützt. Unter diesem A Einfacher Kreis. (Peytrignet. Fox).
166	5-5½	7,94		

Die Kehrseiten beider Exemplare sind aus demselben Stempel.

Imhoof-Blumer bildet die Ks. dieser Münze im Jahrbuch d. archäol. Inst. III 1888 Taf. 9, 13 ab und meint (S. 288), Taras habe die eine Hand gleichsam zum Gebet erhoben. Die Handfläche ist hier allerdings nach oben gekehrt, wie beim Beten; ob aber das Ausstrecken nur eines Armes (während der andere unbehindert ist) als Geberde des Betens aufgefasst werden kann, ist sehr fraglich. Vgl. dazu die Bemerkung zu n. 66.

167	Æ 5-5½	7,88	Ebenso, doch hier im Abschnitt ΛΑ (oder ΑΛ?). Einfacher Kreis.	TAPAΣ unter demselben Typus. Kein Buchstabe und kein Kreis. (571/1872).

168 169	Æ 4½ 4½-4½	7,70 7,92	Nackter Jüngling auf einem r. stehenden Pferde, den Kopf desselben mit der R. bekränzend (der Kranz nicht recht deutlich). Einfacher Kreis.	ΤΑΡΑΣ (unten). Taras, welcher l. auf dem Delphin sitzt und beide Hände auf denselben legt. (11530. 195/1877).

Beide Exemplare aus demselben Stempel.
Das Pferd ist verhältnissmässig klein, die Kreislinie geht eng um die Darstellung.

170	Æ 5	7,59	Nackter Knabe auf einem r. schreitenden Pferde; der r. Arm hängt gerade herab. Unter dem Bauche des Pferdes ein undeutliches kleines Zeichen (etwa Φ?).	ΤΑΡΑΣ (unten). Taras l auf dem Delphin reitend; die R. hat er vorgestreckt (ob er etwas hielt, ist nicht zu erkennen), die L. stützt er auf den Delphin. (Arditi).

Ähnlich Carelli Taf. CIX, 108.

171	Æ 5½-6	7,86	Nackter Jüngling auf einem r. schreitenden Pferde; der r. Arm hängt gerade herab. Unter dem Bauche des Pferdes ein kleines ☉ (es könnte aber noch mehr da gestanden haben). Einfacher Kreis.	ΤΑΡΑΣ (unten). Taras, welcher l. auf dem Delphin reitet, indem er die R. vorstreckt (mit abwärts gekehrter Handfläche), die L. auf den Delphin legt. (Fox)

Ähnlich Evans Taf. III n. 16 mit r. sprengendem Pferde.

172	Æ 4½-5	7,68	Nackter Knabe zu Pferde r., mit der R. den Kopf des Pferdes bekränzend. Unter dem Pferde kniet ein nackter Knabe, welcher mit der L. den l. Vorderhuf des Pferdes hält, während er mit der R. die Höhlung des Hufs reinigt. Im Felde r. Φ	ΤΑΡ ΑΣ (r., abwärts). Taras, welcher l. auf dem Delphin sitzt; in der vorgestreckten R. hat er einen Kantharos, am l. Arm einen Rundschild und in der Hand einen Dreizack. Unter dem Delphin E, unten Wellen (im Bogen). (123/1885).

Taf. XII, 186.
Das Motiv des knieenden Knaben, welcher den Pferdehuf reinigt, findet sich auch auf einem Didrachmon von Ambracia mit korinthischen Typen (vgl. Londoner Catalog, Korinth, Taf. XXIX n. 11).

173 174	Æ 5½-6 4½-5	7,78 7,86	Ebenso.	Derselbe Typus, doch reitet hier Taras auf dem Delphin. Auch hier E und die Wellen. (Fox. 9165).

Beide Exemplare aus demselben Stempel.

175	Æ 5	7,76	Ebenso.	Ebenso, doch unter dem Delphin hier Ͱ (6117).

Die Vs. ist aus dem Stempel der vorhergehenden Münze.

Dieses Exemplar ist auf eine korinthische Pegasusmünze geprägt; auf der Ks. sieht man längs dem r. Bein des Taras einen Theil von dem Helme des r. gewendeten Athenakopfes.

176	Æ 5-5½	7,85	Nackter Knabe auf einem r. stehenden Pferde, dessen Kopf er mit der R. bekränzt. Im Felde l. ΣΑ, unter dem Bauche des Pferdes ΦΙΛΙ ΑΡΧ[οΣ]	ΤΑΡΑΣ (r., abwärts). Taras, welcher l. auf dem Delphin reitet, indem er in der vorgestreckten R. eine Traube hält, die L. auf den Delphin stützt. Unten ΑΓΑ (Fox. Arditi).
177	4½-5¼	7,92		

Vgl. Evans Taf. VII n. 3.

178	Æ 4½-5	7,89	Nackter Knabe auf einem r. schreitenden Pferde, dessen Kopf er mit der R. bekränzt. Unter dem Bauche des Pferdes Κ und eine stehende Keule.	ΤΑ ΡΑ Σ (r., abwärts). Taras l. auf dem Delphin reitend; in der ausgestreckten R. hält er einen Kantharus, am l. Arm hat er einen Rundschild und in der Hand einen Dreizack. Unter dem Delphin Ω, unten Wellen. Einfacher Kreis. (Keine Bezeichnung).

Die Münze ist auf einem Didrachmon mit korinthischen Typen aufgeprägt. Auf der Vs. sieht man (bei den Hinterfüssen des Pferdes) einen Theil des Athenahelms, hinter welchem ein deutliches Λ steht (vielleicht Leucas).

Vgl. Evans Taf. IV n. 1.

179	Æ 4½-5	7,85	Derselbe Typus; im Felde l. ΣΑ, unter dem Bauche des Pferdes eine bärtige Satyrmaske, fast ganz von vorn (etwas r.).	ΤΑΡΑΣ (r. abwärts, in einer geraden Zeile). Taras, der l. auf dem Delphin reitet, indem er in der ausgestreckten R. einen Kantharus hält, die L. auf den Delphin stützt. Unter diesem ΦΙ (Fox).

Das Beizeichen der Satyrmaske in fast übereinstimmender Weise auf korinthischen Pegasusmünzen.

180	.R 5-5½	8,01	Derselbe Typus [Nackter Knabe auf einem r. schreitenden Pferde, dessen Kopf er mit der R. bekränzt]; im Felde l. ΣA, unter dem Pferde am Boden eine kleine Eule halb r. Taf. XII, 187.	TAPAΣ (r., abwärts). Taras l. auf dem Delphin reitend. Ob er in der vorgestreckten R. etwas hielt, ist nicht zu sehen; die L. stützt er auf den Delphin. Unter diesem AΣ, im Felde l. ꟾH (Fox).

Auf der Vs. ist ꟾAN eingeritzt.

181	Æ 5	7,60	Derselbe Typus; unter dem Bauche des Pferdes AΓH	TAPAΣ (unten). Taras, welcher l. auf dem Delphin reitet, indem er in der ausgestreckten R. einen Kantharus hält und die L. auf den Delphin stützt; im Felde r. Φ (4868).

Vgl. Evans Taf. VI n. 8.

Auf der Vs. sind einige undeutliche Zeichen eingeritzt; auf der Ks. vielleicht ΚϞ, ebenfalls eingeritzt.

182	Æ 5-6	7,89	Derselbe Typus; im Felde l. ΣA, unter dem Bauche des Pferdes APE ΟΩΝ	TAPAΣ (r., abwärts). Taras l. auf dem Delphin reitend. In der ausgestreckten R. hält er einen Dreifuss, die L. stützt er auf den Delphin. Unter diesem ΣAΣ (Ohne Bezeichnung. Fox. Rauch).
-	5½-6	7,85		
184	5-5½	7,82		

Vgl. Evans Taf. VII n. 1.

185	Æ 4½-5	7,88	Derselbe Typus; unter dem Bauche des Pferdes KPAT INOΣ	TAPAΣ (r., abwärts). Taras l. auf dem Delphin reitend, indem er in der ausgestreckten R. einen Kantharus hält und die L. auf den Delphin stützt. Unter diesem ꟾOP (Fox).

186	Æ4½-4½	7,84	Nackter Knabe (mit langem Haar) auf einem l. schreitenden Pferde, dessen Kopf er mit der R. bekränzt. Unter dem Bauche des Pferdes eine Kammmuschel abwärts. Taf. XII, 188.	TAPAΣ (unten). Taras l. auf dem Delphin reitend; er hält in der vorgestreckten R. den Kantharus, die L. stützt er auf den Delphin. (Rauch. 122/1885).
187	5-5½	7,88		

Auf dem zweiten Exemplar ist der lange Pferdeschweif in der Mitte geknüpft.

188	Æ 5	6,90 subärat	Derselbe Typus. Unter dem Bauche des Pferdes Λ	Ebenso; einfacher Kreis. (B. Friedländer).
189	Æ 4½-5	7,88	Derselbe Typus. Unter dem Bauche des Pferdes eine kleine Athena promachos (oder Palladium) von vorn. Taf. XIII, 189.	TAPAΣ (unten). Taras l. auf dem Delphin reitend, indem er die R. ausstreckt und die L. auf den Delphin stützt. Unter dem Bauche desselben A (120/1885).
190	Æ 4½-5	7,73	Derselbe Typus. Unter dem erhobenen Vorderfuss des Pferdes Λ, unter dessen Bauche ein undeutlicher Buchstabe (oder kleines Beizeichen?).	TAPAΣ (unten). Taras l. auf dem Delphin reitend; in der ausgestreckten R. hält er einen Kantharus, die L. stützt er auf den Delphin. Unter diesem X (Fox).

Das bei Evans Taf. III n. 12 abgebildete Exemplar hat auf der Vs. die Buchstaben A und P.

| 191 | Æ 4½-5 | 8,01 | Nackter Knabe auf einem l. schreitenden Pferde, dessen Kopf er mit der R. bekränzt; in der L. hält er eine kurze Peitsche. Unter dem Bauche des Pferdes A

Taf. XIII, 190. | Ebenso, doch hier unter dem Delphin P Einfacher Kreis. (121/1885). |

| 192 | Æ 5 | 7,72 | Nackter Knabe auf r. schreitendem Pferde, dessen Kopf er mit der R. bekränzt. Er selbst wird von einer kleinen, hinter ihm schwebenden Nike bekränzt. Unter dem Bauche des Pferdes AP Einfacher Kreis. | Taras, l. auf dem Delphin sitzend, hält in der vorgestreckten R. einen Kantharus, die L. stützt er auf den Delphin. Ein um beide Oberarme geschlungenes Gewand flattert und bauscht sich im Winde. Unter dem Delphin ein undeutlicher Buchstabe (ähnlich einem Ɓ); unten Spuren von Wellen. Aufschrift ist nicht sichtbar. (Peytrignet). |

Taf. XIII, 191.

Aufgeprägt auf eine Münze mit korinthischen Typen (auf der Vs. sind die Spuren des r. fliegenden Pegasus, auf der Ks. die des l. gewandten Athenakopfes zu sehen).

			Obverse	Reverse
193	Æ 4½-5	7,97	Nackter Knabe auf r. schreitendem Pferde, der sich mit der R. bekränzt. Unter dem Bauche des Pferdes ΣA und darunter ein ionisches Capitell (mit einem Theil des Säulenschaftes).	ΤΑΓΑΣ (r., abwärts). Taras l. auf dem Delphin reitend; in der vorgestreckten R. hat er einen kleinen Gegenstand, der wie eine Schlange oder ein Aal aussieht, in der L. eine Gerte, wie es scheint. Unter dem Delphin ΚΟΝ (Peytrignet).

Das bei Evans Taf. VI n. 11 abgebildete Exemplar hat ΚΟΝ (vgl. oben n. 7).

d) Mit dem Knaben auf dem jagenden Pferde

194	Æ 5-5½	7,59	Nackter Knabe auf r. sprengendem Pferde, mit erhobenem r. Arm. Unter dem Bauche des Pferdes ΣA	ΤΑΡΑΣ (unten). Taras l. auf dem Delphin reitend; den r. Arm hat er vorgestreckt, im l. hält er einen langen Palmzweig, von dessen Spitze ein Band herabhängt. Unter dem Delphin ΣΥΜ, im Felde r. ein korinthischer Helm (mit Busch) l. (12109. Fox).
195	5-6¼	7,87		

Das zweite Exemplar scheint auf eine andere Münze aufgeprägt zu sein.
Über die Typen dieser Münze ist zu vgl. Evans S. 96 f., welcher das ΣΥΜ für die Bezeichnung ΣΥΜΜΑΧΙΚΟΝ halten möchte.

196	Æ 5	7,70	Nackter Jüngling auf r. sprengendem Pferde; sein r. Arm hängt gerade herab. Unter dem Bauche des Pferdes ein undeutlicher Buchstabe (Þ?)	ΤΑΡΑΣ (unten). Taras l. auf dem Delphin reitend, indem er die R. vorstreckt, die L. auf den Delphin stützt. (Peytrignet).

Geprägt auf ein Didrachmon von Korinth oder einer Kolonie von Korinth: auf der Ks. ist der Athenakopf r., hinter dessen Helm Ϡ steht, noch ganz deutlich zu erkennen.

197	Æ 4-4½	7,69	Ebenso; der Buchstabe unter dem Bauche des Pferdes ist undeutlich (Ρ oder Π).	Ebenso; doch ist hier über dem Delphinschwanze ein sehr kleines o zu sehen. Einfacher Kreis. (Herrmann).

Ebenso, mit ⊙ auf der Vs., Evans Taf. III n. 16.

| 198 | Æ 4½-5 | 7,84 | Nackter Jüngling mit flatterndem Haar auf r. sprengendem Pferde; mit der L. schwingt er eine kurze Peitsche. | TAPAΣ (unten). Taras (mit flatterndem Haar) l. auf dem Delphin reitend; die L. stützt er auf den Delphin, in der vorgestreckten R. hält er einen Kantharus. Einfacher Kreis. (Fox). |

Taf. XIII, 192.
Die Vs. von sehr schöner Arbeit.

| 199 | Æ4½-4½ | 7,90 | Nackter Jüngling auf r. sprengendem Pferde; in der R. hält er einen kurzen Stab (oder Peitsche?), mit dem er das Pferd antreibt. Einfacher Kreis. | TAPAΣ (unten). Taras l. auf dem Delphin reitend, indem er die L. auf den Delphin stützt, in der vorgestreckten R. ein aplustre (?) hält. Einfacher Kreis. (Fox). |

| 200 | Æ 5-5½ | 7,84 | Nackter Jüngling mit flatterndem Haar auf r. sprengendem Pferde; der r. Arm hängt gerade herab. Bei den Hufen des Pferdes A　　P | TAPAΣ (unten). Taras (mit flatterndem Haar), welcher l. auf dem Delphin reitet; in der vorgestreckten R. hält er einen Kantharus, die L. stützt er auf den Delphin. Neben dem Fusse des Taras X, über dem Schwanz des Delphins Φ (Fox). |

Auf der Ks. ist ΣΥΝ eingeritzt.

201	Æ 5½	7,62	Nackter Reiter r. jagend. Unten NIKOΔAMOΣ, im Felde l. ΣΥ	TAP　AΣ (l., aufwärts). Taras l. auf dem Delphin reitend, indem er in der vorgestreckten R. den Kantharus, im l. Arm den Rocken hält. Unten ΙΟϷ und daneben ein Reh l., das den Kopf zurückwendet. (11276. Peytrignet. Fox).
-	5-5½	7,73		
203	5½-6½	7,99		

Der erste der beiden Buchstaben im Felde l. ist nicht deutlich; es scheint ein Σ zu sein, könnte aber auch E gewesen sein (vgl. Evans S. 135; das ebenda Taf. VII n. 11 abgebildete Exemplar weicht von den unseren nicht ab, wird aber irrthümlich als im Berliner Kabinet befindlich bezeichnet).

204 205	Æ 4½-5 4½-4½	7,72 7,75	Nackter Reiter r. jagend; in der R. hat er einen kurzen Stab (oder Peitsche?), mit dem er das Pferd antreibt.	TAPAΣ (unten). Taras l. auf dem Delphin reitend, indem er in der vorgestreckten R. ein aplustre (?) hält und die L. auf den Delphin stützt. Einfacher Kreis. (11533. B. Friedländer).

Das Pferd dieser und der folgenden Münzen ist im Verhältniss zum Reiter klein.

206	Æ 5	7,34 (so)	Nackter Reiter mit fliegendem Haar r. jagend; in der R. hat er eine Peitsche, mit welcher er das Pferd antreibt. Unter dem Bauche des Pferdes Λ Einfacher Kreis.	TAPA//// unter demselben Typus. Einfacher Kreis. (Gansauge).

Dieses Exemplar ist verprägt.

207	Æ 4½-4½	7,80	Nackter Reiter mit fliegendem Haar r. jagend; unter dem Bauche des Pferdes 3 (und noch ein kleines Beizeichen?). Einfacher Kreis.	TAPAΣ unter demselben Typus. (Peytrignet).
208	Æ 4½-5¼	7,90	Derselbe Typus: unter dem Bauche des Pferdes hier Λ Einfacher Kreis.	TΛPΛΣ (abwärts) hinter demselben Typus. Einfacher Kreis. (Fox).
209	Æ 5	7,82	Derselbe Typus; kein Buchstabe. Einfacher Kreis.	TAPAΣ unter demselben Typus. Einfacher Kreis. (Prokesch).
210	Æ 4	7,42 ab- genutzt	Nackter Reiter r. jagend; er scheint in der etwas emporgezogenen R. einen kurzen Stab (oder Peitsche) zu haben, mit dem er das Pferd antreibt. Unter dem Bauche des Rosses Λ	////ΛPΛ//// unter demselben Typus. (B. Friedländer).
211	Æ 5-6	7,92	Nackter Reiter l. jagend; mit der L. scheint er sich auf das Pferd zu stützen, die R. fasst an der l. Seite des Pferdehalses nach den Zügeln. Unter dem Bauche des Pferdes ΛE Einfacher Kreis.	[T]ΛPΛΣ (l., aufwärts). Taras r. auf dem Delphin reitend; in der R. hat er einen undeutlichen, stabähnlichen Gegenstand (Dreizack?), mit dem er nach unten stechen zu wollen scheint, den l. Arm hat er ausgestreckt. (Gansauge).

Ähnlich Evans Taf. II n. 11.

Die leichten Didrachmen mit dem Reiter

a) Mit dem Feldherrn

6,57	Feldherr auf l. schreitendem Pferde; sein Kopf (nach vorn gewandt) scheint bekränzt zu sein, die r. Hand ist erhoben. Er trägt über dem Waffenrock einen Mantel, der im Winde flattert, an seiner l. Seite das Schwert in der Scheide. Oben r. im Felde 🜚 und daneben ein bekränzter Spitzhut. Zwischen den Beinen des Pferdes ΞΕ ΝΟΚΡΑ Τ ΗΣ Taf. XIII, 193.	ΤΑΡΑΣ (l., aufwärts in schräger Zeile). Taras l. auf dem Delphin reitend; mit der R. hält er einen Dreizack geschultert und, indem er sich stark l. wendet (Kopf von vorn), zieht er mit der erhobenen L. ein Gewand hinter seinem Rücken empor. Unten Wellen und ein Tintenfisch. Im Felde r. 🜨 (wahrscheinlich Σ und Ω). (Fox).
6,20	Ebenso, doch steht hier ΣΕ ΝΟΚΡΑ ΤΗ Σ	Ebenso. (6539).
5,85	Ebenso, doch hier ☰Ε ΝΟΚΡ Α ΤΗ Σ	Ebenso. (Fox).
6,18 6,13	Feldherr r. sprengend im Panzer und flatternden Mantel. Sein Kopf ist nach vorn gewendet, der r. Arm ausgestreckt; eine kleine Nike schwebt von l. herbei, um ihn zu bekränzen. Im Felde l. 'ΕῘΚ; unter dem Bauche des Pferdes ΚΑΛΛΙΚΡΑ ΤΗΣ Taf. XIII, 194.	ΤΑΡΑΣ (unten). Taras l. auf dem Delphin reitend, indem er im l. Arm einen Dreizack trägt. Über seiner ausgestreckten R. schwebt eine kleine, ihn bekränzende Nike. Im Felde r. ΝΕ (9162. Gansauge).
6,55	Ebenso, doch scheint hier das Monogramm ᛒῘ zu sein. Nach Begers ungenauer Abbildung bei Mionnet S. I S. 286, 591 beschrieben.	Ebenso. (Beger thes. Br. I, 325).
6,26	Ebenso, doch hier ist das Monogramm ᛒk Vgl. Evans Taf. X n. 8.	Ebenso (von der Aufschrift ist nur ΤΑ⫲ erhalten). (B. Friedländer).

219	Æ4¼-4⅝	6,32	Derselbe r. sprengende Feldherr, aber ohne Mantel. Das Monogramm im Felde l. ist hier 𝕋ℝ; unter dem Bauche des Pferdes KΛΛΛIK[PA] TH[Σ]	Ebenso [TAPAΣ (unten). Taras l. auf dem Delphin reitend, indem er im l. Arm einen Dreizack trägt. Über seiner ausgestreckten R. schwebt eine kleine, ihn bekränzende Nike. Im Felde r. NE]. (B. Friedländer).

b) Mit dem reitenden Krieger

220	Æ 4½-5	6,23	Behelmter nackter Krieger l. sprengend; der Oberkörper ist fast ganz bedeckt von dem grossen Rundschild (mit achtstrahligem Stern), den er am l. Arm hat und unter welchem zwei Speere hervorragen. Im Felde r. Spuren von IΩ; unter den Vorderbeinen des Pferdes AΓOΛΛΩ	TAPAΣ unter dem l. auf dem Delphin reitenden Knaben Taras. Er hat langes Haar und um den l. Fussknöchel einen Ring; in der vorgestreckten R. hält er eine Traube, mit der L. den Rocken geschultert. Im Felde r. ANΘ (schräg abwärts). (Arditi).
221	Æ4¼-5½	6,20	Derselbe Typus. Im Felde r. IΩ; unter den Vorderbeinen des Pferdes AΓOΛΛ///	Ebenso, doch ist über dem Delphinschwanze eine Ähre (mit einem Blättchen r.). (Fox).

Auf der Vs. ist Ϝ eingeritzt. — Spuren von Überprägung, wie es scheint.

222	Æ 4½-5	6,56	Derselbe Typus. Im Felde r. IΩ; unter den Vorderbeinen des Pferdes ////ΓOΛΛΩ	TAPAΣ unter demselben Typus, doch ohne Ähre. Im Felde r. ANΘ (schräg abwärts). (Fox).
223 224	Æ 4½-5 4½-4½	4,91 subärat 6,36	Derselbe Typus. Im Felde r. IΩ; unter den Vorderbeinen des Pferdes ////ΠOΛΛ	Ebenso. (Arditi. 4870).

Auf dem ersten Exemplar ist vielleicht noch eine schwache Spur des A vor ΠOΛΛ zu sehen; auf dem zweiten ist nur ///OΛΛ sichtbar. Auf beiden ist aber der letzte Buchstabe sicher Λ statt Ω.

225	Æ4¼-4⅝	6,38	Derselbe Typus. Im Felde r. IΩ; unter dem Bauche des Pferdes ⱶI, unter den Vorderbeinen Spuren von Schrift.	Derselbe Typus (die Aufschrift ist nicht zur Ausprägung gekommen); oben r. ANΘ, über dem Delphinschwanze eine Ähre (mit einem Blättchen r.). (118/1885).

226	Æ 4½-5	6,31	Ehenso.	**TAPAΣ** unter demselben Typus, doch ohne Ähre; im Felde r. ΛΝΘ (schräg abwärts). (Beger thes. Pal. 170; th. Br. I, 322).

227	Æ 5-5½	6,41	Behelmter nackter Krieger r. sprengend, in der erhobenen R. einen Speer mit abwärts gekehrter Spitze, am l. Arm den Rundschild nebst zwei Speeren in der Hand. Ihm entgegen schwebt eine kleine Nike, um ihn zu bekränzen. Im Felde l. ΣΙ, unter dem Pferde ΛΥΚ	**TAPAΣ** (unten). Taras l. auf dem Delphin reitend; in der vorgestreckten R. hält er einen Kantharus, im l. Arm hat er den Dreizack. Im Felde r. ΓΥ (Fox. 9164).
228	4¾-5	6,54		

Ob auf ΛΥΚ noch etwas folgte, ist nicht zu entscheiden. Mit ΛΥΚΩΝ Evans S. 157.

229	Æ 4½-5	6,43	Derselbe Typus, doch ohne Nike. Im Felde l. ΓΥ (oder ΕΥ?), unter dem Pferde ΣΩΣΤΡ ΑΤΟΣ	**TAPAΣ** (unten). Taras l. auf dem Delphin reitend; auf der ausgestreckten R. hält er eine kleine Nike mit erhobenem Kranze, im l. Arm hat er ein Füllhorn. Im Felde l. ΓΟΛΥ, r. ein Blitz (senkrecht). (Fox, 2 Ex.).
230	4¾-5½	6,41		

Auf dem zweiten Exemplar sind von dem Namen unter dem Pferde nur schwache Spuren zu sehen.
Über diese und die folgende Münze vgl. Evans S. 148.
Vgl. Evans Taf. VIII n. 2.

231	Æ 4¾-5	6,59	Derselbe Typus; im Felde l. ΕΥ, unter dem Pferde ΦΙΝΤΥ[ΛΟΣ]	**TAP[AΣ]** (r., abwärts). Taras l. auf dem Delphin reitend; auf seiner ausgestreckten R. eine kleine Nike, im Begriff ihn zu bekränzen, im l. Arm hat er den Dreizack. l.. im Felde ΓΟΛΥ, unter dem Delphin eine prora l. (B. Friedländer).

Vgl. Evans Taf. VIII n. 3.

232	Æ 4½-5	6,30	Derselbe Typus (in der Stellung der Speere etwas abweichend). Im Felde l. **OE** (wohl **⊙E**), unter dem Bauche des Pferdes **ΑΛΞ̈Ξ** (die beiden letzten Buchstaben undeutlich).	**TAPAΣ** (r., abwärts). Taras l. auf dem Delphin reitend. In der vorgestreckten R. hält er einen undeutlichen Gegenstand (acrostolium oder Kranz?), im l. Arm den Dreizack. Im Felde r. **ΣI**, unter dem Delphin ein achtstrahliger Stern. (Fox).

233	Æ 4½	6,51	Behelmter und geharnischter Krieger r. sprengend; in der R. hält er einen abwärts gekehrten Speer, am l. Arm hat er den grossen Rundschild. Im Felde l. **ΛΙ**, unter dem Bauche des Pferdes **ΛΠΟ/Σ**	**TAPΛ[Σ]** (r., abwärts). Taras l. auf dem Delphin reitend. Er ist nackt, doch erscheint hinter seinem Rücken und um den l. Arm etwas Gewand; sein Kopf ist nach vorn gewendet, mit der R. hält er einen Dreizack geschultert. Ihm entgegen schwebt eine kleine Nike, um ihn zu bekränzen. Unten Wellen. (Fox).

Ähnlich Evans Taf. IX n. 10, doch mit anderen Namen.

234	Æ 4¼-4¾	6,38	Nackter (unbehelmter) Krieger r. sprengend. In der erhobenen R. hält er die Lanze mit nach unten gerichteter Spitze, am l. Arm den Rundschild und in der Hand zwei Speere. Im Felde l. **ΓY** (oder **ΣY?**), unter dem Bauche des Pferdes **APIΣ TIΠ**	**TAPAΣ** (l., aufwärts). Taras r. auf dem Delphin reitend (vielleicht im Begriff herabzuspringen). In der vorgestreckten L. hält er den Bogen, in der R. einen Pfeil. Unten ein Elephant r. (Fox).

Der Typus der Ks. fast ebenso auf n. 126; vgl. über denselben Evans S. 100 f. (das daselbst auf Taf. VIII n. 1 abgebildete, dem unseren sehr ähnliche Exemplar hat **ΔΙ** unter dem Delphin; auf unserem ist an der Stelle eine Stempelverletzung).

235 - 237	Æ 4 4-4¼ 3½-4	6,43 6,06 6,39	Ebenso, doch hier im Felde l. **ΔΙ**, unter dem Bauche des Pferdes **API ΣTⓞ KΛ H////**	**TAPAΣ** (unten). Taras l. auf dem Delphin reitend, indem er in der vorgestreckten R. einen Kantharus hält, im l. Arm den Dreizack. Im Felde

r. ein kleiner weiblicher Kopf l. mit hinten spitz zulaufender Haartracht *). (9163. Rauch. Dannenberg).

Auf zwei Exemplaren hat der erste Buchstabe des Beamtennamens die Form **A**.

Vgl. Evans Taf. IX n. 6.

238	Æ 4-5	6,33		
-	4½-4¾	6,42		
240	4½-5	6,18		

Nackter behelmter Krieger reitet l. im Schritt; am l. Arm hat er einen runden Schild. Im Felde l. **EY+**, zwischen den Beinen des Pferdes **API ΣTΩN** (auf dem letzten Exemplar **AP IΣTΩN**).

Taf. XIII, 195.

T APAΣ (unten). Taras l. auf dem Delphin reitend. Auf der vorgestreckten R. hat er ein Seepferd, im l. Arm den Dreizack. Im Felde r. **ΙΩΓ** (schräg abwärts). (9302. Prokesch. Beger th. Br. I, 325).

Die drei Exemplare weichen etwas von einander ab.

| 241 | Æ 4 | 6,48 | | |

Behelmter (und gepanzerter?) Krieger reitet r. im Schritt. In der R. hält er einen Speer, am l. Arm hat er den grossen Rundschild. Im Felde r. **ΦΙ**, unter dem Bauche des Pferdes **FHPAK ΛHTοΣ**

Vgl. Evans Taf. IX n. 9.

TAPA[Σ] (unten). Taras l. auf dem Delphin reitend, indem er in der vorgestreckten R. eine Blume hält, im l. Arm ein Füllhorn. Im Felde r. **F** und daneben ein thymiaterion. (Fox).

c) Mit zwei Reitern (Dioskuren?)

242	Æ 4½-6	6,56		
-	4½-5	5,56 oxydirt		
244	4½-5	6,14 oxydirt		

Zwei nackte Reiter l. sprengend. Der vordere, an dessen Rücken und l. Arm etwas Gewand flattert, hält einen kurzen Stab(?) im l. Arm. Zwischen den Köpfen der Reiter **ϡ** (auf dem dritten Exemplar scheint nur **Y** zu stehen', unter den Pferdefüssen **ΣΑΛΩΝοΣ** (sehr undeutlich, scheinbar **ΣΑΛΛΛΩΣ**).

TA PAΣ (r., abwärts). Taras l. auf dem Delphin reitend. Er hat ein Band im Haar, hält mit der L. zwei Speere und einen kleinen Rundschild (mit einem Seepferd l.), auf seiner ausgestreckten R. eine kleine Nike, die im Begriff ist ihn zu bekränzen. Unten Wellen, im Felde l. **ΓY** (auf dem zweiten Ex. sind diese Buchstaben nicht sichtbar). (Fox. Peytrignet. 28745).

Avellino las auf einem bei Carelli Taf. CXIII, 184,

*) Genau entsprechende Köpfe sind bei tarentinischen Terracotten nicht selten.

vgl. S. 50) abgebildeten Exemplar dieser Münze »ΣΑΛΩΝΟΣ
ut videtur«, was wohl richtig ist (vgl. Cat. of greek coins
in the Brit. mus., Italy, S. 181, 163; Evans Taf. VIII n. 9).
[Mionnet S. I Seite 288, 603 beschreibt ein abwei-
chendes Exemplar nach Magnan, welcher das kleine,
stark gekrümmte Seepferd auf dem Schilde des Taras
für die Buchstaben ΙΩ ansah. FRIEDLAENDER].

245	Æ 4⅓-5	6,22	Zwei Reiter r. sprengend, mit einer kleinen Chlamys angethan und mit hohen Stiefeln (wenigstens ist der vordere Reiter damit versehen). Unten ΛΙΚ.ΥΛΟ[Σ]	T////.:://// (unten). Taras, welcher l. auf dem Delphin sitzt; in der vorgestreckten R. hält er einen Kantharus, im l. Arm den Dreizack. Im Felde r. Æ (Peytrignet).

Ob auf unserem Exemplar die Reiter behelmt sind
(vgl. Cat. of greek coins in the Brit. mus., Italy, S. 172,
97), ist nicht zu erkennen; auf dem bei Evans Taf. IX
n. 5 abgebildeten Exemplar haben sie hohe Spitzhüte,
sind also wohl sicher die Dioskuren.

d) Mit dem Knaben zu Pferde

246	Æ 4-4½	6,45	Nackter Knabe l. im Schritt reitend; vor dem Pferde steht ein nackter Jüng- ling, welcher die R. auf des Pferdes Kopf legt und dieses mit der L. am Zaum fasst. Im Felde oben r. ΓΥ, unter dem Bauche des Pferdes ΑΡΙ ΣΤΙ Γ	TAPAΣ (l., aufwärts). Ta- ras, welcher r. auf dem Delphin reitet (vielleicht im Begriff herabzusprin- gen). In der vorgestreck- ten L. hält er den Bogen, in der R. einen Pfeil. Unten ein Elephant r. (Peytrignet. Fox. Pro- kesch).
–	4½ - 5	6,26 oxydirt		
248	4¾ - 5¼	6,43		

Taf. XIII, 196.

Vgl. oben n. 126 und 234.

249	Æ 4½	6,47	Nackter Knabe auf einem r. stehenden Pferde. Im Felde r. ΤΙ, zwischen den Beinen des Pferdes ✝ΙΛΗΜ ΕΝ//// (auf dem zweiten Exemplar steht ΦΙΛΗΜΕ ΝΟΣ).	TAPAΣ (unten). Taras l. auf dem Delphin reitend; in der vorgestreckten R. hält er einen Dreifuss, im l. Arm den Dreizack. Im Felde r. Stierschädel, von dessen Hörnern Bänder herabhängen. (4874. Fox).
250	5 - 5½	6,25 oxydirt		

Vgl. Evans Taf. IX n. 7.

251	Æ 4½-5	6,40	Nackter Knabe auf einem r. stehenden Pferde, dessen Kopf er mit der R. bekränzt. Hinter dem Rücken des Knaben ΦΙΛΟΚΡΑ, unter dem Bauche des Pferdes stand vielleicht, wie auf ähnlichen Exemplaren, NK (jetzt ist die Stelle beschädigt). Vgl. Evans S. 178.	TΛ PΛ (unten; die Aufschrift scheint vollständig). Taras l. auf dem Delphin reitend. Im l. Arm hat er den Dreizack, über der ausgestreckten R. schwebt eine kleine Nike, welche ihn bekränzt. Vor dem Delphin ʌ ΤΖΡ (aufwärts), wahrscheinlich ΑΡΙΣΤ (Arditi).
252 253	Æ 4½-5 4½-4½	6,29 beschädigt 6,51	Derselbe Typus. Hinter dem Rücken des Knaben [ΦΙ]ΛΟΚΡΑ, unter dem Bauche des Pferdes NK	TAPΛΣ (r., abwärts). Taras l. auf dem Delphin reitend; auf der ausgestreckten R. eine kleine Nike, welche ihm den Kranz entgegenstreckt, im l. Arm hat er den Dreizack. Unter dem Delphinschwanze ΛΡΙΣΤ//// (Beger th. Br. I, 325. Fox).
254	Æ4½-4½	6,52	Derselbe Typus. Hinter dem Rücken des Knaben ///ΛΟΚΡΑ, unter dem Bauche des Pferdes NK	Die Aufschrift ist nicht sichtbar (scheint nicht zur Ausprägung gekommen zu sein). Derselbe Typus. Unten ΑΡΙΣΤΟ,ι (die beiden kleinen Striche am Ende sind wohl nur zufällig). (B. Friedländer).
255	Æ 4-4½	6,22 oxydirt	Derselbe Typus. Hinter dem Rücken des Knaben EY, unter dem Bauche des Pferdes ΞΕΝ/////; vor dem Halse desselben Spuren von ΦΙ Vgl. Evans S. 178.	[T]A PAΣ (unten). Taras l. auf dem Delphin reitend; in der vorgestreckten R. hält er einen kleinen Gegenstand, der nicht ganz ausgeprägt ist (Rhyton?), im l. Arm den Dreizack. Im Felde r. Ähre. (Ohne Bezeichnung).

256	Æ4½-4¼	6,33	Jüngling auf einem r. stehenden Pferde; er ist nackt, hat aber um die Hüften etwas Gewand. Der r. Arm ist erhoben, wie um das Pferd zu bekränzen (der Kranz aber, wie es scheint, nicht dargestellt). Unter dem Bauche des Pferdes ΦΙΛΙϹΚΟ⸗	ΤΑΡΑϹ (r. abwärts, in gerader Zeile). Taras l. auf dem Delphin reitend, indem er in der vorgestreckten R. einen Kantharus, im l.Arm den Dreizack hält. Unten ein Dreifuss. (Peytrignet).

Vgl. Evans Taf. IX n. 8.

Auf dem bei Carelli Taf. CXIV, 202 abgebildeten Exemplar hält der Knabe in der erhobenen R. den Kranz. Bei dem Londoner Exemplar (Cat. of greek coins in the Brit. mus., Italy, S. 185, 186) wird angegeben »r. hand raised«, ähnlich Evans S. 179. Friedländer dachte an zum Gebet erhobene Hände und meinte, der Reiter »betet wohl um Sieg im Wettrennen«.

257	Æ 4½-5	6,26	Nackter Knabe auf einem r. schreitenden Pferde, mit der erhobenen R. dasselbe bekränzend. L. oben scheint ein Rest einer schwebenden Nike zu sein, welche den Reiter bekränzt haben dürfte. Unter dem Bauche des Pferdes ΛΥ; zwischen den Vorderbeinen ΘΕ	ΤΑΡΑϹ unter demselben Typus. Kein Beizeichen. (9301).

258	Æ 5	6,45	Nackter Knabe auf einem r. schreitenden Pferde, mit der erhobenen R. dasselbe bekränzend. Hinter dem Rücken des Knaben ΙΩ, unter dem Bauche des Pferdes ΝΕΥ MH	ΤΑΓΑϹ (unten). Taras (mit längerem Haar) l. auf dem Delphin sitzend; in der halberhobenen R. hält er einen Helm (von der sog. phrygischen Form mit Seitenklappen), die L. stützt er leicht auf den Delphin. Beiderseits im Felde ein grosser zwölfstrahliger Stern; oben r. ΑΡΙϹ (abwärts). (Arditi).

Über diese und die folgende Münze vgl. Evans S. 148 ff. Seine Deutung des Typus der Ks ist aber nicht überzeugend, so richtig auch der Hinweis auf die Ähnlichkeit des Taras mit dem Apollo der syrischen Münzen ist. Sie steht zu sehr in Widerspruch mit der von ihm (S. 75) vorgeschlagenen Erklärung der ganz

ähnlichen Darstellung auf dem älteren Didrachmon n. 131,
vgl. n. 145. 152; auch hat der von Taras gehaltene Helm
mit dem syrischen keine Ähnlichkeit, da von einem Horn
an demselben nichts zu sehen ist.

259	Æ 4½-4½	6,49	Derselbe Typus. Hinter dem Rücken des Knaben ΣΩ, unter dem Bauche des Pferdes NEY MH	TAPAΣ unter demselben Typus. Im Felde l. und r. ein grosser zwölfstrahliger Stern; oben r. ΠΟΛΥ (abwärts). (Ohne Bezeichnung. Arditi. Fox).
–	4½-5½	6,47		
261	4½-5	6,25		

Vgl. Evans Taf. VIII n. 6.

262	Æ 4½-5	4,64 stark oxydirt	Ebenso, doch sind von der Schrift nur noch schwache Spuren sichtbar.	TAPAΣ (sic) unter demselben Typus. Im Felde l. und r. ein grosser Stern; oben r. ΑΓΑΣ (abwärts). (Arditi).

Die Münze scheint überprägt zu sein (?).

263	Æ 4½	6,52	Derselbe Typus. Unter dem Bauche des Pferdes ΛΕΩΝ	TAPAΣ (l., aufwärts). Taras l. auf dem Delphin reitend; in der vorgestreckten R. hält er eine grosse Traube, im l. Arm den Dreizack. Im Felde r. Ν Unten l. schreitender Löwe. (9171. Prokesch).
264	4½-5	6,30		

Vgl. Evans Taf. IX n. 4.

[Die Beziehung zwischen dem Namen der Vs. und
dem Löwen der Ks. ist hier deutlich. FRIEDLAENDER].

265	Æ 4½	6,40	Derselbe Typus (doch hat der Knabe einen ziemlich langen Haarzopf). Im Felde l. Æ, unter dem Bauche des Pferdes eine (bärtige?) Theatermaske fast ganz von vorn, zwischen den Vorderbeinen des Pferdes KY ΣΙΙΙΙ	TAPAΣ (r. im Felde, in einer geraden Zeile abwärts). Taras l. auf dem Delphin reitend, indem er die L. auf den Delphin stützt, in der vorgestreckten R. einen Kantharus hält. (9167. Rauch).
266	4-4½	6,34		

Auf dem ersten Exemplar befinden sich l. oben bei
der Maske zwei Striche, wie H, vielleicht nur Stempelrisse.

267	Æ 4½	6,37	Nackter Knabe auf einem r. schreitenden Pferde, mit der erhobenen R. dasselbe bekränzend. Im Felde l. ΣΥ; unter dem Bauche des Pferdes ΑΠΟΛΛ /// und darunter zwei (unten spitz zulaufende?) Amphoren neben einander.	ΤΑΡΑΣ (unten). Taras l. auf dem Delphin reitend; in der vorgestreckten R. hält er einen Kantharus, im l. Arm den Dreizack. Im Felde r. ΘΙ (B. Fried-länder).

Vgl. Evans Taf. VIII n. 7 mit ΑΡΟΛΛΩ.

268	Æ 4-4½	6,11	Derselbe Typus. Im Felde l. ✦, r. Æ, unter dem Bauche des Pferdes ΦΙΛΟ KΛHC und darunter ein Del-phin r.	ΤΑ ΡΑΣ (unten). Taras l. auf dem Delphin reitend. In der vorgestreckten R. hat er ein Rhyton, welches unten in das Vordertheil eines Rehs (?) ausgeht (auf diesem Ex. nicht ausge-prägt), im l. Arm den Dreizack. Im Felde r. zwei neben einander ste-hende Amphoren (mit Fuss). (28416).

Vgl. Evans Taf. X n. 6.

269	Æ 4½	6,20	Derselbe Typus. Im Felde l. ✦, r. Æ, unter dem Bauche des Pferdes ΦΙΛΟ KΛHΣ und darunter ein Del-phin r.	Τ Α ΡΑΣ, sonst ebenso (das Rhyton ist hier deut-lich). (Peytrignet).

270	Æ4½-4½	6,26	Ebenso, nur ist hier das Monogramm ✦ (ganz deutlich).	Τ ΑΡΑΣ, sonst ebenso. (Fox).

Auf diesem Exemplar erscheint die Form des Drei-zacks recht deutlich; er wird gebildet von einer Lanze, an der oben zwei Delphine sich anschliessen.

271	Æ 4	6,56	Derselbe Typus. Im Felde l. ΦΙ, zwischen den Beinen des Pferdes Reste eines Namens (ΙΩΡ ΥΡΟ Σ?)	Τ ΑΡΑΣ (unten). Taras l. auf dem Delphin rei-tend. In der vorgestreck-ten R. hält er ein Füll-horn, im l. Arm den Drei-zack. Im Felde r. Fliege (oder Biene?). (Fox).

| 272 | Æ 4½-5 | 6,30 | Knabe mit wehendem Mantel auf einem r. schreitenden Pferde, dessen Kopf er mit der R. bekränzt. Zwischen den Beinen des Pferdes ΣΑΛΛ////, wie es scheint. | ΤΑΡΑΣ (r., abwärts). Taras l. auf dem Delphin reitend. Mit der erhobenen R. zückt er den Dreizack, um den vorgestreckten l. Arm ist der Mantel geschlungen. (Ohne Bezeichnung). |

Vgl. Cat. of greek coins in the Brit. mus., Italy, S. 181, 164 mit ΣΑΛΩΝ; Evans Taf. VIII n. 10 (S. 159) mit ΣΑΛΩΝΟΣ (?).
Der Typus der Ks. kehrt auf den weiter unten n. 274 bis 278 beschriebenen Stücken wieder.

| 273 | Æ 5 | 6,49 | Nackter Knabe auf einem l. schreitenden Pferde, mit der erhobenen R. dasselbe bekränzend. Im Felde oben r. ΗΙ, unter dem Bauche des Pferdes ΙΩΓΥ und darunter ein kleiner hockender Silen, der im l. Arm ein Füllhorn zu haben scheint. | [Τ] ΑΡΑΣ (unten). Taras l. auf dem Delphin reitend. Auf der ausgestreckten R. eine kleine Nike, welche ihn bekränzt; im l. Arm hält er den Rocken. Im Felde r. ⚷ (B. Friedländer). |

Taf. XIII, 197.
Ebenso Evans Taf. VIII n. 8; ähnlich Cat. of greek coins in the Brit. mus., Italy, S. 180, 155 (mit ΧΡΗ auf der Ks.).

274	Æ 4-5	6,22	Derselbe Typus. Hinter dem Rücken des Knaben ΣΥ, unter dem Bauche des Pferdes ΛΥΚΙ ΝΟΣ	ΤΑ ΡΑΣ (unten). Taras l. auf dem Delphin reitend. Mit der erhobenen R. zückt er den Dreizack, um den vorgestreckten l. Arm ist der Mantel geschlungen. Im Felde r. eine Eule halb l. mit angelegten Flügeln. (Beger thes. Pal. S. 170, th. Br. I, 322. 4871. B. Friedländer. Fox).
-	4	6,49		
277	4-4¼	6,46		
	4-4½	6,53		

Vgl. Evans Taf. IX n. 3.

| 278 | Æ 4-4½ | 6,23 | Ebenso, doch steht hier noch ΔΕ im Felde l. vor dem Pferdehalse. | Ebenso. (Fox). |

Auf der Ks zwei wohl in neuerer Zeit eingeritzte Zeichen.

279	Æ 4½-4½	6,58	Derselbe Typus [Nackter Knabe auf einem l.schreitenden Pferde, mit der erhobenen R. dasselbe bekränzend]. Zwischen den Beinen des Pferdes AP IƩTIC und darunter ein liegender Anker. Vgl. Evans Taf. IX n. 1.	Unten Spuren der Aufschrift. Taras l. auf dem Delphin reitend. Auf der ausgestreckten R. Nike, ihn bekränzend, im l. Arm den Rocken. (9168).
280	Æ 4½	5,60 subärat	Derselbe Typus. Hinter dem Rücken des Knaben NK, unter dem Bauche des Pferdes ΦIΛϙKPA Vgl. Evans Taf. IX n. 2.	TAPⲈ (so, unten). Taras, l. auf dem Delphin reitend, hält in der vorgestreckten R. einen Kantharus, im l. Arm den Dreizack. Im Felde r. ΛΓºA (so, abwärts). (Fox).
281	Æ 4½-5	6,54	Ebenso (doch ist der Name sehr undeutlich).	TΛPΛƩ (r., abwärts). Derselbe Typus; unter dem Delphin ΛΠοⱮ (Fox).
282	Æ 4-4½	5,91	Derselbe Typus. Hinter dem Rücken des Knaben EY, zwischen den Beinen des Pferdes ⱶ. IƩTIAP	T A PAƩ (unten). Taras l. auf dem Delphin reitend. Auf der vorgestreckten R. hat er eine kleine Nike, welche ihn bekränzt, im l. Arm den Dreizack. Im Felde r. eine Traube mit daran hängendem Blatt. (11531).
283 284	Æ 4½	6,48 6,50	Derselbe Typus. Hinter dem Rücken des Knaben ΔI, unter dem Bauche des Pferdes ΦIΛϘ TΛƩ	TAPAƩ (unten). Der Knabe Taras l. auf dem Delphin reitend; in der vorgestreckten R. hält er einen Kantharus, im l. Arm den Rocken. Im Felde r. ein Hahn l. (28632/2. Gansauge).
285	Æ 4	6,14 oxydirt	Nackter Knabe auf einem r. trabenden Pferde; eine ihm nachfliegende Nike bekränzt ihn. Vor dem Halse des Pferdes ΦI, unter den Beinen desselben Spuren eines Namens (APIƩTEIΔ?).	TΑ̣Ṛ꛰꛰ (unten). Taras l. auf dem Delphin reitend. Er hält in der R. eine Ähre, im l. Arm hat er den Dreizack. Im Felde r. ⲂⲢ (Fox).

286	Æ 4½	6,28 etwas abgenutzt	Nackter Knabe auf einem r. schreitenden Pferde; eine ihm nachfliegende Nike bekränzt ihn. Im Felde r. EYI (auf zwei Ex. sieht man nur EY//.//), zwischen den Beinen des Pferdes ΔΑΜο ΚΡ.//⁗ Vgl. Evans Taf. IX n. 12.	TAPA Σ (unten). Taras, r. auf dem Delphin reitend, hält in der R. ein Füllhorn, im l. Arm den Dreizack. Hinter seinem Rücken ⚒ (also vielleicht ΙΩΠΥ). (8219. 9172. Fox).
288	4 4½-4½	6,39 6,44		

289	Æ 4½	6,29	Nackter Knabe auf einem r. schreitenden Pferde, mit der erhobenen R. dasselbe bekränzend, während er selbst von einer ihm nachfliegenden Nike bekränzt wird. Vor dem Halse des Pferdes ⊥I (d. h. ΦI), unter dem Bauche desselben ΑΡΙΣΤο ΚΡΑΤΗΣ	T A P /⚫ (unten). Taras, l. auf dem Delphin reitend, hält in der vorgestreckten R. einen Kantharus, im l. Arm den Dreizack. Im Felde l. ꝳ (sic), r. eine kleine ithyphallische Herme (von vorn) auf einer Basis. (B. Friedländer).
290	Æ 4-4½	6,25 oxydirt	Ebenso, nur ist das ⊥I nicht zu sehen und der Name ist undeutlich. Vgl. Evans Taf. IX n. 11.	Keine Schrift mehr vorhanden; sonst ebenso, doch steht hier im Felde l. deutlich ΠI (9170).

291	Æ 4½	6,55	Nackter Knabe auf einem r. schreitenden Pferde, mit der R. sich selbst bekränzend. Im Felde l. ΙΩ, unter dem Bauche desPferdes ΙΑΛο und darunter ein ionisches Capitell mit einem Stücke des Säulenschaftes.	TAPAΣ (unten). Der Knabe Taras l. auf dem Delphin reitend; auf der ausgestreckten R. hält er ein aplustre, mit der L. den Rocken geschultert; um den l. Fussknöchel hat er einen Ring. Im Felde r. AN (schräg abwärts). (4864. 4865).
292	5-5½	6,30		

293	Æ4½-5½	6,42	Ebenso.	TAPAΣ unter demselben Typus. Im Felde r. ANΘ (schräg abwärts). (Fox. 17959).
294	4½-5	6,35		

e) Mit dem Knaben auf dem jagenden Pferde

Vgl. über die folgenden Münzen Evans S. 183 ff., besonders S. 189 ff.

295	Æ 4-4½	6,51	Jüngling, bloss mit einem Brustharnisch angethan, auf r. jagendem Pferde. Mit der erhobenen R. schwingt er die (hier nicht sichtbare) kurze Peitsche. Unten ⊢ΙΓΓοΔΛ////// · [T]AΓA[Σ] (unten). Taras l. auf dem Delphin reitend; in der vorgestreckten R. hält er einen Kantharus, mit der L. schultert er den Rocken. Im Felde r. ΔΙ und weiter r. Spuren eines Beizeichens. (17847).
296	Æ 4-4½	6,41	Ebenso; von der kurzen Peitsche ist ein Stück zu sehen, unten steht ⊢ΙΓΓοΔ///// · TAΓAΣ unter demselben Typus. Im Felde r. ΔΙ und daneben r. eine einhenklige Vase. (9173).
297	Æ 4½	6,56	Ebenso, mit ⊢ΙΓΓοΔΛ///// · Durch einen Prägefehler ist hier der Typus der Vorderseite vertieft wiederholt. (Ohne Bezeichnung).
298	Æ 4-4½	6,20	Nackter Jüngling auf r. jagendem Pferde, dessen Zügel er mit beiden Händen hält. · TAΓAΣ (unten). Taras l. auf dem Delphin reitend; mit der R. hält er ein aplustre empor, zu dem er aufblickt, die L. stützt er auf den Delphin. (Fox).

Dem Styl und den Typen nach gehört dieses Stück in die oben n. 201 ff. beschriebene Reihe der schweren Didrachmen; hier liegt es des leichten Gewichts wegen. Vielleicht ist es subärat.

299	Æ 4½	6,51	Nackter Jüngling auf r. jagendem Pferde (auf dem Scheitel hat dieses einen emporgebundenen Mähnenbüschel). In der nach hinten ausgestreckten R. hält er eine Handfackel. Über dem Hintertheil des Pferdes ⋈; unten ΔΑΙΜΑΧ///// Taf. XIII, 198. · TA ⧄/// (unten). Taras l. auf dem Delphin reitend; in der vorgestreckten R. hält er den Kantharus, im l. Arm den Dreizack. Im Felde r. Æᵉ (Peytrignet).

Die Fackel, welche der Jüngling trägt, ist eine Anspielung auf den Namen ΔΑΙΜΑΧΟΣ. Nach Garrucci's Ansicht (vgl. S. 125 zweite Columne oben) ist der fackelschwingende Reiter ein bei den tarentinischen Fackelrennen Betheiligter. Über diese Münze ist ausserdem zu vergleichen Evans S. 188 f.

300	Æ 4½-5	6,20	Jüngling im Harnisch auf r. jagendem Pferde, mit der erhobenen R. einen kurzen Speer schwingend. Im Felde l. ein grosser Kranz; unter dem Pferde ΟΛΥΜΠΙΣ Vgl. Evans Taf. X n. 3	T ΑΡΑΣ (unten). Taras l. auf dem Delphin reitend, indem er in der vorgestreckten R. einen Kantharus, im l. Arm ein Füllhorn hält. Im Felde r. ein Dreifuss. (28815. Fox). und S. 174. 185.
301	4-4½ oxydirt	6,16		

302	Æ 4¾-5	6,02	Jüngling, mit einem kurzen Gewand bekleidet, auf r. jagendem Pferde. Er legt sich hintenüber, als ob er das durchgehende Ross halten wolle; mit der R. hat er dasselbe an der Mähne erfasst. Unten ΖΩΠΥΡΙΩΝ und r. daneben ein Stierkopf (nicht bucranium) von vorn, zwischen dessen Hörnern ΣΩ steht. Taf. XIII, 199. Vgl. Evans S. 183 f.	T ΑΡΑΣ (unten). Taras l. auf dem Delphin reitend; auf der ausgestreckten R. hält er ein ihm zugekehrtes Seepferd, im l. Arm den Dreizack. Im Felde r. eine bärtige Maske im Profil nach l. und schräg darunter ΕΤ (Fox).

303	Æ 4½-5	6,42	Nackter bekränzter Jüngling auf einem r. galoppirenden Pferde; im r. Arm hält er einen grossen Palmzweig, an dessen Mitte ein Band geknüpft ist. Über dem Hintertheil des Pferdes Æ, unter dem Bauche desselben ΑΡICΤΙΓΓ//// Vgl. Evans Taf. X n. 5.	TA ΡΑC (sic), unten. Taras (bekränzt, wie es scheint) l. auf dem Delphin reitend, indem er in der vorgestreckten R. den Kantharus hält, die L. auf den Delphin stützt. Im Felde r. Μ (28815).

Ob die folgende Münze hierher gehört, ist ungewiss:

304	Æ 4½-4½	7,36 abgenutzt subärat	Taras auf dem Delphin r. (unklar, ob sitzend oder reitend); der l. Arm ist ausgestreckt (in der Hand scheint aber nichts gewesen zu sein), die R. liegt auf des Delphins Rücken. Dasselbe Exemplar, welches	Nike, auf einem schmalen Sitz l. sitzend, hält in der R. einen grossen Kranz. (Peytrignet). Friedländer in den

Berl. Blättern f. Münzkunde III S. 9 und Taf. XXIX 3 ungenau abgebildet herausgab; es befand sich früher im Besitz des Hrn. O. Bonghi in Gaeta. Friedländer glaubte in der ausgestreckten L. des Taras die Spuren eines Bogens zu erkennen.

[Die Typen deuten zunächst auf eine Verbündung von Tarent und Terina; allein Nike ist ein so allgemeiner Typus, findet sich sogar in Neapolis wieder, dass sie auch auf einer tarentiner Silbermünze, ebenso gut wie auf den Bronzemünzen erscheinen kann. FRIEDLAENDER].

Didrachmen mit dem weiblichen Kopfe

Über die folgenden Münzen vgl. Evans S. 131 und 170 f.

305	R 4½-4½	7,30	Weiblicher Kopf r. mit Ohrgehänge und einem breiten, mit Perlen besetzten Bande im Haar. Hinter dem Halse EY	Nackter Knabe auf einem r. schreitenden Pferde, dessen Kopf er mit der R. bekränzt. Hinter dem Rücken des Knaben TA, unter dem Bauche des Pferdes ein Delphin r. (etwas abwärts). Perlkreis. (Ohne Bezeichnung. Fox).
306	4½-4¼	7,24		

Taf. XIII, 200.
Iris und Pupille sind angegeben. Auf dem einen Exemplar ist auf der Vs. ein R eingeritzt.

307	R 4½	7,0	Derselbe Kopf l.; das Band im Haar ist etwas anders angeordnet, am Halse Perlschnur, dahinter EY. Perlkreis (nur auf dem ersten Ex. sichtbar).	Ebenso. (B. Friedländer, 2 Ex.).
308	4	5,67 subärat		

Iris und Pupille sind angegeben.
Vgl. Evans Taf. XI n. 10.

309	R 4-4½	7,38	Ähnlicher Kopf l., doch von roherer Arbeit, ohne EY und ohne Perlkreis.	Ebenso, aber ohne Perlkreis. (Fox).

310	R 4½-5	7,05	Derselbe weibliche Kopf l. (Typus wie n. 307) mit Perlenband, Ohrgehänge und Halsschnur.	Derselbe Typus, doch hier unter dem Bauche des Pferdes ein Delphin r. über einem Dreifuss. (Ohne Bezeichnung. Prokesch).
311	4-4½	6,96 abgenutzt		

Das erste Exemplar ist doppelt geprägt.

312	Æ 4-4½	7,19 etwas ab- genutzt	Weiblicher Kopf l. mit einem Band im Haar und mit Ohrgehänge.	Derselbe Typus. Hinter dem Rücken des Knaben TA, unter dem Bauche des Pferdes ein Rhyton, dessen unterer Theil von einem halben Thier (Reh oder Ziege) l. gebildet wird. Im Felde r. Delphin abwärts. (Gansauge).
313	Æ 4-4½	7,22	Ebenso.	Ebenso, nur ist das Rhyton hier r. gewendet. (Fox).
314 - 316	Æ4¼-4½ 4-4½ 4	7,23 7,05 5,66 subärat	Weiblicher Kopf l. mit Ohrgehänge und Halsschnur; im Haar eine sehr breite, von beiden Seiten nach dem Ohr zu allmülig schmäler werdende Binde. Taf. XIII, 201. Iris und Pupille sind angegeben.	Derselbe Typus. Unter dem Bauche des Pferdes T A und darunter ein Delphin r.; vor dem Halse des Pferdes +1 (auf dem letzten Ex. Φ1). (Fox. Gansauge. Peytrignet).
317	Æ 4	7,02	Ähnlicher Kopf l. (ob das Halsband vorhanden, ist nicht zu sehen).	Derselbe Typus. Unter dem Bauche des Pferdes TA und darunter ein Delphin r. (Ohne Bezeichnung).
318	Æ 4½-5	7,01	Weiblicher Kopf l. mit Ohrgehänge und einer Binde im Haar.	Derselbe Typus. Unter dem Bauche des Pferdes ein Delphin r., zwischen den Vorderfüssen TA (Rauch).
319 320	Æ 4-4½ 4	7,25 7,45	Weiblicher Kopf l. mit Ohrgehänge und Perlenschnur; im Haar ein mit Perlen verziertes Band.	Derselbe Typus. Im Felde l. ein Füllhorn; unter dem Bauche des Pferdes ein Delphin r.; zwischen den Vorderfüssen TA (Prokesch. Fox).
321	Æ 4½-5	7,31	Ebenso.	Derselbe Typus. Im Felde l. ein Delphin r.; unter dem Bauche des Pferdes ein r. schreitender Löwe; zwischen den Vorderfüssen TA (Ohne Bezeichnung).

Vgl. Evans Taf. VI n. 14.

322	ℛ 4-5	7,41	Ebenso [Weiblicher Kopf l. mit Ohrgehänge und Perlenschnur; im Haar ein mit Perlen verziertes Band].	Derselbe Typus [nackter Knabe auf einem r. schreitenden Pferde, dessen Kopf er mit der R. bekränzt]. Im Felde l. achtstrahliger Stern; unter dem Bauche des Pferdes Delphin l.; zwischen den Vorderfüssen TA (124/1885).
323	ℛ 4-4½	5,53 subärat	Ebenso.	Derselbe Typus. Im Felde l. Mondsichel (so gestellt ◡); unter dem Bauche des Pferdes Delphin r.; zwischen den Vorderbeinen TA (Ohne Bezeichnung).
324	ℛ4¼-4⅜	7,20	Ebenso.	Ebenso, nur sind hier über dem Delphin zwei kleine Zeichen (wie X I), vielleicht nur Stempelverletzungen. (11529).
325	ℛ4¼-4⅓	7,03	Ebenso. Von roher Arbeit.	Derselbe Typus. Im Felde l. eine Mondsichel (ebenso gestellt), unter dem Bauche des Pferdes Delphin r. Keine Schrift. (Fox).
326	ℛ 4-4½	6,64 subärat	Ebenso.	Derselbe Typus. Hinter dem Rücken des Knaben TAP, unter dem Bauche des Pferdes ein ionisches Capitell (mit Säulenstück), auf welchem ein Delphin r. liegt. (Rauch).

Die Drachmen

Über die zunächst folgenden Münzen und ihr Alter vgl. Evans S. 196 ff.

327 328	ℛ 4	3,19 beschädigt 3,47	Nackter Knabe auf einem l. schreitenden Pferde, mit der R. dasselbe bekränzend. Im Felde oben r. IΩ, unter dem Bauche des Pferdes ΣΩΓΕ NHΣ	T APAΣ (unten). Taras l. auf dem Delphin reitend; auf seiner vorgestreckten R. steht eine kleine Nike, welche ihm den Kranz entgegenhält, im l. Arm hat er ein Füllhorn. (4867. Fox).

Vgl. Evans Taf. X n. 10.

329	Æ 4	3,42	Nackter Knabe auf einem r. stehenden Pferde, mit der R. dasselbe bekränzend. Hinter dem Rücken des Knaben ΚΛΗ, zwischen den Beinen des Pferdes ΣΗΡΑΜ ΒΟΣ	T A ΡΑΣ (unten). Taras l. auf dem Delphin reitend, indem er auf der vorgestreckten R. ein aplustre hält, im l. Arm den Dreizack. Im Felde r. 🄗 (11532).

Vgl. Evans Taf. X n. 9.
Über den Magistratsnamen dieser und der folgenden Münze vgl. Evans S. 203 f.

330	Æ 3½-4	3,46	Behelmter (?) geharnischter Reiter auf r. schreitendem Pferde. Mit der R. hält er einen Palmzweig geschultert, an den oben eine Binde geknüpft ist. Zwischen den Beinen des Pferdes ΣΩΚΑΝ ΝΑΣ	ΤΑΡΑΣ (unten). Taras l. auf dem Delphin reitend; in der vorgestreckten R. hält er einen Kantharus, in der L. den Dreizack (schräg gestellt). Über dem Schwanze des Delphins ein Adler mit halb ausgebreiteten Flügeln l. (Fox).

Vgl. Evans Taf. X n. 13.

331	Æ 4-4½	3,07	Derselbe Typus (der Reiter scheint behelmt zu sein). Zwischen den Beinen des Pferdes ϹΩΚΛϤ ΝΛϹ (also ursprünglich wohl ϹΩΚΑΝΝΑϹ, doch könnte der letzte Buchstabe auch Σ gewesen sein).	Ebenso. (5845).

Über die folgenden Münzen mit dem Athenakopfe (attischer Helm mit Busch) und der Eule vgl. Evans the horsemen of Tarentum S. 125 ff.

332	Æ 3	2,97 etwas abgenutzt	Athenakopf l. mit Ohrgehänge; auf dem Helm Scylla Steine schleudernd.	ΤΑΡ (abwärts) hinter einer Eule mit angelegten Flügeln, welche halb l. auf einem Blitz steht (Kopf von vorn). Im Felde l. eine brennende Handfackel. (28446).
333	Æ 3	2,56 beschädigt	Athenakopf r.; der Helm ist mit einem Flügel versehen (wie bei den Romaköpfen auf römischen Familienmünzen). Perlkreis.	ΤΑΡ (aufwärts) hinter einer Eule mit angelegten Flügeln, welche r. auf einem Ölzweig steht (Kopf von vorn). Im Felde r. ◁ΟΙ (schräg abwärts). (Fox).

334	R 3-3½	3,26	Athenakopf r. mit Halsband und Ohrgehänge; auf dem Helm Scylla Steine schleudernd.	Ebenso [TAP (aufwärts) hinter einer Eule mit angelegten Flügeln, welche r. auf einem Ölzweig steht (Kopf von vorn)], doch im Felde r. ist hier nur ////I erhalten. (Ohne Bezeichnung).
335	R 3	3,05 etwas ab-genutzt	Ebenso.	[T]AP (aufwärts) hinter einer halb r. stehenden Eule mit angelegten Flügeln (Kopf von vorn). Im Felde r. eine stehende Keule, darunter IOP (Ohne Bezeichnung).
336	R 2½-3	3,00	Ebenso.	TAP, sonst ebenso; doch sieht man hier unter der Keule nur IO (12111).
337	R 3-4	3,04	Ebenso.	OΛYMΓIΣ (in einer schrägen Zeile aufwärts) hinter einer halb r. auf einem Ölzweig stehenden Eule mit angelegten Flügeln (Kopf von vorn). Im Felde r. Kranz. Zwischen Ölzweig und Eule ein undeutliches Monogramm, vielleicht A (Beger thes. Brand. I S. 444).

Nach Beger bei Mionnet S. I S. 299, 662 unter Heraclea; vgl. Eckhel d. n. I S. 148. Der Name kommt auch auf Didrachmen vor. Auf dem Londoner Exemplar (Cat. of greek coins in the Brit. mus., Italy, S. 202, 315) ist das Monogramm ⚡; auf dem Nackenstück des Helms steht dort ein K, das auf unserem Exemplar zu fehlen scheint.

338	R 3-3½	3,23	Ebenso, nur scheint das Halsband zu fehlen.	NEYMHNIOΣ (aufwärts) hinter derselben Eule. Im Felde r. ΓOΛY (abwärts). (Arditi. B. Friedländer).
339	3-3½	3,25		
340	R2½-3½	2,83 ab-genutzt	Ebenso.	⊢ HPAKΛHTOΣ (aufwärts) hinter derselben Eule. Zwischen Ölzweig und Eule eine Blume, wie es scheint (wie auf den Münzen von Rhodus). (Ohne Bezeichnung).

341	Æ 3	3,08	Ebenso, auf dem Nackenstück des Helms scheint I zu stehen.	ΙΑΛο (aufwärts) hinter derselben Eule. (Das Feld r. ist nicht zur Ausprägung gekommen). (B. Friedländer).
342	Æ 3	3,09	Athenakopf r. mit Halsband und Ohrgehänge; auf dem Helm Scylla Steine schleudernd.	⊢ΙΣΤΙΑΡΧοΣ (aufwärts) hinter einer halb r. gewendeten Eule mit angelegten Flügeln (Kopf von vorn), welche auf einem Blitz steht. Im Felde r. ΕΥ und daneben eine Traube, an welcher ein Weinblatt hängt. (Peytrignet. Fox).
343	3	3,10		
344	Æ 3	3,08	Ebenso.	ΙΝΙΚΟΚΓΑΤΗΣ (aufwärts) hinter einer halb r. gewendeten Eule mit angelegten Flügeln (Kopf von vorn), welche auf einem ionischen Capitell (mit Säulenstück) steht. Im Felde r. ΑΝ (abwärts) und weiter unten ΤΑΡ (5814. Rauch).
345	3-3½	3,14		
346	Æ 3	3,11 oxydirt	Ebenso, doch scheint die Halsschnur zu fehlen.	[ΛΕ]ΩΝ (r., abwärts). Halb r. gewendete Eule mit ausgebreiteten Flügeln (Kopf von vorn), welche auf einem Stierkopf (von vorn) steht. Im Felde r. ΤΑΡ (Fox).

Vgl. Cat. of greek coins in the Brit. mus., Italy, S. 203, 327.

| 347 | Æ 2½-3 | 3,23 | Derselbe Kopf r. mit Ohrgehänge und Halsschnur. | ΤΑΡΑΝΤΙ[ΝΩΝ] im Halbkreis über einer fast ganz von vorn dargestellten Eule mit ausgebreiteten Flügeln, welche in ihren Krallen eine Schlange hat. L. unten im Felde ΔΙ (11745). |

| 348 | Æ 3-3½ | 3,11 | Athenakopf r. mit Ohrgehänge und Perlenschnur; auf dem Helm Scylla Steine schleudernd. Taf. XIV, 202. | ΤΑΡΑΝΤΙΝΩΝ über demselben Typus; im Felde l. ΔΙ, r. vielleicht Spuren von Schrift. (Fox). |

Die nächstfolgenden Münzen weichen im Styl von den vorhergehenden wesentlich ab; namentlich die Eule ist hier ganz anders behandelt.

| 349 | Æ 3-3½ | 3,18 | Behelmter Athenakopf l. mit Ohrgehänge und lang über den Nacken herabwallendem Haar. Auf dem Helm Scylla. Unter dem Halse EY | ΤΑΡΑΝ //// (l., aufwärts). Eule mit ausgebreiteten Flügeln halb r. (Kopf von vorn) auf einem Blitz stehend. Im Felde r. ΣΩ (schräg aufwärts). (Arditi). |

350	Æ 3	3,23	Ebenso (doch ist die Stelle unter dem Halse nicht zur Ausprägung gekommen).	ΤΑΡΑΝΤΙΝΟΝ (sic) über demselben Typus (der Blitz wegen mangelhafter Ausprägung nicht zu sehen); im Felde r. [Σ]ΩΣ (aufwärts). (Arditi).
351	Æ 3-3½	3,02	Ebenso, auch hier ist EY nicht zu sehen.	Umschrift nicht erhalten. Derselbe Typus. Im Felde r. ΣΩΣ (aufwärts). (B. Friedländer).
352	Æ 3-3½	3,05	Ebenso, unter dem Halse nichts.	ΤΑΡΑΝΤΙΝ //// (aufwärts) hinter demselben Typus. Unter dem Blitz ΔΙΟ, im Felde r. ΣΩΣ (aufwärts). Ohne Bezeichnung.
353 354	Æ 3 3	2,37 subärat 2,02 subärat	Ebenso.	Von der Umschrift nur noch wenige Spuren (auf dem einen Exemplar ////ΑΝΤ////, wie es scheint). Derselbe Typus (der Blitz nicht zu sehen). Im Felde r. ΙΩΣ (aufwärts; nur auf einem Ex. zu sehen). (Rauch. Friedländer).

Beide Exemplare aus demselben Stempel.

Die Theilstücke

sind so geordnet:

a die alterthümlichen mit verschiedenen Typen
b Muschel — Delphin
c Kopf — Delphin
d Muschel — Taras auf dem Delphin
e Pferd — Taras auf dem Delphin
f Muschel — Eros auf dem Delphin
g Herakleswaffen — Rocken
h Pflug — Seepferd
i Kopf (verschiedene Typen) -- Kantharus
k Anker — Kantharus
l Kantharus — Kantharus
m Kantharus — Stierkopf
n Kantharus — gekreuzte Stäbe
o Trinkgefäss des Herakles — Kranz
p Kammmuschel — T
q T — T
r Sessel — verschiedene Ks.
s zwei Mondsicheln — zwei Mondsicheln
t Muschel — zwei Mondsicheln
u Herakleswaffen — zwei Mondsicheln
v zwei Pferdeköpfe — zwei Pferdeköpfe
w ein Pferdekopf — ein Pferdekopf
x Heraklestypen:
    Herakles als Kind
    Ausruhender Herakles
    Herakles mit dem Pferde
    Herakles und Antaeus
    Herakles den Löwen bekämpfend (verschiedene Typen).

a) Die alterthümlichen Münzen

355	Æ 1⅓	1,10 ab- genutzt	Delphin l., halbkreisförmig nach oben gekrümmt. Darunter Kammmuschel abwärts. Zwischen Delphin und Muschel ein dicker Punkt, der mit der Muschel verbunden ist. Perlkreis von dicken Punkten.	Z AЯAT (sehr undeutlich) hinter einem geflügelten Seepferde r. (Rauch).

[Diese kleine Münze gehört dem Styl nach zu den alten Didrachmen mit dem Taras und dem geflügelten Seepferd (n. 51 ff.); diese pflegen bis 8,10 zu wiegen, als ⅛ müsste also die kleine etwa 1,35 wiegen, dies Exemplar kann wohl so schwer gewesen sein. FRIEDLAENDER].

356	Æ 1	0,70	Kammmuschel im Perl-kreis.		Kopf r. mit krausem, durch kleine Kugeln angegebenem Haar. Wo der Hals abbricht, eine Perlreihe. Hinter dem Kopfe eine kleine Kugel und etwas r. darunter ein kleiner senkrechter Strich, wohl nur eine ungeschickte Andeutung eines kleinen Haarknaufs. Das Ganze in einem breiten Kreise. (28627/16).
			Taf. XIV, 203.		
357	Æ 1	0,70 stark oxydirt	Ebenso.		Kleiner undeutlicher Kopf r. in einem breiten Kreise. (1263).
358	Æ 1	0,68 oxydirt	Kammmuschel in einem breiten Kreise.	einem	Kleiner weiblicher (?) Kopf l. mit einem kleinen Haarknaufam Hinterkopf. (Rauch. Fox. 9009).
-	1-1½				
360	½-1	0,75 0,54 beschädigt	Die drei Exemplare weichen etwas von einander ab.		
361	Æ 1-1½	0,74	Kammmuschel in einem Kreise.	einem	Jugendlicher Kopf l.(grösser, als auf der vorhergehenden Münze). (5646. Fox. Rauch).
-	1-1½	0,67			
363	1¼-1⅓	0,79	Taf. XIV, 204.		
364	Æ 1	0,63	Ebenso.		Ähnlicher Kopf l. (Fox).
365	Æ 1	0,71	Ebenso.		Jugendlicher Kopf r. mit einem schmalen Bande im Haar, das hinten aufgenommen ist. (127/1885).
			Taf. XIV, 205.		
366	Æ 1-1¼	0,74	Ebenso.		Jugendlicher Kopf r. (von roher Ausführung). (B. Friedländer).
367	Æ 1-1⅓	0,83	Ebenso.		Ähnlicher Kopf r. von zierlicher Arbeit. Das Haar ist hinten zu einem kleinen Knauf aufgenommen. (Peytrignet. Fox).
368		0,76			
			Taf. XIV, 206.		

369	Æ ⅓-1	0,73 oxydirt	Kammmuschel, von einem Perlkreise umgeben.	Kopf r. mit einem grossen Haarknauf am Nacken. (Fox). Vielleicht ist ein Band im Haar gewesen; vor dem Halse ist etwas wie ein Kügelchen zu sehen.
370	Æ ⅓-⅓	0,40	Kammmuschel in einem Kreise.	Kopf r. mit kleinem Haarknauf. Davor (r. unten) die Spuren von zwei Buchstaben, wie es scheint (TA?). (B. Friedländer).
371	Æ ⅓	0,21	Ebenso.	Ähnlicher Kopf r.; dahinter vielleicht AT (aufwärts). (1266).
372	Æ ⅓-⅓	0,34 oxydirt	Ebenso.	Kopf l. mit kleinem Haarknauf. (Fox).
373	Æ ⅓	0,36 oxydirt	Ebenso.	Kopf l.; im Felde l., r. und oben je eine Kugel. (Fox).
374	Æ ¼	0,11 oxydirt	Ebenso, wie es scheint.	Kopf l. (Fox).

375	Æ ⅓	0,36	Kammmuschel, von einem Kreise (Perlkreise?) umgeben.	ΛT unter einem horizontal liegenden Rocken; das Ganze in einem Strahlenkreis. (1261).
376 377	Æ 1 ⅓	0,63 oxydirt 0,76 oxydirt	Kammmuschel, von einem Perlkreise umgeben. Das zweite Exemplar dick.	Rad mit vier Speichen. (4401. 1265).
378	Æ ⅓	0,80	Kammmuschel, von einem Perlkreise umgeben; im Felde l. ein Buchstabe, wie es scheint (Λ?).	Ebenso. (Fox).
379	Æ ⅓	0,77	Kammmuschel, von einem Perlkreise umgeben; im Felde r. Þ, wie es scheint (das Feld ist l. nicht erhalten).	Ebenso. (Fox).
380	Æ ¼	0,11	Kammmuschel, von einem Kreise umgeben.	Ebenso. (7464).

381   Æ ½ | 0,08 | Rad mit vier Speichen.   Rad mit vier Speichen. (Fox).
     beschä-
     digt

382   Æ 1 | 0,46 | Rad mit vier Speichen, in   Kantharus,   von   Punkten
     oxydirt   den Zwischenräumen je   umgeben.   (366/1871).
       ein Kügelchen (drei sind
       sicher, das vierte zweifel-
       haft).

        Wie viel Punkte auf der Ks. gezählt werden müssen,
     bleibt zweifelhaft. Drei sind sicher einer oben über dem
     Kantharus und je einer da, wo die Henkel den Becher-
     rand berühren ; zwei andere befinden sich an dem unteren
     Ende der Henkel, und zwar mit diesen verbunden. Auch
     der Fuss des Bechers wird durch zwei Punkte begrenzt.

           b) Kammmuschel — Delphin

383 Æ1½-1½ | 0,81 | Kammmuschel in einem   ΛAЯAT über einem r. sprin-
 -   1½ | 0,69 | Kreise.   genden Delphin; darunter
385   1½ | 0,72 | Kammmuschel l.   Das
             Ganze von einem Kreise
             umgeben.   (Peytrignet.
             Dannenberg. Fox).
        Diese Münze ist noch von altem Styl; alle folgenden
     sind jünger.

386   Æ 1½ | 0,72 | Kammmuschel.   Delphin r.   Darunter   eine
387   1½-1¾ | 0,76 | Traube zwischen A und
             Γ (Fox. 7647).

388 Æ 1-1¼ | 0,63 | Kammmuschel.   Delphin r. Oben eine schräg
389   1-1½ | 0,70 | liegende Keule; unten ΔA
     beschä-   (Prokesch. 4400).
     digt

390   Æ 1½ | 0,70 | Kammmuschel.   Delphin l. Oben ein l. lie-
             gender Thyrsus mit daran
             geknüpftem Band; unten
             ΔA (Rauch).

391 Æ1½-1½ | 0,70 | Kammmuschel.   Delphin l.   Oben Eule mit
     ab-   angelegten Flügeln halb
     genutzt   l.; unten ⊢HP (Prokesch).

392 Æ1½-1½ | 0,77 | Kammmuschel.   Delphin r.   Oben achtstrah-
             liger Stern; unten ⊢HP
             (Fox).

393   Æ 1 | 0,64 | Kammmuschel.   Delphin l. springend. Oben
             ⊢H𝕞;   unten   eine
             schlanke Amphore mit
             Fuss. (4909).

394	Æ 1-1⅓	0,67	Kammmuschel.	Delphin l. Oben +I; unten bucranium, von dessen Hörnern Bänder herabhängen. (Fox).
395	Æ 1	0,52 oxydirt	Kammmuschel.	Delphin l. Das Feld oben nicht ausgeprägt; unten ◆I (B. Friedländer).
396 397	Æ 1 1-1⅓	0,57 0,61 beide oxydirt	Kammmuschel.	Delphin r. Oben ⚥; unten caduceus r. liegend. (Fox. Rauch).
398	Æ 1-1½	0,52	Kammmuschel.	T Λ über einem Delphin l.; unten ein schlanker Fisch l., darunter Wellen. (9155).

Vgl. unten n. 423.

399	Æ 1	0,72	Kammmuschel.	Delphin l. Unten ß (oder Σ?). (Fox).
400	Æ 1-1½	0,60	Kammmuschel.	Delphin r. Oben N; unten ein ionisches Capitell mit einem Theil des Säulenschaftes. (Fox).
401	Æ ⅜-1⅓	0,54 oxydirt	Kammmuschel.	Delphin r. Unten eine Traube und r. daneben I (Fox).
402	Æ 1¼-1⅓	0,59	Kammmuschel.	Delphin r. Unten ein aplustre und I (Fox).
403	Æ 1-1¼	0,66 oxydirt	Kammmuschel.	Delphin r. Oben Füllhorn; unten zwei undeutliche Buchstaben, vielleicht ΓO (1259).
404	Æ 1	0,71 abgenutzt	Kammmuschel.	Delphin r. Oben Dreizack r. liegend; unten eine Krabbe. (Ohne Bezeichnung).
405	Æ 1⅓	0,72	Kammmuschel.	Delphin l. Unten Dreifuss. (17958).
406	Æ 1-1½	0,52 etwas abgenutzt	Kammmuschel.	Delphin l. Unten schlanke Amphore mit Fuss. (B. Friedländer).
407 408	Æ 1	0,58 0,55	Kammmuschel.	Delphin r. Unten Blitz (horizontal). (5649. 4399).

409	Æ 1-1½	0,57	Kammmuschel.

Delphin r. Unten Eule mit angelegten Flügeln (halb r., Kopf von vorn). (Bohl.

| 410 | Æ 1½ | 0,73 | Kammmuschel. |

Delphin r. Unten Taschenkrebs. (Gansauge).

| 411 | Æ ¾ | 0,27 | Kammmuschel. |

Delphin l. Oben l. schwebende Nike mit einem Kranze; unten ΠΙ (Fox).

| 412 | Æ ¾ | 0,32 | Kammmuschel. |

Delphin r. Oben r. schwebende Nike mit einem Kranze; unten E, wie es scheint. (Gansauge).

| 413 | Æ ½-¾ | 0,35 | Kammmuschel. |

Delphin l. Oben Σ; unten ΕΙ (Fox).

Vgl. unten n. 450 mit denselben Namen.

| 414 | Æ ¾ | 0,19 | Kammmuschel. |

Delphin r. Unten 🜨 (Rauch).

| 415 | Æ ¾ | 0,29 | Kammmuschel. |

Delphin r. Unten ΦΙ (Fox).

| 416 | Æ ½-¾ | 0,29 | Kammmuschel. |

Delphin r. Unten Γ (oder E?). (Rauch).

| 417 | Æ 1 | 0,32 abgenutzt | Kammmuschel. |

Delphin r. Oben Dreizack r. liegend; unten scheint nichts zu sein. (Fox).

| 418 | Æ ¾-1 | 0,38 | Kammmuschel. |

Delphin r. Unten Fliege mit dickem Kopf r. (136/1886).

| 419 | Æ 1 | 0,34 | Kammmuschel. |

Delphin r. Unten Taschenkrebs. (B. Friedländer.

| 420 | Æ ¾-1 | 0,30 | Kammmuschel. |

Delphin r. Unten Handfackel. (Gansauge).

| 421 | Æ ¾ | 0,33 | Kammmuschel. |

Delphin l. Oben eine kleine Kugel. (Fox).

| 422 | Æ ½-¾ | 0,30 | Kammmuschel. |

Delphin l. (Gansauge).

c) Kopf — Delphin

423	Æ 1½	0,67	Weiblicher Kopf r., über der Stirn erscheint ein breites Band im Haar, das hinten aufgenommen ist. Eine enge Kreislinie umschliesst den Kopf.	T Λ über einem Delphin l.; unten ein schlanker Fisch l.; darunter Wellen. (28670/14).

Taf. XIV, 207.
Die Kehrseite dieser Münze ist mit demselben Stempel geprägt, aus welchem die Kehrseite von n. 398 hervorging.

d) Kammmuschel — Taras

424	Æ 1⅓–1½	0,59	Kammmuschel.	Taras l. auf dem Delphin reitend; in der vorgestreckten R. hält er den Kantharus, im l. Arm den Rocken. Hinter Taras Ρ, unter dem Delphin Μ (Fox).
425	Æ 1–1⅓	0,48	Ebenso.	Taras l. auf dem Delphin reitend; in der vorgestreckten R. hält er ein aplustre oder Füllhorn(?), im l. Arm einen Palmzweig. Unten ΦΙ (4910).
426	Æ 1	0,57	Ebenso.	Taras l. auf dem Delphin reitend; in der vorgestreckten R. hält er den Kantharus, im l. Arm vielleicht ein Füllhorn. Im Felde r. Σ, unter dem Delphin Γ Ι (5648).

e) Pferd — Taras

427	Æ 2	1,15	Pferd r. sprengend.	TAPAΣ (r., in einer schrägen Zeile abwärts). Taras r. auf dem Delphin reitend; mit der bis zur Höhe des Gesichts erhobenen R. hält er einen kleinen, undeutlichen Gegenstand (Rocken?), die L. scheint auf der Rückenflosse des Delphins zu liegen. Unter dem Delphin (etwas l.) ΣΩ auf einem erhabenen Täfelchen. (Fox).

Taf. XIV, 208.

428	AR 1½-1¾	0,99 oxydirt	Pferd mit fliegendem Zügel r. sprengend.	TAP (unten). Taras r. auf dem Delphin sitzend. Sein l. Arm ist vorgestreckt (ob die Hand etwas hielt, ist nicht mehr zu sehen), die R. stützt er auf den Delphin. (28627/14).

f) Kammmuschel — Eros

429	AR 1	0,50 ein Stück fehlt	Kammmuschel. Taf. XIV, 209.	Bogenschiessender Eros r. auf einem Delphin reitend. Im Felde r. Mondsichel. (Rauch).
430	AR ⅘-⅚	0,29	Ebenso.	Eros l. auf einem Delphin reitend. In der vorgestreckten R. hält er eine Traube (?), die L. stützt er auf den Delphin. Unten ΦI (oder Traube und I ?). (Fox).

g) Herakleswaffen — Rocken

431	AR 1⅓-1⅔	0,86	Aufrecht stehende Keule nebst Bogen und zwei Pfeilen übers Kreuz. Im Felde unten l. Σ	Rocken in einem Kranze (Ölkranz?). (11383).
432-435	AR 1⅓-1½ 1½-1¾ 1-2 1½	0,79 oxydirt 0,64 oxydirt 0,67 etwas verrieben 0,76	Derselbe Typus. Mitten im Felde l. Σ	Ebenso. (Prokesch. Fox. B. Friedländer. 5896).
436	AR 1	0,47	Keule, Bogen und zwei Pfeile übers Kreuz gelegt. Im Felde Mondsichel (so gestellt ☽).	Rocken senkrecht zwischen einer ganz kleinen Eule (l.) und einem Ölzweig (r.). Im Felde l. (über der Eule) eine grosse Mondsichel (so gestellt ☽). (7646).
437	AR ⅚	0,36	Ebenso.	Ebenso. (Fox).

h) Pflug — Seepferd

438	Æ 1-1½	0,66	Pflug, darüber Mondsichel	Seepferd (ungeflügelt) r.,
439	1	0,55 oxydirt	(so gestellt C).	darunter Mondsichel (so gestellt C). (Fox. 7461).

Vgl. Avellino im Bull. arch. Napoletano I S. 131
Taf. VIII, 10.

i) Kopf — Kantharus

440	Æ 1	0,54	Weiblicher Kopf r. mit	T A über einem Kantha-
441		0,57	einem nur über der Stirn	rus, welcher von fünf
			sichtbaren breiten Bande	Kügelchen umgeben ist.
			im Haar, das hinten auf-	(28660. Fox).
			genommen ist. Der Kopf	
			ist umgeben von den	
			Schlangen der aegis.	

Taf. XIV, 210.

Genau derselbe Kopf, doch ohne die Schlangen,
findet sich auf der kleinen Münze n. 423. Es dürfte wohl
Athena-Nike sein.

Als Typus (Kopf auf aegis) vgl. den Kopf auf grossen
und kleinen Silberstücken von Heraclea; letztere sind
zwar aufschriftlos und haben auf der Ks. Kügelchen wie
die tarentinischen Kleinsilberstücke, zeigen aber die
grösste Stylverwandtschaft mit dem Kopfe der Didrachmen von Heraclea.

442	Æ 1	0,56 ab- genutzt	Jugendlicher Kopf r. mit kurzem Haar und einer, wie es scheint, nur über der Stirn sichtbaren brei- ten Binde. Der Kopf be- findet sich auf der Aegis, deren Schlangen einen Kreis um den Kopf bilden.	Kantharus, von fünf Kügel- chen umgeben. Oben ℭ; unten T A (zu Seiten des Kantharusfusses). (7150).

443	Æ 1	0,42 ab- genutzt	Jugendlicher männlicher Kopf r., dahinter H	Kantharus, von fünf Kügel- chen umgeben. (Arditi).

444	Æ 1	0,53 oxydirt	Kopf des bärtigen Herakles r., mit dem Löwenfell be- deckt.	Kantharus, von fünf Kügel- chen umgeben. (4443).

k) Anker — Kantharus

445	Æ 1	0,43	Anker, oben in einen Zweig auslaufend, von vier Kügelchen umgeben. Einfacher Kreis.	Kantharus, von fünf Kügelchen umgeben. Einfacher Kreis. (7152. Fox).
446		0,51		

Auf dem zweiten Exemplar ist der mit dem Anker verbundene Zweig undeutlich.

l) Kantharus — Kantharus

447	Æ ½-1	0,46	Kantharus. L. ein Kügelchen, r. ΔΙ, oben ein Kügelchen.	Kantharus. L. ΔΙ, r. weiblicher Kopf l., oben ein Kügelchen. (Fox. Dannenberg).
448	1	0,47		

Das weibliche Köpfchen kommt als Beizeichen auch auf Didrachmen vor.

449	Æ ½-1	0,50 oxydirt	Kantharus. L. Σ, r. Y, oben ein Kügelchen.	Kantharus. L. ΣY, r. Eule mit angelegten Flügeln halb l. (Kopf von vorn); ob oben ein Kügelchen war, ist nicht mehr zu erkennen. (Gansauge).

450	Æ 1	0,49	Kantharus mit geriefeltem Bauche. L. ⊂Ι, r. ein achtstrahliger Stern.	Kantharus mit geriefeltem Bauche. L. Spuren eines Sterns, wie es scheint, r. Σ (2827/15).

Weder auf der Vs. noch auf der Ks. die sonst hier vorkommenden Kügelchen. Buchstaben und Monogramm ebenso oben bei n. 413.

451	Æ ½-1	0,46	Kantharus zwischen drei Kügelchen.	Kantharus. L. A, r. Γ, oben ein Kügelchen. (B. Friedländer).

452	Æ 1-1½	0,56	Kantharus zwischen vier Kügelchen, oben eine Traube.	Kantharus, von drei Kügelchen umgeben. L. A, r. Γ (Fox).

453	Æ 1	0,50	Kantharus, von drei Kügelchen umgeben.	Kantharus. L. †, r. Ι (Arditi).

454	Æ 1	0,50	Kantharus, von fünf Kügelchen umgeben. Im Felde r. E (l. scheint nichts zu sein).	Kantharus, von fünf Kügelchen umgeben. L. ein undeutlicher Buchstabe (Γ?), r. Λ (5644).

455	Æ 1-1¼	0,65	Kantharus, von fünf Kügelchen umgeben.	Kantharus, von fünf Kügelchen umgeben. Im Felde r. A (Gansauge).

456	Æ 1-1½	0,44 oxydirt	Kantharus, von drei Kügelchen umgeben.	Kantharus. L. undeutlicher Buchstabe (N?), r. ionisches Capitell nebst Säulenstück; oben eine Kugel. (5645).
457	Æ ½-1½	0,58	Kantharus.	Kantharus. L. undeutliches Beizeichen, r. ein Kügelchen, oben I oder ⌐ (Ohne Bezeichnung).
458	Æ 1	0,60 etwas abgenutzt	Kantharus, von fünf Kügelchen umgeben.	Kantharus, von fünf Kügelchen umgeben. Im Felde r. ⚲ (Prokesch).
459	Æ 1	0,50 .abgenutzt	Kantharus, von fünf Kügelchen umgeben. Im Felde r. K	Kantharus, von fünf Kügelchen umgeben. (1109).
460	Æ 1	0,62	Kantharus, von fünf Kügelchen umgeben. Im Felde l. > (oder >?). Dicke Kreislinie.	Kantharus, von fünf Kügelchen umgeben. (Fox).

Die Münze ist wohl die älteste dieser Reihe.

461	Æ 1	0,38	Kantharus. L. und r. je ein Kügelchen (ob oben auch eins war, ist nicht mehr zu sehen).	Kantharus. L. ein grosses T (das Feld r. nicht ausgeprägt). (Fox).
462	Æ 1-1½	0,51	Kantharus. L. achtstrahliger Stern, r. siebenstrahliger Stern, oben ein Kügelchen.	Kantharus. L. aplustre, r. Stern, oben ein Kügelchen. (B. Friedländer).
463 464	Æ 1-1½ 1	0,51 0,48	Kantharus, von drei Kügelchen umgeben.	Kantharus. L. ein Kügelchen, r. Dreifuss, oben ein Kügelchen. (28693. B. Friedländer).

Auf dem ersten Exemplar könnte auf der Ks. das Kügelchen oben fehlen.

465	Æ 1-1½	0,60	Kantharus. L. und r. je ein Kügelchen, oben Stern.	Kantharus. L. ein Kügelchen, r. Dreifuss, oben ein Kügelchen. (Fox).
466	Æ 1½	0,54	Kantharus, von drei Kügelchen umgeben.	Kantharus. L. ein Kügelchen, r. ein Frosch, wie es scheint, von oben gesehen (nach Friedländers Ansicht ein kleiner hockender Faun, von vorn dargestellt und beide Arme erhebend). Oben ein Kügelchen. (28627/17).

Ein ähnliches Beizeichen wie das hier von Friedländer vermuthete findet sich auf dem Didrachmon n. 273.

467	Æ 1¼-1½	0,58	Kantharus, von drei Kügelchen umgeben.	Kantharus. L. eine aegis, r. ⋮, oben ∴ (Fox).
468	Æ 1-1½	0,62	Ebenso.	Ebenso, doch statt der aegis hier eine Handfackel. (5643).
469	Æ 1	0,55	Kantharus, von fünf Kügelchen umgeben. R. im Felde vielleicht ein kleines Beizeichen.	Kantharus, von fünf Kügelchen umgeben. (B. Friedländer).
470	Æ 1	0,54	Kantharus, von fünf Kügelchen umgeben.	Ebenso. (Arditi).

m) Kantharus — Stierkopf

471	Æ 1-1½	0,46 beschädigt	Kantharus, von drei Kügelchen umgeben. L. K, r. ein Kügelchen (im Ganzen also vier Kugeln, K an Stelle der fünften).	Stierkopf von vorn, darüber ein Kügelchen. (Rauch).
472	Æ 1	0,50	Kantharus, von fünf Kügelchen umgeben. Einfacher Kreis.	Stierkopf von vorn, darüber ein Kügelchen. (Fox).
473	Æ 1	0,42	Kantharus, von fünf Kügelchen umgeben. Perlkreis.	Stierkopf von vorn. (9160).
474	Æ 1	0,43	Ebenso.	Ebenso, aber mit Perlkreis. (Prokesch).

n) Kantharus — gekreuzte Stäbe

475	Æ 1	0,58	Kantharus.	✕ꜱ · (Fox).

o) Trinkgefäss des Herakles — Kranz

476	Æ ¾	0,23 abgenutzt	Topfähnliches, geriefeltes Gefäss mit einem Henkel (links).	Γ in einem Kranze. (Rauch).
477	Æ ¾-1	0,22 oxydirt	Dasselbe Gefäss mit dem Henkel rechts.	Γ in einem Kranze; unten (schräg) Λ (Fox).
478	Æ ¾	0,32	Ebenso, l. daneben ◆	Γ im Kranze; unten Ε (5642).
479	Æ ¾	0,25	Dasselbe Gefäss. Einfacher Kreis.	Π in einem Kranze; unten eher Δ als Λ (5979).

480	AR $\frac{5}{6}$	0,28	Dasselbe Gefäss, l. daneben N	Kranz, unten K (5641).
481	AR $\frac{4}{6}$	0,29	Dasselbe Gefäss, l. daneben Ɛ (ungewiss, ob I oder Σ oder ähnlicher Buchstabe).	Ebenso. (Fox).
482	AR $\frac{4}{6}$	0,22	Dasselbe Gefäss.	Kranz. (8310).

p) Kammmuschel — T

483	AR $\frac{4}{6}$-$\frac{5}{6}$	0,15 beschädigt	Kammmuschel. Einfacher Kreis.	T Kreis von länglichen Perlen. (9156).

q) Beiderseits T

484	AR $\frac{4}{6}$	0,18	T	T
485		0,19		(B. Friedländer. Fox).
486	AR $\frac{4}{6}$	0,15	Ebenso, einfacher Kreis.	Ebenso, einfacher Kreis. (Rauch).

r) Sessel — verschiedene Ks.

487	AR 1$\frac{1}{4}$-1$\frac{1}{2}$	0,82 oxydirt	Sessel ohne Lehne in perspectivischer Ansicht; darauf liegt ein Kissen und drei Kügelchen. Zwischen den Beinen des Sessels T	TAPA über demselben Typus wie auf der Vs.; im Felde l. T, r. Σ (beide Buchstaben undeutlich, doch ist der zweite sicher nicht E). (28660).

Vgl. Imhoof-Blumer monn. grecques S. 1 n. 3 mit T und E im Felde und I im Abschnitt.

Friedländer glaubte auf unserem Exemplar TAPAN zu erkennen; das N, meinte er, stände schräg abwärts.

488	AR 1-1$\frac{1}{3}$	0,80	Sessel ohne Lehne in perspectivischer Ansicht. Darauf liegt ein Kissen und zwei Kügelchen.	Rocken; im Felde oben l. und r. ein achtstrahliger Stern, unten l. Mondsichel (so gestellt ☽), r. TA (Fox).

Herausgegeben von Imhoof-Blumer monn. grecques S. 2 n. 4, welcher auf der Ks., wie mir scheint mit Recht, eine 'quenouille' angiebt. Friedländer sah in dem allerdings von den sonstigen Rockendarstellungen etwas abweichenden Gegenstande »ein Getreidekorn mit dem Keim«.

s) Beiderseits zwei Mondsicheln

489	AR 4/5-5/6	0,18	Blitz zwischen zwei Mondsicheln, in denen je ein Kügelchen.	Blitz zwischen zwei Mondsicheln, in denen je ein achtstrahliger Stern. (Peytrignet).
490	AR 4/5-5/6	0,20	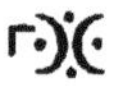	Keule zwischen zwei Mondsicheln, in denen je ein Kügelchen. (Fox).
491	AR 5/6	0,22		 (9157).
492	AR 4/5	0,23	 Einfacher Kreis.	 (9158).
493	AR 4/5-5/6	0,22		 (9159).
494	AR 5/6	0,22		 (28627/18).

Auf der Ks. eher K Δ als K Λ

495	AR 4/5-5/6	0,17		 (Rauch).
496	AR 4/5	0,21		 (B. Friedländer).
497	AR 4/5-5/6	0,22		 (1264).

Auf der Vs. scheint r. ein Buchstabe gewesen zu sein (A?).

498	AR 5/6	0,22		 (B. Friedländer).
499	AR 5/6	0,22		 (Fox).
500	AR 5/6	0,21		 (Fox).

t) Kammmuschel — zwei Mondsicheln

| 501 | Æ ⅛ | 0,21 | Kammmuschel; einfacher Kreis. | (Fox).)(|

u) Herakleswaffen — zwei Mondsicheln

| 502 | Æ ⅛-⅛ | 0,29 | Keule und leerer Köcher mit seinem Bandelier (senkrecht neben einander). Einfacher Kreis. | (28670/13).)(|

v) Beiderseits zwei Pferdeköpfe

| 503 | Æ 1⅛-1⅓ | 0,94 | Zwei Pferdeköpfe (mit Hals) hintereinander r.

Taf. XIV, 211. | TAP unter zwei Pferdeköpfen hintereinander (der zweite Kopf ist abwärts gekehrt). (7732). |

| 504 | Æ 1-2 | 0,93 oxydirt | Zwei gezäumte Pferdeköpfe hintereinander r.; im Felde umher)(, wie es scheint, drei Mal wiederholt. | Zwei gezäumte Pferdeköpfe zwei Drittel von vorn, aber von einander abgewendet. Im Felde l.)((oder ·)(·?), r.)(, unten)(und daneben Γ (5640). |

| 505 | Æ 1⅛-2 | 0,97 | Zwei Pferdeköpfe mit den Hälsen nach entgegengesetzten Richtungen so an einander gestellt, dass sie wie ein S aussehen. Umher je zweimal)(und)(
Taf. XIV, 212. | Zwei Pferdeköpfe im Profil, der eine l., der andere r. Oben und unten)(, l. und r.)((7730). |

w) Beiderseits ein Pferdekopf

| 506 | Æ 1 | 0,39 | Gezäumter Pferdekopf l. | Gezäumter Pferdekopf l.; davor ΦI (Fox). |

| 507 | Æ 1-1⅛ | 0,50 | Pferdekopf l. | Pferdekopf l.; davor Reh r., den Kopf zurückwendend. (4398). |

Vgl. die Didrachmen n. 201—203, wo auch das Reh als Beizeichen.

| 508 | Æ 1 | 0,44 | Pferdekopf r., davor Σ | Pferdekopf l. (Rauch). |

| 509 510 | Æ 1 | 0,45 0,39 | Pferdekopf r., davor Σ | Pferdekopf r. (855. B. Friedländer). |

| 511 | Æ 1 | 0,55 | Pferdekopf r., davor A | Pferdekopf r. (Prokesch). |

| 512 | Æ 1 | 0,38 beschädigt | Gezäumter Pferdekopf r., davor Traube. | Gezäumter Pferdekopf l., davor A (1262). |

513	Æ 1	0,50	Gezäumter Pferdekopf r.	Gezäumter Pferdekopf r. Im Felde l. Δ, r. das Palladium, wie es scheint, von vorn. (Peytrignet).

Auch auf einem Didrachmon (n. 189) erscheint das Palladium als Beizeichen.

514	Æ ⅓-1	0,50	Pferdekopf r.	Pferdekopf r. Im Felde l. (aufwärts) K Λ▶, wie es scheint, r. vielleicht ein Zweig mit zwei Blättchen. (Fox).
515 516	Æ 1	0,40 0,41	Pferdekopf r., dahinter aplustre.	Gezäumter Pferdekopf r. (das Stirnhaar ist zusammengebunden). (5639. Fox).
517 518	Æ 1	0,37 0,40 beide oxydirt	Pferdekopf r.	Pferdekopf r., davor Dreifuss. (Rauch. B. Friedländer).
519	Æ 1	0,46	Pferdekopf r.	Gezäumter Pferdekopf r., davor Dreifuss. (8856).
520	Æ 1	0,49	Gezäumter Pferdekopf r.	Gezäumter Pferdekopf r., davor ein Vogel r. (Fox).
521	Æ 1	0,33	Gezäumter Pferdekopf r.	Gezäumter Pferdekopf r., davor ein Hirsch, wie es scheint, r. (Fox).
522	Æ ⅓-1	0,45	Gezäumter Pferdekopf r.	Gezäumter Pferdekopf r., davor Taschenkrebs. (Fox).
523	Æ 1	0,38	Gezäumter Pferdekopf r.	Gezäumter Pferdekopf r., davor achtstrahliger Stern. (Fox).
524	Æ ⅓	0,39	Gezäumter Pferdekopf r.	Pferdekopf r. (ungezäumt). (B. Friedländer).

x) Heraklestypen

Herakles als Kind

525 - 528	Æ 1½-1¾ 1¼-1½ 1½-1¾ 1½-1¾	0,81 oxydirt 1,14 1,05 1,02	Athenakopf l., der attische Helm ist mit einer Scylla verziert.	TA (l., aufwärts). Herakles als Kind, von vorn gesehen und am Boden sitzend, würgt mit jeder Hand eine Schlange (der r. Arm ist erhoben, der l. gegen den Boden gestemmt). Im Felde l. Λ, im Abschnitt ein Blitz. (Fox, 2 Ex. 28693. 7731).

Taf. XIV, 213.

| 529 | Æ 1½ | 0,82 oxydirt | Athenakopf r., der attische Helm ist mit einem geflügelten Seepferd verziert. | Derselbe Typus. L. im Felde Ꞥ, im Abschnitt ꟻ (Fox). |
| 530 | Æ 1½-1½ | 0,97 oxydirt | Athenakopf l. mit dem korinthischen Helm (mit Busch). | L. Spuren von Schrift. Derselbe Typus. Im Abschnitt liegende Keule. (Gansauge). |

Ausruhender Herakles

| 531 532 | Æ 1½-2 1½-2 | 0,96 etwas beschädigt 1,02 oxydirt | Athenakopf r., der attische Helm ist mit einem geflügelten Seepferd verziert. Zwischen Nacken und Helmbusch ꟻ | TAP⫻ (l., aufwärts). Herakles l. auf einem mit der Löwenhaut überdeckten Stein sitzend. Die L. stützt er auf den Sitz, während er mit der R. die auf den r. Schenkel gesetzte Keule hält. L. im Felde T (4384. 3/1875). |

Taf. XIV, 214.
Auf dem zweiten Exemplar ist von der Aufschrift nichts erhalten.

Herakles mit dem Pferde

| 533 534 | Æ 1½ 1½-2 | 1,03 1,0 oxydirt | Athenakopf r. mit Halsband; der korinthische Helm hat einen Busch und ist mit einer Schlange verziert. | Herakles von vorn, ein neben (hinter) ihm r. sprengendes Pferd mit der L. bändigend; mit der R. hält er die Keule erhoben. Im Felde l. oben Ꞧ, wie es scheint, r. unten ꟺ (9154. Fox). |

Taf. XIV, 215.
Das Monogramm im Felde l. oben ist nur auf dem zweiten Exemplar einigermassen deutlich.

Herakles und Antaeus

| 535 – 537 | Æ 1½ 1½-2 1½ | 0,81 etwas beschädigt 1,02 1,03 | Athenakopf fast ganz von vorn (etwas r.); der Helm ist bekränzt und hat drei Büsche. | Herakles (von vorn) hat den Antaeus mit beiden Armen umklammert und hebt ihn, sich r. wendend, in die Höhe. Zwischen den Füssen des Herakles liegt die Keule am Boden. Im Felde r. Φ1 (11746. B. Friedländer. Fox). |

Taf. XIV, 216.

Herakles den Löwen bekämpfend

α) Herakleskopf von vorn

538	Æ 1½-2	0,97	Kopf des jugendlichen He-rakles, mit dem Löwenfell bedeckt, fast ganz von vorn (etwas l.). Im Felde l. die Keule (sie geht von der Schulter des Herakles aus). Taf. XIV, 217.	Herakles, stehend, würgt den von r. her an ihm auf-springenden Löwen. Zwi-schen den Beinen des Herakles Φ, im Felde l. Keule. (7801. B. Fried-länder).
539	1-2	1,16		

Auf dem zweiten Exemplar sind auf der Ks. l. oben vielleicht Buchstabenspuren vorhanden und im Felde l. (neben der Keule) wohl ein ꓶ.

β) Athenakopf mit korinthischem oder attischem Helm
(Ks.: Herakles bekämpft den rennenden Löwen)

540	Æ 1¼-1¾	1,00	Athenakopf l. mit Halsband und Ohrgehänge (korin-thischer Helm mit Busch).	TAPAN (l., aufwärts). He-rakles setzt den l. ren-nenden Löwen, dessen Schweif er mit der L. gepackt hat, das r. Knie auf die Schulter und schwingt mit der R. die Keule. Unten eine Eule mit angelegten Flügeln halb l. (Kopf von vorn). (5618. Prokesch).
541		1,06		

Auf dem zweiten Exemplar ist das Beizeichen nicht mehr sichtbar.

542	Æ 1½-1¾	0,96	Ebenso.	TAPA⋙ (r., abwärts). Der-selbe Typus. Unten eben-falls Eule. (Gansauge. Arditi).
543	1½-1¾	0,85 oxydirt		

Auf dem zweiten Exemplar ist von der Aufschrift nur T⋙ erhalten.

544	Æ 1¾-2	1,10	Athenakopf l. mit Ohrge-hänge. Der attische Helm ist mit einer Scylla ge-schmückt. Taf. XIV, 218.	Keine Schrift. Derselbe Ty-pus (etwas anders behan-delt). Kein Beizeichen, wie es scheint. (Fox).

Diese Münze ist von feiner und schöner Arbeit, nicht so die vorhergehenden mit derselben Ks.

γ) Athenakopf von vorn

545	Æ 1½-2	0,97 oxydirt 0,85	Athenakopf von vorn, der korinthische Helm hat drei Büsche.	[T]AP⦸⦸⦸ (r., abwärts). Herakles, stehend (von vorn, gewendet), würgt den von r. her an ihm aufspringenden Löwen. Zwischen den Beinen des Herakles Ρ, im Felde l. Keule und darunter ein kleines, nicht ganz deutliches Beizeichen, wahrscheinlich ein Amazonenschild. (5614. 9153).
546	1½-1¾			

Auf dem zweiten Exemplar ist von der Schrift nichts mehr zu sehen.

Nach Carelli Taf. CXVI, 272 ist das Beizeichen unter der Keule eine pelta, Combe mus. Brit. S. 36 Taf. III, 10 hält es für einen kleinen Fisch.

547	Æ 1½	1,06	Ebenso. Taf. XIV, 219.	ΤΑΡΑΝΤΙΝΩΝ (r., abwärts). Derselbe Typus. Zwischen den Beinen des Herakles Κ Das Feld l. ist nicht zur Ausprägung gekommen. (Fox).
548	Æ 1½-1¾	0,89	Athenakopf fast ganz von vorn (etwas r.), der attische Helm hat drei Büsche.	Derselbe Typus. Im Felde l. Keule, senkrecht. Keine Schrift. (9152).

Diese Münze ist von ziemlich roher Arbeit.

δ) Athenakopf im Profil mit dem korinthischen Helm

549	Æ 1½-1¾	0,93 etwas beschädigt 1,04	Athenakopf l. mit dem korinthischen Helm.	ΤΑΡΑΝΤΙΝΩΝ (r., abwärts). Derselbe Typus. Zwischen den Beinen des Herakles ΦΙ, im Felde l. Keule. (5610. 28693).
550	1⅓-1½			

Die beiden Exemplare weichen unbedeutend von einander ab.

551	Æ 1⅓-1½	0,93	Derselbe Kopf, dahinter Τ	Herakles von vorn, aber l. ausschreitend, den von r. her an ihm aufspringenden Löwen mit geschwungener Keule bekämpfend. Im Felde l. Τ (Ohne Bezeichnung).

| 552 | Æ 1½-2 | 1,0 | Athenakopf l.; der korinthische Helm ist mit einem rennenden Greifen verziert.

Taf. XIV, 220. | TAP (r., abwärts). Derselbe Typus. Zwischen den Beinen des Herakles eine Amphore; im Felde l. Köcher mit Bogen. (Rauch). |
| 553 | Æ 1½-1¾ | 1,05 | Ebenso.

Taf. XIV, 221. | Links Spuren von Schrift. Herakles, l. stehend, würgt den an ihm aufgesprungenen Löwen. Im Felde r. Keule. (Fox). |

ε) Athenakopf im Profil mit dem attischen Helm

| 554 | Æ 1½-2 | 1,24 | Athenakopf r., der attische Helm ist mit einem geflügelten Seepferd verziert. Zwischen Nacken und Helmbusch Σ; unter dem Halse scheint I zu stehen (wenn es nicht eine Stempelverletzung ist). | TAPA ΣⅢⅢ (von l. beginnend). Herakles, stehend (von vorn, Oberkörper und Kopf r. gewendet), würgt den von r. her an ihm aufspringenden Löwen. Im Felde l. Keule. (5617). |

Die Vs. dieser Münze scheint aus demselben Stempel zu sein, aus welchem n. 531 hervorging.

| 555 | Æ 1½-2 | 1,06 | Athenakopf r., der Helm ist mit einem geflügelten Seepferd verziert. | TA Ⱶ Derselbe Typus. Im Felde l. Keule. (8240). |

Der r. vom Kopfe des Herakles befindliche Buchstabe sieht wie Ⱶ aus, könnte aber auch Ɐ gewesen sein; sicher ist es kein P.

556	Æ 1½-2	0,98	Athenakopf mit Ohrgehänge und Halsband r.; der Helm ist mit einem geflügelten Seepferd verziert. Taf. XIV, 222.	TAPAN TINΩN Herakles, stehend, würgt den von r. her an ihm aufspringenden Löwen. Zwischen den Beinen des Herakles K, im Felde l. Keule mit Bogen. (B. Friedländer. 28845. Fox).
-	2	1,12		
558	1½-2	1,20		

559	Ⓡ 1⅛-2	1,21	Ebenso.	Spuren der Umschrift. Derselbe Typus. Zwischen den Beinen des Herakles K; im Felde l. scheint nur die Keule zu sein. (B. Friedländer).
560	Ⓡ 1-1¼	0,89	Athenakopf r.; der Helm ist mit dem geflügelten Seepferd verziert.	Keine Schrift sichtbar (schlecht geprägt). Derselbe Typus, kein Buchstabe. Im Felde l. Keule mit Bogen. (B. Friedländer).
561	Ⓡ 1⅛-2	0,99	Athenakopf mit Ohrgehänge und Halsband r. Der Helm ist mit der Scylla verziert.	TAPAN TINΩN. Derselbe Typus. Im Felde l. Keule. (B. Friedländer).
562	Ⓡ 2	1,04	Ebenso.	Keine Schrift. Derselbe Typus. Im Felde l. Keule. (Fox).

Von roher, verwilderter Arbeit.

563	Ⓡ 1½-2	1,18	Athenakopf mit Ohrgehänge r. Der Helm ist mit Ranken fein verziert.	TA[P]ANT[I] NΩN Derselbe Typus; im Felde l. Keule. (126/1885).
564	Ⓡ 1¼	0,83 etwas abgenutzt	Athenakopf r. Der Helm ist unverziert.	TAPAN//// (r., abwärts). Derselbe Typus (zwischen den Beinen des Herakles zwei undeutliche Buchstaben). Im Felde l. Keule. (Arditi).
565	Ⓡ 1½-1½	0,97	Undeutlicher Athenakopf r.	℞ (also wohl TA...) r. Derselbe Typus. Zwischen den Beinen des Herakles ʜ (vielleicht ◆l); im Felde l. Blitz, senkrecht. (Arditi).

Vgl. Carelli Taf. CXVI, 274.

566	Ⓡ 1¼-2	1,12	Athenakopf l. Der Helm ist mit der Scylla verziert.	Keine Schrift sichtbar (schlecht geprägt). Derselbe Typus. Zwischen den Beinen des Herakles K, wie es scheint. Im Felde l. Rest der Keule. (5620).

567	R 1⅜-2	1,16 etwas abgenutzt	Athenakopf l.; der Helm ist mit der Scylla verziert. Zwischen Nacken und Helmbusch X	TAPA[NTI] NΩN Derselbe Typus des stehenden, löwenwürgenden Herakles. Zwischen den Beinen des Herakles X; im Felde l. Keule. (Fox).
568	R 1½-2	0,92	Athenakopf l., der Helm ist bekränzt. Von roher Arbeit.	TAPAΓ///////// r. Derselbe Typus. Im Felde l. scheinen von der Keule Spuren vorhanden zu sein. (B. Friedländer).
569	R 1½-2	0,99	Athenakopf r., der Helm ist mit der Scylla verziert. Vor dem Halse vielleicht Φ (oder +?). Taf. XIV, 223.	Herakles fast im Profil r. den Löwen würgend (die Beine sind gleichmässig im Knie gebogen). Im Felde l. Keule. (Rauch).
570 571	R 1⅛-2 2	1,38 0,94	Athenakopf mit Ohrgehänge r., der Helm ist mit einem geflügelten Seepferd verziert. Vor dem Halse A (auf dem zweiten Exemplar A).	TA/.// (oben). Herakles, r. auf dem r. Fusse stehend und das l. Bein etwas hebend, würgt den Löwen. Im Felde l. Keule. (Fox. 125/1885).
572	R 1⅞-2	1,09	Ebenso (mit A). Taf. XIV, 224.	Keine Schrift sichtbar. Derselbe Typus nach der entgegengesetzten Seite (l.). Unter dem erhobenen r. Beine des Herakles Æ, im Felde r. Keule. (Fox).
573	R 1½-1¾	0,89 subärat	Athenakopf mit Ohrgehänge und Perlenhalsband r.; der Helm ist mit der Scylla verziert.	Herakles von vorn, auf das r. Knie gesunken, umfasst mit dem l. Arm den von r. anspringenden Löwen und hält in der R. aufrecht die Keule. (B. Friedländer).
574	R 1½-1¾	1,16 etwas abgenutzt	Athenakopf l.; der bekränzte Helm ist mit einem Flügel versehen. Taf. XIV, 225.	Ebenso. (Rauch).

575	Æ 1¾	1,23	Athenakopf mit Ohrgehänge r.; der Helm ist mit der Scylla verziert.	Herakles, mit dem r. Bein r. knieend, fasst mit der L. den anspringenden Löwen und hält in der gesenkten R. die Keule. (Fox).
576	Æ 1¾-2	1,0	Athenakopf mit Ohrgehänge r.; der Helm ist mit einem geflügelten Seepferd verziert. **Taf. XIV, 226.**	ΤΛ (oben). Derselbe Typus. Unten, zwischen den Beinen des Herakles, Κ (5611).
577 578	Æ 1½-2 1½	1,14 1,13	Athenakopf r. mit bekränztem Helm. Unter dem Kopfe vielleicht ein Buchstabe (A?).	Keine Schrift. Derselbe Typus (das l. Bein des Herakles hier mehr eingezogen, auch der Löwe etwas anders). (5613. Herrmann).
579	Æ 1½-2	1,01	Athenakopf r.; der bekränzte Helm ist mit einem Flügel versehen, dessen Spitze gekräuselt ist.	Ebenso. (1286).
580 581	Æ 1¼ 1¾-2	1,07 1,10	Athenakopf mit Ohrgehänge r.; der Helm ist mit drei Rosetten verziert.	Ebenso. (B. Friedländer. Gansauge).
582	Æ 2	1,21	Athenakopf mit Ohrgehänge l.; der Helm ist mit der Scylla verziert.	[ΤΑΡ]ΑΝΤΙΝΩΝ Derselbe Typus (etwas abweichend); unter dem knieenden Bein Köcher (nebst Bogen?). (5612).
583	Æ 1¾-2	0,96	Athenakopf r. Der Helm ist mit der Scylla verziert. Vor dem Halse könnte ein Buchstabe gewesen sein. **Taf. XIV, 227.**	Ϙ Α (oben; ob ΤΑ?). Herakles, mit dem r. Bein r. knieend, würgt mit beiden Armen den von r. angesprungenen Löwen. Im Felde l. an Stelle der Keule eine Herme r. (Gansauge).
584	Æ 1¼-1¾	beschädigt	Athenakopf mit Ohrgehänge r.; der Helm ist mit der Scylla verziert.	//// Α Derselbe Typus. Das Feld l. abgebrochen. (Rauch).
585	Æ 1½-1¾	1,13	Ebenso.	Α (oben). Derselbe Typus. Im Felde l. undeutliche Herme. (5615).

Calabria

586	ℛ 1⅓-1⅓	1,28	Athenakopf r. Der Helm ist mit einem geflügelten Seepferd verziert. Oben vor dem Helmbusch E	Keine Schrift sichtbar. Derselbe Typus des löwenwürgenden Herakles (etwas abweichend). (Ohne Bezeichnung).
587	ℛ 1½-1⅓	1,03	Athenakopf l. Der Helm ist mit der Scylla verziert.	TAPAN (oben r.). Derselbe Typus (wie gewöhnlich). Spuren eines Beizeichens im Felde l. (5647).
588 589	ℛ 1⅓-2 2	1,15 1,12 ab-genutzt	Athenakopf mit Halsband l. Der Helm ist bekränzt. Taf. XIV, 228.	Keine Schrift. Derselbe Typus. (28845. 4382).

Das erste Exemplar zeigt grosse Verschiedenheit in der Ausführung der Vs. (trocken und hart) und der Ks. (vollkommen).

590 591	ℛ 1⅓ 1⅓-2	1,05 1,10	Athenakopf mit Ohrgehänge r.; am Helm die Scylla.	Herakles, mit beiden Beinen r. knieend, würgt den von r. angesprungenen Löwen. Auf dem Rücken des Löwen eine Eule mit angelegten Flügeln halb l. (Kopf von vorn). Im Felde l. Keule. (Fox. Rauch).
592	ℛ 1⅓	0,84	Ebenso.	Ebenso, nur ist hier unter den Beinen des Herakles noch Λ zu sehen. (Fox).

Von ziemlich roher Arbeit.

593 594	ℛ 1⅓-2 2	1,11 1,18	Ebenso. Taf. XIV, 229.	Derselbe Typus. Auf dem Rücken des Löwen eine Heuschrecke l. Im Felde l. Keule. (Fox. Peytrignet).
595	ℛ 1½-2	1,25	Athenakopf r. mit kurzem, unten geknüpftem Haarzopf. Am Helm ein geflügeltes Seepferd. Taf. XIV, 230.	Herakles, mit dem r. Beine r. knieend und das Gesicht nach vorn wendend, würgt den von r. herangesprungenen Löwen. Im Felde l. Keule. Doppellinie als Basis. (Peytrignet).

Von sehr schöner Arbeit; der Athenakopf etwas streng, nicht so die Ks.

596	ℛ 1⅓	1,12 ab-genutzt	Ebenso (der Haarzopf undeutlich).	Ebenso, doch ist die Keule, wie es scheint, nicht vorhanden. Einfache Abschnittslinie. (B. Friedländer).

| 597 | Æ 1½ | 1,14 | Ebenso (der Haarzopf deut- | Ebenso (ohne Keule). |
| 598 | 1½-2 | 1,19 | lich). | (Arditi. Dannenberg). |

Die Kupfermünzen

599	Æ 4-5	8,15	Lorbeerbekränzter Kopf des	TAPANTINΩN (r., abwärts).
600		7,30	Zeus r.	R. stehende Nike, welche
				in der L. einen Blitz senk-
				recht hält, den sie mit der
				R. berührt. (Fox. 7550).

[In der Archäologischen Zeitung 1861 S. 144 habe ich bemerkt, dass Dio Cassius 51, 22 sagt, August habe, als er im J. 723 d. St. der Minerva den auch Chalcidicum genannten Tempel und die Curia Julia auf dem Forum weihte, dort eine aus Tarent gekommene Nike aufgestellt. Man könnte also unsere merkwürdige Nike für diese später in Rom befindliche halten, allein auch in anderen Stellungen kommt Nike auf tarentiner Münzen vor. Alle solche Combinationen sind so bedenklich als sie ver-führerisch sind. FRIEDLAENDER].

Combe mus. Hunter S. 10 Taf. II, 15 theilt diese Münze irrig Agrigent zu.

| 601 | Æ 4½-5 | 8,74 oxydirt | Ebenso, hinter dem Kopfe NK, wie es scheint. | Keine Schrift erhalten. Der-selbe Typus. (7140). |

602	Æ 4	8,52	Lorbeerbekränzter Kopf des	[T]APANTI//// (l., in gerader
			Zeus r.	Zeile aufwärts). Nike, l.
				stehend, hängt an ein noch
				unvollendetes Tropaeon
				(Helm, Harnisch, Lanze,
				am Fusse des Baumstam-
				mes eine Beinschiene)
				einen grossen Rundschild.
				(7551).

603	Æ 4-5	6,78 nicht gut	Lorbeerbekränzter Kopf des Zeus r., hinter dem Kopfe eine Lanzenspitze, wie es scheint.	TAPANTIN𝕸 (l., in einer geraden Zeile aufwärts). Derselbe Typus, nur ist hier die Beinschiene nicht vorhanden, dafür r. ein Palmzweig. (6002).
604	Æ 4½	7,57	Lorbeerbekränzter Kopf des Zeus r., dahinter ein undeutliches kleines Beizeichen (Lanzenspitze?).	TAPANTINΩ𝕸 (l., in einer geraden Zeile aufwärts). Nike, l. stehend, bekränzt mit der R. ein Tropaeon (Helm, Harnisch, Lanze), an dessen Fuss ein Schild gelehnt ist. (Fox).
605	Æ 2⅝-3	2,98 stark oxydirt	Athenakopf mit dem korinthischen Helm (mit Busch) r.	TAPA𝕸 (l., aufwärts). Jugendlicher Herakles, welcher l. auf einem mit dem Löwenfell bedeckten Stein sitzt. In der vorgestreckten R. hält er das einhenklige Trinkgefäss, mit der l. Achsel stützt er sich auf die Keule. (Peytrignet).
606	Æ 3½-4	4,27	Ebenso. Perlkreis.	𝕸ΛΝ vor demselben Typus. (Fox).
607	Æ 3½	3,84	Ebenso, ohne Perlkreis.	Spuren von Schrift vor demselben Typus. (Peytrignet).

608	Æ2⅝-3½	4,33 oxydirt	Ebenso, mit Perlkreis.	Der jugendliche Herakles l. auf einem mit dem Löwenfell bedeckten Stein sitzend (etwas zurückgelehnt). In der vorgestreckten R. hält er das einhenklige Trinkgefäss (?); den l. Arm lehnt er auf den erhöhten Theil des Sitzes, dabei scheint die Keule zu sein. Unten einige undeutliche Buchstaben, etwa I᾿ΛΛΛ𝕸 (war es T𝚲Λ9ΑΤ?). (7750).

Ein sehr ähnliches Exemplar publicirte Avellino im

Bull. arch. Napoletano I Taf. VIII, 11 mit der Aufschrift IKAIOΣ unter dem sitzenden Herakles.

609	Æ 2½	1,89	Kantharus mit hohem Fuss. Unten im Felde l. und r. ein achtstrahliger Stern.	Kantharus mit hohem Fuss. Unten l. TA, r. ein bucranium (von dessen Hörnern Binden herabhängen?). (5592. 7474. 1110).
-	2-2⅓	1,18		
611	2-2½	2,35		
612	Æ 2⅓	2,71	Kammmuschel.	TAPAN (r., in schräger Zeile abwärts). Taras l. auf dem Delphin reitend; in der vorgestreckten R. hält er den Kantharus, im l. Arm ein Füllhorn. (Fox).
613	Æ 2⅓-2½	2,62	Ebenso.	TAPAN, sonst ebenso. (Fox. Gansauge. Peytrignet).
-	2½	2,42		
615	2½	2,69		
616	Æ 2⅓-2½	2,44	Ebenso.	[T]APAN Derselbe Typus. Unter dem Schwanze des Delphins B (Fox).
617	Æ 2½-2¾	2,36	Ebenso.	Ebenso, aber hier B (Prokesch).
618	Æ 2½-2¾	2,08	Ebenso.	TAPAN Derselbe Typus; unten Γ (oder C?). (7313).
619	Æ 2½	2,28	Ebenso.	Ebenso, aber hier C (B. Friedländer. 5834).
620	2¾	2,39		
621	Æ 2-2½	2,29	Ebenso.	Ebenso, aber hier Ɔ (Fox).
622	Æ 2-2¼	1,59	Ebenso.	Ebenso, aber hier undeutlicher Buchstabe (N?). (B. Friedländer).
623	Æ 1½-1¾	1,27	Kammmuschel.	TA unter zwei zum Theil sich deckenden Delphinen r. (5994. 7306. B. Friedländer).
-		1,18		
625		1,28		
626	Æ ⅚	0,40	Kopf des Helios, fast ganz von vorn (etwas r.), mit grossem Strahlenkranz.	Grosser sechszehnstrahliger Stern. (Dannenberg).

Taf. XIV, 231.

Auf der kleinen Goldmünze von Tarent (n. 38. 39) derselbe Kopf, der auch bei Rubastini und Metapont vorkommt.

Uxentum

As

| 1.2 | Æ 5 | 10,36
7,84 | Zwei Athenaköpfe, nach Art des Ianuskopfes zusammengestellt. Perlkreis. | oⲌAN (r., aufwärts). Stehender Herakles, von vorn, aber den Kopf l. wendend, stützt die R. auf die Keule und hat im l. Arm, von dem das Löwenfell herabhängt, ein Füllhorn. Eine kleine Nike schwebt von l. herab, um Herakles zu bekränzen. (6675. Arditi). |

Der ianusartige Doppelkopf bezeichnet hier den As.

Semis

| 3-6 | Æ 4
3½
3½
3½-3¾ | 5,69
4,28
5,15
4,71 | Athenakopf mit korinthischem Helm (mit Busch), Ohrgehänge und Perlenschnur r.; davor schräg die Lanze. Unter dem Halse ᴧ Perlkreis. | oⲈAN (r., in einer geraden Zeile aufwärts). Stehender Herakles, von vorn, aber den Kopf l. wendend, stützt die R. auf die Keule und hat im l. Arm, von dem das Löwenfell herabhängt, ein Füllhorn. Im Felde l. oben Ⴝ, unten ein Zweig. Perlkreis. (9200. 5857. Fox. B. Friedländer). |

Auf einigen der besser erhaltenen Exemplare scheint der Helm mit einer Schlange verziert zu sein.

| 7-9 | Æ 4
3½-3½
3½-4 | 4,95
4,43
6,31 | Ebenso. | Ebenso, doch hier im Felde l. oben ein Ziegenkopf r., unten Ⴝ (Fox, 2 Ex. Gansauge). |

Auf den beiden letzten Exemplaren ist das Beizeichen l. oben nur zum Theil und schlecht ausgeprägt, dürfte aber wohl auch hier der Ziegenkopf sein.

10- 12	Æ 3½ 3½-3⅜ 3-3½	4,52 5,65 ab- genutzt 3,56 ab- genutzt	Athenakopf r. (korinthischer Helm mit Busch), darunter ᴖ Perlkreis.	OIAN (r., in einer geraden Zeile aufwärts). Stehender Herakles, fast von vorn, den Kopf l. wendend, stützt die R. auf die Keule und hat im l. Arm, von welchem das Löwenfell herabhängt, ein Füllhorn. Im Felde l. oben S Einfacher Kreis. (B. Friedländer. Rauch. Arditi).

Auf dem zweiten Exemplar trägt Athena einen Halsreifen.

___

13- 18	Æ2½-2¼ 2½-3 2-2½ 2 2 1½	2,0 1,62 2,17 1,93 1,57 1,91	Athenakopf r. (korinthischer Helm mit Busch) mit einem Halsreifen.	AO (l. oben, abwärts). Derselbe Typus. (Fox. B. Friedländer. 5885. Prokesch. B. Friedländer, 2 Ex.).

Das letzte (und kleinste) Exemplar ist sehr dick.

___

19- 22	Æ 1½ 1½-1½ 1½ 1	1,15 1,05 1,16 1,24	Adler mit ausgebreiteten Flügeln r. auf dem Blitze stehend.	Kantharusähnliche Vase mit hohem Fusse; im Felde l. A und r. O, darunter je ein achtstrahliger Stern. (B. Friedländer. 7406. Prokesch. Arditi).

Das letzte Exemplar ist sehr dick, auf der Kehrseite ist nur das A zu sehen; es wurde in Pinders Num. ined. S. 12 als Münze von Tarent publicirt, indem das A statt zu AO zu TA ergänzt ward.

Mionnet's Münzmesser

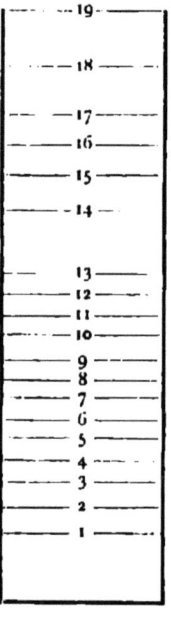

Verzeichniss der auf den Tafeln abgebildeten Münzen

Berlin, gedruckt in der Reichsdruckerei.

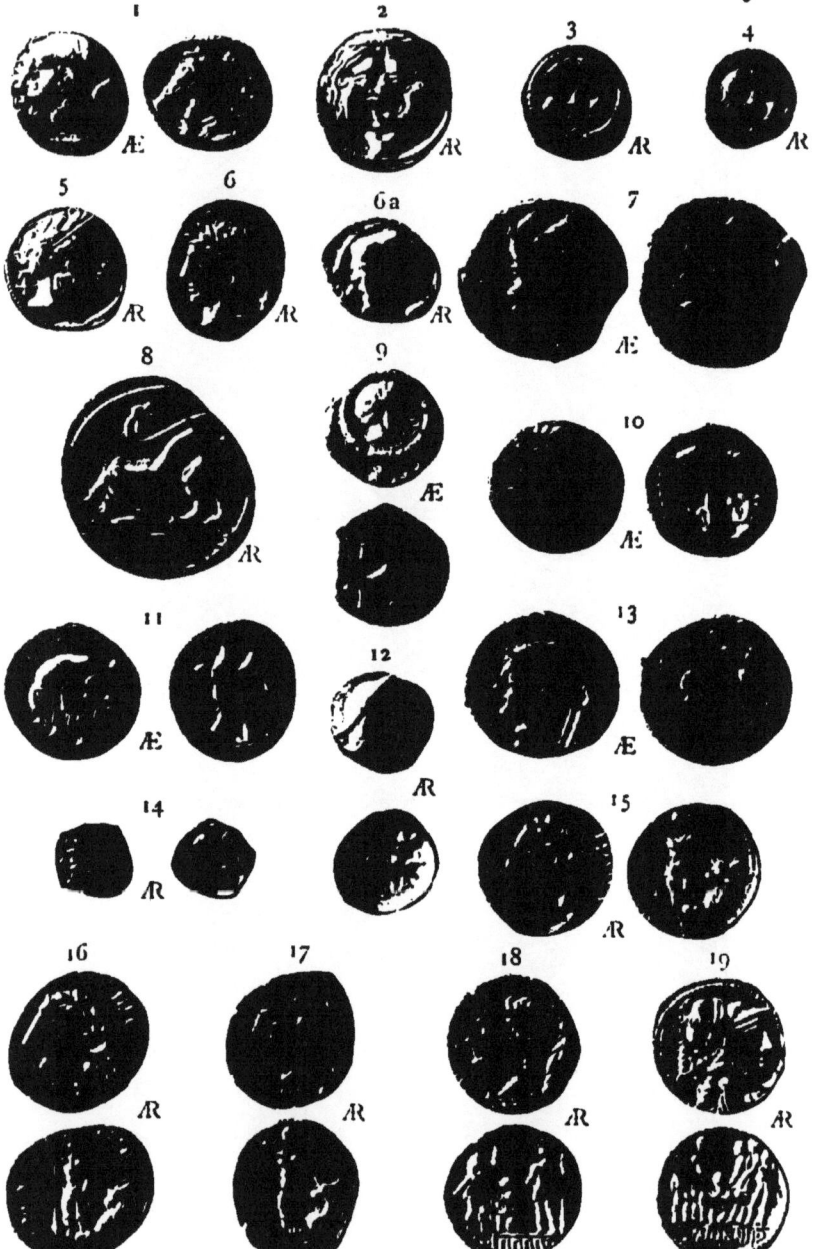

Tafel I

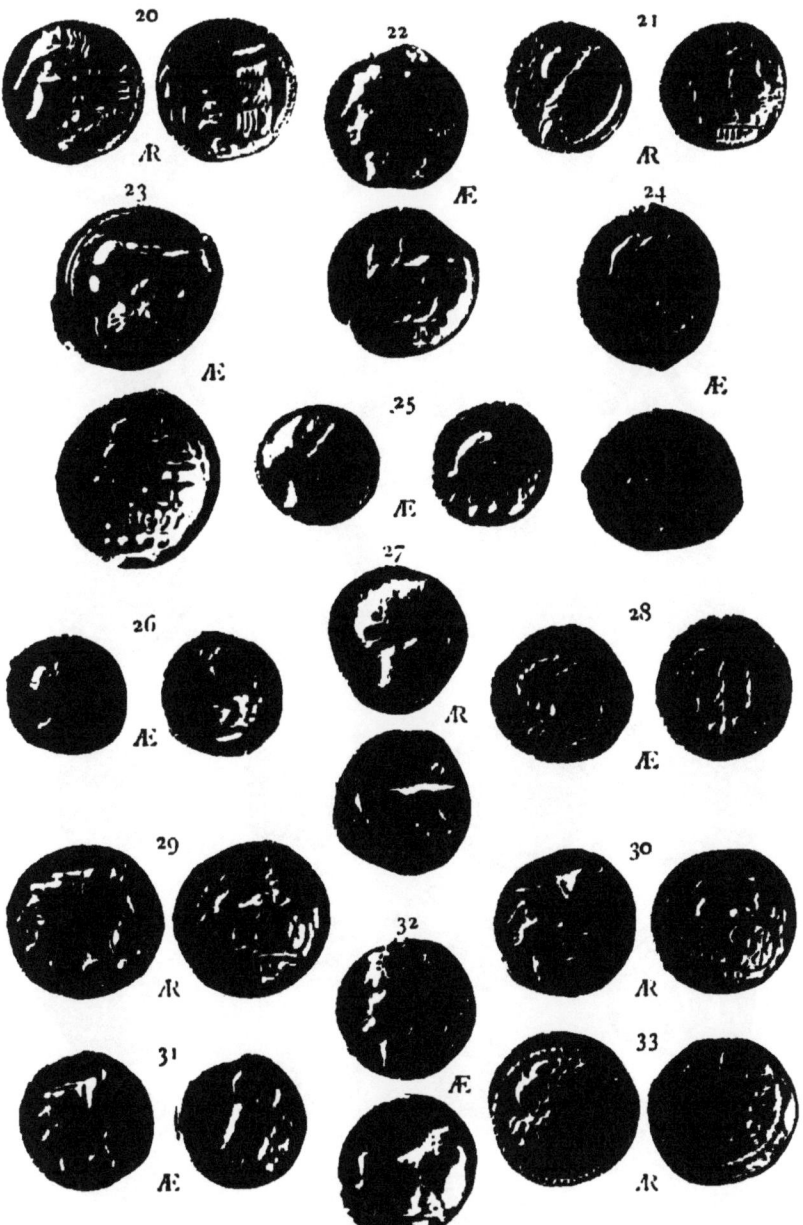

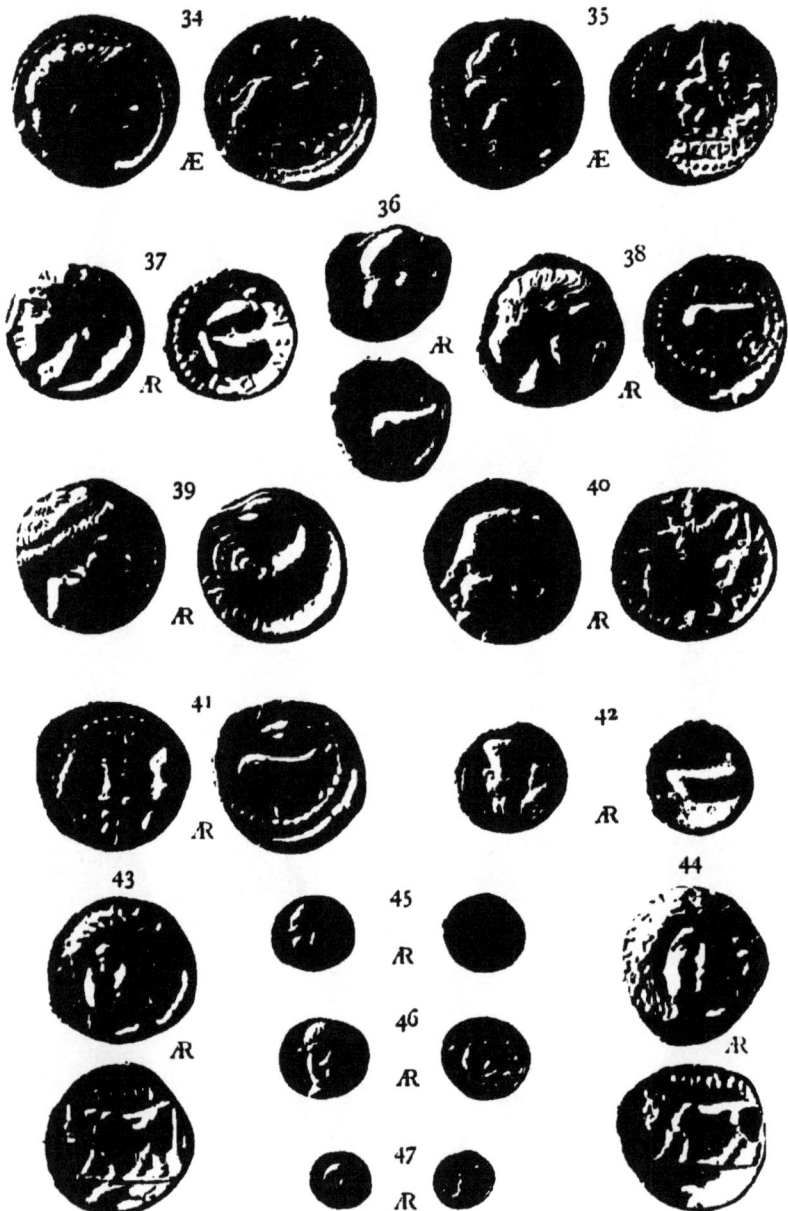

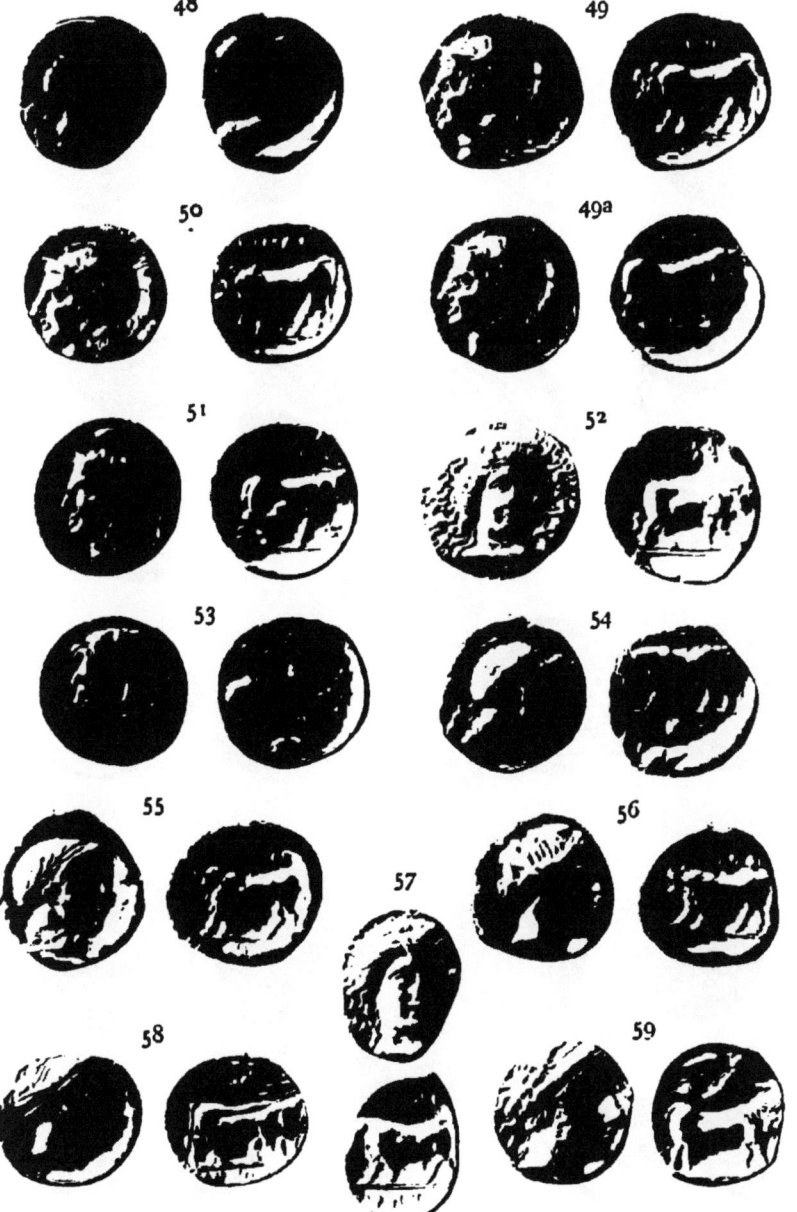

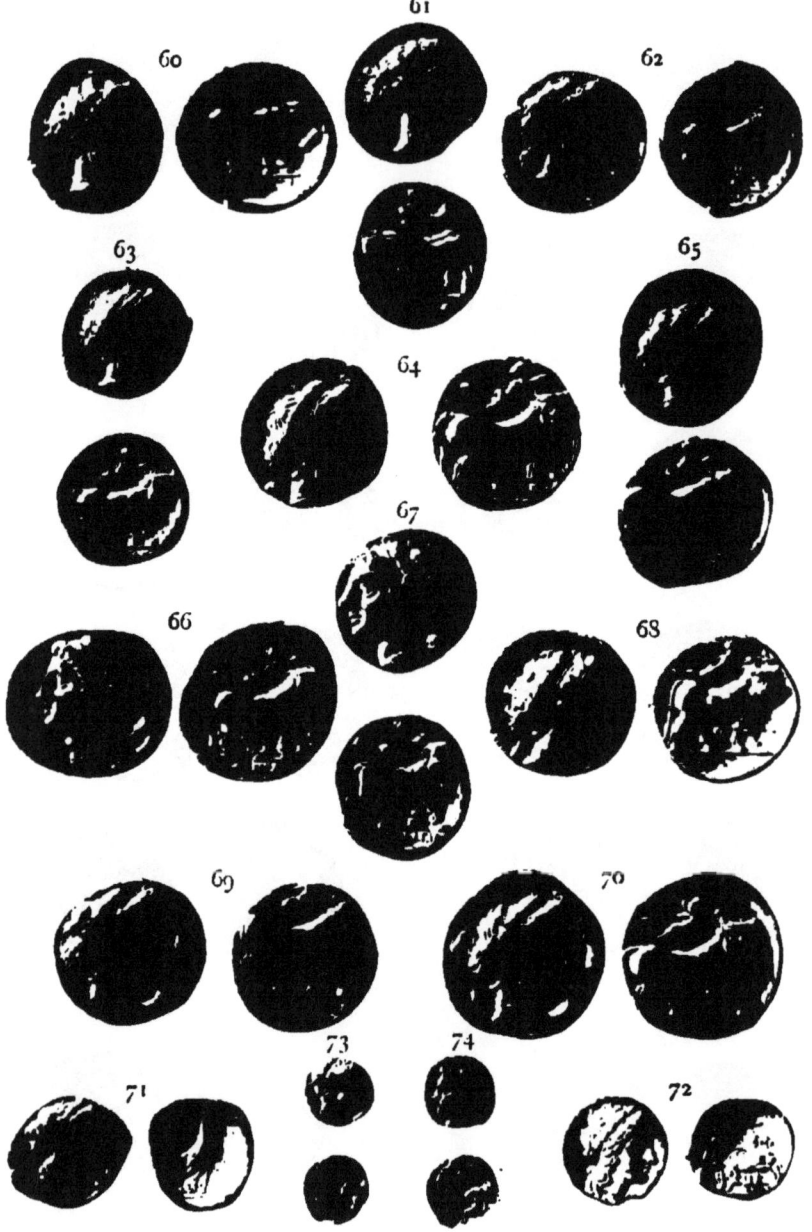

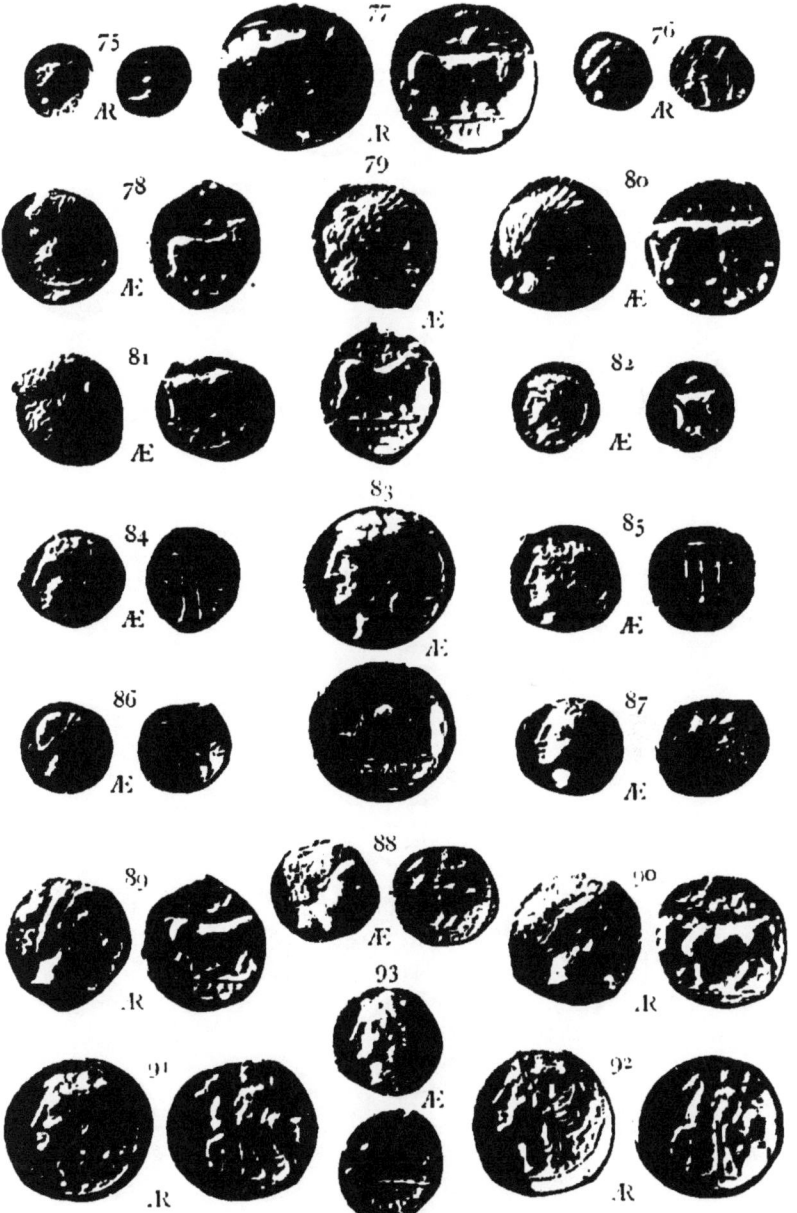

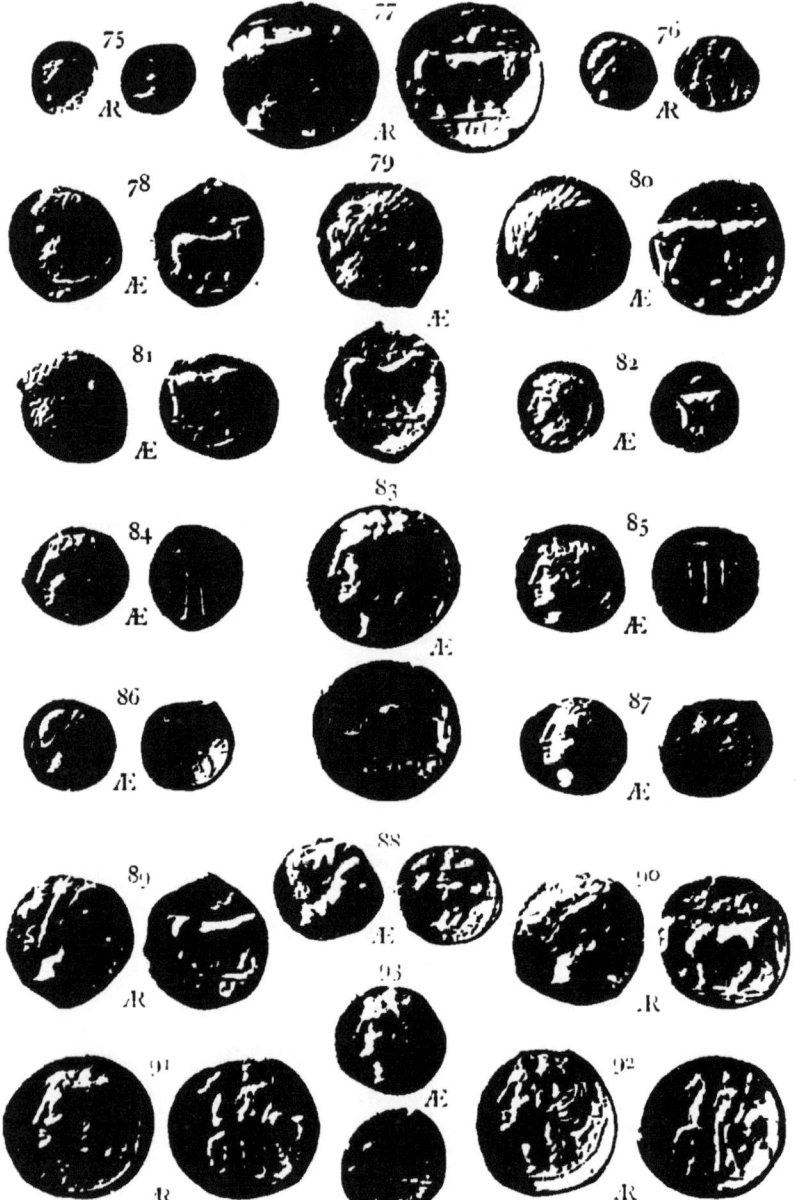

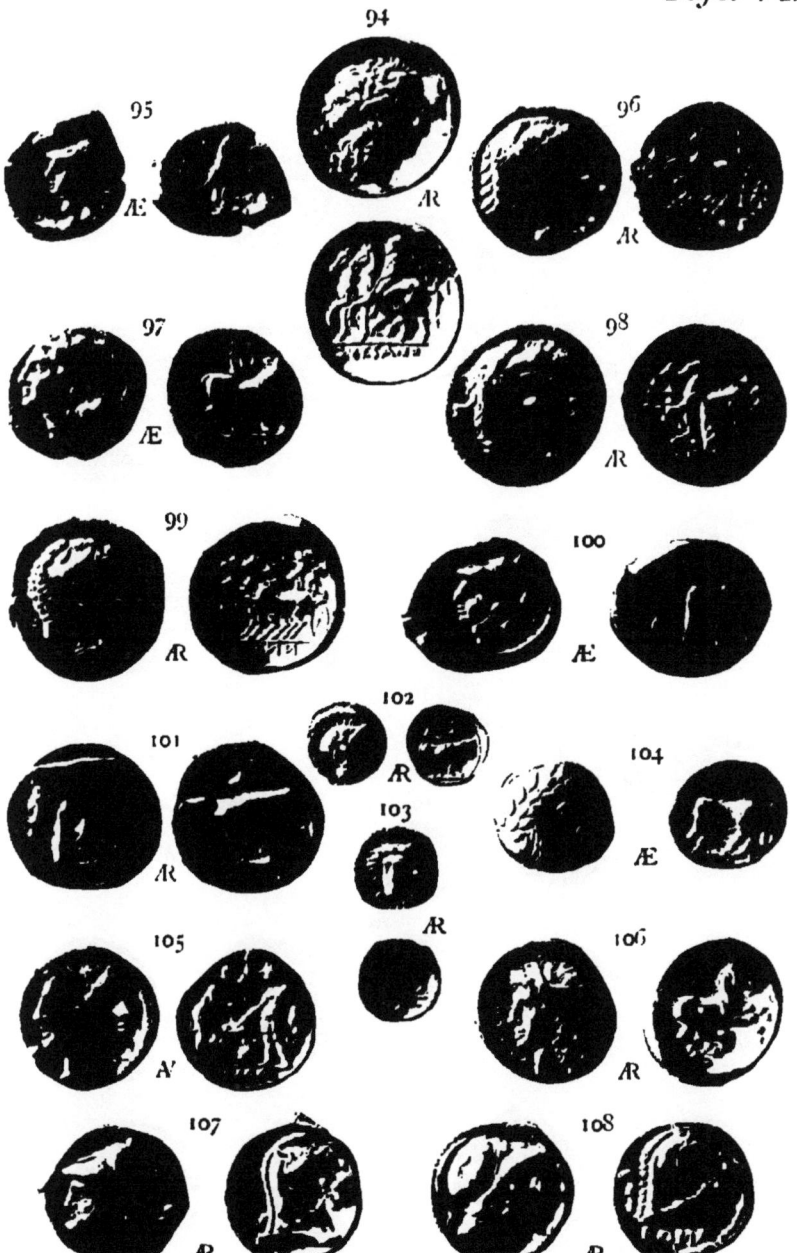

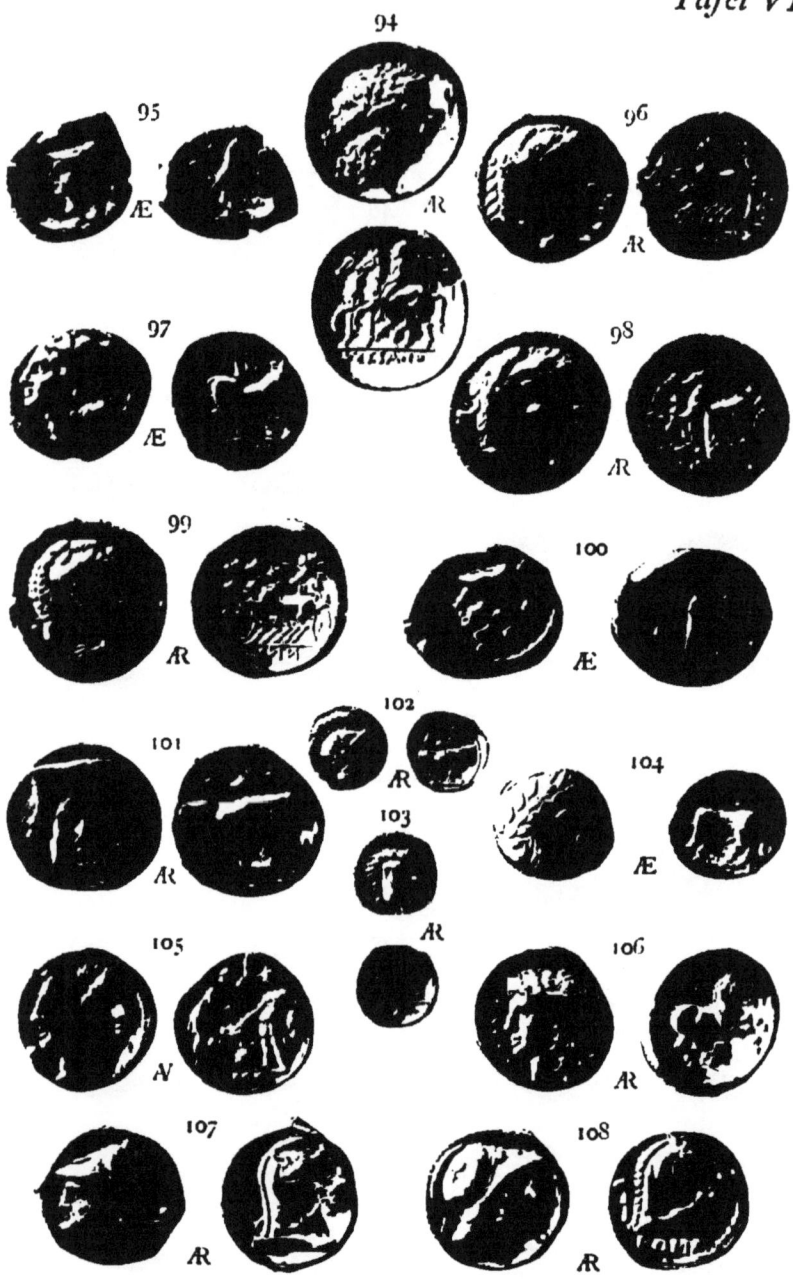

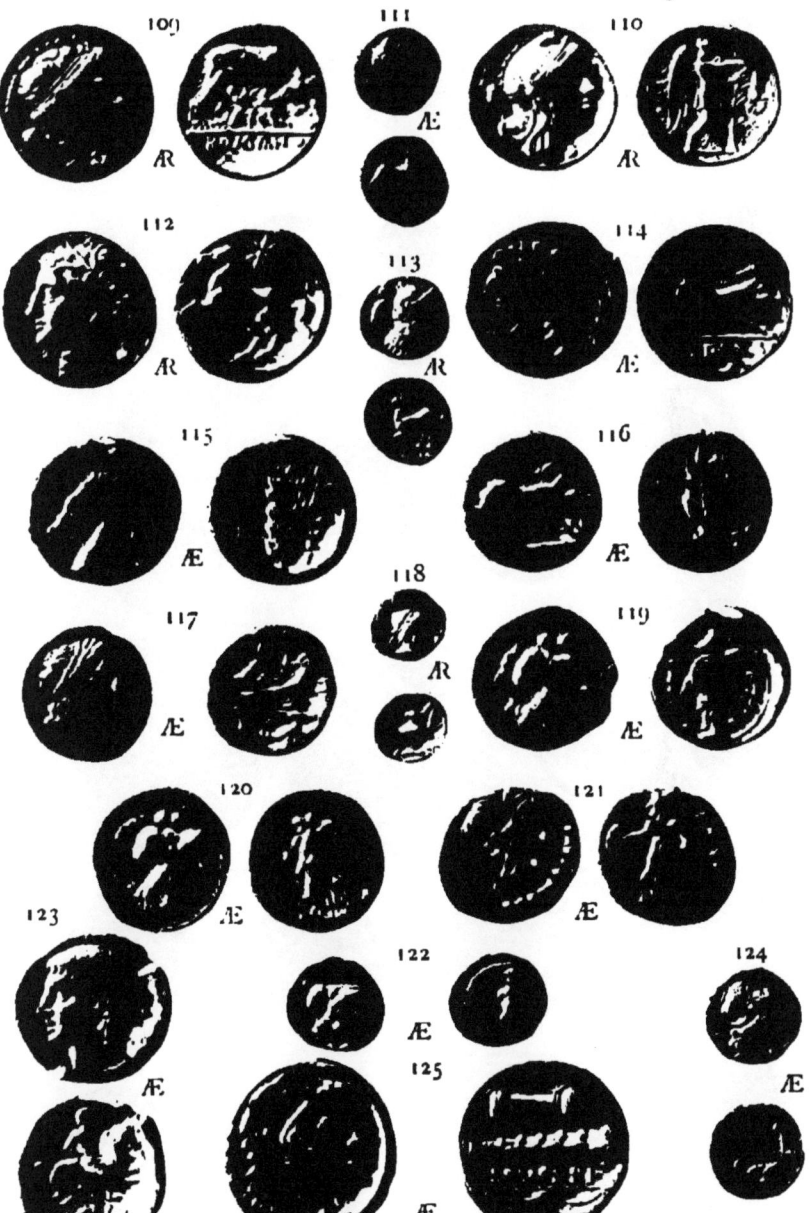

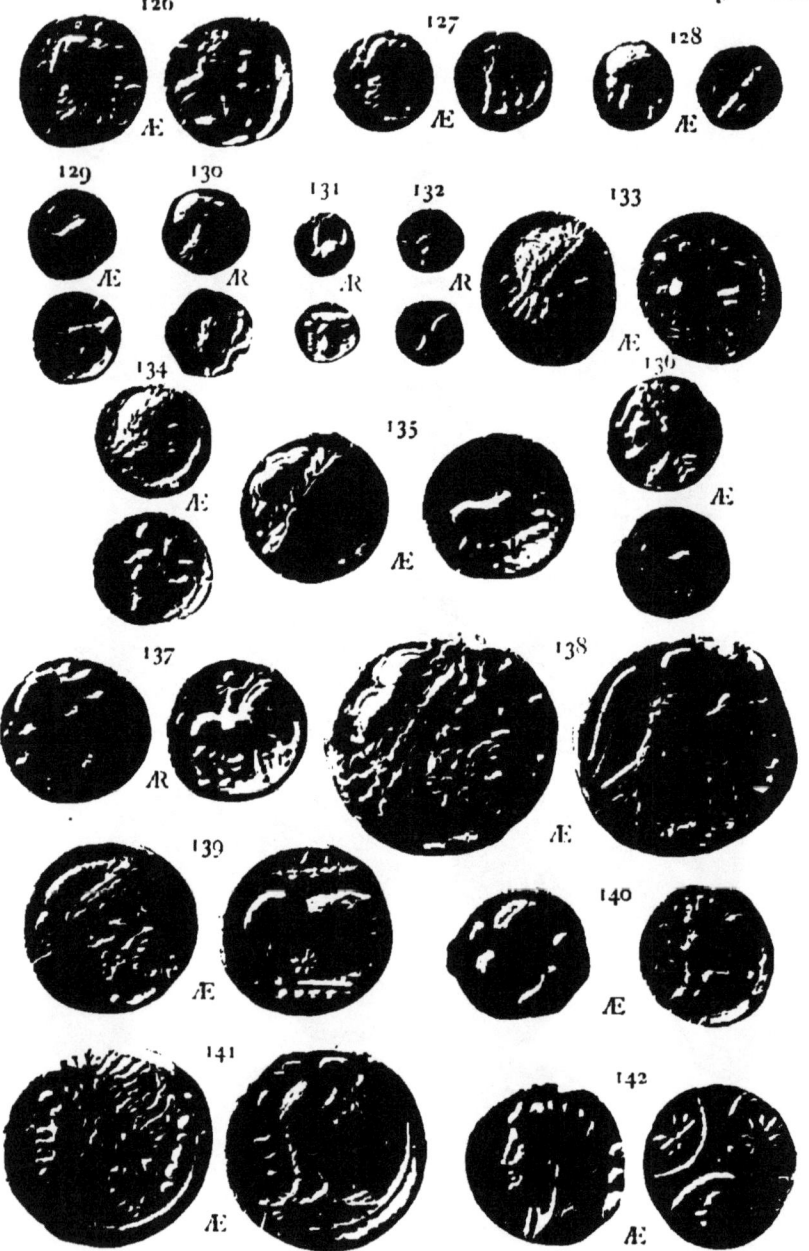

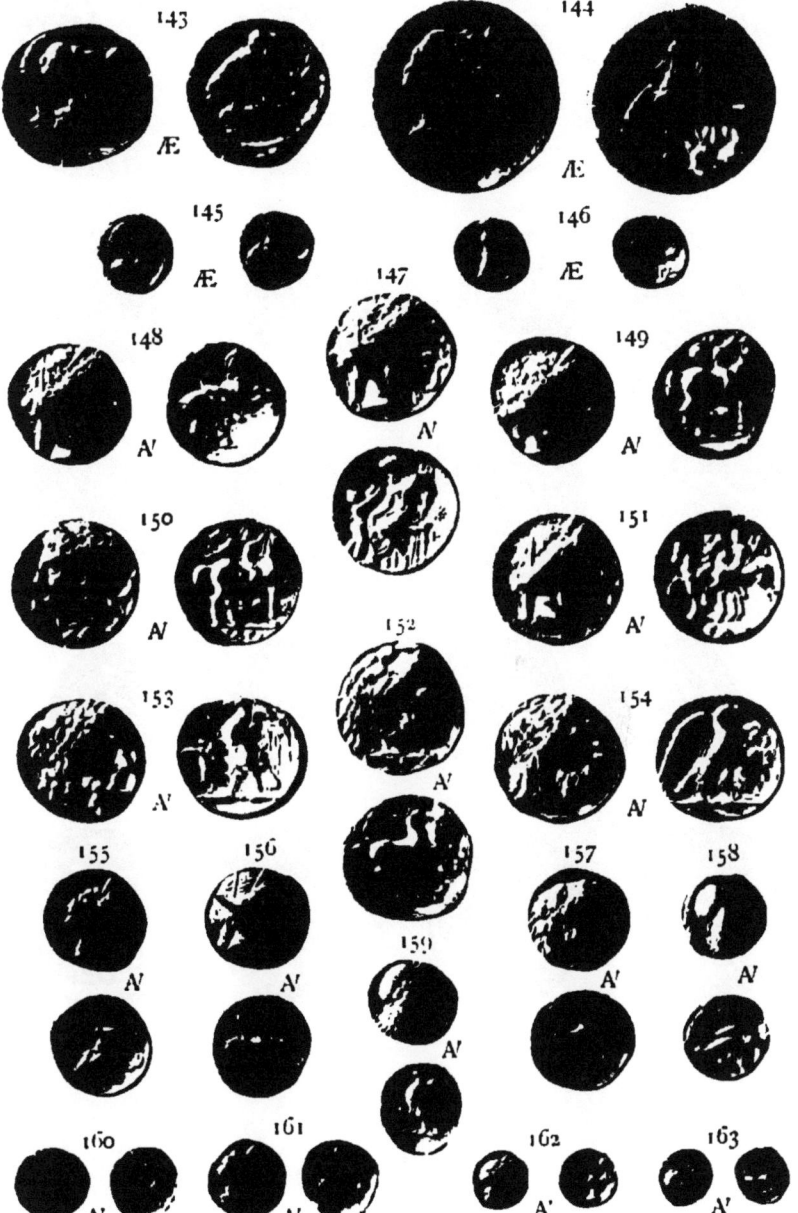

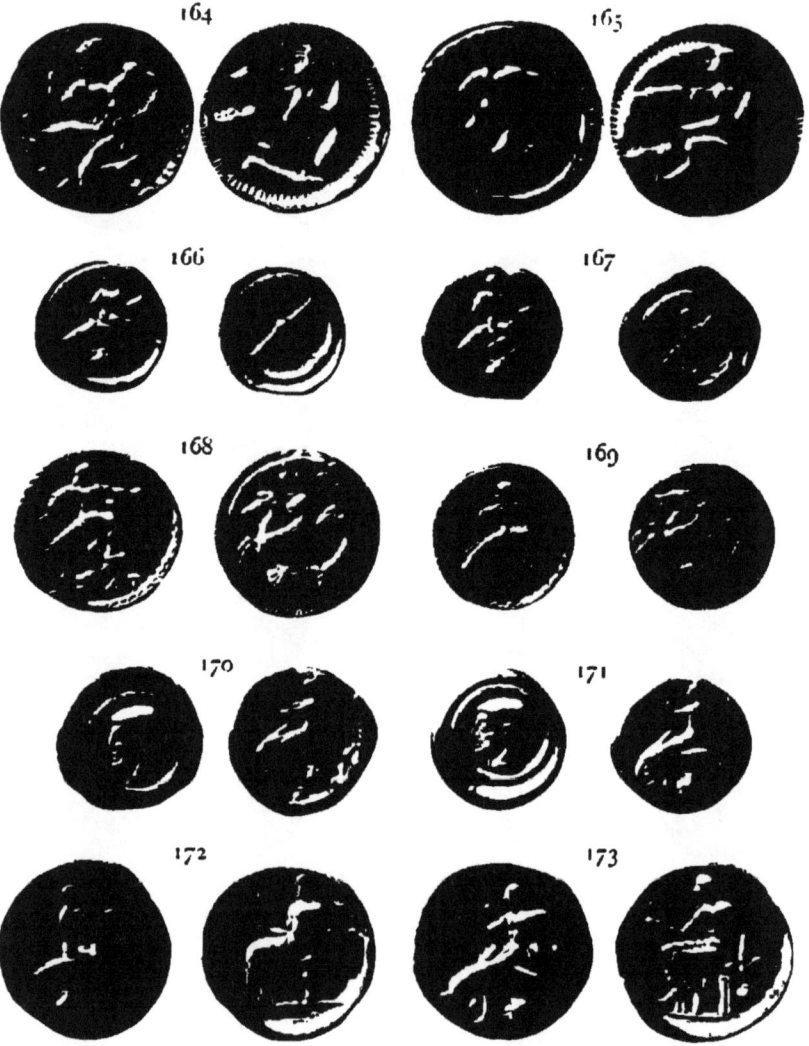

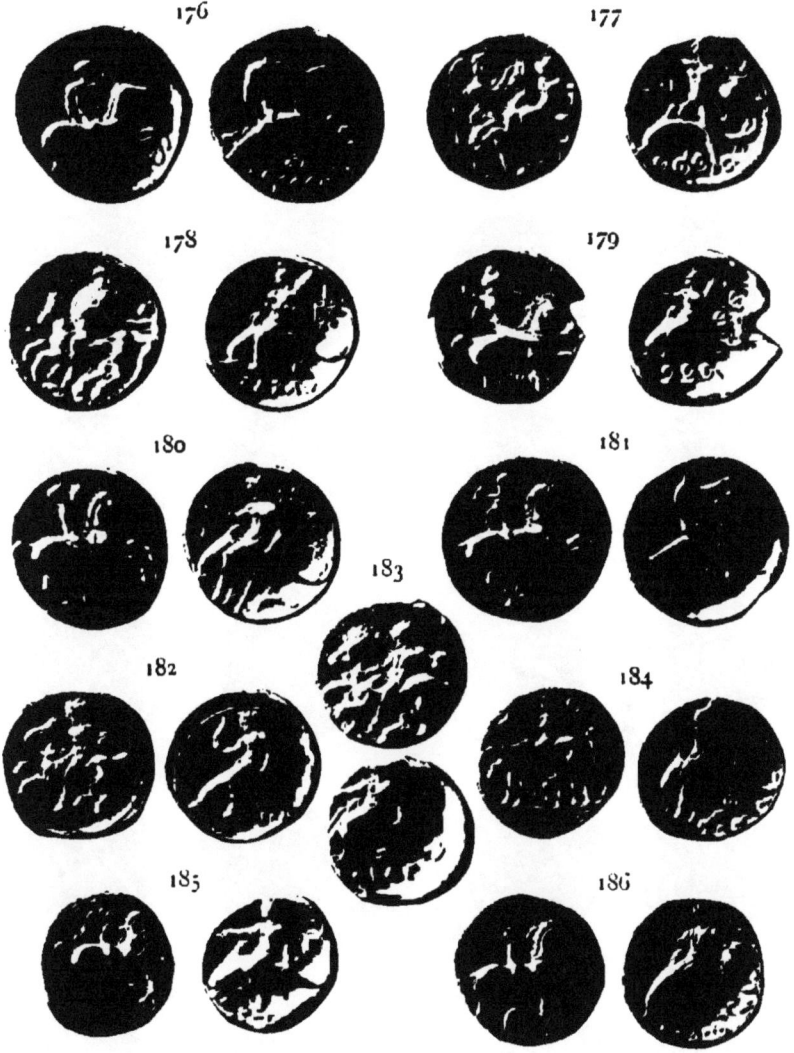

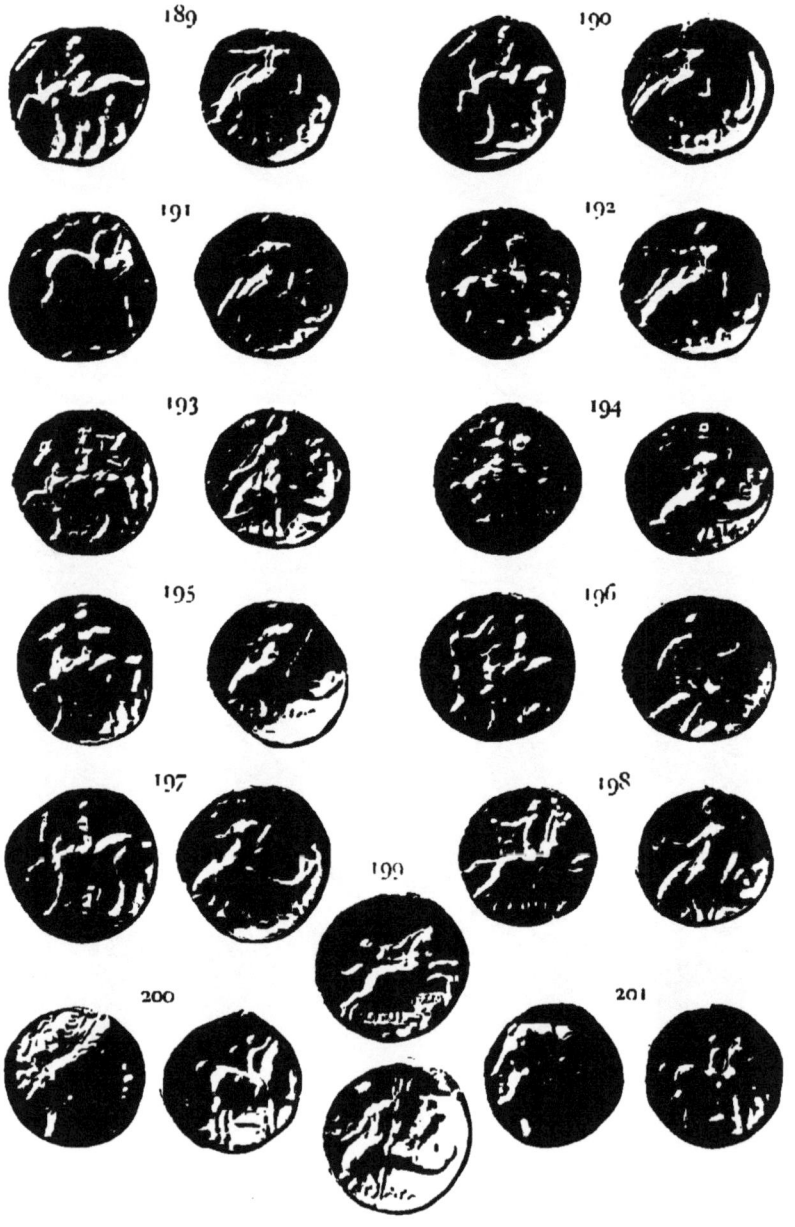

189   190

191   192

193   194

195   196

197   198

199

200   201

Æ

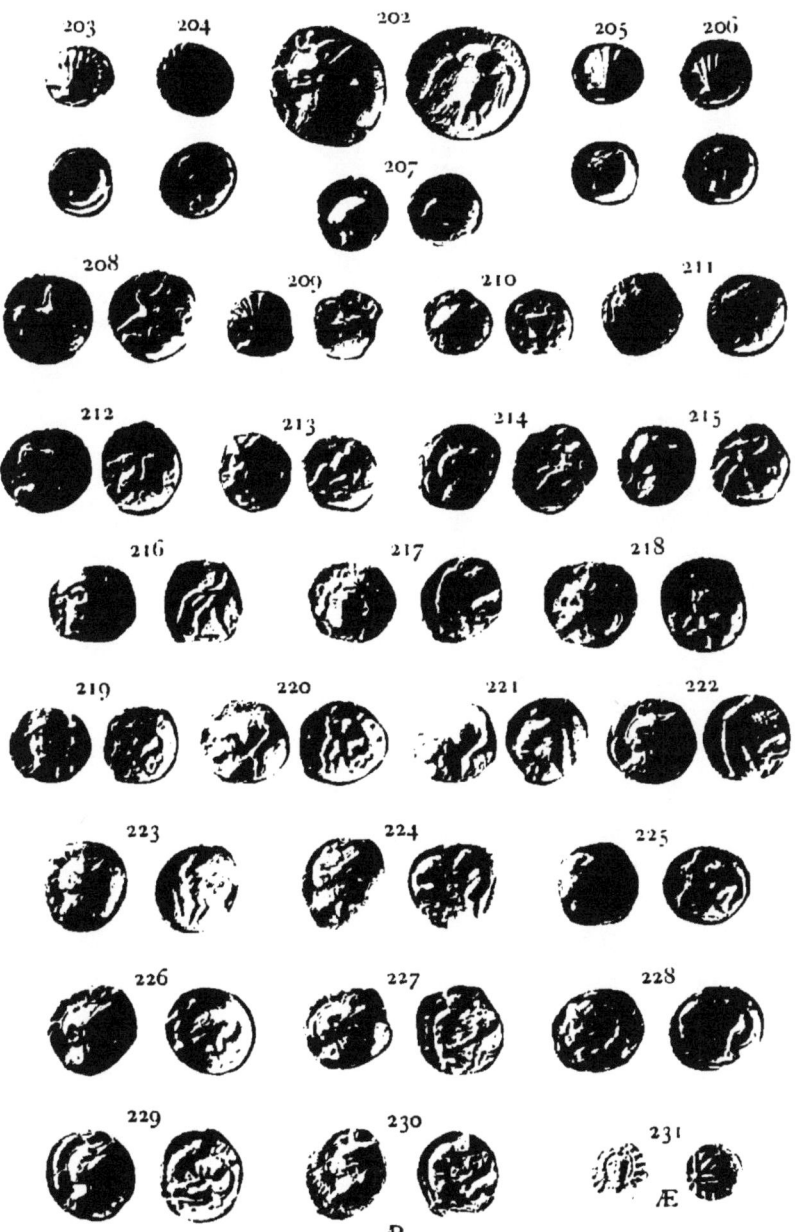